医疗保障改革追踪研究（2018年）

部分国家（地区）最新医疗保障改革研究（2018年报告）

中国医疗保险研究会
中国劳动和社会保障科学研究院 编

中国财经出版传媒集团
经济科学出版社
Economic Science Press

图书在版编目（CIP）数据

部分国家（地区）最新医疗保障改革研究．2018年报告/中国医疗保险研究会，中国劳动和社会保障科学研究院编．—北京：经济科学出版社，2020.6

ISBN 978－7－5218－1602－0

Ⅰ．①部…　Ⅱ．①中…②中…　Ⅲ．①医疗保险－保险体制－保险改革－研究报告－世界－2018　Ⅳ．①F841

中国版本图书馆CIP数据核字（2020）第089614号

责任编辑：周国强
责任校对：杨晓莹
责任印制：邱　天

部分国家（地区）最新医疗保障改革研究（2018年报告）

中国医疗保险研究会
中国劳动和社会保障科学研究院　编

经济科学出版社出版、发行　新华书店经销

社址：北京市海淀区阜成路甲28号　邮编：100142

总编部电话：010－88191217　发行部电话：010－88191522

网址：www.esp.com.cn

电子邮箱：esp@esp.com.cn

天猫网店：经济科学出版社旗舰店

网址：http://jjkxcbs.tmall.com

固安华明印业有限公司印装

787×1092　16开　17.25印张　420000字

2020年6月第1版　2020年6月第1次印刷

ISBN 978－7－5218－1602－0　定价：100.00元

（图书出现印装问题，本社负责调换。电话：010－88191510）

项目协调团队

负责人： 李静湖　中国医疗保险研究会副秘书长

成　员： 郝春彭　中国医疗保险研究会副秘书长

马　新　中国医疗保险研究会对外联络部主任

刘　颖　中国医疗保险研究会对外联络部主管

项目研究团队

主持人： 莫　荣　人力资源和社会保障部中国劳动和社会保障科学研究院副院长、研究员

组　长： 闫　蕊　人力资源和社会保障部中国劳动和社会保障科学研究院助理研究员

成　员： 翁仁木　人力资源和社会保障部中国劳动和社会保障科学研究院助理研究员

车红霞　人力资源和社会保障部中国劳动和社会保障科学研究院助理研究员

殷宝明　人力资源和社会保障部中国劳动和社会保障科学研究院助理研究员

目　　录

第一章　2018 年世界医疗保障改革环境分析 …… 1

第一节　2018 年全球经济形势和就业形势 …… 1
第二节　全球工资形势及社会保障状况 …… 11
第三节　全球医疗卫生支出发展趋势 …… 20
第四节　长期护理服务全球发展状况 …… 24

第二章　美国长期护理保障制度发展研究 …… 32

第一节　美国长期护理保障制度的发展及架构 …… 32
第二节　美国公共长期护理服务保障体系 …… 41
第三节　美国商业长期护理保险的发展状况 …… 48
第四节　美国长期护理保障体系存在的问题 …… 54
第五节　美国长期护理保障体系的发展趋势 …… 57
第六节　经验借鉴 …… 61

第三章　英国长期护理保障制度发展研究 …… 64

第一节　英国老龄化及老年人口状况 …… 64
第二节　英国长期护理服务保障制度的变迁 …… 69
第三节　长期护理服务的筹资与管理体系 …… 77
第四节　现状和改革趋势 …… 79

第四章　澳大利亚长期护理保障制度发展研究 …… 90

第一节　澳大利亚老年长期护理保障制度发展背景和概况 …… 90
第二节　澳大利亚老年长期护理保障制度基本情况 …… 92

第三节　近年澳大利亚老年长期护理保障制度改革情况 …… 104

第五章　新西兰长期护理保障制度发展研究 …… 111

第一节　新西兰人口发展状况 …… 111
第二节　新西兰公共残疾支持服务保障制度的发展 …… 119
第三节　老年人长期护理保障的变迁 …… 128
第四节　老年人长期护理居住服务系统 …… 131
第五节　老年人家庭支持服务系统 …… 135
第六节　新西兰长期护理保障发展战略和趋势 …… 138

第六章　德国长期护理保险制度发展研究 …… 142

第一节　德国基本情况 …… 142
第二节　德国社会保障体系 …… 146
第三节　德国长期护理保险制度 …… 150
第四节　长期护理保险制度的实施效果、问题与挑战 …… 158
第五节　德国长期护理保险的发展趋势 …… 164

第七章　荷兰长期护理保险制度发展研究 …… 166

第一节　荷兰长期护理保险制度的历史演变 …… 166
第二节　荷兰长期护理保险制度基本情况 …… 168
第三节　近年荷兰长期护理保险制度的改革及面临的挑战 …… 176
第四节　荷兰长期护理保险制度发展对我国的启示 …… 180

第八章　瑞士长期护理保险制度发展研究 …… 183

第一节　瑞士基本情况 …… 183
第二节　瑞士社会保障体系 …… 187
第三节　瑞士长期护理保险的筹资制度 …… 192
第四节　长期护理服务的评估和提供体系 …… 196
第五节　长期护理服务支出和非正式护理支持情况 …… 202
第六节　长期护理服务保障制度的改革和发展趋势 …… 205

第九章　日本长期护理保险制度发展研究 …… 208

第一节　日本长期护理保险制度的建立 …… 208

第二节　日本长期护理保险制度的主要内容…………………………… 211
第三节　日本长期护理保险制度的历次改革…………………………… 225
第四节　日本长期护理保险制度的实施效果和问题…………………… 232
第五节　对我国的启示……………………………………………………… 236

第十章　我国台湾地区长期照护制度发展研究…………………………… 240

第一节　台湾地区长期照护制度产生的背景及发展历史……………… 240
第二节　台湾地区“长期照顾十年计划” ……………………………… 242
第三节　台湾地区“长期照顾十年计划 2.0” ………………………… 247
第四节　台湾地区长期照护制度发展面临的挑战……………………… 252
第五节　对我国大陆地区的启示………………………………………… 257

参考文献…………………………………………………………………… 260
后记………………………………………………………………………… 268

第一章　2018年世界医疗保障改革环境分析

2018年，全球经济形势良好，世界各国国内生产总值（GDP）增长率基本与2017年保持一致步调。同时，全球就业市场形势由于劳动力增长放缓，就业增长正在下降，但劳动生产率却有所提高。随着新经济产业部门的出现，正式就业模式受到挑战，越来越多的劳动力加入非正式就业群体，对全球“体面就业”和社会保护造成不利影响。在这一大的世界形势下，医疗保障事业的发展积极进行，已经建立了完善医疗保障体系的国家致力于效率的促进和可持续发展的改革，新兴和发展中经济体正在努力扩大医疗保障的覆盖面和促进初级医疗卫生保健系统的建设，不同收入水平国家组的医疗支出都保持增加态势。随着老龄化的加深，长期护理保障越来越受到重视。已经建立长期护理保障经常性制度的国家努力促进长期护理服务的适用性、灵活性，以及改革其融资体系以增加财政可持续性；尚未建立长期护理保障制度的国家正在积极考查和学习相关经验，并尝试建立相关的护理保障体系。

第一节　2018年全球经济形势和就业形势

一、2018年全球经济增长平稳

如表1-1所示，2018年，全球GDP增长率为3.7%（2017年为3.8%）。中国的GDP年均增长率为6.6%（达到13.25万亿美元），在全球五大经济体（美国、中国、日本、德国和英国）中GDP增速最快，成为对全球经济增长贡献最大的经济体。与2017年相比，2018年美国GDP实现并超过20万亿美元，日本和德国也分别达到了5万亿美元和4万亿美元的体量，但德国GDP同比增长1.5%，较2017年的2.2%大幅下滑。[①] 根据国际货币基金组织2019年1月的《世界经济展望》（*World Economic Outlook*），美国仍为全球最大的经济体，中国超过了欧元区的综合位居第二，印度增长速度最快，保持在7%以上。[②]

①② IMF. World Economic Outlook Update. October 2019.

表 1－1　　2017～2018 年世界主要国家和地区 GDP 增长情况　　单位：%

国家（地区）	2017 年	2018 年
全球	3.8	3.7
发达经济体	2.4	2.3
美国	2.2	2.9
欧元区	2.4	1.8
德国	2.2	1.5
法国	2.3	1.5
意大利	1.6	1.0
西班牙	3.0	2.5
日本	1.9	0.9
英国	1.8	1.4
加拿大	3.0	2.1
其他发达经济体	2.8	2.8
新兴市场和发展中经济体	4.7	4.6
亚洲新兴和发展中经济体	6.5	6.5
中国	6.9	6.6
印度	6.7	7.3
欧洲新兴和发展中经济体	6.0	3.8
俄罗斯	1.5	1.7
拉丁美洲和加勒比地区	1.3	1.1
巴西	1.1	1.3
墨西哥	2.1	2.1
中东和中亚	2.2	2.4
沙特阿拉伯	－0.9	2.3
撒哈拉以南非洲	2.9	2.9
尼日利亚	0.8	1.9
南非	1.3	0.8
低收入发展中国家	4.7	4.6

资料来源：IMF. World Economic Outlook. January 2019。

二、全球就业形势

2018年末，全球人口大约76亿人。[①] 处于工作年龄段的人口（15岁以上的男性和女性）大约为57亿人，其中33亿人处于就业状态，而1.72亿人处于失业状态（见图1-1）。就业人口和失业人口的总和约为35亿人，构成了全球的劳动力，即全球劳动参与率为61.4%；大约有22亿人（38.6%）处于工作年龄段的人没有参与劳动力市场，其中1.4亿人为潜在的劳动力（即那些正在寻找工作但还没有找到工作的人）。[②]

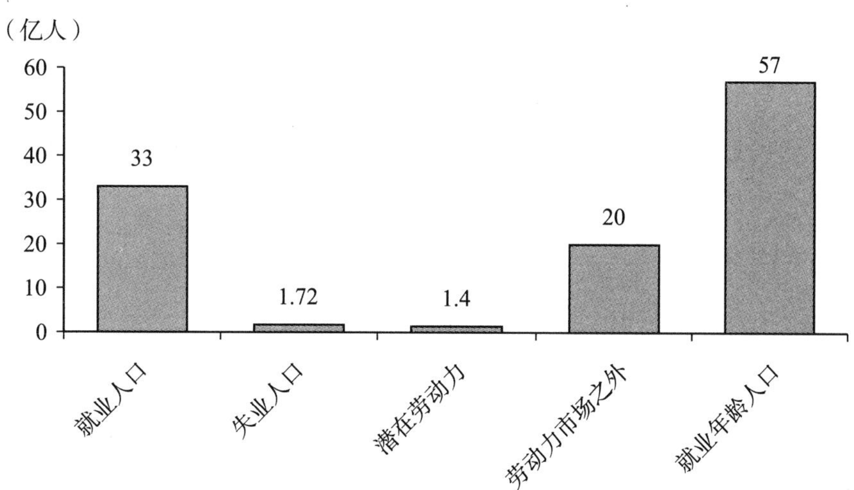

图1-1 全球2018年就业年龄人口分布情况

资料来源：ILO. ILO Modeled Estimates. November 2018。

（一）就业总体状况

1. 非就业人口数量大，体面工作缺口普遍存在

大约3.6亿人（11%）的就业者无偿为家庭工作（见图1-2），缺乏获得社会保障和收入保障的有效途径。这种就业状态被归类为非正式就业。另外有11亿处于劳动年龄段的人口（34%）为自营就业人员，85%的自营就业人员由于缺乏正规部门或社会保障制度的途径而在非正规经济中就业。[③] 总体来说，全球只有52%的就业者属于工资和受薪员工（见图1-2），而全球40%的工作岗位属于非正式模式，即全球有20亿工人从事非正式就业，占全球劳动力的61%；全球55%的非正式工作者不能够享受任何社会保障。[④]

① United Nations. UN World Population Prospects：Key Findings and Advance Tables：2017. Revision. New York：2017.

② ILO. ILO Modeled Estimates. November 2018.

③ ILO. Women and Men in the Informal Economy：A Statistical Picture，Third Edition. Geneva：2018.

④ ILO. World Social Protection Report 2017 -19：Universal Social Protection to Achieve the Sustainable Development Goals. Geneva：2018.

2018年，低收入和中等收入国家的工人中，16%生活在极端贫困中，10%生活在中度贫困中（见图1－3）。

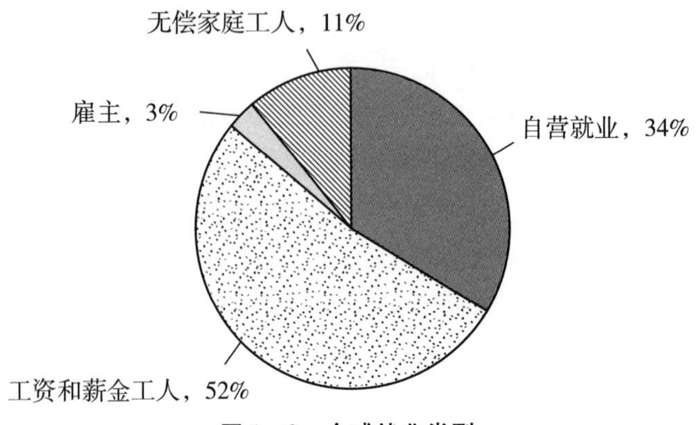

图1－2　全球就业类型

资料来源：ILO. ILO Modeled Estimates. November 2018。

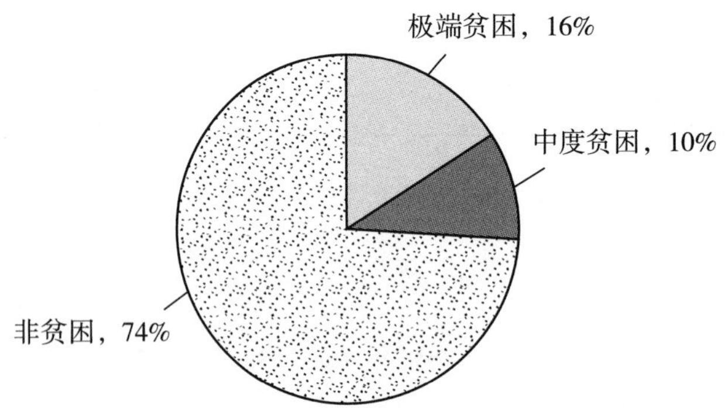

图1－3　中低收入国家就业人口贫困率

资料来源：ILO. ILO Modeled Estimates. November 2018。

2. 在劳动力增长放缓的背景下，就业增长正在下降

全球工作年龄人口的年增长率从1990～1995年的1.9%下降至2013～2018年的1.3%，预计2020年将进一步下降至1.1%；反映到劳动力的下降，劳动力增长率从1992年的1.8%下降至2018年的1%。[①] 但同期的就业增长也一直处于下降的态势，从20世纪90年代的1.5%下降至2018年的不足1%：2004年和2007年就业增长平均超过劳动力增长0.25个百分点，大大降低了失业率；自2010年以来，就业和劳动力增长率十分接近，就业增长率稍高于劳动力增长率；2018～2020年，这两个比率将几乎相同，因此全球失业率将基本保持不变。[②]

①② ILO. ILO Modeled Estimates. November 2018.

3. 尽管经济增长放缓，但生产率增长仍保持稳定

2011～2018年，全球平均经济增长率为3.6%，低于2001～2010年的3.9%的全球平均经济增长率，但要高于1992～2000年的3.3%的全球平均经济增长。① 由此可以看出，与2001～2010年相比，世界经济呈现出缓慢增长的态势。但全球劳动生产率一直保持平稳态势，2001～2010年和2011～2018年的平均生产力增长率均为2.3%左右，而2019～2021年生产率增长将达到2010年以来的最高水平，超过1992～2018年平均2.1%的水平。②

（二）不同收入水平的国家劳动力状况

1. 劳动参与率

全球大约61.4%的适龄工作人口通过实际就业或在有工作机会的情况下寻找就业机会参与劳动力市场（见表1－2）。在过去的25年中，劳动参与率平均每年下降0.1～0.2个百分点，2018年劳动参与率下降幅度是2008年全球金融危机之后出现的最大降幅。③不同收入水平国家组的劳动参与率总体情况从2018年中等偏低收入国家组的56.5%到低收入国家组的71.3%（见表1－2）。预计2018～2023年间，不同收入水平国家组的劳动参与率都将下降，其中最显著的是中等偏高收入国家组（下降2个百分点）和高收入国家组（下降1个百分点）（见表1－2）。导致劳动参与率下降的教育入学率上升、退休机会增加和预期寿命延长等因素，对社会和劳动者的发展具有积极的作用。然而，劳动力增长的预期趋势也对社会发展和资源分配产生了重大的影响。第一，各国为了使老年人摆脱贫困，现有的养老金制度面临的压力将日益增大。第二，增长的抚养比率提高了特定行业的劳动力需求（如护理行业），加速了社会就业结构转型。第三，劳动力市场的结构发生变化，劳动力市场不断创新，对老龄化程度日益加深的劳动力造成重大挑战。

表1－2　1993～2023年全球和不同收入水平国家的劳动参与率及变化情况

国家分组	人口群体	水平（%）	五年的变化情况（百分点）					
		2018年	1993～1998年	1998～2003年	2003～2008年	2008～2013年	2013～2018年	2018～2023年
全球	整体	61.4	－0.5	－0.9	－0.9	－1.1	－0.5	－1.1
	女性	47.9	－0.1	－0.5	－1.0	－1.2	－0.3	－1.1
	男性	74.9	－0.9	－1.3	－0.9	－1.0	－0.8	－1.0
	青年	42.1	－3.3	－3.1	－2.6	－3.7	－2.2	－1.3
	成人	66.6	0.2	－0.2	－0.6	－0.8	－0.5	－1.2

①② IMF. World Economic Outlook: Challenges to Steady Growth. Washington, DC: October 2018.

③ ILO. ILO Modeled Estimates. November 2018.

续表

国家分组	人口群体	水平（%）	五年的变化情况（百分点）					
		2018 年	1993 ~ 1998 年	1998 ~ 2003 年	2003 ~ 2008 年	2008 ~ 2013 年	2013 ~ 2018 年	2018 ~ 2023 年
低收入国家	整体	71.3	-0.3	-0.2	-1.1	-1.2	-0.1	-0.2
	女性	64.1	-0.1	0.2	-1.1	-1.2	0.4	-0.3
	男性	78.7	-0.5	-0.6	-1.0	-1.3	-0.7	-0.2
	青年	56.6	-1.1	-0.9	-1.7	-1.6	-1.0	-0.6
	成人	79.0	0.2	0.4	-0.8	-1.1	0.2	-0.3
中等偏低收入国家	整体	56.5	-0.3	-0.4	-1.1	-1.5	-0.3	-0.4
	女性	35.5	0.1	-0.1	-1.1	-1.9	0.4	-0.3
	男性	77.1	-0.7	-0.6	-1.1	-1.2	-1.0	-0.5
	青年	35.9	-1.2	-1.4	-3.4	-4.3	-2.4	-1.2
	成人	63.7	0.0	0.0	-0.5	-1.0	-0.1	-0.6
中等偏高收入国家	整体	64.8	-1.1	-1.9	-1.6	-1.0	-1.1	-2.0
	女性	54.6	-0.8	-1.5	-1.7	-1.0	-1.2	-2.2
	男性	75.0	-1.4	-2.3	-1.4	-0.9	-1.0	-1.9
	青年	44.2	-5.6	-6.0	-2.7	-3.9	-3.5	-2.3
	成人	68.9	0.0	-0.7	-1.3	-1.1	-1.4	-2.3
高收入国家	整体	60.5	0.1	-0.1	0.5	-0.5	0.2	-1.0
	女性	52.7	1.1	0.7	1.0	0.1	0.6	-0.8
	男性	68.4	-0.9	-1.1	-0.1	-1.2	-0.3	-1.3
	青年	45.1	-1.6	-1.9	-0.7	-2.6	0.4	-1.5
	成人	63.0	0.4	0.1	0.6	-0.3	-0.1	-1.1

注：青年的年龄为 15 ~24 岁；成人的年龄为 25 岁以上。
资料来源：ILO. ILO Modeled Estimates. November 2018。

2. 就业人口比

劳动力参与率的演变、劳动力增长和就业增长决定了就业适龄工作人口所占的比例[简称就业人口比（EPR）]。反之，就业人口比变化也在一定程度上反映出各国劳动参与率和失业情况的变化等。在全球范围内，2018 年有 58.4% 的适龄工作人口就业，低于 1993 年的 62.2%（见表 1 -3）。就业人口比的性别差距在 2018 年为 26 个百分点，意味着男性就业的可能性是女性的0.5倍以上：低收入国家组的就业人口比最高（68.7%），而在中等偏低收入国家组的就业人口比在54.3%以下（中等偏低收入国家的妇女只有1/3的人就业）（见表1-3）。预计随着全球劳动参与率的下降，不同收入水平的国家组和不同人口群体的就业人口比未来都将略有下降。

表1-3　1993年、2018年和2020年全球和不同收入水平的国家就业人口比　单位：%

国家收入分组	整体			女性			男性			青年		
	1993年	2018年	2020年	1993年	2018年	2020年	1993年	2018年	2020年	1993年	2018年	2020年
全球	62.2	58.4	58.0	48.5	45.3	44.9	76.0	71.4	71.1	51.7	37.1	36.6
低收入国家	71.3	68.7	68.6	63.5	61.7	61.6	79.4	75.9	75.8	58.8	53.1	52.9
中等偏低收入国家	67.9	54.3	54.1	36.4	33.7	33.5	78.8	74.5	74.3	44.2	31.6	31.0
中等偏高收入国家	68.2	60.9	60.2	58.2	51.3	50.0	78.2	70.5	69.9	60.7	37.6	36.8
高收入国家	55.6	57.3	57.1	44.9	49.8	49.6	66.8	65.0	64.7	43.4	39.8	39.4

资料来源：ILO. ILO Modeled Estimates. November 2018。

3. 非正式就业和就业状态

全球大多数工人从事非正式就业，非正式就业人员比正式就业人员更容易生活在贫困的环境中。2016年，全球大约20亿工人（占全球劳动力的61.2%）从事非正式就业：男性（63%）的非正式就业率高于女性非正式就业率（58.1%）（见表1-4）。2016年，低收入国家组的非正式就业率高达89.8%，中等偏低收入国家组也达到83.7%，而中等偏高收入国家组下降至52.6%，高收入国家组则降低至18.3%（见表1-4）。按不同收入水平划分的国家组的男性和女性非正式就业率存在差异：在中等偏低收入国家，女性比男性更有可能从事非正式就业；在中等偏高收入国家和高收入国家，男性从事非正式就业的可能性更高。2018年，全球从事正式就业人员的比例为52.0%，但低收入国家组和中等偏低收入国家组分别为18.8%和34.5%，而中等偏高收入国家组与高收入国家组分别为59.2%和87.2%，差异非常明显（见表1-4）。

表1-4　　2016年、2018年和2018~2023年全球和不同收入水平的国家的非正式就业和就业状态情况

单位：%

国家收入分组	性别	非正式就业	工资和带薪工人		雇主		自营就业		家庭照顾者	
		百分比	百分比	变化百分比	百分比	变化百分比	百分比	变化百分比	百分比	变化百分比
		2016年	2018年	2018~2023年	2018年	2018~2023年	2018年	2018~2023年	2018年	2018~2023年
全球	整体	61.2	52.0	0.6	2.9	0.1	34.1	0.4	10.9	-1.0
	女性	58.1	52.5	0.5	1.7	0.1	27.8	0.8	18.1	-1.4
	男性	63.0	51.7	0.6	3.8	0.0	38.2	0.1	6.4	-0.8
低收入国家	整体	89.8	18.8	0.9	1.6	0.0	50.9	0.1	28.6	-1.0
	女性	92.1	11.9	0.6	0.8	0.0	44.5	0.6	42.8	-1.2
	男性	87.5	24.5	1.1	2.3	0.0	56.4	-0.4	16.8	-0.7
中等偏低收入国家	整体	83.7	34.5	1.9	2.7	0.1	49.5	0.1	13.3	-2.1
	女性	84.5	31.6	2.1	1.4	0.1	42.0	1.1	25.0	-3.3
	男性	83.4	35.8	1.8	3.3	0.1	52.8	-0.4	8.2	-1.5
中等偏高收入国家	整体	52.6	59.2	1.8	3.3	0.1	28.3	-0.6	9.2	-1.3
	女性	50.4	58.4	2.2	1.9	0.1	24.4	-0.3	15.2	-2.0
	男性	54.0	59.8	1.5	4.4	0.1	31.1	-0.9	4.8	-0.7
高收入国家	整体	18.3	87.2	0.2	3.3	0.0	8.6	-0.1	0.9	-0.1
	女性	17.6	89.7	0.2	2.0	0.0	6.7	0.0	1.5	-0.2
	男性	18.9	85.2	0.2	4.3	-0.1	10.0	-0.1	0.5	-0.1

资料来源：ILO. ILO Modeled Estimates. November 2018。

4. 就业贫困状况

就业贫困自1993年以来大幅度下降，当时2/3的工人（约13亿）生活极端或中等贫困，到2018年中低收入国家组的近7亿工人面临极端或中等贫困的情况（以购买力平价计算每天生活费低于3.20美元），预计未来几年工人贫困问题将一进步得到缓解，2023年就业贫困人口将进一步减少5 500万人（见表1-5）。中等收入国家组的就业贫困率正在迅速下降：1993~2018年，中等偏高收入国家组的极端和中等就业贫困率每年下降超过2个百分点，2018年就业贫困率已降至5.3%（见表1-5）。1993年以来，中国经济持续高速增长，对降低低收入和中等收入国家中的贫困人口比例和总人数起到了重要作用。

相比之下，尽管撒哈拉以南非洲的就业贫困率在下降，但就业贫困人口的绝对数量在上升。2018 年，中等偏低收入国家组仍然是极端和中等就业贫困人口最多的（4.32 亿人），但到 2023 年将减少 5 400 万人。① 低收入国家组普遍存在就业贫困，2018 年近 40% 的工人（即 1.16 亿人）生活在极端贫困中，另有 27.5% 或 8 100 万人生活在中等贫困中（见表 1－5）。尽管低收入国家组的就业贫困率总体上在下降，但由于体面收入的就业机会的创造速度无法跟上求职者数量的增长速度，到 2023 年极端和中等就业贫困人口的绝对数量预计将增加 1 500 万人（见表 1－5）。这意味着大多数低收入国家在 2030 年实现“可持续发展目标 1”（消除所有形式的贫困）面临着很大挑战。

表 1－5　1993 年、2018 年和 2023 年不同收入水平国家和人口的就业贫困状况

国家收入分组	人口分组	极端就业贫困						中等就业贫困					
		比例（%）			人口（百万人）			比例（%）			人口（百万人）		
		1993 年	2018 年	2023 年	1993 年	2018 年	2023 年	1993 年	2018 年	2023 年	1993 年	2018 年	2023 年
中低收入国家	整体	41.7	9.8	8.6	778.2	264.8	244.0	26.0	16.0	14.0	485.8	429.7	395.8
	女性	44.5	10.5	9.6	319.0	106.5	101.9	24.6	14.1	12.6	176.5	142.7	133.8
	男性	39.9	9.4	8.0	459.2	158.3	142.1	26.9	17.1	14.8	309.3	287.0	262.0
	青年	45.0	15.7	14.5	205.9	59.8	55.2	28.0	20.6	18.9	128.3	78.6	71.8
低收入国家	整体	61.4	39.2	35.2	91.2	115.8	120.9	21.6	27.5	26.6	32.1	81.3	91.4
	女性	63.9	40.4	36.3	43.2	54.4	56.5	21.3	27.7	27.0	14.4	37.3	42.2
	男性	59.2	38.2	34.3	47.9	61.4	64.4	21.8	27.4	26.3	17.7	44.1	49.3
	青年	63.0	41.4	37.6	27.0	32.7	33.5	22.1	28.8	28.1	9.5	22.7	25.0
中等偏低收入国家	整体	40.4	12.1	9.3	288.6	138.3	114.8	32.0	25.7	21.3	229.0	293.6	262.8
	女性	43.3	13.5	11.0	96.3	47.4	41.7	29.4	23.8	19.9	65.3	83.3	75.1
	男性	39.1	11.5	8.5	192.3	90.9	73.1	33.2	26.6	21.9	163.7	210.3	187.7
	青年	43.0	15.0	12.1	73.3	25.7	20.8	34.2	28.9	24.9	58.3	49.6	42.5
中等偏高收入国家	整体	39.7	0.9	0.7	398.4	10.8	8.3	22.4	4.4	3.3	224.7	54.8	41.6
	女性	42.0	0.9	0.7	179.5	4.7	3.7	22.6	4.2	3.2	96.7	22.1	16.6
	男性	38.0	0.8	0.6	218.9	6.0	4.6	22.2	4.5	3.4	128.0	32.7	25.0
	青年	43.1	1.1	0.8	105.6	1.4	1.0	24.7	4.8	3.6	60.5	6.3	4.3

资料来源：ILO. ILO Modeled Estimates. November 2018.

① ILO. ILO Modeled Estimates. November 2018.

5. 失业率

2018年，全球失业率估计为5.0%（见表1-6），再次下降到2008年的水平，明显低于2000年以来5.4%的平均水平：全球失业率仅用了一年时间就从2008年的5.0%上升到2009年的5.6%，但恢复到原值却花了整整9年时间。[①]预计未来几年全球失业率将基本保持不变，与全球经济稳定增长的预测一致。[①] 然而，失业率预测存在相当大的不确定性，与经济、金融和地缘政治风险有关。中等偏高收入国家组的失业率在2014～2018年期间增长了0.4个百分点，全球失业人数增加了700万人。[②] 目前一些主要新兴国家的宏观经济前景黯淡[③]，表明中等偏高收入水平国家组的平均失业率在未来几年下降的可能性很小。对高收入国家组来说，失业率是反映其劳动力市场健康状况最为关键的指标，失业率增加将带来贫困率上升风险。从正面看，自2008年金融危机以来，高收入国家组经历了显著的复苏，失业率从2010年的8.2%降至2018年的5.3%（见表1-6），这是过去30年来的最低水平。

表1-6　2017～2020年全球和不同收入水平的国家组的失业率和失业水平

国家收入分组	人口分组	2017～2020年失业率（%）				2017～2020年失业水平（百万人）			
全球	整体	5.1	5.0	4.9	4.9	174.1	172.5	173.6	174.3
	女性	5.5	5.4	5.4	5.4	74.4	73.7	74.4	74.8
	男性	4.8	4.7	4.6	4.6	99.7	98.8	99.2	99.5
	青年	12.0	11.8	11.8	11.8	60.4	59.3	59.1	58.7
低收入国家	整体	3.7	3.7	3.7	3.7	3.7	11.4	11.8	12.2
	女性	3.8	3.8	3.8	3.8	5.2	5.4	5.5	5.7
	男性	3.6	3.6	3.6	3.6	5.9	6.1	6.3	6.5
	青年	6.2	6.2	6.2	6.2	5.2	5.3	5.4	5.6
中等偏低收入国家	整体	4.0	4.0	4.0	4.0	46.5	47.3	48.2	49.2
	女性	5.1	5.1	5.2	5.2	18.6	19.0	19.4	19.8
	男性	3.5	3.5	3.5	3.5	27.9	28.3	28.8	29.3
	青年	11.9	12.0	12.1	12.2	23.3	23.4	23.5	23.7

①③　IMF. World Economic Outlook：Challenges to Steady Growth Washington，DC：2018.

②　World Employment and Social Outlook：Trends 2019. Geneva：ILO，2019.

续表

国家收入分组	人口分组	2017～2020 年失业率（%）				2017～2020 年失业水平（百万人）			
中等偏高收入国家	整体	6.0	6.0	6.0	6.0	80.9	80.7	81.2	80.8
	女性	6.0	6.0	6.0	6.0	34.0	33.9	34.2	34.0
	男性	6.0	6.0	6.0	6.0	34.0	33.9	34.2	34.0
	青年	6.0	6.0	6.0	6.0	46.9	46.8	47.0	46.8
高收入国家	整体	5.7	5.3	5.1	5.1	35.6	33.1	32.3	32.2
	女性	6.0	5.6	5.5	5.5	16.6	15.5	15.3	15.3
	男性	5.4	5.0	4.8	4.8	19.0	17.6	17.1	16.9
	青年	12.5	11.7	11.6	11.7	8.5	7.8	7.7	7.6

资料来源：ILO. ILO Modeled Estimates. November 2018.

第二节　全球工资形势及社会保障状况

对大多数工人来说，工资收入占其家庭总收入的比例显著。平均来说，至少有一名工人的家庭的工资收入占家庭总收入的比例，从低收入和中等收入国家组的 40% 到高收入国家组的 60% ～80% 。① 因此，分析全球和地区工资增长是了解全球收入和生活水平增长的关键。而社会保障在实现个人获得收入保障和医疗保健方面发挥重大作用。获得社会保障的人权在近年来获得重大进步，但全球仅有 29% 的人口能够获得综合的社会保障制度的覆盖，其他的人口则被部分覆盖或完全被排除在社会保障体系之外②。

一、全球工资状况

2017 年全球工资增长不仅低于 2016 年，也是 2008 年以来工资增长率最低的一年：2016 年全球实际工资增长率为 2.4% ，而 2017 年仅为 1.8% （见图 1－4）。中国的工资增长对全球工资的增长水平有着很大的影响，在去除中国因素的情况下，2017 年全球工资增长幅度为 1.1% ，比 2017 年的 1.8% 下降 0.7 个百分点（见图 1－4）。

① ILO. Global Wage Report 2016/17：Wage Inequality in the Workplace. Geneva：ILO，2018.

② World Social Protection Report 2017－19：Universal Social Protection to Achieve the Sustainable Development Goals. Geneva：ILO，2017.

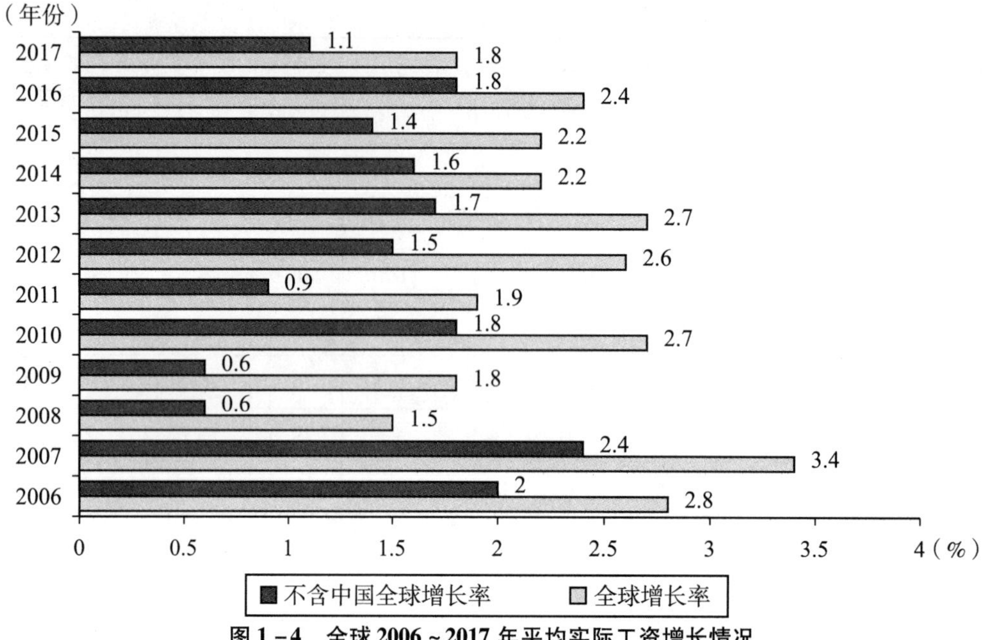

图1-4 全球2006~2017年平均实际工资增长情况

资料来源：ILO Estimates based on Official National Sources as Recorded in ILOSTAT and the ILO Global Wage Database. 2018。

（一）高收入国家工资增长缓慢

G20发达国家的实际工资增长从2015年的1.7%下降至2016年的0.9%，而2017年则下降至0.4%（见图1-5）。欧洲（不包括东欧）的实际工资增长从2015年的1.6%下

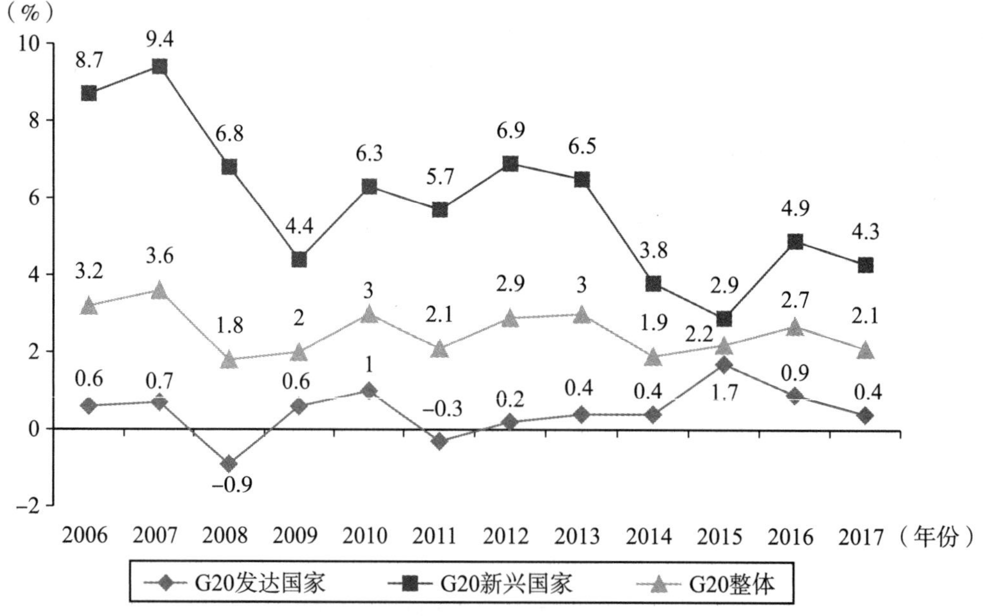

图1-5 G20国家2006~2017年平均实际工资增长情况

资料来源：ILO. ILO Estimates based on Official National Sources as Recorded in ILOSTAT and the ILO Global Wage Database. 2018。

降至 2016 年的 1.3%，而由于法国和德国较低的工资增长率，以及意大利、西班牙实际工资负增长，2017 年的增长率则下降至 0（见图 1－6）。东欧的实际工资增长率从 2015 年下降 4.9%，但 2016 年则增长了 2.8%，2017 年的增长率为 5.0%（见图 1－7）。美国 2015 年实际工资增长率为 2.2%，2016 年和 2017 年均为 0.7%。[①]

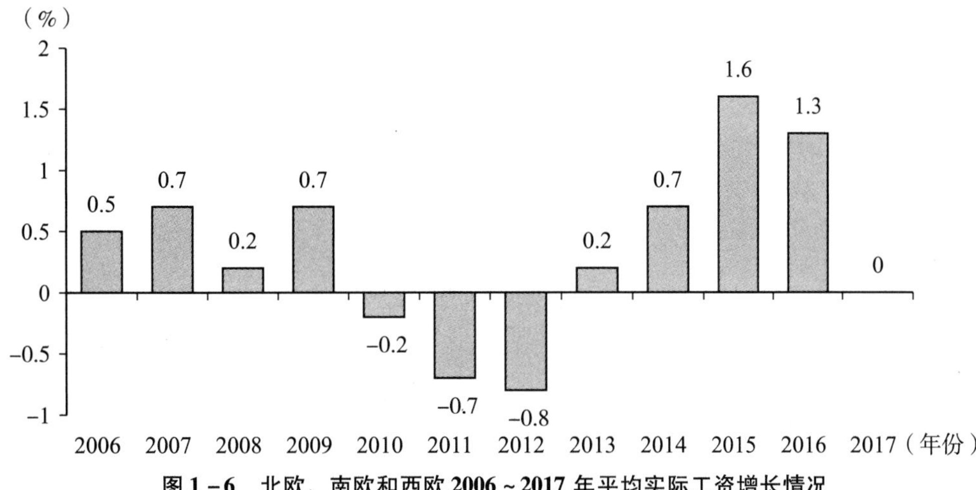

图 1－6　北欧、南欧和西欧 2006～2017 年平均实际工资增长情况

资料来源：ILO. ILO Estimates based on Official National Sources as Recorded in ILOSTAT and the ILO Global Wage Database. 2018。

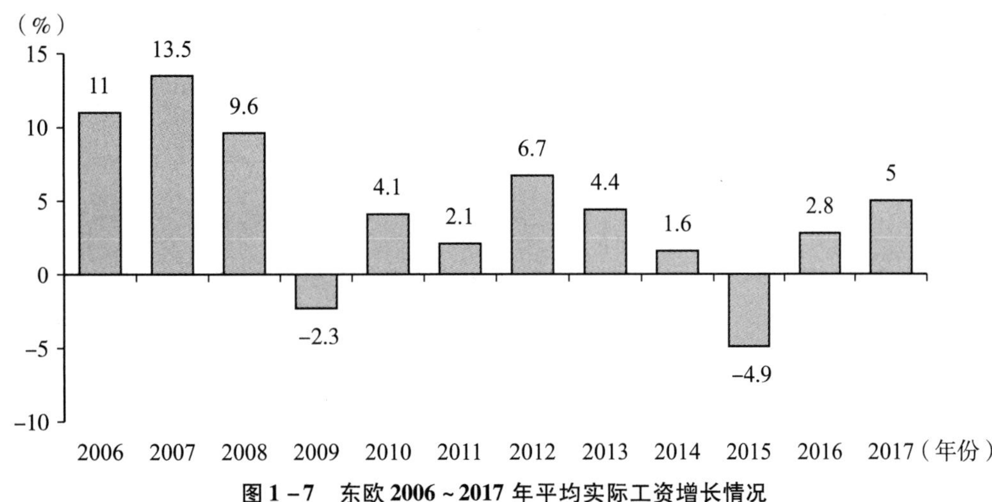

图 1－7　东欧 2006～2017 年平均实际工资增长情况

资料来源：ILO. ILO Estimates based on Official National Sources as Recorded in ILOSTAT and the ILO Global Wage Database. 2018。

① US Bureau of Labor Statistics.

（二）中低收入国家的工资增长更加强劲，国家和地区差异很大

G20 的新兴和发展中国家的实际工资增长近年来波动较大，从 2015 年的 2.9% 增加至 2016 年的 4.9%，而 2017 年则下降为 4.3%（见图 1－5）。亚太地区的工人在 2016～2017 年间的实际工资增长率最高，但 2017 年的工资增长率与 2016 年相比也有所下降，从 4.8% 下降至 3.0%（见图 1－8）。中亚和西亚的工资增长自 2010 起增长比较平稳，增长率比较高，但也从 2016 年的 3.0% 下降至 2017 年的 0.5%（见图 1－9）。自 2008 年全球金融危机以来，拉丁美洲和加勒比地区的工资增长率一直不高，2014 年出现负增长（－0.3），但 2017 年的实际工资增长（0.7%）与 2016 年（0.1%）相比增加了 0.6%

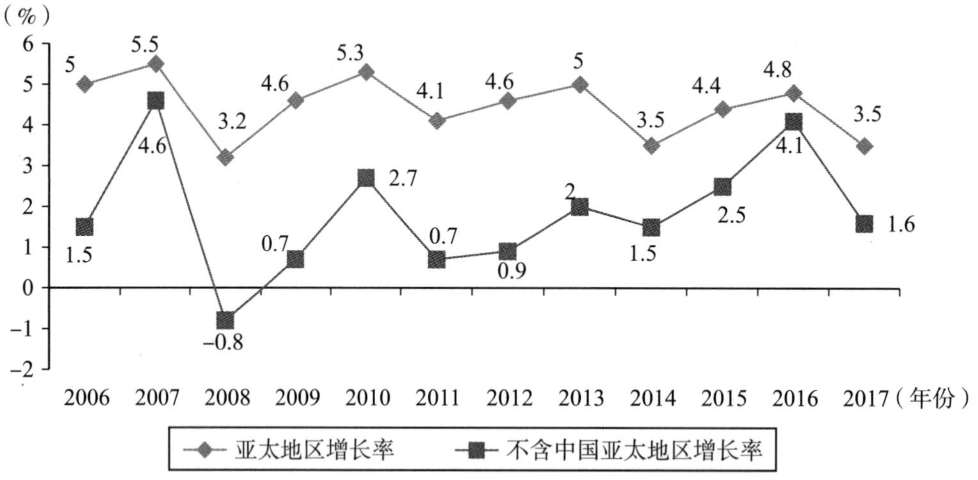

图 1－8　亚太地区 2006～2017 年平均实际工资增长情况

资料来源：ILO. ILO Estimates based on Official National Sources as Recorded in ILOSTAT and the ILO Global Wage Database. 2018。

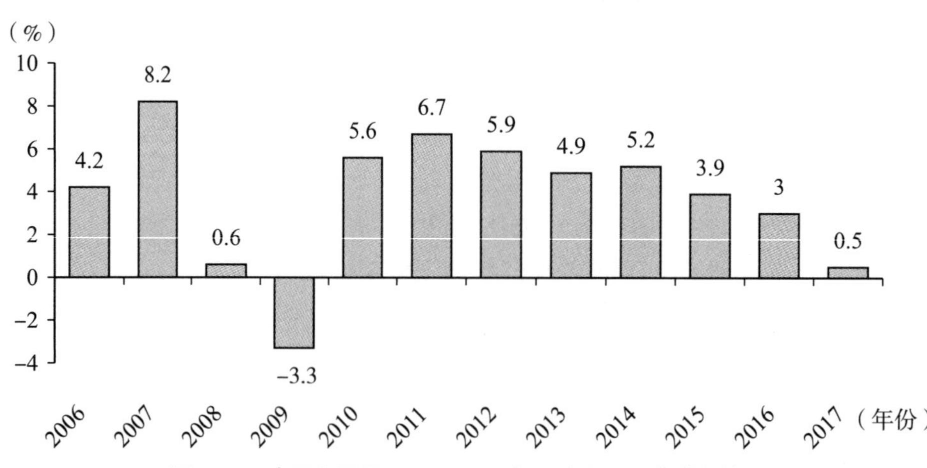

图 1－9　中亚和西亚 2006～2017 年平均实际工资增长情况

资料来源：ILO. ILO Estimates based on Official National Sources as Recorded in ILOSTAT and the ILO Global Wage Database. 2018。

(见图1-10)。非洲的实际工资增长率2017年下降了3%(见图1-11)。这主要是由于埃及和尼日利亚的工资负增长趋势拉低了地区的平均工资增长率。从较长的时间来看，1999~2017年G20国家的新兴国家和发展中国家的实际工资增长了3倍，而发达国家则增长了9%。[①] 尽管如此，很多中低收入国家的平均工资水平仍然很低，不足以满足工人及其家庭的基本生活。

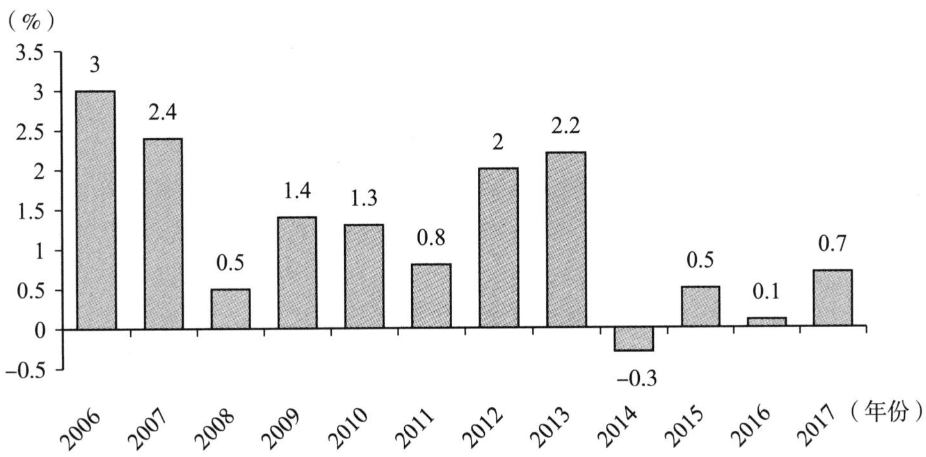

图1-10 拉丁美洲和加勒比地区2006~2017年平均实际工资增长情况

资料来源：ILO. ILO Estimates based on Official National Sources as Recorded in ILOSTAT and the ILO Global Wage Database. 2018。

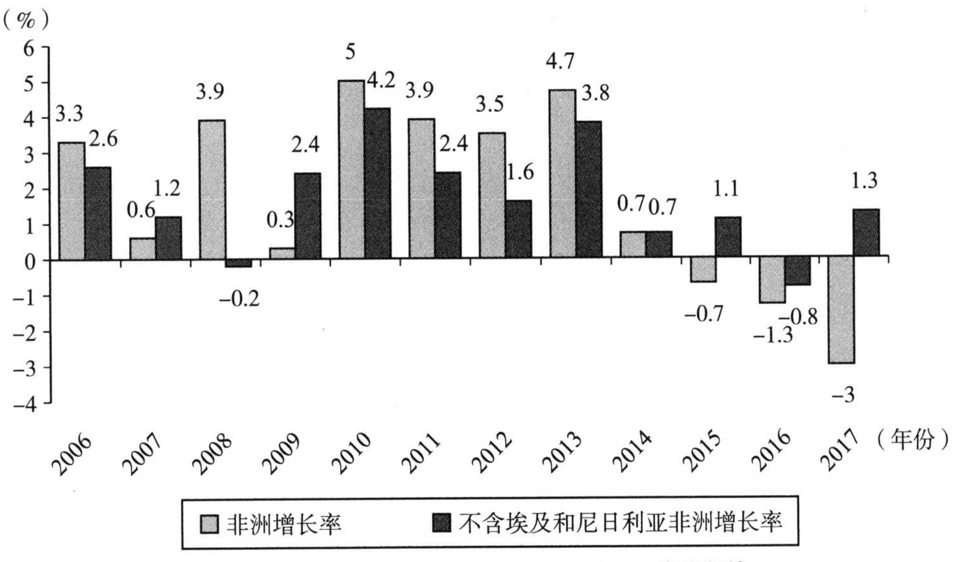

图1-11 非洲地区2006~2017年平均实际工资增长情况

资料来源：ILO. ILO Estimates based on Official National Sources as Recorded in ILOSTAT and the ILO Global Wage Database. 2018。

① ILO. Global Wage Report 2018/19: What Lies Behind Gender Pay Gaps. Geneva: ILO, 2018.

（三）工资增长落后于高收入国家的生产力增长

根据 52 个高收入国家 1999 ~2017 年的平均工资和劳动生产力情况来看，劳动生产率（17%）的增长要快于实际工资的增长率（13%）。[①] 总的来说，工资和劳动生产率之间的脱钩解释了许多国家的劳动收入份额（劳动补偿占国内生产总值的份额）仍然大大低于 20 世纪 90 年代的水平的原因。

（四）低收入国家的工资不平等程度最高

对全球 64 个国家的工资水平进行调查，反映出全球 75% 的工资雇员的工资分布情况，高收入国家的工资不平等程度最低，而中等和低收入国家的工资不平等水平最高。[②] 在高收入国家中，瑞典的工资不平等程度最低，智利最高。在中等和低收入国家中，南非和纳米比亚的工资不平等程度最高，亚美尼亚和蒙古国最低。根据 OECD 的数据，发达经济体 2018 年的工资增长情况如下：东欧国家中，匈牙利、拉脱维亚和波兰的工资增长率为 4.9%、4.1% 和 3.8%，即将脱欧的英国的工资将下降 0.7%，而美国的工资预计将有 1.2% 的增长（见表 1 –7）。

表 1 –7　2018 年部分欧盟国家的实际工资增长率　单位：%

国家	实际工资增长	国家	实际工资增长
匈牙利	4.9	德国	0.9
拉脱维亚	4.1	奥地利	0.9
波兰	3.8	法国	0.8
捷克	3.7	卢森堡	0.8
斯洛文尼亚	3.5	墨西哥	0.7
以色列	3.0	芬兰	0.6
斯洛伐克	2.9	丹麦	0.6
韩国	1.9	澳大利亚	0.4
爱沙尼亚	1.7	日本	0.3
冰岛	1.5	希腊	0.2
瑞典	1.5	比利时	0.1
美国	1.2	瑞士	0.0

① IMF. Recent Wage Dynamics in Advanced Economies：Drivers and Implications. 2017.

② ILO Global Wage Database.

续表

国家	实际工资增长	国家	实际工资增长
荷兰	1.1	西班牙	-0.1
葡萄牙	1.1	意大利	-0.6
挪威	1.1	英国	-0.7
加拿大	1.0		

资料来源：ILO. Real Wage Growth in Selected OECD Countries in 2018. 2019。

二、全球社会保障状况

（一）不同地区的社会保障覆盖差异大

全球仅有45.2%的人口在有效的社会保障项目覆盖之下，超过30%的人口没有任何领域的有效的社会保障项目覆盖（见表1-8）。各地区的社会保障覆盖差异很大。大多数欧洲国家和中亚国家，以及加拿大和乌拉圭，90%以上的人口至少被1项社会保障覆盖。除埃及和南非外，非洲地区的人口社会保障的覆盖率不足30%。美洲地区大约有67.6%的人口至少被1项社会保障覆盖，反映出近年来该地区扩大社会保障覆盖面的努力有显著进展（见表1-8）。亚洲和太平洋地区大约38.9%的人口获得社会保障的覆盖，但差异性很大。澳大利亚、中国、日本、韩国、新西兰的覆盖率很高，但其他国家的覆盖率十分有限。总的来说，社会保障覆盖率的差异反映出越是经济发展水平高的国家覆盖率越高，并且在一些国家，如中国和乌拉圭的经验表明在扩大覆盖面方面持续不断的努力，可以超越经济发展水平为国民提供较为广泛的社会保障。

表1-8　全球和不同的地区不同人群的有效社会保障覆盖率　单位：%

地区	至少有一项社保人口	儿童	新生儿母亲中度残疾人	重度残疾人	失业者	老年人	社会救助覆盖的弱势群体
全球	45.2	34.9	41.1	27.8	21.8	67.9	24.7
非洲	17.8	15.9	15.8	—	5.6	29.6	9.5
美洲	67.6	66.2	68.6	72.9	16.7	86.2	38.7
亚太地区	38.9	—	33.4	9.4	22.5	55.2	16.4
欧洲和中亚	84.1	87.5	81.4	86.7	42.5	95.2	66.7

资料来源：ILO. World Social Protection Database，based on SSI. 2019。

（二）就业领域正在发生重大的变化对社会保障有很大影响

数字化和自动化促进了新就业形式的出现。例如数字平台，已经在一些国家发展出“零工”就业形式或其他形式的临时和兼职就业，以及依赖性自营就业和临时代理工作，属于非正式就业形式。[①] 尽管这些形式的就业能够为企业用工提供很大的灵活性，但对工人来说意味着较低的、波动性较大、不安全性较高的收入保障，以及不安全、达不到条件的工作环境，限制了其获得社会保障的权利。这些新的就业形式不仅出现在高收入国家，在许多中等收入国家也大量出现。例如中国、印度、马来西亚或泰国，以新的就业形式就业但无社会保障的工人阶级与现在大量从事传统行业（如农业）的工人构成了缺乏社会保障的主要人群。除了疲软的劳动力市场机制外，工作和就业关系的改变导致世界很多地区的不平等和不安全程度不断增加，并削弱了不同社会群体间隐性的社会契约。为确保在更加公平的基础上分享经济增长，各国需要更加关注就业、工资和社会保障政策，关注社会保障系统适应就业性质的变化并缩小社会保障差距。例如，一些国家将社会保障的覆盖范围扩大到特定类型的无薪和弱势工人，包括有多个雇主的工人、非正式就业工人和自营就业者。对非正式就业工人的覆盖的促进也可以通过降低最低工作时数、收入和就业时间的长度来实现，允许更加灵活的缴费方式和缴费终端，提高不同社会保障制度和就业状态间社会保障的可转移性，确保工作转换间社会保障的可持续性。

（三）OECD 国家社会公共支出情况

2018 年，OECD 国家的公共社会支出占 GDP 的 20.5%，公共支出中养老金的份额最大，占 GDP 的 8%，与前十年相比增长了 1%；私人社会支出中，荷兰、瑞士和美国的医疗保险和养老金支出最高，占 GDP 的 10% 强。[②] 将私人社会支出计算在内，再加上税制度的影响，法国的社会支出最高，占 GDP 的 32%，而芬兰占 GDP 的 30% 为第二位；澳大利亚、比利时、丹麦、芬兰、德国、意大利和瑞典等的公共社会支出都超过 GDP 的 15%，而智利、韩国、墨西哥、土耳其的则不足 GDP 的 15%（见表 1 –9）。OECD 国家中，现金津贴（占 GDP 的 12%）要比健康和社会服务支持（8% 左右）要高：意大利、波兰和葡萄牙的现金津贴占公共社会支出的 70%，希腊则为 80%，但智利、韩国和墨西哥的仅为 40% 多一点，而冰岛则为 35%。公共养老金支出在 OECD 国家平均水平为 GDP 的 8%，是社会支出最大的部分（表 1 –9）。但不同的国家公共养老金支出差异很大，这是由于人口的年龄结构以及符合领取养老金老年人的数量决定的。例如，2018 年墨西哥的养老金支出仅占 GDP 的 2.3%，而意大利和希腊的则超过 GDP 的 16%。[③] 公共卫生支出是公共支出的第二大项目，OECD 国家平均占 GDP 的 5.7%，法国为 8.8%、德国为 8.1%（见表 1 –9）。OECD 国家为处于工作年龄段的人口提供的收入支持平均占 GDP 的 4%，其中 0.7% 为失业津贴、1.7% 为失能津贴、1.2% 为家庭现金津贴，而其他的社会支出占

① ISSA（International Social Security Association）. Ten Global Challenges for Social Security. Geneva：2016.

② OECD. OECD Social Expenditure Database. www. oecd. org/social/expenditure. htm，2019.

③ OECD. OECD Social Expenditure Database. www. oecd. org/social/expenditure. htm，2017.

0.4%；其他社会服务（健康服务外）大约平均占GDP的2.3%，其中1%为家庭服务，老年和残疾人服务在北欧诸国中占的份额最高①。

表1-9　2018年OECD国家公共社会支出占GDP的比例　单位：%

各国公共社会支出占GDP的百分比		现金津贴		社会服务	
国别	占GDP的百分比	养老金	收入支持（工作年龄段人口）	健康服务	其他社会服务
法国	32.0	13.9	5.4	8.8	2.8
芬兰	30.4	11.4	6.6	5.7	5.6
比利时	29.2	10.7	7.5	7.9	2.3
丹麦	29.0	8.1	5.6	6.7	6.6
意大利	28.5	16.2	4.1	6.7	1.0
奥地利	27.7	13.3	5.1	6.5	2.1
瑞典	26.3	7.2	4.0	6.3	7.6
希腊	25.4	16.9	3.3	4.8	0.2
德国	24.9	10.1	3.5	8.1	2.6
挪威	24.7	6.6	5.9	6.4	5.3
西班牙	24.7	11.0	4.9	6.5	1.7
葡萄牙	24.0	13.3	3.6	5.9	0.6
斯洛文尼亚	22.6	11.1	4.0	6.1	1.1
卢森堡	22.1	8.4	5.6	5.1	2.3
日本	21.9	9.4	1.8	7.7	2.9
英国	21.6	6.2	4.0	7.7	3.4
匈牙利	20.9	9.2	3.6	4.8	2.4
OECD-36	20.5	8.0	4.0	5.7	2.3
波兰	20.3	11.1	3.2	4.4	1.1
捷克	19.4	8.1	3.8	6.0	0.1
新西兰	18.9	4.9	4.2	7.3	2.2

① OECD. OECD Social Expenditure Database. www.oecd.org/social/expenditure.htm, 2019.

续表

各国公共社会支出占 GDP 的百分比		现金津贴		社会服务	
国别	占 GDP 的百分比	养老金	收入支持（工作年龄段人口）	健康服务	其他社会服务
美国	18.9	7.2	1.9	8.5	1.3
澳大利亚	17.8	4.2	4.3	6.3	2.8
斯洛伐克	17.8	7.3	3.7	5.5	1.1
荷兰	17.7	5.4	6.0	2.7	2.8
爱沙尼亚	17.7	7.0	4.4	4.6	1.3
加拿大	17.6	4.7	4.7	7.3	0.9
以色列	16.0	4.8	4.1	4.6	2.3
瑞士	15.9	6.5	4.1	3.0	1.7
立陶宛	15.8	6.7	3.0	4.3	1.5
拉脱维亚	15.7	7.0	3.6	3.3	1.7
爱尔兰	15.5	3.6	4.6	5.3	1.5
冰岛	15.5	2.1	4.1	5.0	4.2
土耳其	12.5	7.7	0.8	3.4	0.6
智利	10.9	2.8	1.8	4.2	2.1
韩国	10.6	3.0	1.2	4.3	1.7
墨西哥	7.5	2.3	0.9	2.9	1.5

资料来源：OECD. OECD Social Expenditure Database. 2019。

第三节　全球医疗卫生支出发展趋势

一、整体医疗卫生支出的增长率快于 GDP 的增长率

整体卫生支出的增长率快于 GDP 的增长率，中低收入国家比高收入国家的增长更为迅速（年平均增速 6%）。2016 年全球卫生支出 7.5 万亿美元，占全球 GDP 的 10%：卫生支出占 GDP 的份额在高收入国家最高，平均为 GDP 的 8.2%；中低收入国家的卫生支出

则占 GDP 的 6.3%。[①] 2000～2016 年，全球医疗卫生支出每年都呈增长状态，实际增长率大约为 4.0%，而全球经济增长率平均为 2.8%。[②] 尽管中等和低收入国家的 GDP 和医疗卫生支出增长比较快，但与高收入国家相比还存在着较大的差距。2016 年，人均医疗卫生支出中位数在高收入国家为 2 000 美元，而中等偏高收入国家仅为高收入国家的 1/5（400 美元），低收入和中等偏低收入国家仅为高收入国家的 1/20（100 美元）。[③] 这就造成了全球 20% 的人口生活在医疗卫生支出占全球医疗卫生总支出 80% 的高收入国家，而中等和低收入国家占全球 80% 的人口的卫生支出仅占全球医疗卫生总支出的 20%。[④] 2016 年排名前十位的国家卫生支出人均 5 000 美元，而排名后十位的国家卫生支出人均不到 30 美元，2000 年以来一直保持这种不公平的趋势。[⑤]

二、家庭自付部分减少，政府支出部分增加

医疗卫生支出的第二个趋势为日益依赖公共财政，中等收入和高收入国家这一趋势很是明显。这一趋势具有积极的意义，因为公共资金来源（通常是税收）能够使资金集中起来、公平、有效地满足健康需求，减少对家庭自付的依赖。同时，对家庭自付的依赖程度在全球范围内和大多数地区都呈下降趋势。东南亚国家（11 个国家，占全球人口的 25%）家庭自付部分占当前医疗卫生支出总额的比例从 2000 年的 56% 下降至 2016 年的 44%，下降幅度最大；非洲地区家庭自付比例下降也非常明显，从 46% 下降至 37%。[⑥] 所有地区家庭自付比例的下降的原因均为其他来源的支出相对增长较快，而不是由人均现金支出下降造成的。

外部资金（援助）在全球卫生支出中仅占不到 1% 的份额，在中等收入国家的医疗支出占比中有所下降，但是在低收入国家的医疗支出占比重有所增加。在低收入国家的人均卫生支出中位数中，外部资金的数量从 2005 年的 5 美元增加至 2016 年的 9 美元，而财政拨款的比例则从 7% 下降至 5%[⑦]。

三、公共医疗卫生支出随着国家收入的增长而增加

（一）全球范围内公共医疗卫生支出增加

在全球范围内，公共卫生支出 2015～2016 年间有所增加，保持了 2000 年以来的增长

---

① OECD. Social Expenditure Update 2019, Public Social Spending is High in Many OECD Countries, OECD Publishing, Paris. 2019.

②③ OECD Health Statistics 2018.

④ OECD. Focus on Spending on Health: Latest Trends. 2018.

⑤ Xu K, Soucat A, Kutzin J, et al. Public Spending on Health: A Closer Look at Global Trends. Geneva: World Health Organization, 2018.

⑥ Barroy H, Vaughan K, Tapsoba Y, Dale E, de Maele N V. Overview of Trends in Public Expenditure on Health (2000－2014).

⑦ Van de Maele N, Xu K, Soucat A, Kutzin J, Aranguren M, Wang H. Measuring Primary Health Care Expenditure in Low and Lower-Middle Income Countries. 2017.

趋势。2016 年公共医疗卫生支出总额为 5.6 万亿美元，比 2015 年增长 2%。[①] 按人均计算，各种收入水平国家组的公共卫生支出在 2000 ~ 2016 年间都有所增长，但公共医疗卫生支出占 GDP 的份额在不同收入水平国家组之间的不公平情况没有改善。高收入国家组的人均公共医疗卫生支出在 2000 年为 1 357 美元，2016 年为 2 257 美元，增长了 66%。[②] 中等收入国家组的人均公共卫生增长幅度更大，中等偏高收入国家的人均公共卫生支出从 2000 年的 132 美元增长到 2016 年的 267 美元，中等偏低收入国家同期则从 30 美元增长至 58 美元。[③] 但不同收入水平国家组的国家间也存在着差异（见表 1 – 10）。中等收入国家中，14 个国家在 2000 ~ 2016 年的公共卫生支出增加了 3 倍，28 个国家翻了一番，3 个国家呈下降趋势；低收入国家的卫生支出模式有所不同，人均公共卫生支出起伏较大，在 2000 ~ 2004 年呈现增加趋势，2004 ~ 2012 年则为下降趋势，2013 年又开始增长。[④] 截至 2016 年，低收入国家组的人均公共卫生支出平均为 9 美元，仅比 2000 年高 2 美元，其公共卫生支出占 GDP 的比例在 2004 ~ 2015 年则呈下降趋势，2016 年增加，但以后的走势并不明朗（见表 1 – 10）。

表 1 – 10　　不同收入水平国家的卫生经费支出情况

不同收入水平国家组	总体公共支出占 GDP 的（%）		公共卫生经费占总体政府支出的（%）		公共卫生经费占 GDP 的（%）		人均公共卫生经费（2016 年不变美元）		人均 GDP（2016 年不变美元）	
	2000 年	2016 年	2000 年	2016 年	2000 年	2016 年	2000 年	2016 年	2000 年	2016 年
低收入国家	20.4	23.6	7.9	6.8	1.5	1.5	7	9	487	626
中低收入国家	24.6	28.0	7.6	8.3	1.8	2.3	30	58	1 465	2 407
中高收入国家	29.1	31.4	10.3	12.2	2.9	3.7	132	267	4 381	7 058
高收入国家	38.1	41.2	11.6	14.9	4.5	6.1	1 357	2 257	28 649	33 951

资料来源：OECD Health Statistics 2018。

（二）低收入国家的公共卫生支出增长率低于经济增长速度

低收入国家的经济增长和总体公共支出的增长并没有带来公共卫生支出同幅度的增加。高收入国家的公共卫生支出在 2000 ~ 2016 年的增长快于 GDP 和总体公共支出的增长，这是由较高的健康需求、人口老龄化和技术进步造成的。高收入国家公共卫生支出占 GDP 的比重从 2000 年的 4.5% 增长到 2016 年的 6.1%，卫生优先权从 2000 年的 11.6% 增

①②③　OECD Health Statistics 2018.

④　Wagstaff A, Flores G, Smitz M-F, Hsu J, Chepynoga K, Eozenou P. Progress on Impoverishing Health Spending in 122 Countries: A retrospective Observational Study. Lancet Glob Health, 2018, 6 (2): 180 – 192.

长至 2016 年的 14.9%。[①] 这种公共卫生支出的快速增长为财政的可持续性带来挑战。中等收入国家组的人均卫生支出与 GDP 和总体公共支出的增长保持一致。中等偏低收入国家组的卫生支出占总体政府支出的份额 2000～2016 年基本上保持不变，约为 8%，而公共支出占 GDP 的份额从 24.6% 增加至 28%（见表 1－10）。因此，中等收入国家公共卫生的增长是由收入增长和财政扩张造成的，与卫生预算优先权基本没有关系。低收入国家组的经济和公共支出的增长并没有使卫生经费的份额增加。尽管 GDP 和公共支出增长，但低收入国家公共卫生支出占总体公共支出的比例从 2000 年的 7.9% 下降至 2016 年的 6.8%（见表 1－10）。这可能是由对外部卫生援助增加的原因造成的，获得高水平卫生外部援助的政府较少优先考虑将国内资源用于卫生领域。

四、公共卫生经费功能性支出分布情况

（一）住院和门诊治疗，药品和医疗用品占卫生经费的 70% 以上

卫生经费的三大功能性支出项目包括住院、门诊治疗（包括日间治疗和家庭治疗）、药品和医疗用品。2016 年，这三大功能性支出占总卫生经费的 72%：住院和门诊治疗经费占 53%（其中住院和日间治疗为 25%，门诊和家庭治疗占 28%），药品和医疗用品经费占 19%（见图 1－12）。以上三大功能性支出占公共医疗卫生支出的比例也高达 65%：住院和日间治疗为 35%，门诊和家庭治疗占 26%，药品和医疗用品支出占 4%（见图 1－13）。如此高的份额使其他医疗服务类型（如长期护理和康复治疗）、预防性服务、医疗服务机构外的诊疗服务以及医疗系统的管理的费用非常有限。功能性项目上的支出份额在各国的差距很大，如门诊治疗的经费占卫生经费的 12%～50% 不等。[②]

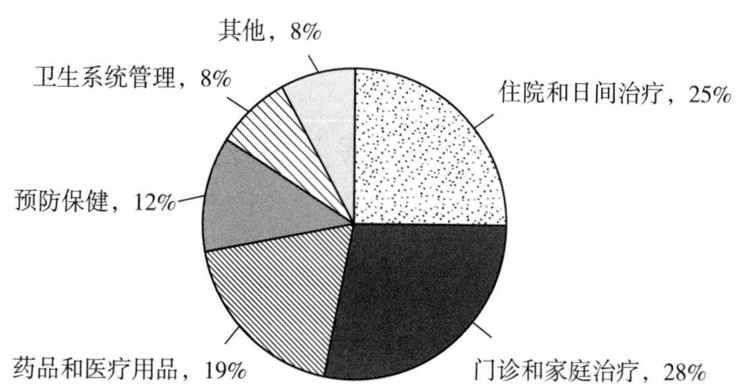

图 1－12　2016 年总卫生经费在卫生关键功能领域分配情况

资料来源：Xu K，Soucat A，Kutzin J，et al. Public Spending on Health：A Closer Look at Global Trends. Geneva：World Health Organization，2018。

① Wagstaff A，Flores G，Smitz M-F，Hsu J，Chepynoga K，Eozenou P. Progress on Impoverishing Health Spending in 122 Countries：A Retrospective Observational Study. Lancet Glob Health，2018，6（2）：180－192.

② Barroy H，Vaughan K，Tapsoba Y，Dale E，de Maele N V. Overview of Trends in Public Expenditure on Health（2000－2014）.

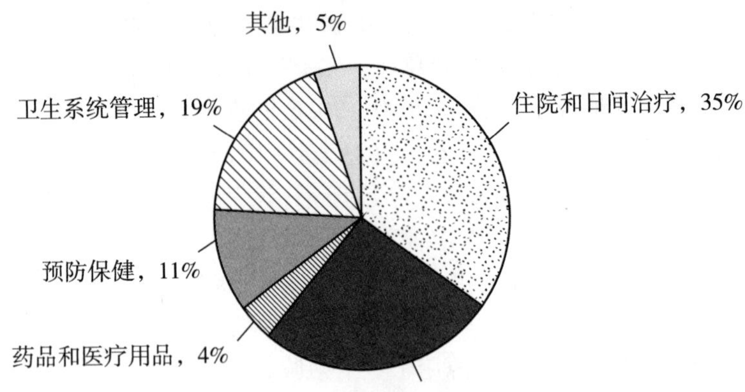

图1-13　2016年公共卫生经费在卫生关键功能领域分配情况

资料来源：Xu K，Soucat A，Kutzin J，et al. Public Spending on Health：A Closer Look at Global Trends. Geneva：World Health Organization，2018。

（二）低收入国家卫生经费支出分布情况

低收入国家组和中等收入国家组将超过一半的卫生经费用于初级卫生保健。初级医疗保健经费由四个部分组成：一是门诊和家庭咨询，包括普通门诊治疗、口腔门诊治疗、家庭医疗护理、门诊和家庭长期健康护理；二是预防保健；三是部分药品和医疗用品；四是卫生系统管理。初级卫生保健支出主要用于门诊和家庭咨询、药品和医疗用品之上。低收入国家组的人均初级卫生保健费用为26美元，而中等偏低收入国家组为67美元，中等偏高收入国家组则为185美元。[①] 低收入国家组和中等收入国家组的初级医疗保健支出中政府支出占比不足40%，政府经费对初级医疗保健的四项主要服务的支出差异很大。政府支出占药品和医疗用品费用的10%左右，而政府支付了卫生系统的大部分运营费用（76%），支付了41%的门诊和家庭咨询服务与45%的预防性保健服务。[②]

第四节　长期护理服务全球发展状况

一、人口老龄化进程及现状

人口老龄化是一个国家人口向老年人分布的转变，通常反映在人口的中位数年龄增加、儿童比例下降，以及老年人口比例增加之上，源于寿命延长和生育率下降这两个（可能相关的）人口效应。寿命的延长通过增加老年人的存活率来提高人口的平均年龄；生育率的下降会减少婴儿的数量。随着影响的持续，年轻人的数量也会减少。过去半个世

---

① Barroy H，Vaughan K，Tapsoba Y，Dale E，de Maele N V. Overview of Trends in Public Expenditure on Health（2000-2014）.

② OECD Health Statistics 2018.

纪总体生育率大幅度下降，是造成世界最发达国家人口老龄化的主要原因。

（一）世界人口在快速老龄化

2012年，世界人口达到70亿人，65岁及以上人口约为5.62亿人，占世界人口的8.0%；2015年，老年人口增加了550万人，老龄化比例为8.5%。随着第二次世界大战后美国、欧洲“婴儿潮”出生的人口步入老龄化，以及亚洲和拉丁美洲人口的老龄化，2015~2025年将增加2.36亿65岁及以上人口；2015~2050年，老龄化人口将几乎翻番至16亿人，而同期全部人口的增长率仅为34%（见表1-11）。世界范围内，2015年后的35年老年人口的增长将继续超过年轻人口的增长。老年人口在接下来35年以150%的比率快速增长，但年轻人口（20岁以下）的增长仍然平缓，2015年年轻人口为25亿人，而2050年达到26亿人。[①] 在人类历史上，2020年以前，65岁及以上人口的数量第一次超过5岁以下儿童的数量，这两个年龄段人口的数量将继续向相反的方向发展；截至2050年，65岁及以上人口占全部人口的比例（15.6%）将是5岁以下儿童（7.2%）的2倍多[②]。

表1-11　2015年、2030年和2050年世界总人口和65岁及以上人口情况

年份	全部人口（百万元）			65岁及以上人口（百万元）			65岁及以上人口比例（%）		
	总数	男性	女性	总数	男性	女性	总数	男性	女性
2015	7 253.3	3 652.0	3 601.3	617.1	274.9	342.2	8.5	7.5	9.5
2030	8 315.8	4 176.7	4 139.1	998.7	445.2	553.4	12.0	10.7	13.4
2050	9 376.4	4 681.7	4 694.7	1 565.8	698.5	867.3	16.7	14.9	18.5

资料来源：U. S. Census Bureau. International Database。

（二）亚洲的老龄化速度和老龄人口规模领先于世界其他地区

世界各地区老龄化速度和人口发展阶段各不相同。如果将老年人口占全部人口的比例作为老龄化的衡量指标，欧洲一直是老龄化最严重的地区，但亚洲和拉丁美洲地区正在快速老龄化和人口转型。2015年亚洲65岁及以上人口的比重为7.9%，2030年达将到12.1%，2050年将达到18.8%（见表1-12）。值得注意的是，亚洲人口老龄化程度没有欧洲或北美老龄化程度深，但其庞大的人口规模是不可忽视的。中国和印度的总人口都超过10亿人，如果亚洲的老龄化达到仅为7.9%的话，就意味着有3.414亿老年人口，将占全球老年人口的55.3%（见图1-14）。至2050年，将有9.753亿老年人口生活在亚洲，占世界老年人口的62.3%（见图1-15）。

①② U. S. Census Bureau. International Database.

表 1－12　　2015 年、2030 年和 2050 年世界不同地区的老龄化情况

地区	人口（百万人）			老龄化率（%）		
	2015 年	2030 年	2050 年	2015 年	2030 年	2050 年
非洲	40.6	70.3	150.5	3.5	4.4	6.7
亚洲	341.4	587.3	975.3	7.9	12.1	18.8
欧洲	129.6	169.1	196.8	17.4	22.8	27.8
拉美和加勒比地区	47.0	82.5	139.2	7.6	11.8	18.6
北美	53.9	82.4	94.6	15.1	20.7	21.4
大洋洲	4.6	7.0	9.5	12.5	16.2	19.5

资料来源：U. S. Census Bureau. International Database.

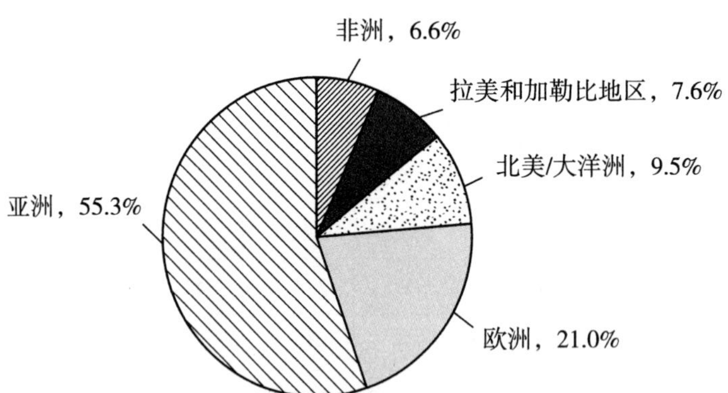

图 1－14　全球 2015 年老年人地区分布情况

资料来源：He W，Goodkind D，Kowal P. An Aging World：2015，International Population Reports. Washington，DC：U. S. Government Publishing Office，2016。

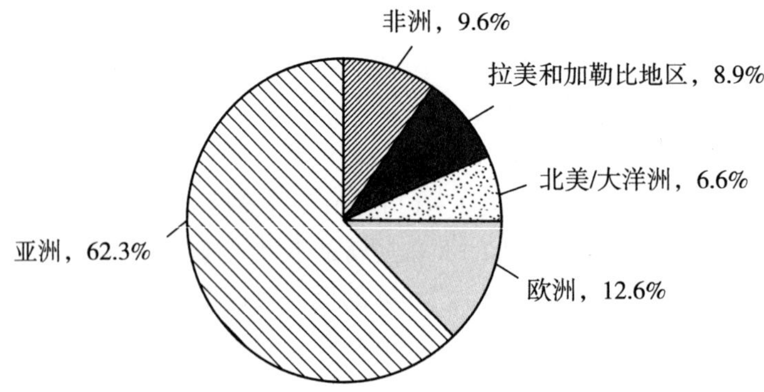

图 1－15　全球 2050 年老年人地区分布情况

资料来源：He W，Goodkind D，Kowal P. An Aging World：2015，International Population Reports. Washington，DC：U. S. Government Publishing Office，2016。

二、健康老龄化和就地养老的国际化潮流

老龄化而带来的寿命的延长和人口结构的变化，对个人、社会、和经济发展都产生重大影响。老年人对家庭、社区和社会都已经做出或正在做出很大的贡献，但随着年龄的增长，老年人的健康状况影响其拥有的人力资源和社会资源的机会和数量。健康状况的衰退需要积极的预防，良好的支持性环境也能够弥补老年人各项能力衰退的不足。随着世界老龄化趋势的加剧，联合国、世界卫生组织等主要国际组织也开始关注老龄化问题，开始通过对老龄化各方面的研究，来引导国际老年人的养老问题。

（一）积极老龄化和就地养老

1974 年，联合国举行“人口及发展问题国际会议”，确认人口老龄化对经济和社会的影响既有机遇也是挑战。20 世纪 80 年代以来，联合国多次召开人口及老龄化国际会议，1999 年通过《国际人口与发展会议行动纲领》，呼吁重视人口老龄化给经济和社会带来的重要影响。2002 年联合国《马德里政治宣言》和《马德里老龄问题国际行动计划》将“确保老年人从有利和支持性环境中获益”作为三个优先行动的领域之一，并着重强调“就地养老”的重要性。① 2002 年，世界卫生组织《积极老龄化：政策框架》给出了积极老龄化的概念，② 即“为老年人优化健康保障、社会参与和各种保障的获得途径，尽量提高其生活质量，强调老年人是家庭、社区和社会经济体的有益资源。”③ 2005 年，联合国在世界老年学会上发布“老年友好城市计划大纲”，2007 年世界卫生组织公布《全球友好城市建设指南》，2010 年，世界卫生组织提出建立“全球老年人友好型城市和社区网络”。老年友好型城市和社区能够帮助老年人尽可能长时间地保持独立，并在需要的时候获得相应的照顾和支持，从而保持自主权和尊严。④

（二）健康老龄化和社区老年护理服务

国际卫生组织基于功能的角度，站在整个生命历程全局的层面上，于 2015 年提出“健康老龄化”的概念，2016 年《关于老年化与健康的全球报告》将“健康老龄化”定义为“发展和维护老年健康生活所需的功能发挥的过程”⑤。功能的发挥是个人内在能力和相关环境特征以及二者之间的交互作用下完成的；环境包括宏观层面和微观层面的所有个人生活外界因素，主要由家庭、社区和广义上的社会组成，由建筑环境、人际关系、态度和价值观、社会政策、支持系统及其服务构成。⑥ 老年人身体机能不可避免的在某些方

---

① Political Declaration and Madrid International Plan of Action on Ageing. New York：United Nations，2002.

② Walker A. A Strategy for Active Ageing. Int Soc Secur Rev. 2002；55（1）：121 – 39. doi：http：//dx. doi. org/10. 1111/1468 – 246X. 00118.

③ Active Ageing：A Policy Framework. Geneva：World Health Organization，2002.

④ 窦晓璐，等．城市与积极老龄化：老年友好城市建设的国际经验．国际城市规划，2015（3）：117 – 123.

⑤ 世界卫生组织．关于老龄化与健康的全球报告．2016.

⑥ The International Classification of Functioning. Disability and Health. Geneva：World Health Organization，2001.

面产生衰减，但如果对老年人生活的环境做出适当的改变，则可以尽可能地弥补这一衰减，即针对目前生活的需要给予老年引人支持性更强的友好环境。[①]《联合国残疾人权利公约》将所有功能受限者都有权居住在自己的社区并融合作为核心理念之一。[②] 老年人通常抗拒机构养老，希望与家庭、社区保持联系，获得认同感和自主性。[③] 因此，就地养老成为世界各国应对老龄化的共同政策：各国需要安排相应的政策和资源为所有收入状况、不同年龄的老年人提供安全、独立、舒适的居家社区老年护理服务的能力。[④] 就地养老更有利于老年人的身心健康，并且更符合卫生照护服务的经济性原则。[⑤]

三、老年社区长期护理服务及其优势

（一）老年社区长期护理服务的概念

老年社区护理服务，与机构化养老相对，是指老年人不用离开自己一直生活的、熟悉的社区，就可以获得适当的照护服务，以弥补由于身体机能下降而带来的日常生活功能的不足。老年社区护理服务，与传统的家庭养老也有本质的区别，即在社区老年护理服务、并由社区提供相关的养老服务，而不是仅仅依靠老年人的家庭成员为老年人提供各种照护服务，是居家养老服务和老年社区护理服务的充分结合。老年社区护理服务的宗旨在于，在家庭、志愿服务和专业护理服务的协调下，充分利用各类资源，尽可能延长老人独立生活时间，维系老人的社区网络。[⑥] 它的内容包括但不限于：对日常生活或日常生活中工具性活动有缺陷的老年人的个人护理；家政和家务服务；照顾管理、协调支持和医疗服务；提供心理健康服务；对住房进行方便老年人行动的住房改造；非正式照顾者的喘息服务；对照护人员（有报酬和无报酬照顾者、机构工作人员）进行培训；医疗预约、交通和护送服务；招募和使用志愿者；甚至各种较为复杂的老年认知障碍症的专业护理服务。

（二）老年社区长期护理服务运营机制

老年社区长期护理服务的建立，需要各相关组织和主体参与，并形成一定的协调机制，无论老年人经济条件如何，都能够在安全性支持的居住环境下，得到维持生活必需的居家社区照护服务。在一个成熟的养老社区，居民是核心，所有的设施和服务都是围绕着

---

① Perry T E, Andersen T C, Kaplan D B. Relocation Remembered: Perspectives on Senior Transitions in the Living Environment. Gerontologist, 2014, 54 (1): 75 -81.

② Convention on the Rights of Persons with Disabilities and Optional Protocol. New York: United Nations, 2006.

③ Wiles J L, Leibing A, Guberman N, Reeve J, Allen R E. The Meaning of "Aging in Place" to Older People. Gerontologist, 2012, 52 (3): 357 -66. doi: http://dx.doi.org/10.1093/geront/gnr098 PMID: 21983126.

④ Healthy Ageing & the Built Environment [website]. Atlanta (GA): Centers for Disease Control and Prevention, 2015, http://www.cdc.gov/healthyplaces/healthtopics/healthyaging.htm, accessed 17 June 2015.

⑤ Marek K D, Stetzer F, Adams S J, Popejoy L L, Rantz M. Aging in Place Versus Nursing Home Care: Comparison of Costs to Medicare and Medicaid. Res Gerontol Nurs, 2012, 5 (2): 123 -9.

⑥ Maryland Home & Community Care Foundation. Community-Based Eldercare Services, Maryland Home & Community Care Foundation 2012 Grants for Community-Based Eldercare Services, 2013.

社区中的老年居民设置的；住宅经营实体为居民提供适合其年龄身体状况、生活功能现状的居住环境；护理经营实体根据养老社区的类型、居民的特点提供居民所需要的各种护理服务，如居家服务包括上门护理服务、洗澡服务、诊疗服务、康复服务、短期入住生活照护服务等；医疗保健经营机构为养老社区的居民实施健康管理、初级医疗保健服务、专业的护理服务等；还有其他的并行经营者为养老社区居民提供多样化的服务，如家政服务公司为社区居民提供家务助理服务、志愿者组织为社区居民提供自己专业范围内的各种服务等。

老年社区长期护理服务的建立，需要从国家的层面制定相关的法律和政策，以形成协调各参与主体参与养老社区服务的机制。社会养老服务企业的发展规模化、标准化，非政府组织对社区老年护理服务的积极参与和推进，都有赖于相关政府部门通过立法、政策、行动计划对养老服务行业加以引导和支持。具体来说，相关政府部门需要制定养老地产方面的政策、养老服务护理提供机构资质标准、养老护理服务等级标准、护理人员队伍培训体系、老年长期护理服务筹资机制、家庭照护人员支持政策等。

四、全球范围内长期护理保障发展现状

（一）覆盖率低

随着全球人口老龄化的加深，所有的国家都面临着日益增加的老年人长期护理需求的挑战。全球长期护理市场规模 2015 年估值为 7 180 亿美元，在预测期内将以 6% 左右的复合年增长率增长。① 但大多数国家忽视了老年人的长期护理需求，仅有少数国家将其提上政策议程。根据国际劳工组织的数据，全球超过一半的老年人（约 3 亿）被排除在长期护理服务之外，超过 48% 的人口未能获得任何全国性长期护理保障立法的覆盖，46. 3% 的人口被严苛的家计调查规定排除在长期护理保障之外，仅有 5. 6% 的人口生活在提供普惠的长期护理保障的国度。②

（二）从业人员缺乏和公共支出极低

长期护理从业人员极度缺乏，全球缺乏长期护理人员 1 360 万，其中非洲长期护理人员缺口为 150 万，亚太地区长期护理人员缺口为 820 万。③ 长期护理保障不足的事实也可以从其公共支出占 GDP 的比例上反映出来：全球长期护理保障公共支出占 GDP 的比例不足 1%；非洲国家长期护理保障公共支出最低，GDP 占比接近 0%，仅南非的长期护理保障 GDP 占比为 0. 2%；欧洲国家长期护理保障支出最为“慷慨”，但 GDP 占比也仅平均只有 2%。④

---

① Grand View Research. Gerontology/Aging Market Analysis, Market Size, Application Analysis, Regional Outlook, Competitive Strategies, And Segment Forecasts, 2015 To 2022. 2014.

② Eckenwiler L A. Long-Term Care, Globalization, and Justice. 2012.

③ ILO Estimates 2015; OECD Health Statistics 2018.

④ OECD Health Statistics 2018.

（三）对家庭护理人员的支持

支持家庭护理人员是加强世界各地长期护理基础设施的支柱和财政可持续的关键。经合组织的解决方案有三大措施。首先，以津贴和现金福利的形式为照顾者设计财政支持计划，将补贴和现金福利将支付给照顾者以增加家庭护理的供应。其次，通过家庭休假计划促进更好的工作和生活平衡。虽然在大多数国家，育儿假相当普遍，但家庭护理（例如，对于年迈的父母）却不常见。对于从事全职工作的护理人员来说，灵活的工作安排是解决方案的核心部分。护理假在丹麦、波兰、芬兰、荷兰、匈牙利、瑞典和比利时最为普遍。最后，诸如喘息服务、培训和咨询等支持服务是缓解家庭护理人员压力的关键。即使有了以上支持，经合组织仍认为过度依赖家庭护理者并非最佳选择，需要正规长期护理行业的服务。

（四）不同国家的长期护理制度存在很大差异

已建立长期护理服务保障制度的国家和地区大都是老龄化程度较深、经济较为发达的国家。各国的长期护理保障制度存在很大差异，但很多国家以家计调查为基础对长期护理支出进行预测并制定相关的支持服务计划。

1. 德国实施强制性的长期护理保险计划

德国实施强制性长期护理社会保险计划，几乎覆盖了所有的人口：大约 90% 的人口都参加了现收现付的公共保险计划（社会保险），其余的人口参加私人长期护理保险计划。[①] 长期护理保险计划对满足相关标准的人提供四种不同标准的服务和现金补贴服务包，根据三种不同的长期护理依赖水平来确定福利待遇级别。雇主和雇员缴费的长期护理社会保险计划没有设置家计调查制度，但通过社会救济资助的长期护理计划需要进行家计调查。德国的长期护理的定义比其他国家要窄，申请长期护理待遇必须达到日常生活的两项活动受限，并且每天要超过 90 分钟，时间长达半年，依赖程度较低的个人不能获得相关待遇。[②]

2. 西班牙长期护理服务体系高度分散，供应水平低

西班牙长期护理服务体系高度分散，由各个区域性的长期护理服务系统组成。人们很大程度上依赖非正规护理，但随着女性劳动力参与的增加将越来越依赖正规护理。由于供应水平低，西班牙长期护理服务实行严格的配给制度。老年人申请公共资助的长期护理后，要接受地区政府安排的需求和资源的评估，并进行家计调查，评估标准因地区而异。西班牙的长期护理资金主要来自税收，还包括服务费用自付部分，而长期护理服务由当地政府和私营企业（多是非营利机构）提供商提供。

---

①② Reinhard H J. Long-Term Care in Germany. Long-Term Care in Europe. 2018.

3. 意大利严重依赖家庭护理

在意大利，老年人的公共长期护理保障包括三种类型：社区护理、机构护理和现金津贴。长期护理由公共和私人长期护理服务提供商提供，国家卫生服务机构提供的卫生服务是免费的，但长期护理仍然需要家计调查。同时，意大利严重依赖私人家庭护理，公共资助的社区服务的提供水平预计将在未来几年提高。

第二章　美国长期护理保障制度发展研究

残疾和慢性疾病使人在每个发展阶段都有可能需要长期护理服务。目前，美国有长期护理需求的人群为 1 200 万人，2050 年将达到 2 700 万人；尽管大约 70% 以上的 65 岁以上的民众将在一定时期依赖长期护理服务，但购买长期护理保险的人口占比仅为 11% 。[①] 从美国的数据来看，如果应对长期护理服务需求的准备不足，对家庭财政、政府公共财政都将产生巨大的压力。鉴于此，美国一直致力于长期护理保障制度的发展和改革，探索解决这一问题的途径。

第一节　美国长期护理保障制度的发展及架构

作为实施补缺型社会福利模式的典型国家，美国长期护理保障制度也难以超越这一范畴。美国长期护理保障制度属于混合模式，由公共保障（社会保险、社会福利）和商业保险共同组成。[②] 在这一混合模式下，美国政府致力于为商业长期护理保险行业的发展提供各种利好政策支持，促进其有序、规范发展，从而为民众提供高效、可持续的长期护理保障。同时，美国政府把公共长期护理保障当作商业保险市场失灵的情况下为弱势群体提供兜底保障的机制，使其成为老龄化趋势下社会有序运转的安全阀。

一、美国长期护理保障制度的架构

（一）现有制度安排

美国长期护理保障制度的公共保障体系，内置于医疗保障体系之内，未形成独立的制度安排。也就是说，医疗保健计划、医疗补助计划及退伍士兵医疗保险本身包含一定的长期护理服务，形成公共的长期护理保障体系。而商业长期护理保险自 20 世纪 70 年代末诞生以来，保险产品日益规范，险种也由原来的单一产品发展为混合保险产品，为美国中、

---

① 托马斯·麦金纳尼. 美国长期护理保险市场的发展. 中国保险报，2017 - 07 - 03.

② 胡宏伟，李佳怿，栾文敬. 美国长期护理保险体系：发端、架构、问题与启示. 西北大学学报（哲学社会科学版），2015，45（5）：163 - 174.

高产阶级提供良好的长期护理服务。美国政府希望发挥两种性质的长期护理保障系统协同效应，为国民提供长期护理保障，成功应对老龄化对美国医疗保障体系的冲击，并实现老龄化社会的良性运行。

（二）服务需求和筹资机制

1. 服务需求

据估计，美国65岁及以上的人群中，70%的人在一生中需要长期护理服务，平均需要长期护理服务时间为3年；80%的老人需要至少1年的护理设施长期护理服务。① 大多数个人和家庭没有能力通过自己的收入和资产来支付长期护理服务费用。

2. 筹资机制

美国长期护理保险支出的筹资机制包括公共筹资来源和私人筹资来源。公共筹资来源主要包括医疗补助计划、医疗保健计划和退伍军人医疗保险系统、州与地方政府的资金安排等。私人筹资来源主要是个人及其家庭的自付费用和商业长期护理保险机构的支付。美国年均长期护理支出（不包括无偿的家庭照顾）已经接近2 750亿美元，其中47%的费用由医疗补助计划支付，23%由医疗保健计划支付，23%由家庭支付，不到4%是由退伍军人医疗保险计划支付，不到3%是由私人长期护理保险支付的（见图2－1）。家庭或朋友提供的无偿护理服务的估值为每年4 500亿美元（见图2－2）。

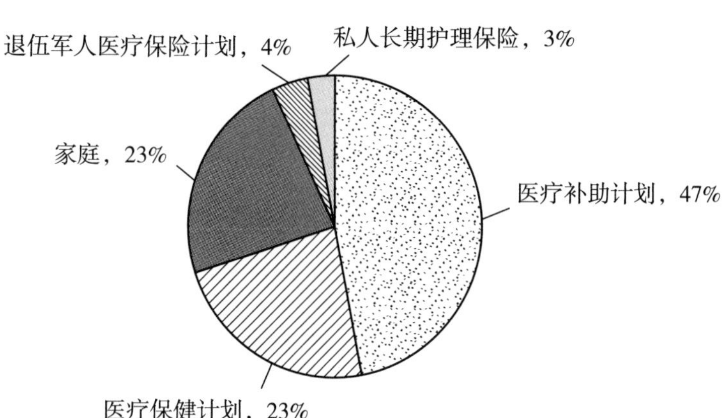

图2－1　美国2017年长期护理服务不同筹资来源支出比例

资料来源：American Association for Long-Term Care Insurance. LTC Data-Facats-Costs. 2018。

① Amerian Association for Long-Term Care Insurance. Long-Term Care Need Reported. LTC Data. 2019.

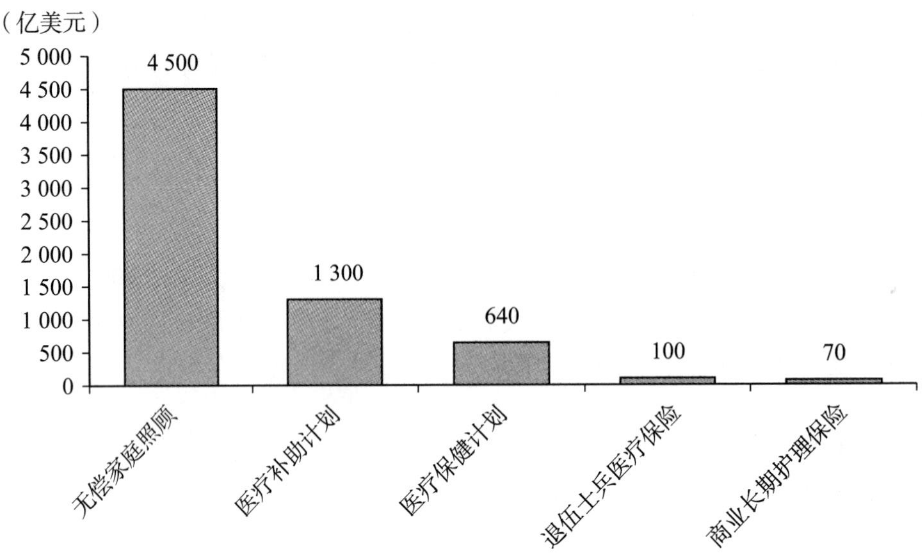

图 2－2　美国长期护理服务费用不同群体承担情况

资料来源：American Association for Long-term Care Insurance. LTC Data-Facats-Costs. 2015。

3. 支出规模

2010 年美国长期护理保险支出的规模为 2 079 亿美元，占全美卫生保健总支出的 8%，其中医疗补助计划支出占 62.2%，个人和家庭自费支出占 21.9%，其他私人支出占 11.6%，其他公共支出占 4.4%。① 2011 年美国长期护理公共支出达到 844 亿美元，其中 62%（524 亿美元）用于购买机构长期护理服务，38%（320 亿美元）用于支付社区为基础的长期护理服务。② 2014 年美国的长期护理费用支出中，个人自付费用占 20%，公共部门（医疗补助计划和医疗保健计划）承担 66%，商业保险承担 3%，共计支出 2 390 亿美元，占全体国民医疗卫生费用的 7.9%，占 GDP 的 1.4%。③ 据预测，各种来源的长期护理支出将从 2010 年的 2 079 亿美元增长至 2040 年的 3 460 亿美元。④

（三）制度发展现状

虽然大多数长期护理服务是由医疗补助计划和医疗保健计划提供的，但鉴于巨大的财政压力，州与联邦将重点放在长期护理保险的发展之上。商业长期护理保险市场一直摇摇欲坠，至今规模仍然很小，公共长期护理服务给联邦与州政府带来巨大的财政压力。

---

① O'Shaughnessy C V. The Basics：National Spending for Long-Term Services and Supports. 2012.

② Brown J R，Finkelstein A. Insuring Long-Term Care in the United States. Journal of Economic Perspectives，2011，25（4）：119－142.

③ Plecher H. Average Annual Expenditure of Affluent U. S. Households on Long-Term Care Insurance. 2019－02－06.

④ Congressional Budget Office（CBO）. Projections of Expenditures for Long-Term Care Services for the Elderly 1999. http：//www. cbo. gov/doc. cfm? index＝1123&type＝0. Accessed September 2，2010.

二、发展背景

美国现行的长期护理保障制度的形成有着深层次的经济、社会、文化根源。老龄化社会的进程促使美国政府对长期护理服务需求的解决做出制度性的安排，并催生了商业长期护理保险市场。

（一）人口老龄化和长期护理服务需求的增加

1. 老年人口功能性障碍增加

自 1900 年起，美国 65 岁及以上老年人口的比例已经增加了 2 倍多（从 1900 年的 4.1% 增加至 2015 年的 14.9%），数量已经增长了 14 倍（从 310 万人增加到 4 780 万人）（见图 2 -3）。2015 年，美国老龄化率为 14.9%，大约每 7 个人中就有一个是老年人；65 岁及以上的美国人平均预期剩余寿命为 19.4 岁（女性为 20.6 岁，男性为 18 岁）；100 岁以上的老年人口为 76 974 人，占 65 岁以上老年人口的 0.2%。[①] 2000 ~2040 年，老年残疾人口的数量将增长 1 倍多，从 1 000 万人增加至 2 100 万人。[②] 根据相关统计数据，42% 的 65 岁及以上人口有功能性限制，其中 18% 的老年人具有 1 ~2 项日常生活活动困难（ADLs），5% 的老年人有 3 ~4 项日常生活活动困难，3% 的有 5 ~6 项日常生活活动困难。[③]

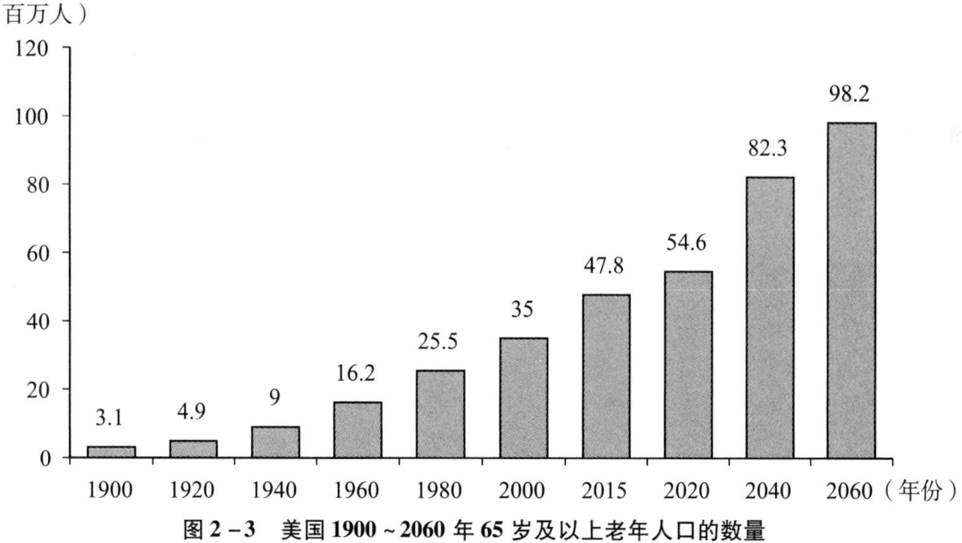

图 2 -3 美国 1900 ~2060 年 65 岁及以上老年人口的数量

资料来源：U. S. Census Bureau，Population Division。

---

① U. S. Census Bureau，Population Division.

② Lee S，Choe M K. Low Fertility and Population Aging：Socioeconomic Impacts of Baby Bust. EWC-KIHASA Jonit Conference，2011.

③ Eynon N，Yamin C，Ben-Sira D，et al. Optimal Health and Function Among the Elderly：Lessening Severity of ADL Disability. European Review of Aging & Physical Activity，2009，6（1）：55 -61.

2. 长期护理服务市场的发展

老龄化社会的到来和进一步发展，催生了美国的长期护理市场的发展，养老服务市场日益壮大。1965 年的医疗保险和医疗补助计划是整个美国老年运动中最具成效的里程碑，使 1960 ~ 1976 年间养老院的病床数量增加 302%，超过了同期全国医院床位的数量。[①] 养老院数量猛增带来监管问题，出现了养老院虐待病人和骗取医疗补助金的现象。1968 年《莫斯修正案》迫使小型的和违规的养老院关闭，1981 年世界上第一个辅助性生活设施对俄勒冈的老年人开放。人口老龄化进程的加快，以及替代传统养老院的需要，在美国和其他发达国家催生了多种类型的养老服务机构。为这些不愿意或不够入住养老院标准但也不能独立生活的老年人提供中间护理服务，辅助性生活社区如雨后春笋般在美国发展起来。其他类型的老年人护理、老年人住宅，包括居家护理、记忆护理、持续性退休社区和喘息服务等也蓬勃发展起来。老龄化社会的到来，致使长期护理服务需求增加；长期护理服务需求的增加带来养老服务产业的繁荣，长期护理服务的价格也随之升高，为政府、社会、家庭和个人带来财务风险。

3. 长期护理服务的市场化为商业护理保险的发展提供了条件

2000 年，需要长期护理的美国人大约有 1 000 万人：其中 63% 是 65 岁及以上的老年人，大约有 630 万人；剩下的 37% 是 64 岁及以下人口，大约 370 万人。[②] 到 2050 年，在各种设施（如居家或辅助性生活设施和专业养老院等机构护理）使用付费长期护理服务的个人将从 2000 年的 1 000 万人增加至 2 700 万人。[③] 长期护理服务的可保险性，促使保险公司开始提供商业长期护理保险产品，并日益完善产品的种类、保险的内容、给付方式等。

（二）长期护理服务支出导致家庭财政危机

老年人长期护理服务需求的满足主要依靠家庭成员或朋友提供非付费的长期护理服务，但依然有一定比例的老年人使用有偿长期护理服务。随着人口老龄化进程的加深，家庭结构的变化，以及女性劳动力市场参与率的提高，老年人使用有偿长期护理服务的比例会进一步增加。仅依靠储蓄来抵御老年长期护理服务支出风险难以避免家庭财务危机，仅有 10% ~20% 的美国最为富裕的家庭能够支付得起有偿护理服务。[④]

1. 使用有偿护理服务的风险

老年人面临的功能限制模式转化为服务使用模式。大多数经历功能限制的老年人将依

---

① Wealthy-Health. Better with Age：the History of Elderly care in the US. 2016.

② Rogers S，Komisar H. Who Needs Long-Term Care? Fact Sheet，Long-Term Care Financing Project. Washington，DC：Georgetown University Press，2003.

③ U. S. Department of Health and Human Services，and U. S. Department of Labor. The Future Supply of Long-Term Care Workers in Relation to the Aging Baby Boom Generation：Report to Congress.

④ Ismart T. Long-Term Care Expenses In Retirement. Senior Financial Planner，2015 (10).

靠家人和朋友提供长期护理帮助和支持，使用付费护理的老年人相对较少。[①] 有调研数据表明，居住在社区的老年人中使用有偿护理的比率在 14% ~25% 之间。[②] 然而使用昂贵的付费长期护理服务的风险还是非常大的。国会预算办公室（2004）估计，在 2010 年达到 65 岁的人中，有 33% 的人在去世前至少会在疗养院待上 3 个月。[③] 此外，需要使用付费护理的风险随着年龄的增加而增加。乐温小组（2009）估计大约有 7.5% 的 65 ~74 岁的老年人使用付费护理，约有 31% 的 85 岁以上的老年人使用有偿护理。[④]

此外，不但付费护理的使用率增加，而且所需要的服务种类也随着年龄的增加而增加。例如，只有 1% 的 65 ~74 岁的老年人使用基于设施的护理（例如养老院或辅助生活设施），而 85 岁以上的老年人中有 11.5% 使用基于设施的护理。[⑤] 到 2050 年，在各种设施（如居家或辅助性生活设施和专业养老院等机构护理）使用付费长期护理服务的个人将从 2000 年的 1 000 万人增加至 2 700 万人。[⑥] 社区中有长期护理服务需求的老年人口中，30%（150 万人）的人具有长期的护理需求（3 项以上日常生活功能性限制）：85 岁及以上的老年人占 25%，75% 的使用护理服务的老年人身体状况欠佳。40% 的需要长期护理服务的老年人处于贫穷或接近贫穷的状态，收入都在联邦贫困线的 150% 之下。[⑦] 但功能性活动的有偿服务是昂贵的：2011 年，以设施为基础的护理价格最高，专业护理院的年均收费为 8.72 万美元，辅助性生活设施的一居室的年均费用为 4.17 万美元。[⑧]

2. 使用有偿长期护理服务的财务风险

有很多研究机构对 65 岁及以上人群面临的长期护理有偿服务的财务风险进行了评估。美国政府责任署采用仿真模型对上述财务风险进行估算：65 岁及以上人群中，大约有 16% 的人一生发生的长期护理支出约为 10 万美元及以上，5% 的人长期护理支出约为 25 万美元及以上。[⑨] 据研究基于自费医疗保健费用支出仿真模型，推算 65 岁以上夫妻有 5% 的可能性将面临 26 万美元以及上的长期护理服务支出风险。[⑩] 以上估值表明，如果没有长期护理保障，有偿长期护理服务相关的财务风险可能导致家庭不得不改变消费模式和消

---

① Feinberg L，Reinhart S C，Houser A，Choula R. Valuing the Invaluable：2011 Update. The Growing Contribution and Costs of Family Care Giving. 2011，http：//assets. aarp. org/rgcenter/ppi/ltc/i51 – caregiving. pdf.

② Johnson R W，Wiener J M. A profile of Frail Older Americans and their Caregivers. Washington DC：The Urban Institute，Occasional Paper No. 8，2006.

③ Kemper P，Komisar H，Alecxih L. Long-Term Care Over an Uncertain Future：What Can Current Retirees Expect，Inquiry，2005，42（4）：335 –350.

④⑤ Lewin Group Preparing for Long-Term Services and Supports. Presentation by Lisa Alecxih American Public Policy and Management Association，2009.

⑥ U. S. Department of Health and Human Services，and U. S. Department of Labor. The future supply of long-term care workers in relation to the aging baby boom generation：Report to Congress.

⑦ The Henry J. Kaiser Foundation. Long-term Care：Medicaid's role and challenges. Washington，DC：Author，1999.

⑧ Metlife Mature Market InstituteMarket Survey of Long-Term Care Costs. 2009，http：//www. metlife. com/assets/cao/mmi/publications/studies/2011/mmi-market-survet-nursing-home-assisted-living-adult-day-services-costs. pdf.

⑨ U. S. Government Accountability Office. Long-Term Care：Baby Boom Generation Increases Challenge of Financing Needed Services. 2001.

⑩ Barnett A E，Stum M S. Couples Managing the Risk of Financing Long-Term Care. Journal of Family and Economic Issues，2012，33（3）：363 –375.

费水平，以消化有偿长期护理服务导致的支出负担。一项研究认为，由于有偿长期护理服务带来的财务风险，有 61% ~64% 的家庭将在退休之后减少正常消费。① 与医疗破产的有关研究也在强调普通医疗费用和长期护理服务所带来的全部财务风险的作用。2015 年 65 岁及以上人群的破产率为 7%，比 1991 年增长了 178%。② 有偿长期护理服务是驱动老年人破产的主要原因。③ 综上所述，以上数据表明长期护理保险费用的支出具有可投保风险的特征。

3. 中产阶级的预防性储蓄难以抵御长期护理服务的财务风险

在没有长期护理保障制度的情况下，预防性储蓄是民众应对长期护理服务需求支出的唯一方式。表 2－1 根据美联储对消费者财务状况调查，给出了老年人的财富状况：对于户主年龄在 65 ~74 岁之间的家庭，中位数净值为 205 500 美元，而户主年龄在 75 岁以上的家庭则为 191 000 美元。家庭财富的组成中，多数人持有住房资产，如表 2－1 的第 3 栏和第 4 栏所示。值得注意的是，对于年龄在 65 ~74 岁的家庭来说，财富净值在 2007 ~2009 年间下降了 13.9%，而对 75 岁及以上家庭来说，财富净值下降了 20.4%。④ 美国老年人的财富也存在很大的异质性。例如，蒙耐尔 2009 年的研究发现，60 ~74 岁最富裕户主家庭的非住房财富中位数是处于财富最低端的 60 ~74 岁户主财富的 93 倍左右，是处于财富最低端的 74 岁以上户主财富的 102 倍。⑤ 根据上述有偿长期护理服务相关的财务风险，只有 10% ~20% 的最富有的家庭能够依靠储蓄来消化昂贵的长期护理服务支出带来的财务风险，长期护理服务预期支出将占到 65 ~74 岁家庭净值的 31% 左右。⑥ 因此，典型的家庭是不能够维持消费水平的前提下消化长期护理服务带来的支出风险。随着家庭和朋友提供的友情护理服务的减少，使用有偿长期护理服务的可能性在增加，因此财务风险也在增加。

表 2－1　2007 年美国老年人户主家庭财富情况

年龄组	中位数净值（美元）	有房产家庭比率（%）	房产价值中位数（美元）
65 ~74 岁	205 500	86.8	155 000
75 岁及以上	191 000	77.2	130 000

资料来源：美国联邦储备委员会 2009 年消费者财富调查。

①② Federal Interagency Forum on Aging-Related Statistics. Older Americans 2016：Key Indicators of Well-Being. Federal Interagency Forum on Aging-Related Statistics. Washington，DC：U. S. Government Printing Office，2016.

③ Jacoby M B，et al. Coping with Adversity：Personal Bankruptcy decisions of Lower Income Homeowners. Working Paper，University of North Carolina Law School，2011.

④ Wolff E N. Recent Trends in Household Wealth，1983－2009：The Irresistible Rise of Household Debt. OAlib，2010.

⑤ Munnell A H，Webb A，et al. Long-Term Care Costs and the National Retirement Index. Center for Retirement Research，Boston College Paper，2009.

⑥ Bacon P W，Gitman L J，Ahmad K，Ainina F. Long-Term Catastrophic Care：A Financial Planning Perspective. Journal of Risk & Insurance，1989，56（1）：146.

（三）家庭无偿护理服务对护理者个人、家庭、社会等都造成很大的负面影响

当今社会，家庭仍然是老年人支持服务的重要来源。家庭支持是能够保持功能障碍者生在家中和社区里的关键因素，但会造成家庭照顾者、家庭和社会的诸多损失。

1. 对家庭无偿照顾者的影响

2009 年，大约有 4 210 万家庭照顾者为家庭中日常活动障碍的成年人提供日常照顾，大约有 6 160 万家庭照顾者在一年中提供一定时间的照料。[①] 2009 年，家庭照顾者提供的护理服务价值约为 4 500 亿美元，2007 年约为 3 750 亿美元，2006 年为 3 500 亿美元，1996 年为 2 000 亿美元。[②] 家庭照顾者系统的研究表明，家庭护理会对家庭照顾者自身的就业、财务状况、退休保障、情绪健康、社交网络、事业等产生负面影响。最近的一项分析估计，50 岁及以上者因照顾父母而离开劳动力市场的工资损失约为 115 900 美元，社会保障福利损失为 137 980 美元，养老金损失 50 000 美元。[③] 据估计，女性家庭照顾者一生的经济损失为 324 044 美元，男性为 283 716 美元，平均为 303 880 美元。[④]

2. 无偿家庭护理服务对雇主、生产力、医疗支出产生重大负面影响

无偿家庭护理不仅对照顾者的收入产生严重影响，而且对雇主也有很大的影响，尤其在造成生产力的损失和提高了医疗保健支出方面产生负面影响。据推算，全职雇员因为家庭成员或朋友提供老年护理而为雇主带来的生产力损失高达 336 亿美元，每年为雇主增加的平均成本为 2 110 美元。[⑤] 最近的研究表明，老年家庭的家庭照顾者和其医疗保健费用之间存在着关联。这项研究发现，雇主为有老年护理责任的员工支付的医疗费用比无照顾责任的员工多出 8%，导致美国企业的成本每年增加 1 340 亿美元。[⑥] 同相同年龄段的员工相比，有着照顾责任的雇员的体检报告容易显示健康总体状况偏差，更容易患上抑郁症、糖尿病、高血压或肺部疾病。这一发现表明，职场中的老年护理责任的挑战是企业医疗保健费用支出提高的重要因素。[⑦]

---

① Levine C，Halper D，Peist A，et al. Bridging Troubled Waters：Family Caregivers，Transitions，And Long-Term Care. Health Affairs，2010，29（1）：116－124.

② Metlife Mature Market Institute. Market Survey of Long-Term Care Costs 2009. 2011.

③ Wolff J L，Spillman B C，Freedman V A，et al. A National Profile of Family and Unpaid Caregivers Who Assist Older Adults With Health Care Activities. JAMA Intern Med，2016，176（3）：372－379.

④ Johnson R W，Wiener J M. A profile of Frail Older Americans and their Caregivers. Washington，DC：The Urban Institute，2006.

⑤ MetLife Mature Market Institute and NAC. MetLife Caregiving Study：Productivity Losses to U. S. Business. Westport，CT：MetLife Mature Market Institute，and Bethesda，2006.

⑥ McKnight R. Home Care Reimbursement，Long-term Care Utilization，and Health Outcomes. Journal of Public Economics，2006，90（1）：293－323.

⑦ MetLife Mature Market Institute，NAC，and University of Pittsburgh. MetLife Study of Working Caregivers and Employer Health Care Costs. Westport，CT：MetLife Mature Market Institute，2010.

3. 家庭照顾能力在下降，能够提供护理服务的人也越来越少

美国人比过去更长寿，但慢性病导致老年残疾的比例增加。这些老年人大部分生活在社区中，而不是在机构中。随着居住在社区中的老年人残疾水平增加，家庭照顾者的年龄也在增加。家庭结构的变化，如延迟结婚和生育，离婚率高、家庭规模小，意味着家庭护理的负担将由更少的家庭成员来担负。当今将近 20% 的老年女性没有孩子，而在 1970 年的比例仅为 10%。[①] 女性的劳动市场参与率不断提高，从 1960 年的 33% 增加到 2009 年的 47%，更广泛的分散家庭和更大的远程照料，以及帮助家庭提供家庭护理的护理工作者的短缺，都使家庭照顾能力下降。[②] 随着老龄化的进展，一线正式护理人员的需求将进一步加大，未来十年对护理从业人员的需求预计将增加 48%。[③]

（四）发展现状

1. 商业人寿保险和医疗保险的发展为大部分美国人提供了保障

美国属于以自由的、严格市场类型的和剩余福利模式为导向的国家。在这一福利模式的影响下，美国建立了现有的医疗保障模式，并形成发达的保险市场。截至 1983 年底，已经有 800 多家私营保险公司开展健康保险业务，19 200 万人参加了一种或多种形式的商业健康保险。[④] 在这一传统和前提下，美国依旧是按照剩余福利模式来建设长期护理保障制度，政府通过医疗补助计划等公共医疗保险计划向老年人、残疾人、处于贫困线之下的人提供基于家计调查的长期护理服务项目，但主要是鼓励民众自愿购买商业长期护理保险，并提供有限的激励措施，如税收优惠等，寄希望于商业长期护理保险市场来解决老龄化带来的长期护理需求的增加。

2. 中产阶级的萎缩导致公共保障的扩张和膨胀

美国是一个橄榄型经济结构的社会，在很长一段时间里，中产阶级家庭人口占全国人口的 60% 左右，穷人和富人都占少数。[⑤] 早在 19 世纪上半叶，美国就有了中产阶级。[⑥] 到 20 世纪初随着大企业的崛起、科技的发展，管理人员和技术人员大批涌现，组成白领阶层与医生、律师、教师等自由职业者，构成了美国中产阶级的中坚力量。根据皮尤研究中心的数据，1971 年，富人和穷人合计仅有 5 160 万人，中产阶级 8 000 万人，中产阶级收入占比 62%；到了 2015 年，富人和穷人合计 12 130 万人，已经超过中产阶级的 12 080 万人，中产阶级收入占比下降到 43%，富人收入占比上升到 49%。[⑦]

---

① Pew Research Center. Social and Demographic Trends.

② Institute of Medicine. Retooling for an Aging America. Washington, DC: The National Academies Press, 2008; Pew Research Center, Social and Demographic Trends; Jacobsen A, Kent M, Lee M, Mather M. America's aging population. Population Bulletin, 2011, 66 (1).

③ Stone R I. Who Will Care For Us? Addressing the Long-Term Care Workforce Crisis. www. evergreeninhome. com.

④ 李慧欣．美国商业长期护理保险的发展及其启示．金融理论与实践，2014（4）：88 – 92.

⑤ Horrigan M, Horrigan M. The Declining Middle-Class Thesis: A Sensitivity Analysis. Monthly Labor Review / U. S. Department of Labor, Bureau of Labor Statistics, 1988, 111 (1): 3 – 13.

⑥ 肖华锋．19 世纪后半叶美国中产阶级的兴起．文史哲，2001（5）：120 – 126.

⑦ Pew Research Center. The Middle Class in America's Cities Has Shrunk Dramatically in the 21st Century. 2016.

第二节　美国公共长期护理服务保障体系

医疗保健计划和医疗补助计划是美国长期护理服务的主要付款人，为从机构护理到基于社区的护理提供服务和支持。

一、医疗保健计划的长期护理服务项目

1965 年《社会保障法》修正案宣布建立医疗补助计划，又称“老年和残疾人医疗保险计划”，保障范围是 65 岁及以上退休的老年人和满足一定资格要求的 65 岁以下的残疾人、晚期肾病患者、肌肉萎缩硬化症患者。医疗保健计划由四个部分构成：A 部分住院保险、B 部分医疗保险、C 部分医疗保险优良计划、D 部分处方药计划。其中 A 部分和 B 部分为参保者提供一定的长期护理服务。

（一）医疗保健计划的覆盖和支出情况

1. 覆盖人口

医疗保健计划是美国第二大社会保险项目。1990 ~ 2016 年，医疗保健计划覆盖美国人口的比例逐年上升，从 13.0% 增加至 16.7%（见图 2 - 4）。2015 年，医疗保健计划共为 5 500 万人提供医疗保险（其中 65 岁及以上的老年人为 4 600 万，65 岁及以下的为 900 万人）。① 2017 年，医疗保健计划有 5 840 万受益人（其中 65 岁及以上的老年人 4 950 万，残疾人 890 万），总支出为 7 102 亿美元。②

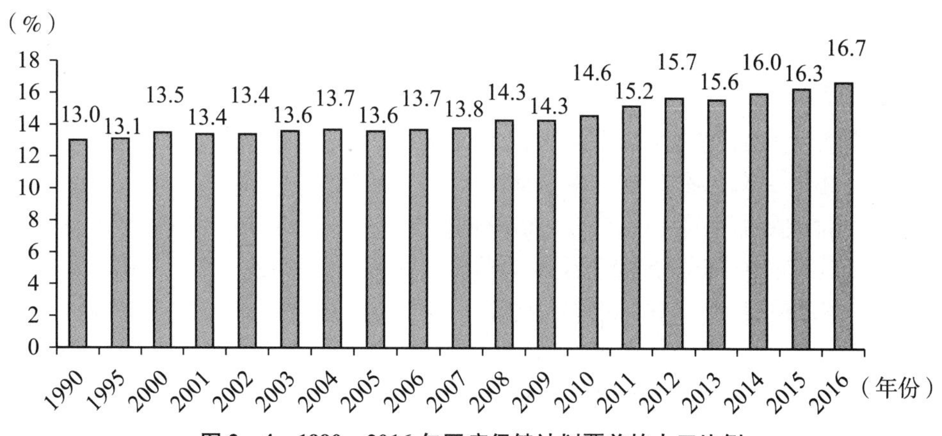

图 2 - 4　1990 ~ 2016 年医疗保健计划覆盖的人口比例

资料来源：Centers for Medicare and Medicaid Service。

① Medicare Board of Trustees. 2016 Annual Report of the Medicare Trustees (for the year 2015). 2016 - 06 - 22.

② Medicare Coverage Database.

2. 支出规模

就支出规模来说，医疗保健计划从 1990 年的 71 亿美元增加至 2016 年的 6 946 亿美元，一直保持上升态势（见图 2 - 5）。1960 ~ 2016 年，尽管差异的幅度逐渐变小，美国国家卫生支出增长速度一直超过经济增长速度。2005 年，医疗保健计划的支出规模占 GDP 的 2.3%，2009 年达到 3%；自 2009 年之后的很长一段时间，该计划的支出规模都占 GDP 的 3% 左右；医疗保健计划的支出规模 2017 年占 GDP 的 3.7%，2042 年将达到 5.9%，2092 年将达到 6.2%。[①] 2015 年，医疗保健计划的支出占美国联邦支出的 15%，2020 年将达到 17%。[②]

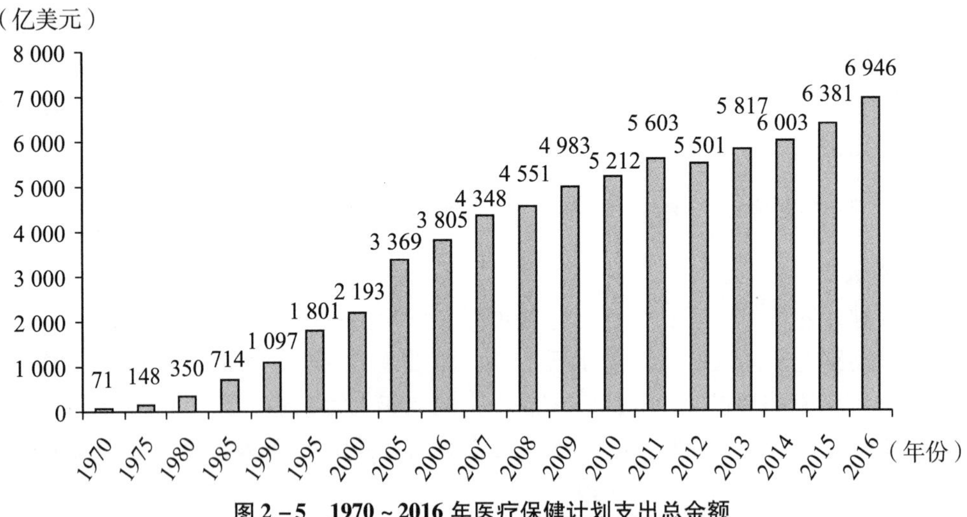

图 2 - 5　1970 ~ 2016 年医疗保健计划支出总金额

资料来源：Centers for Medicare and Medicaid Service。

3. 支出结构

2016 年医疗保健计划支出（联邦拨款为 5 880 亿美元）占联邦预算的 15%；2015 年占全国卫生支出的 20%，药品支出占全部药品支出的 25%（见图 2 - 6）。2016 年医疗保健计划待遇支付总额达到 6 750 亿元，而 2006 年为 3 750 亿元。[③] 2006 ~ 2016 年，医疗保健计划的待遇支付发生了重大的变化，医院住院服务总费用在 2006 ~ 2016 年间下降了 1/3，从 32% 下降到 21%。[④]

① Centers for Medicare and Medicaid Service.

② Medicare Board of Trustees. 2016 Annual Report of the Medicare Trustees (for the year 2015). 2016.

③ Centers for Medicare & Medicaid Services, Office of the Actuary, National Health Statistics Group, 2017.

④ EBSCO Host Connection. National Health Expenditures 2016 Highlights. Health Care Financing Review, 2017.

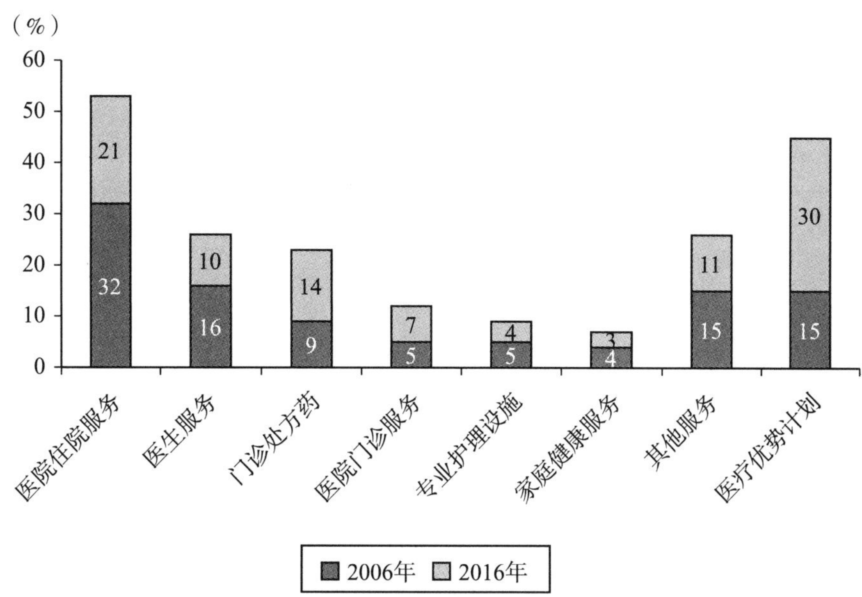

图 2-6　医疗保健计划 2006 年和 2016 年不同服务项目福利支付情况

资料来源：Centers for Medicare and Medicaid Service。

（二）A 部分对长期护理服务的保障

1. 资格条件

A 部分住院保险涵盖了患者在专业护理设施中短暂的康复和恢复，每一个疗程不超过 100 天，需要患者满足以下条件：在医院至少住院满 3 天（3 个晚上，不包括出院的日子）；入住专业护理设施必须是住院期间的诊断所需（或是此次医院住院的主要原因）；如果患者未康复，但有其他疾病需要专业的护理也可以申请。A 部分支付的长期护理费用仅包括专业护理养老院专业护士提供的护理服务，不报销日常生活活动（如个人卫生、烹饪、清洁等）。总而言之，这些护理必须是医疗诊断所必须的，必须按照医生确定的疗程来进行治疗和护理。

2. 费用情况

2016 年，头 20 天的专业护理设施的护理费用将由医疗保健计划全额支付，剩下的 80 天则需要患者共付，每天 161 美元。① 该部分长期护理保障还为患者提供临终关怀福利，支付对象为根据医生判定剩余寿命不超过 6 个月的医疗保健计划受益人。绝症患者必须签署一份声明，说明选择了临终关怀而非其他医疗保健计划所覆盖的福利（如辅助性生活或医院护理）。临终关怀提供的治疗包括用于症状控制和减轻疼痛的药品，以及其他医疗服务，费用是 100% 报销，患者无自付部分。②

①② Centers for Medicare and Medicaid Service.

3. 支出规模

2017 年，医疗保健计划 A 部分支出总额为 2 965 亿美元，其中支付给专业护理设施 283 亿美元，家庭健康护理 69 亿美元；B 部分支出金额为 3 137 亿美元，支付给家庭健康护理的为 115 亿美元。①

（三）B 部分提供的长期护理服务保障

与 A 部分相比，医疗保健计划的 B 部分是实质意义上的长期护理保障，取消了 A 部分的护理期限限制，而是根据急症治疗的后期护理需求而提供相应的护理费用报销保障。B 部分涉及长期护理服务的报销大致有两种类型：全天候的家庭健康护理和机构长期护理。总体而言，医疗保健计划严格来说只包含了专业护理机构和家庭健康机构的护理服务，这些服务只被认为是“急性后期”护理而不是长期护理服务。②

二、医疗补助计划的长期护理项目及发展情况

医疗补助计划对美国社会至关重要，按照支出金额来衡量，是仅次于医疗保健计划的第二大健康计划，注册人数最多，占据了卫生经济 1/6 的份额。③ 它是由联邦政府联合各州实施的、帮助低收入人群降低医疗费用的项目，还提供通常不被医疗保健计划所涵盖的福利，如养老院护理、个人护理服务。

（一）医疗补助计划的覆盖和支出情况

1. 覆盖情况

医疗补助计划是为低收入人群提供医疗和健康服务的最大资金来源，2000 年参保人数为 4 600 万人，2017 年为 7 400 万残疾人和低收入者提供了免费的医疗保险（见图 2 -7）。2015 年，医疗补助计划为 6 900 万美国人提供医疗援助，其中包括《可负担医疗法案》的资格扩展后的第一个完整财政年度 910 万新合格成年人（见图 2 -7）。2015 年医疗补助计划的注册人数比 2014 年增长了 7.6%，成年人的注册成功率提高了 0.2%。④ 2018 年，医疗补助计划覆盖了 6 740 万美国人⑤。

---

① EBSCO Host Connection. National Health Expenditures 2017 Highlights. Health Care Financing Review，2018.

② 胡宏伟，李佳怿，栾文敬. 美国长期护理保险体系：发端、架构、问题与启示. 西北大学学报（哲学社会科学版），2015，45（5）：163 -174.

③ EBSCO Host Connection. National Health Expenditures 2016 Highlights. Health Care Financing Review，2017.

④ Gordon S H，Sommers，B D，Wilson I，et al. The Impact of Medicaid Expansion on Continuous Enrollment：a Two-State Analysis. Journal of General Internal Medicine，2019，34：1919 -1924.

⑤ Rose Meltzer. Medicaid enrollment slowed in 2018，but spending remained the same. Fierce Healthcare.

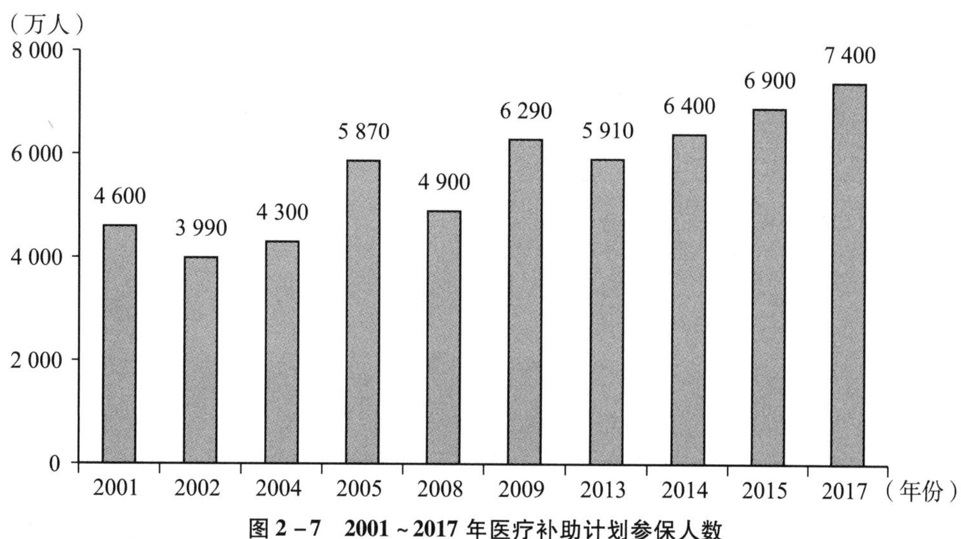

图 2－7 2001～2017 年医疗补助计划参保人数

资料来源：Medicare Board of Trustees. 2017 Annual Report of the Medicare Trustees（for the year 2017）. 2018。

2. 支出规模

2015 年，医疗补助计划支出总额为 5 538 亿美元，长期护理服务支出金额为 1 604 亿美元（占 20% 多），其中联邦资金为 989 亿美元，州配对资金为 615 亿美元。[①] 2008 年参保老年人的平均费用为 1 478 美元，2010 年为 5 563 美元，2015 年，医疗补助计划支出占全国卫生总经费的 17%（见图 2－8）。自 1966 年正式实施以来，医疗补助计划的支出规模稳步增长，从最初的 9 亿美元增长至 2017 年的 5 955 亿美元（见图 2－9）。2015 年，医疗补助计划对养老院、家庭健康护理和其他长期护理服务的支出占美国相关服务总支出的 31.7%、36.0% 和 56.6%，是长期护理服务的主要资金来源（见图 2－8）。

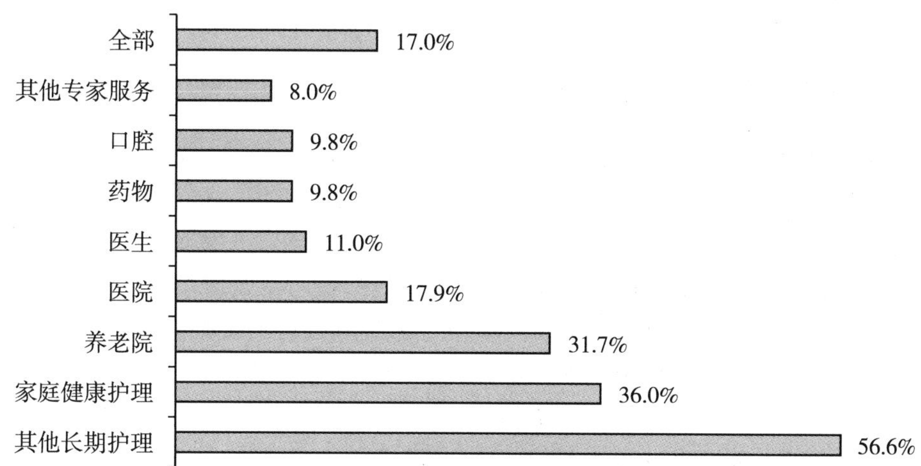

图 2－8 2015 年医疗补助计划提供的服务占美国相关服务总支出的份额

资料来源：The Office of the Actuary. 2016 Actuarial Report on The Financial Outlook For Medicaid. 2017。

① The Office of the Actuary. 2016 Actuarial Report on The Financial Outlook For Medicaid. 2017.

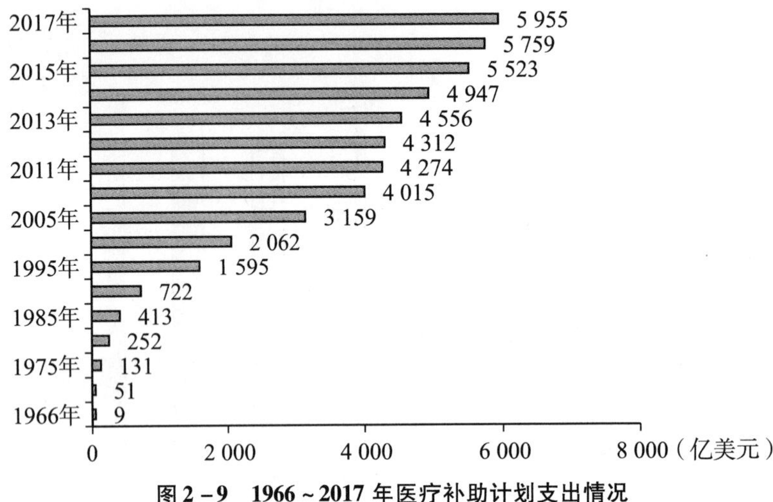

图2－9　1966～2017年医疗补助计划支出情况

资料来源：Centers for Medicare & Medicaid Services，Office of Enterprise Data and Analytics。

（二）医疗补助计划提供的长期护理保障

医疗补助计划覆盖的主要受益人群是老年人和残疾人，而老年人和残疾人是最频繁使用长期护理服务的人群，因此长期护理服务是医疗补助计划支出的最主要部分。1999年长期护理服务占到医疗补助计划总支出的37.3%；2005年则为30.9%。[①] 对老年参保者来说，长期护理费用占用了绝大多数老年参保者的医疗补助计划支出，1999年的支出占比为70%，2005年为62.9%。[②] 1999～2005年，医疗补助计划长期护理支出增加了199亿美元（从644亿美元到843亿美元），增长了31%。[③]2015年，医疗补助计划目前帮助60%的养老院居民支付护理费用；为36%的家庭护理和31.7%的养老院护理买单；成为了56.6%的中等护理设施的护理服务和基于家庭和社区的长期护理服务的资金来源。[④]

（三）基于家庭和社区的服务

医疗补助计划设立了基于家庭和社区的服务（home and community based services，HCBS），为医疗补助计划的受益人提供在自己家中或社区接受长期护理服务的机会，目标人群包括智力发育障碍、身体残疾或精神病患者。2014年，53%的医疗补助计划提供的长期护理支出是基于家庭和社区的服务，总金额达806亿美元，其他类型的服务为712亿美元。[⑤]随着长期护理服务由机构化服务向基于家庭和社区的服务转型，机构化长期护理服务的支出占整体长期护理服务的比例逐年下降，从1990年的87%下降至2016年的48%；而基于家庭和社区的长期护理服务的支出占整体长期护理服务的比例则逐年上升，从1990年的13%增加至2016年的52%（见图2－10）。

---

①③⑤ The Office of the Actuary. 2016 Actuarial Report on The Financial Outlook For Medicaid. 2017.

② Brian B. Medicaid Long-Term Care Expenditures in Fiscal Year 2000. Gerontologis，2001（5）：687－691.

④ The Office of the Actuary. 2015 Actuarial Report on The Financial Outlook For Medicaid. 2016.

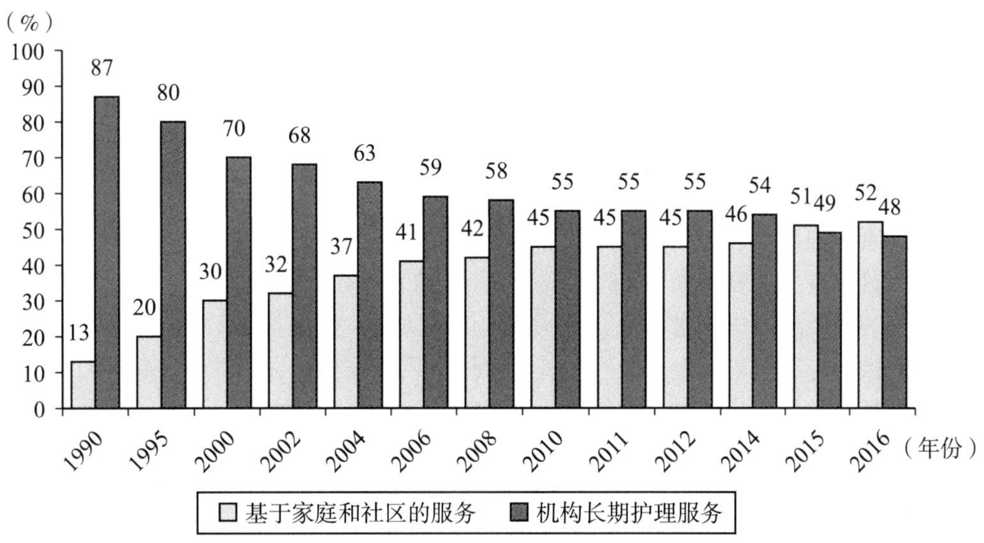

图 2-10 1990~2016 年医疗补助计划不同类型的长期护理服务支出占比

资料来源：The Office of the Actuary. 2016 Actuarial Report on The Financial Outlook For Medicaid. 2017。

三、退伍军人医疗保险的长期护理项目

退伍军人健康管理局是美国最大的综合医疗保健系统，有 1 240 个医疗保健设施，包括 170 个医疗中心和 1 061 个不同规模的门诊机构，每年为 900 万退伍军人提供医疗保健服务。① 退伍军人医疗保险为成员提供各种医疗保健服务，从基础的初级医疗保健到养老院长期护理。

（一）提供的长期护理服务项目

长期护理服务共付比例是根据三个不同的护理层级来制定的：社区生活中心（养老院）、住院短期护理每天共付金额为 97 美元；成人日间照料中心、门诊短期护理为每天 15 美元；住家护理为每天 5 美元。②

老年医学和延续护理服务，是为年老有多重护理需求的退伍军人和其他年龄段需要日常支持服务的退伍军人提供的长期护理服务。退伍军人可以在家里、医疗中心或社区中接受相关的服务。一是退伍军人社区生活中心（养老院）计划，为符合社区生活中心（原养老院）准入条件的退伍士兵提供服务。二是居家护理项目。退伍军人管理局为有医疗的需求但又不需要养老院服务的退伍军人提供两种类型的居家护理项目：短期康复和长期健康维护护理服务。三是为无家可归的退伍军人提供与临床诊断相适应的护理服务，以配合治疗疾病的需要。四是病人照管家庭计划，在一个住宅中，为退伍士兵提供一个训练有素的照顾者为几个托管的患者提供长期护理服务。病人照顾家庭服务可以到退伍军人事务

① National Center for Veterans Analysis and Statistics.

② Veterans Health Administration.

管理局申请提供患者托管服务，经退伍军人事务管理局检查和批准后接受此项服务。病人照管家庭服务对养老院服务具有替代作用。五是州立退伍军人之家项目，为各州符合条件的退伍军人提供养老院、住家或成人日托服务的设施。

（二）家庭健康护理计划

家庭健康护理计划包括退伍军人的专业家庭健康护理服务项目，家务助手和家庭健康助手服务项目，以及家庭照顾者项目。专业家庭健康护理服务项目是短期的健康护理服务，为住家的或距离退伍军人事务管理局较远的退伍军人提供服务，由以社区为基础的家庭健康服务机构与退伍军人事务管理局签署合同提供。该项目提供的服务包括专业护理服务、个案管理、日常生活帮助（如洗澡、穿衣）、工具性日常生活（固定膳食、服药）。家务助手和家庭健康助手服务项目可以帮助退伍军人继续生活在自己家中，为任何年龄段的退伍士兵提供服务。该项目可以作为替代养老院护理的途径，也可以作为退伍军人家庭照顾者的喘息服务的方法。家庭照顾者计划是“9·11”事件后出院的退伍军人和服务人员提供的支出和协助服务，符合条件的主要家庭照顾者可以获得津贴、培训、心理健康服务、交通和住宿补偿，以及获得健康保险。

第三节　美国商业长期护理保险的发展状况

一、四个不同的发展阶段

自 20 世纪 70 年代开始售卖商业长期护理保险起，几十年来美国商业长期护理保险在产品设计、精算定价、市场营销、后续管理、监管要求、公共政策等多个方面都经历了巨大的改变。1991 ~ 2000 年是美国长期护理保险快速增长时期，行业迅速壮大，但进入 21 世纪，随着亏损大面积爆发，长期护理保险行业快速萎缩，市场规模日益下降。

（一）初期发展阶段（1990 年以前）

美国自 1974 年发售第一张商业长期护理保险的保单以来，渐渐由原来只为居住在养老院的居民提供长期护理保障发展到为各种居住设施的参保者提供长期护理保障。商业长期护理保险 1980 年支付的养老院护理费用仅占全部养老院护理费用的 1.5%，1985 年 65 岁及以上美国人口中不足 2% 的人拥有商业护理保险；从事长期护理保险业务的公司不到 25 家，保险单售卖量不足 10 万份；1974 ~ 1992 年，美国长期护理保险的理赔额度总计才达到 10 亿美元。[①] 这一时期的长期护理保险市场还没有形成行业规范，保单条款差异性大，拒赔现象也时有发生，不利于长期护理保险行业的稳定发展。于是，美国保险监督官协会（NAIC）在 20 世纪 80 年代制定了《长期护理保险示范法》，旨在促使保险条款的真

① 李慧欣．美国商业长期护理保险的发展及其启示．金融理论与实践，2014（4）：88 - 92.

实性、有效性，使参保人避免陷入不公平或欺骗性的保单销售，促使公众对保险条款进行了解和比较。

（二）平稳发展阶段（1990～1995 年）

随着《长期护理保险示范法》对长期护理保险市场的逐步规范，美国商业护理保险市场发展有所增长。这一时期，长期护理保险单共计售出 190 万份，65 岁及以上老年人购买率达到 5%；长期护理团体险也开始发展，1990 年底售出 13.5 万份，而 1996 年售出量则达到 500 万份。[①]

（三）快速发展阶段（1996～2005 年）

1996 年，美国出台《联邦健康保险可转移及说明责任法案》，为符合条件购买商业长期护理保险的个人和企业提供税收优惠。1996 年长期护理保险赔付总额首次超过 10 亿美元；2002 年美国商业长期护理保险赔付额突破 1 亿美元大关，保费收入突破 60 亿美元大关，其中团体长期护理保险单占全部保单的 35% 左右。[②] 这一时期，就整体长期护理支出来看，个人支出占 33% 左右，以医疗补助计划为主的公共支出占 60% 左右，而私人商业长期护理保险则为 4% 左右。[③] 截至 2008 年，21 个州出台并实施了相关税收优惠政策，降低了购买长期护理保险的成本（下降 5% 左右），并使自愿参保人数有所增加（提高了 2.7%）。[④]

（四）低速徘徊发展时期（2006 年至今）

美国商业长期护理保险覆盖人群一直不大，2008 年 65 岁及以上的老年人的参保率仅为 12.4%，55 岁及以上人口的参保率仅为 8.8%。[⑤] 由图 2－11 可见，美国商业长期护理保险的快速发展态势基本上于 2005 年结束，开始进入徘徊不前甚至下降的态势。2004 年，美国长期护理保险保费收入突破 6 亿美元大关，销售保险单 38 万份，[⑥] 2015 年这种增长趋势就基本停顿并进入下降态势。到 2014 年，美国长期护理保险保费收入仅为 3.2 亿美元，销售量仅为 13 万份保单，众多商业保险公司陆续退出长期护理保险市场。[⑦]

---

① Finkelstein B A. Insuring Long-Term Care in the United States. Journal of Economic Perspectives, 2011, 25 (4): 119－141.

② America's Health Insurance Plans (AHIP). Who Buys Long-Term Care Insurance? A 15-year Study of Buyers and Non-Buyers, 1990－2005. Prepared for America's Health Insurance Plans by LifePlans, Inc., 2007.

③ Brown J R, Finkelstein A. The Interaction of Public and Private Insurance: 140 Journal of Economic Perspectives Medicaid and the Long-Term Care Insurance Market. American Economic Review, 2008, 98 (3): 1083－1102.

④ Courtemanche C, He D F. Tax Incentives and the Decision to Purchase Long-Term Care Insurance. Journal of Public Economics, 2009, 93 (1－2): 296－310.

⑤ Leyes M. Selling Long-Term-Care Insurance in Today's Market. Advisor Today, 2006.

⑥ America's Health Insurance Plans (AHIP). Who Buys Long-Term Care Insurance? A 15-year Study of Buyers and Non-Buyers, 1990－2005. Prepared for America's Health Insurance Plans by LifePlans, Inc., 2007.

⑦ Unruh M A, Stevenson D G, Frank R G, et al. Demand-Side Factors Associated with the Purchase of Long-Term Care Insurance. Forum for Health Economics & Policy, 2016, 19 (1): 23－43.

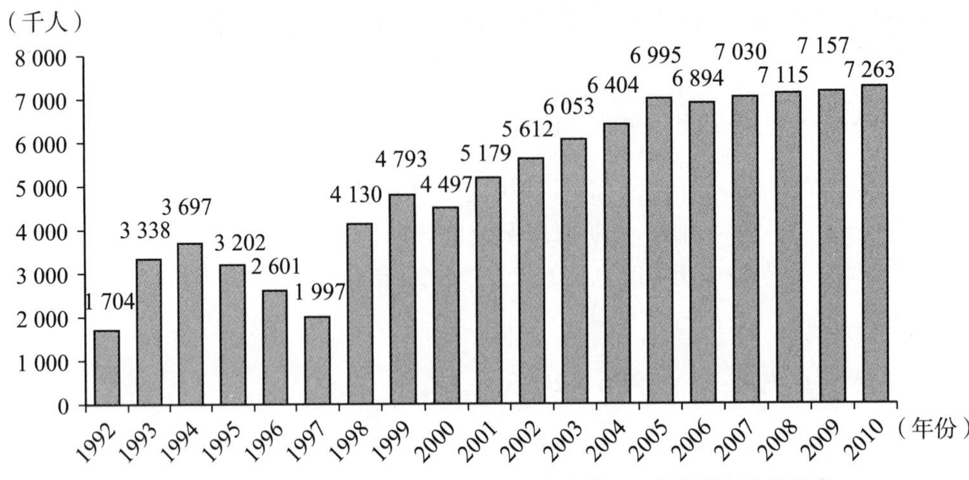

图 2-11　1992～2010 年美国长期护理保险的承保人数增长变化趋势

资料来源：Koreshkova T，Braun R A. Accounting for Low Take-up Rates and High Rejection Rates in the U. S. Long-Term Care Insurance Market. Meeting Papers，2016。

二、美国商业长期护理保险行业发展困局

（一）保费不断上涨，保险公司退出市场

1. 新参保者的保险费不断提高

对于长期护理保险的新客户来说，投保的成本在增加。根据美国长期护理保险协会的数据，2012 年购买长期护理保险要比 2011 年购买高出 17% 的价格。2014 年，55 岁的单身男性客户购买新的、待遇总额 16.4 万美元的长期护理保险的年平均费用为 925 美元，购买支付至 85 岁、待遇总额 36.5 万美元的长期护理保险的保费为年均 1 765 美元；夫妻共同购买长期护理保险的价格有所上升（支付至 85 岁、待遇总额 73 万美元的年均保费为 3 840 美元，比 2012 年 3 663 美元增加了 4.8%）；而单身女性购买长期护理保险的价格（男性支付 925 美元的待遇，女性则需支付 1 225 美元）较 2013 年有大幅度的增加，增加了 12%。[①] 这对美国普通家庭而言是一笔很大的支出。2018 年，美国主要保险公司的平均年保费如表 2-2 所示，单身女性的保费要远远高于单身男性的保费水平。这是因为女性的理赔发生率比男性要高很多。2018 年，长期护理保险公司支付给理赔客户的数量女性占 64%，男性仅为 36%。[②]

---

① Harris-Kojetin L，Sengupta M，Park-Lee E，Valverde R，et al. Long-Term Care Providers and Services Users in the United States：Data from the National Study of Long-Term Care Provides，2013-2014. Vital and Health Statistics，2016，3（38）：1-105.

② American Association for Long-Term Care Insurance，2019.

表 2-2　　2018 年美国主要长期护理保险公司的年保费的平均水平　　单位：美元/年

年龄	单身男性	单身女性	夫妻
55 岁	1 870	2 965	3 000
60 岁	2 010	3 475	3 490
65 岁	2 460	4 270	4 675

资料来源：American Association for Long-Term Care Insurance. January 2020。

2. 已投保的参保人的保费大幅度增加

对已投保的参保人来说，面临着保费增加的问题。例如，基恩·沃尔斯金融公司（Gean Valth Financial）的保单持有者保费的平均增长率为 18%；约翰·汉考克将部分投保人的保费平均提高了 40%，最高的客户竟然提高了 90%。[①] 保险公司退出市场或提高利率，原因在于对退保发生率的高估，对长期护理费用的低估。同时，低迷的利息率使保险公司难以应用储备金来支付索赔。美国长期护理保险公司陷入恶性循环的旋涡，即保费大幅度涨价，导致承保人退保，从而致使赔付能力下降；为了保持一定的赔付能力，保险公司又被迫将保费提高，于是又陷入新一轮的恶性循环。合理的保费厘定就成为一件"不可能完成的任务"，这也是许多美国保险公司决定退出长期护理保险市场的原因之一。[②]

3. 行业亏损导致大部分保险公司退出长期护理保险市场

进入 21 世纪，美国从事商业长期护理保险的公司的数量大幅度下降，2017 年仅剩 15 家公司仍然售卖长期护理保险，特别是 2006~2011 年，美国长期护理保险销售额前 20 名的保险公司中有 10 个公司退出了长期护理保险市场。[③]美国都市人寿保险公司（为 60 万人提供长期护理保险）于 2010 年 12 月 30 日停止销售长期护理保险产品。保诚公司同期决定停止向个人销售长期护理保险保单，但仍然通过雇主和其他团体销售长期护理保险。

（二）投保人数徘徊不前，并有所下降

1998 年 580 万美国人拥有商业长期护理保险，其中 2 100 个雇主为员工提供团体长期护理保险（团体保单占总保单的 1/3）；2007 年 800 万美国人拥有商业长期护理保险，消费者的平均购买年龄首次降低至 60 岁以下（58 岁）；而 2000 年的消费者的平均购买年龄为 67 岁。[④] 公众渐渐认识到在退休前计划长期护理保险的重要性，以及越年轻成本越小的原则，使美国人购买长期护理保险的平均年龄下降。2011 年不同年龄段的新参保者所占的比例：35 岁以下的为 1%，35~44 岁的占 3%，45~54 岁的占 22%，55~

①③　托马斯·麦金纳尼．美国长期护理保险市场的发展．中国保险报，2017-07-03（7）.

②　聂方义．美国长期护理保险踩过的坑．大众理财顾问，2018（2）：36-38.

④　Giese C J，Schmitz A J. Premium Estimates for Policy Options to Finance Long-Term Services and Supports. Brookfield，WI：Milliman，2015.

64 岁的占 56.6%。[①] 2012 年不同年龄段的新参保者所占的比例：35 岁以下的为 0.8%，35～44 岁的为 3.2%，45～54 岁的占 24.7%，55～64 岁的占 54.0%。[②] 根据美国长期护理保险协会的数据，2011 年新参保者的人数为 33.7 万人；2012 年新参保人数为 32.2 万人，其中 8.5 万人购买的是寿险内嵌长期护理保险的保单。2002～2014 年，个人护理保险市场的保单售出量下降了 83%，从 75.4 万份下降至 12.9 万份。[③] 由雇主提供保费的团体市场销售量也不断下降。2018 年，美国购买长期护理保险者共有 35 万人，其中 16% 的购买者参加传统长期护理保险，84% 的购买者购买的是嵌入式长期护理保险；按照年龄分组，50～54 岁的购买者占 16.2%，55～59 岁的购买者占 24.7%，60～64 岁的购买者占 23.2%，65～69 岁的购买者占 12.3%。[④]

三、长期护理保险的理赔情况

图 2－12 给出了近十几年来美国商业护理保险行业的理赔情况。2006 年，商业长期护理保险的理赔金额仅为 33 亿美元，到 2010 年上升至 60 亿美元，2011 年理赔金额达到 77 亿美元，之后 2012 年回落至 66 亿美元。从 2013 年起至今，美国商业长期护理保险的理赔金额一致呈上升趋势，2018 年突破 100 亿美元大关。就理赔人数来说，2012～2018 年保持了上升的趋势，由 2012 年的 26.4 万人增加至 2018 年的 30.3 万人。图 2－13 给出了美国商业护理保险 2018 年新理赔案例在不同年龄段的保单持有人中发生比例：80 岁以上开始理赔的案例占了所有案例的近 70%，80 岁以下的理赔案例仅占 30% 左右。图 2－14 给出了美国商业长期护理保险 2018 年开始赔付和结束赔付案例按照不同长期护理模式分布状况：家庭长期护理在美国长期护理服务中占重要地位，51.5% 的开始赔付案例和 43.0% 的结束赔付案例均是发生在居家长期护理模式。这与 2010 年的情况有很大的差别。2010 年，新索赔案例开始于家庭护理服务的比例为 31.0%，发生在辅助性生活设施的比例为 30.5%，发生在专业养老护理院的比例为 38.5%。[⑤] 按照不同的结束赔付的原因对结束赔付案例进行划分：因康复而结束赔付的案例占 14.0%；因死亡而结束赔付的案例占 72.5%；因待遇用尽而结束赔付的案例占 13.5%。[⑥]

---

① American Association for Long-Term Care Insurance. The 2012 Sourcebook for Long-Term Care Insurance Information. Westlake Village，CA：American Association for Long-Term Care Insurance，2012.

② American Association for Long-Term Care Insurance. The 2013 Sourcebook for Long-Term Care Insurance Information. Westlake Village，CA：American Association for Long-Term Care Insurance，2013.

③ Cohen M A. The State of the Long-Term Care Insurance Market. In The State of Long-Term Care Insurance：The Market，Challenges，and Future Innovations，2016：2－29. Kansas City，MO：National Association of Insurance Commissioners，http：//www. naic. org/documents/prod_serv_consumer_ltc_lp. pdf.

④⑥ American Association for Long-Term Care Insurance，2019.

⑤ Lankford K. Long-Term Care Rate Hikes Loom. Kiplinger's Personal Finance，2011.

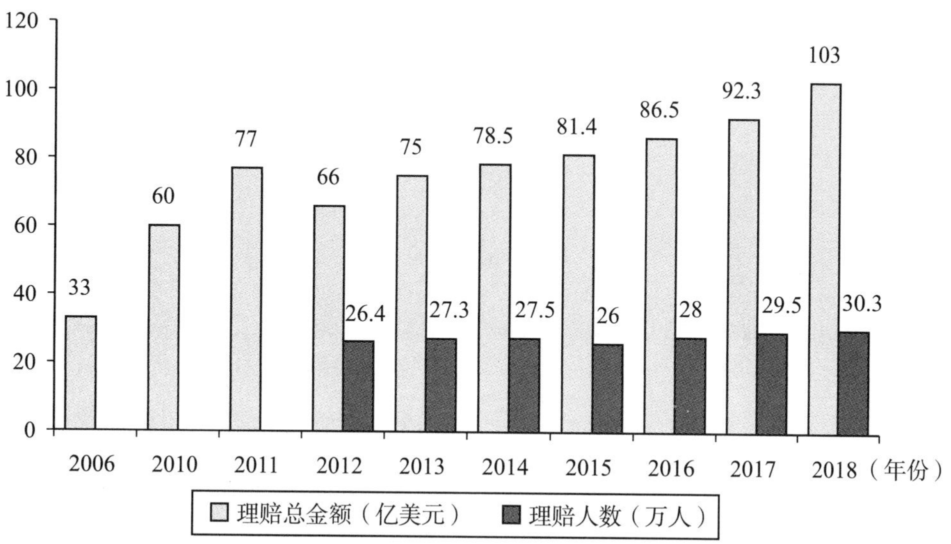

图 2－12　美国商业护理保险理赔情况

资料来源：American Association for Long-Term Care Insurance，2019。

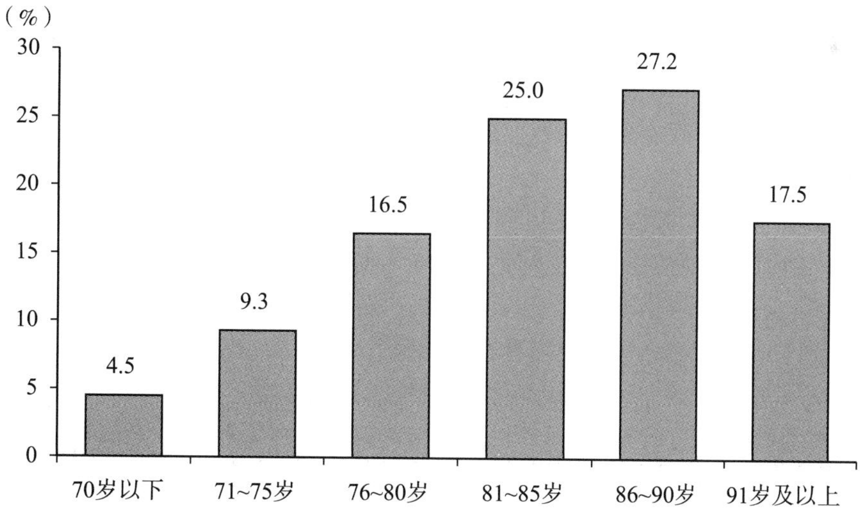

图 2－13　美国商业护理保险 2018 年新理赔案例在不同年龄段的保单持有人中发生比例

资料来源：American Association for Long-Term Care Insurance，2019。

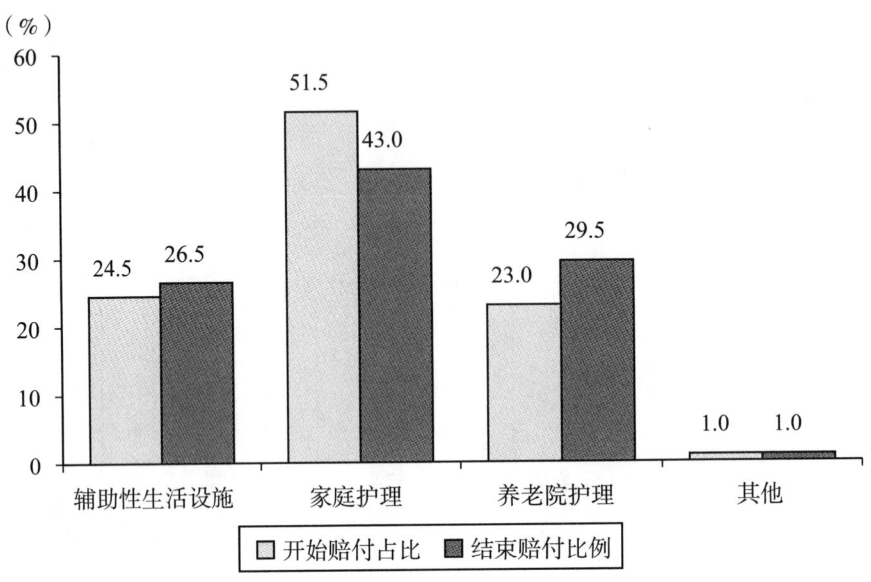

图 2－14　美国商业长期护理保险 2018 年开始赔付和结束赔付案例按照不同长期护理模式分布状况

资料来源：American Association for Long-Term Care Insurance，2019。

第四节　美国长期护理保障体系存在的问题

毫无疑问，美国在长期护理保障体系设计的宗旨为：将商业长期护理保险作为长期护理保障体系的重点支柱，以市场的模式解决大部分美国人长期护理需求；以公共社会保障为辅，由联邦政府和州政府通过公共财政转移支付为美国弱势群体的长期护理需求提供制度性、兜底的保障；采取各种政策措施，促进商业长期护理保险与公共长期护理保障的良性发展，实现协同效应。但在现实中，这种协同的效应并未实现，甚至出现了市场失灵、政策调整效用有限的窘境。同时，补缺式的公共保障制度安排带来了越来越大的财政压力、民众的长期护理服务需求保障不足、家庭长期护理服务压力增加等负面的效用。也就是说，从长期护理保障体系运行情况来看，随着老龄人口增多以及医疗费用上涨，美国政府面临着日益沉重的财政支付压力，同时私人长期护理保险迟迟难以覆盖广大中低收入阶层，长期护理保障制度并没有发挥制度设计之初的预期效果。

一、政府促进商业长期护理保险发展的政策措施效果有限

（一）税收优惠政策

1.《联邦健康保险可转移及说明责任性法案》

根据美国 1996 年出台的《联邦健康保险可转移及说明责任法案》规定，保单符

合税收优惠条件时，购买商业长期护理保险的个人和企业可以享受税收优惠政策（见表2－3）。法案实施20多年来，对商业长期护理保险的激励效果非常有限，原因主要有二：一是长期护理保险的主要投保群体为老年人，享有多种税收优惠政策，激励效果难以显现；二是税收优惠门槛设置的条件较为严格，很多人难以符合要求，减免额度的吸引力也很有限。

表2－3 2018年长期护理保险免税限额

年龄	免税限额（美元）
40岁以下	420
40～50岁	780
50～60岁	1 560
60～70岁	4 160

资料来源：Department of Treasury Internal Revenue Service. IRS Revenue Procedure Eases Correction Procedures，2019。

2. 养老金保护法案

美国2006年出台的《养老金保护法案》，被保险人从人寿险保单、部分年金险保单中提取现金以购买长期护理险，可以享受免税待遇。另外，用人寿险与年金险契约交换与长期护理险或包含长期护理保险的混合产品契约亦可享受免税的待遇。

（二）长期护理合作计划（LTCPP）

这一计划是针对达不到医疗补助计划申请标准但又买不起昂贵的私营长期护理保险的中产阶层而设计的。2005年，美国根据《赤字削减法案》创立了符合条件的州长期护理合作计划，提供特殊的长期护理政策，允许参保人员保护资产，并在长期护理政策待遇享受完毕后时仍有资格申请医疗补助计划。在项目发端的1998年，仅有四个州（加利福尼亚州、康涅狄格州、印第安纳州和纽约州）开展合作项目，目前已扩展至全美各州。私营公司设计符合相关标准的长期护理保险产品（如包含通货膨胀保护条款），向所在的州申请加入该合作计划，经批准后实施。该计划鼓励人们购买长期护理保险，能够满足其一定的长期护理需求。大多数合作计划提供的财产保护是“一美元对一美元”的模式：长期护理保险政策提供的保险金额与将来财产保护的金额相同。举例来说，对单身者来说，为了达到医疗补助计划的长期护理资格要求，只能保有2 000美元的资产，但是如果购买了一份提供15万美元福利的长期护理合作计划的保险，将来就可以保留15.2万美元的资产，并仍然有获得医疗补助计划的资格。不同的州对受保护的资产额度设定了限制。

在长期护理合作计划中，医疗补助计划作为“第二支付手段”，只有该合作计划结束或参保人失去支付自付部分的经济能力时，社会救助才能支付不足的部分。对于参保人来说，激励来自未来申请医疗补助计划时能够获得相当份额的财产保护，但长期护理保险支付金额大于一般商业医疗保险和养老保险，缴费周期长、使用预期不明确，限制了购买合作计划的积极性。因此，该计划仍然不能大幅度提高商业长期护理保险的销售量。

（三）社区生活辅助和支持计划（CLASS）

根据患者保护和平价医疗法案，美国制定了社区生活辅助和支持计划，为 18 岁及以上残疾人提供新的支付长期护理服务和支持的自愿保险计划。符合特定条件的个人可以自愿参加该计划，资格要求包括年满 18 周岁，领取应纳税工资或有自营收入、积极就业者，住院（医院或精神病机构）的患者，或者养老院、中间护理机构的智障居民不符合参保条件。该法案禁止保险公司设定将符合条件的申请人拒绝在外的条款。与长期护理合作计划类似，作为第二支付手段的医疗补助计划仍然对其产生挤出效应，后期发展处停滞状态，2013 年基本上就被废除了。

二、商业长期护理保险市场失灵，公共保障的压力一直很大并日益增加

商业医疗保险是美国医疗保障体系的三大支柱之一，承担了 50% 左右的医疗费用，是第一大医疗费用付款来源，而医疗保健计划和医疗补助计划共同支付比例不足 50% 。[①] 但美国长期护理支出的来源结构却大不相同，商业长期护理保险支付的长期护理费用占比非常小，仅有不到 14% ，而医疗补助计划和医疗保健计划支付的长期护理费用占全部长期护理保险支出的 80% 以上，特别是医疗补助计划支付的长期护理保险费用所占比例达到 50% 。[②] 可见，长期护理保险行业在商业健康保险最发达的美国也存在市场失灵的现象，政府努力让商业长期护理保险解决大部分长期护理服务的费用，但却不得以成为长期护理服务的主要收入来源。

三、医疗补助计划的长期护理托底功能设计对整个长期护理保障体系发展的作用复杂

（一）第二支付手段

作为有着深厚市场主导的补缺式的美国福利模式来说，医疗补助计划长期护理保障托底功能政策设计的初衷为低收入群体提供长期护理保障。因此，美国的相关法律规定医疗补助计划只能作为支付长期护理服务的“第二支付手段”。一方面，第二支付手段强调了医疗补助计划的社会救助性质，为因长期护理保险费用支出而造成陷入贫困线之下的美国家庭提供最终的保障，是美国长期护理保障制度不可或缺的制度安排。另一方面，第二支付手段发挥作用的前提是在受益人持有商业长期护理保险的情况下，必须先使用商业长期护理保险提供的保障，等到福利保障用完之后，申请人才有资格申请医疗补助计划提供的

① Office of the Actuary National Health Statistics Group. National Health Care Spending In 2016. 2017.

② Greenfield J C. Long-Term Care in the United States：Who Pays? Financial Capability and Asset Holding in Later Life：A Life Course Perspective. Oxford University Press，2015.

长期护理保障。鉴于此，人们通常会选择在必须使用长期护理保险之前，将大部分资产划掉，然后直接申请医疗补助计划的长期护理服务，而不是自愿购买商业长期护理保险。

（二）对商业护理保险的替代性

公共长期护理保险对商业长期护理保险的替代性非常强（替代率达到60%左右），商业长期护理保险提供的绝大部分护理服务社会救助都能免费提供。这一替代率使消费者在缴纳高昂商业长期护理保险费和无偿享受医疗补助计划的社会救助之间进行选择。对美国的中产阶级来说，购买商业长期护理保险价格昂贵，福利待遇享受时间较晚、收益不清晰，对资金占用额度较大，从而倾向于选择社会救助，从而影响商业长期护理保险行业的发展。因此，医疗补助计划的制度设计对整体长期护理保障体系的发展的影响很复杂，难以一概而论。

第五节　美国长期护理保障体系的发展趋势

一、继续推动商业长期护理保险行业的发展，真正发挥医疗补助计划长期护理托底功能

现代社会，人们的寿命越来越长。随着年龄的增长，需要长期护理的可能性越大，年轻人由于事故或疾病，也有长期护理服务的需求。一般来说，医疗保险、医疗保健计划补充计划和团体/雇主保险并不包含长期护理。对医疗保健计划的老年参与者而言，长期护理待遇非常有限，需要商业护理保险减轻家庭负担和政府的财政负担。① 美国是商业长期护理保险的最早的市场之一，一直以来致力于商业长期护理保险行业的发展。医疗补助计划对商业长期护理保险市场具有一定的挤出效应，美国中产阶级财产的缩水和阶层的收缩都导致商业长期护理保险失去主要的目标客户群。可见，依靠市场提供长期护理保险即使在美国也难以实现，而美国所尝试的公私合作的机制也都未能取得好的效果，市场和社会救助之间的协调与合作机制仍然是美国政策制定者要面对的挑战。因此，继续促进商业长期护理保险市场的发展，同时通过政策调整真正发展公共长期护理救助服务项目的绩效仍然是美国长期护理保障制度政策调整的目标。

二、长期护理保障提供的服务将更加趋向于非机构化的护理服务

无论是商业长期护理保险还是公共长期护理保障项目提供的长期护理服务，都日益向居家护理服务倾斜。根据美国长期护理保险协会对六大长期护理保险公司的索赔记录，2017 年 52.1% 的全新长期护理保险索赔开始于居家护理，约 20% 的索赔开始于辅助性居

① 张蜀俏．都市构建阿尔茨海默病患者社会保障体系的案例研究．电子科技大学，2015.

住设施，28.2%的索赔开始于专业护理院。①

一方面，在能满足长期护理需求的情况下，民众还是愿意选择在居家社区环境中接受护理服务。长期护理保险最大的好处之一是个人能够将自己留在家里。根据美国长期护理保险协会的资料，760 万人因急性疾病、长期健康状况、永久性残疾或绝症在家接受护理，相比之下，仅有 180 多万人在养老院接受护理。② 另一方面，机构化的专门护理院的长期护理服务非常昂贵。长期护理费用预计将在未来几十年显著增长。家庭护理服务的价格大约为每小时 14 ~28 美元。2017 年美国长期护理月平均费用：家庭健康护理，家务助理服务 3 994 美元/月、家庭健康助理 4 099 美元/月；日间健康护理，成人日间健康护理 1 517 美元/月、辅助性生活设施 3 750 美元/月；养老院，半私人房间 7 148 美元/月、私人房间 8 121 美元/月。③

（一）家庭健康护理的价格

表 2 -4 给出家庭长期护理中家庭健康助理和家务助理 2012 ~2016 年的平均时薪和五年平均增长率，显示出家庭长期护理在这 5 年期间费用一直保持增长的态势。家庭健康助理的工资 2017 年与 2016 年相比，有较大幅度的增长。2017 年家庭健康助理的平均年薪比 2016 年增长了 6.2%，达到 49 192 美元。④ 这是由多种原因造成的：对长期护理人员的需求的增加；最低保障工资的提高使其他工作更有吸引力，从而减少了长期护理人员的供给量；2015 年颁布的联邦法案要求对从事直接护理的人员支付最低保障工资并支付加班费。

表 2 -4　2012 ~2016 年家庭健康助理和家务助理平均时薪和五年平均增长率

项目		家庭健康助理	家务助理
2012 年	平均时薪（美元）	19	18
	五年平均增长率（%）	1.09	1.15
2013 年	平均时薪（美元）	19	18
	五年平均增长率（%）	1.0	0.8
2014 年	平均时薪（美元）	19.75	19
	五年平均增长率（%）	1.32	1.2
2015 年	平均时薪（美元）	20	19.5
	五年平均增长率（%）	1.0	1.6

① American Association for Long-Term Care Insurance, 2018.

② American Association for Long-Term Care Insurance, 2019.

③ Geneworth. The Genworth Cost of Care Survey. Long – Term Care Cost in 2017. 2017.

④ Geneworth. Geneworth 2016 Cost of Care Survey. 2016.

续表

项目		家庭健康助理	家务助理
2016 年	平均时薪（美元）	20	—
	五年平均增长率（%）	1.0	—

资料来源：Geneworth. Geneworth 2016 Cost of Care Survey. 2016.

（二）辅助性生活社区的长期护理费用

2016 年辅助性生活设施的月平均费用为 3 628 美元（图 2－15）。2015 年，辅助性生活设施平均年费用为 43 200 美元，五年平均年增长率为 2.5%；2014 年，平均年费用为 42 000 美元，过去 5 年年均增长率为 4.29%；2013 年，平均年费用 41 400 美元，过去五年的平均增长率为 4%；2012 年，平均年费用为 39 600 美元，过去五年的平均增长了为 6%。①

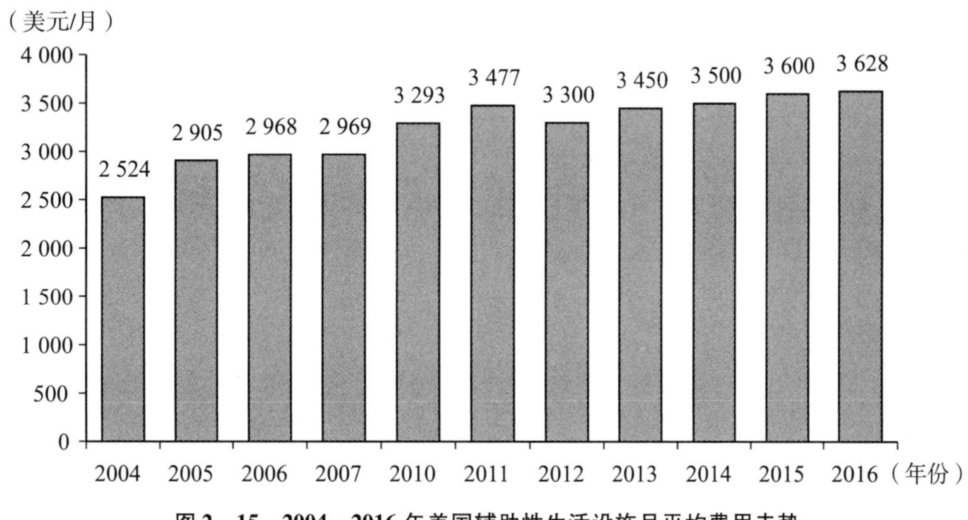

图 2－15 2004～2016 年美国辅助性生活设施月平均费用走势

注：并非连续年份。

资料来源：MetLife Mature Market Institute. Metlife Market Survey of Long-Term Care Cost. 2017，2018。

（三）日间成人护理中心的费用

2015 年日间成人护理中心的费用为每天 69 美元，2016 年为每天 68 美元；2012 年为每天 61 美元，比 2011 年增长了 1.67%。② 2017 年，日间成人护理中心的年均费用为

① Geneworth. Geneworth 2016 Cost of Care Survey. 2016.

② Geneworth. Geneworth 2015 Cost of Care Survey. 2015.

1.82 万美元（见表 2-5）。

表 2-5　2017 年各种形式的长期护理年均费用　单位：美元

项目	费用
日间护理（5 天/周）	18 200
辅助性生活设施（单间）	45 000
家务服务（44 小时/周）	47 934
居家健康助理（44 小时/周）	49 192
养老院（半私人房间）	85 775
养老院（私人房间）	97 455

资料来源：Geneworth. Geneworth 2017 Cost of Care Survey. 2017.

（四）养老院护理费用

图 2-16 反映出 2012~2016 年养老院长期护理年平均费用情况和五年平均增长情况：年平均费用从 2012 年的 8.103 万美元增长至 2016 年的 9.238 万美元，平均年增长率在 4%以上；其中 2016 年养老院年平均费用比 2015 年稍有增长，增长率为 1.24%。2016 年，养老院半私人房间每天收费 225 美元，每个月为 6 884 美元；私人房间每天的收费为 253 美元，每个月的费用为 7 689 美元。2017 年，养老院半私人房间年平均费用为 85 775 美元，私人房间为 97 455 美元；私人房间每月费用超过 8 000 美元，比 2016 年增长了 5.5%，自 2004 年以来增加了近 50%。①

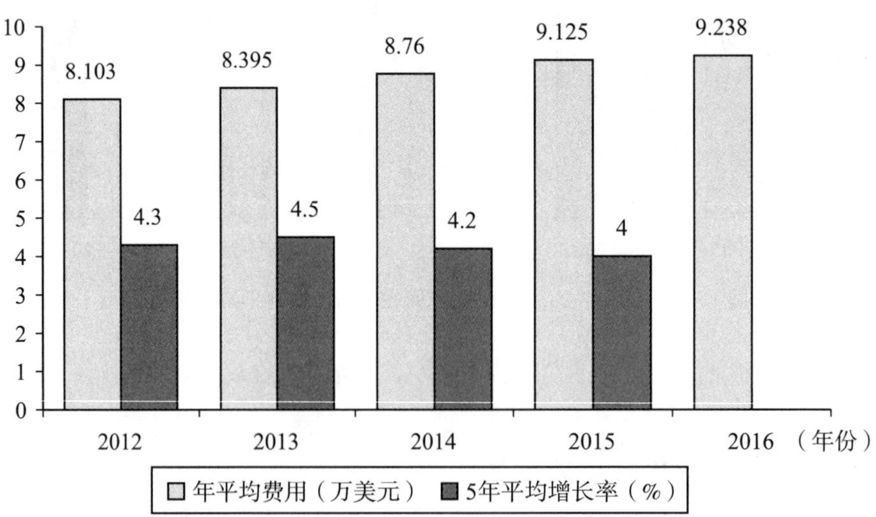

图 2-16　美国 2012~2016 年养老院长期护理年均费用和五年平均增长率

资料来源：MetLife Mature Market Institute. Metlife market survey of long-Term Care Cost. 2016. 2017。

① Geneworth. Geneworth 2017 Cost of Care Survey. 2017.

第六节　经验借鉴

自20世纪60年代以来美国开始搭建公共长期护理保障制度，再到70年代商业以来长期护理保险市场的形成与发展，美国的长期护理制度一直在追求用政府和市场两个支柱的协同发展来减轻家庭的长期护理负担，满足不同财富收入阶层的长期护理服务需求，试图解决老龄化社会对家庭、社会和政府造成的压力。半个多世纪以来，美国长期护理保障制度每年为数百万的美国人提供了长期护理服务，并形成了一定的商业长期护理保险市场，在一定程度上控制了成本，取得了很大的成绩。但同时，也走进很多误区，如面临着解决公共长期护理保障制度对商业长期护理保险市场的基础效应的问题，长期护理保险制度市场失灵的问题，等等。其中的经验与教训，值得中国在规划与制定长期护理保障制度时借鉴，并以此来审视和规范、引导中国的商业长期护理保险市场的发展。

一、多层次、多支柱的混合保障体系

长期护理保障是全球老龄化趋势下的各国发展中面临的难题之一。建立符合中国国情的长期护理保障制度需要深入研究借鉴各国在长期护理保障发展方面的经验和教训。美国的长期护理保险制度实质上是由公共社会保险、社会救助与商业保险构成的混合保障模式，具备多支柱的特点。社会救助满足低收入人群的长期护理服务需求，保障长期护理服务对弱势群体的可获得性；公共社会保险鼓励中低收入人群购买使用长期护理保险，并制定相应的优惠政策；商业保险则致力于满足中高收入阶层的护理保险需求。借鉴美国长期护理保障制度发展的经验，界定我国长期护理保障制度架构中公共保障与商业保障的范围与作用，我国需要逐渐规范商业长期护理保险行业的发展，积极推动公共长期护理保险制度的发展和完善，旨在建立与完善以公共社会保险为主、以商业保险为补充的长期护理保障体系。

二、注重公共保险体系与商业模式的结合，发挥市场、政府和家庭三方面的作用

在长期护理保障体系中，美国注重公私合作的模式，充分发挥市场的作用。医疗保健计划、社区生活辅助计划、长期护理合作计划，均采用公私合作模式，由联邦政府主办，商业保险公司负责经营。这种模式不仅能够增加公共长期护理保障的效率，而且能增加长期护理保险公信度，促进整个体系的良性发展。因此，在我国长期护理保障体系的建设过程中，需要推进公共、私人合作，政府和私营企业应共同努力，对自身的角色和责任进行精准定位，共享信息并开发、促进鼓励个人承担长期护理保障责任，长期护理支出的未来风险应在个人规划（免赔额度或部分个人支付）、私人保险（限定保险待遇最高理赔额）和公共项目（社会保险、社会救助）之间共同分担。

三、大力发展以家庭、社区为基础的长期护理服务

根据美国老龄化管理局的数字，82%的接受长期护理服务的老年人是生活在社区中的，仅有18%的长期护理服务是发生在养老机构中的。专业护理院，也就是养老院的护理服务是非常昂贵的，家庭、商业长期护理保险和公共长期护理项目都面临着巨大的压力。而家庭健康护理服务、日间成人护理中心等基于家庭和社区的长期护理服务的成本则相对便宜得多。美国的长期护理费用为家庭健康护理服务提供机构、日间成人护理中心等基于家庭和社区的护理服务的支付越来越多。中国老龄化进程快，老龄人口数量庞大：2015 年中国的老龄人口占总人口的10.1%；2030 年老龄化率将达到17.2%，老年人口达到2.388 亿；到2050 年，中国老龄人口（3.488 亿）将是日本、埃及、德国和澳大利亚总人口总和（3.456 亿）。① 这么庞大的老龄人口的长期护理服务，要以家庭和社区为依托、机构为辅。因此，我国长期护理保障制度的设计需要考虑基于家庭和社区为基础的长期护理服务费用偿付特点。

四、促进长期护理保障可持续发展的其他措施

（一）针对特定年龄段人群普及长期护理保险知识，使其在养老规划中重视长期护理保障问题

民众对长期护理保险需求的意识性不强，忽视未来长期护理规划，是造成商业长期护理保险市场发展缓慢的原因之一，也就会更加依赖公共长期护理保障项目。美国长期护理保险协会成立于1998 年，旨在让更多人了解、支持、购买长期护理保险。该协会每年固定有长期护理保险宣传月、宣传周活动。另外，美国国家保险委员会、各州监管机构都会出版长期护理保险购买指南。

（二）加强慢性病和急性病的管理，促进健康老龄化

美国长期护理保障的索赔经验表明，老年人慢性病导致的功能性障碍，特别是认知障碍症等是导致护理服务使用的主要原因。此外，各种脑损伤、脊柱损伤、骨骼意外伤害而导致的行动能力受损也是老年人多发疾病的原因，并导致长期护理需求增加。因此，加强老年人慢性和急性病的管理，实施疾病预防战略，有效防止老年人常见的致伤致残疾病和伤害事故的发生，对一个国家长期护理保障系统压力缓解具有直接作用。

---

① World Health Organization. World Report on Ageing and Health. 2015.

（三）为家庭照顾者提供培训和支持

美国大部分长期护理服务是由家庭成员或朋友无偿提供的，2009 年的市场价值估算为 4 500 亿美元。[①] 如果离开无偿的家庭照顾，没有一个国家的长期护理保障体系能够承担起所有的护理责任。因此，加强对家庭照顾者的培训和支持，提高家庭照顾能力，是将老年人继续留在家庭和社区生活的关键，也是减轻长期护理保障体系压力的主要途径。

① Metlife Mature Market Institute. Market Survey of Long-Term Care Costs 2009. 2009.

第三章　英国长期护理保障制度发展研究

英国老年人的长期护理分为医疗护理和生活护理两大部分，医疗护理一直由国民医疗保障体系（National Health Service，NHS）提供，生活护理部分大都由个人和家庭负担，政府只为符合家计调查的贫困人士提供社会护理服务。

第一节　英国老龄化及老年人口状况

一、老龄化进程

2017 年 6 月 30 日，英国人口约为 6 604 万，比 2016 年同期增加 39.2 万人，增长率为 0.6%，是自 2004 年以来最低的增长率（见图 3－1）。

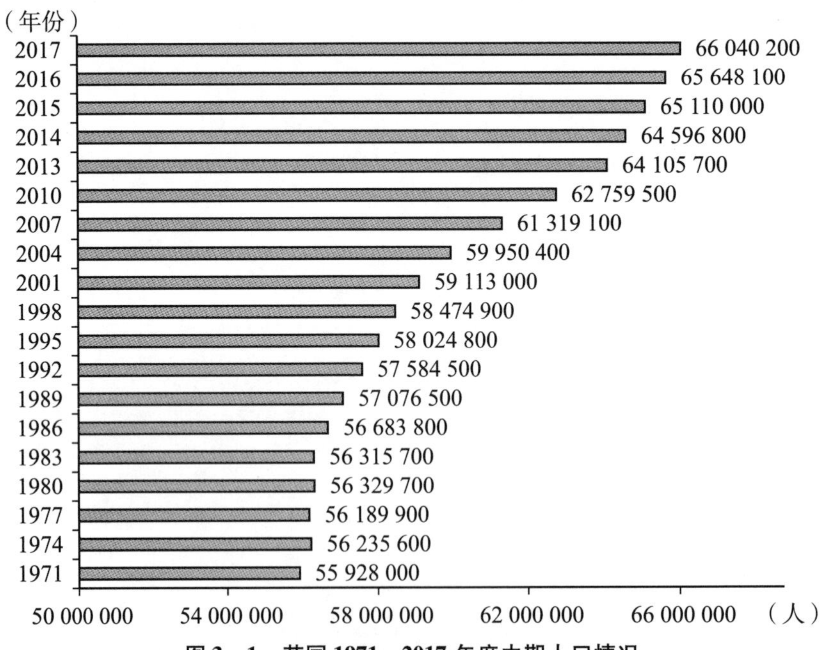

图 3－1　英国 1971～2017 年度中期人口情况

资料来源：Office for National Statistics. Population Estimates for the UK，England and Wales，Scotland and Northern Ireland：Mid-2018. 2019。

（一）老年人口占总人口的比例

2015～2020 年，英国总人口预期增长率在 3%之内，65 岁以上人口将增加 12%（110 万人）；80 岁以上的人数将增加 18%（30 万人）；百岁老人将增加 40%（7 000 人）。2017 年，英国 65 岁及以上人口占总人口的比例为 18.29%，其中有 579 776 名 90 岁以上老人，14 430 名百岁老人；2018 年，英国 65 岁及以上老年人口占总人口的比例为 18.4%。[①] 自 1975 年以来，英国 65 岁及以上老年人口占总人口的比例一直呈上升态势，从 1975 年的 14.1%增长至 2015 年的 17.8%，预测 2025 年将达到 20.2%，而 2045 年将达到 24.6%（见表 3－1）。

表 3－1　1975～2045 年英国人口的年龄分布情况

年份	英国人口	0～15 岁（%）	16～64 岁（%）	65 岁及以上（%）
1975	56 226 000	24.9	61.0	14.1
1985	56 554 000	20.7	64.1	15.2
1995	58 025 000	20.7	63.4	15.8
2005	60 413 000	19.3	64.7	15.9
2015	65 110 000	18.8	63.3	17.8
2025	69 444 000	18.9	60.9	20.2
2035	73 044 000	18.1	58.3	23.6
2045	76 055 000	17.1	57.8	24.6

资料来源：Office for National Statistics（ONS）. National Population Projections：2018－Based. 2019。

（二）老年抚养比

自 20 世纪 80 年代以来，英国老年抚养比整体上呈上升趋势，1980 年老年抚养比为 297.2，1991 年增长为 300.3；1997～2006 年下降至 300 以下；2007～2016 年的老年抚养比均在 300～310 之间浮动；预期 2030 年之后，老年抚养比将大幅度增加，2041 年将达到 366.4 这一高值（见图 3－2）。英国人口老龄化程度较高，每 100 名经济活动人口对应的 65 岁及以上人口数值为 30，2050 年将达到 48[②]。

① Office for National Statistics（ONS）. National Population Projections：2018-Based. 2019.

② Office for National Statistics，UK.

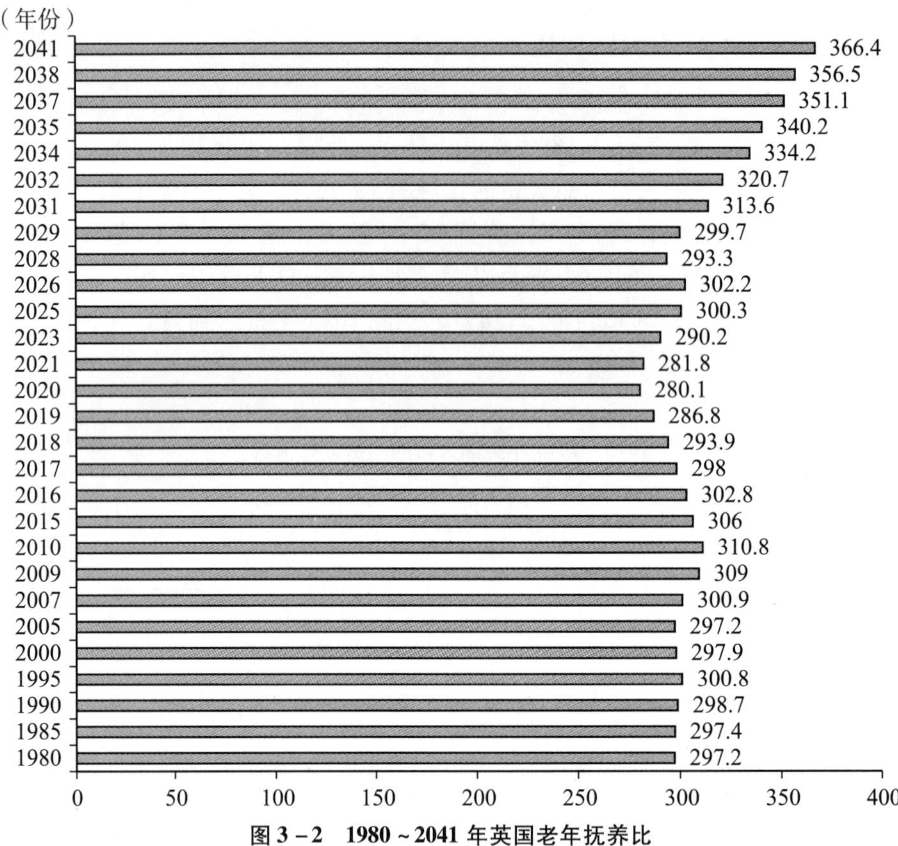

图 3－2　1980～2041 年英国老年抚养比

资料来源：Office for National Statistics. Old Age Dependency Ratio，England，1980 to 2041. 2018。

二、老年人口状况

（一）老年人口贫困发生率高

2017 年，英国贫困人口为 1 400 万，占总人口比例的 20% 多，其中 800 万贫困人口为工作年龄段的成年人，400 万为儿童，190 万为养老金领取者。[①] 导致老年人口贫困发生率较高的主要原因是国家养老金水平较低：1996～1997 年，41% 的单身女性养老金领取者处于贫困之中，[②] 1997～1998 年单身男性养老金领取者处于贫困之中，而夫妻养老金领取者的贫困率则为 22%；2010～2011 年度单身男性养老金领取者的贫困率下降为 13%，而单身女性养老金领取者的贫困率下降至 17%；自 2012～2013 年度以来持稳步增长的态势，2017～2018 年度单身女性养老金领取者的贫困率为 23%，而单身男性养老金领取者

① Helen Barnard. UK Poverty 2017. 2017－12－04.

② Jones S，Length L. Pensioner Poverty in the UK. The Journal of Demongraphic Abstracts. Centre for Urban and Regional Studies（CURS），1997－03－18.

贫困率为18%。[①] 老年人的贫困还跟教育程度低有关：在55～64岁经济活动年龄组中，仅有初等教育水平的人口中只有56%处于就业状态，而有高等教育水平的人口中就业率为75%，有中等教育水平的人口中就业率为72%。[②]

（二）老年人健康状况

英国老年人口中，健康状况较差的比例较高，尤其是老年残疾发生率高于其他发达国家，并且越是经济地位较低的老年人群残疾发生率越高。2005～2041年，英国残疾老年人的数量将从240万增加至495万，社会护理和残疾津贴将从GDP的1.2%增加至2.0%。[③] 65岁以上的老年人终生护理院的费用（包括住宿费用）2009年平均费用为5.03万欧元，男性为3.43万欧元，而女性则为6.48万欧元；7%的老年人将花费高达10万欧元，5%至少花费20万欧元。[④] 根据2015年英国卫生部开展的一项老年人（50岁以上）对健康、长期护理和支持服务的调查，65%的受访者认为健康状况良好或非常好，23%的人认为身体状况一般，11%的人认为健康状况糟糕或非常糟糕（见图3－3）。

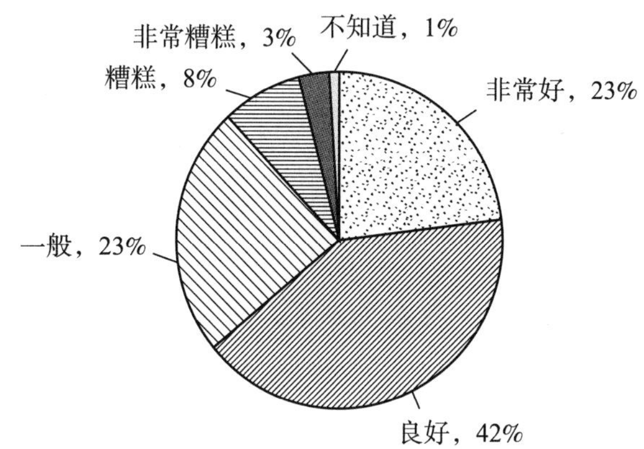

图3－3　英国50岁以上人口健康状况调查结果

资料来源：Ipsos MORI research. Ipsos MORI/DH Health，Ageing and Support Tracker. 2015。

三、老年人对长期护理服务需求的准备情况

（一）为日益衰老而做的准备措施

英国大多数老年人用养老金作为老年后生活的经济来源。除养老金外，年轻时为养老

① Bentley L，Barr B. Poverty and Income Support among Older People with Disabilities and Out of Work in the UK and Canada. European Journal of Public Health，2018，28（4）.

② Ashurst F，Venn C. Inequality，Poverty，Education Palgrave，2014.

③ Health at a Glance 2017：OECD Indicators.

④ Department of Health. Policy Statement on Care and Support Funding Reform and Legislative Requirements.

而进行的储蓄也是老年人生活的重要经济来源。随着身体机能和生活能力的衰弱，老年人通常委托特定人员在其失去财务管理能力时帮助其做出有关健康和长期护理的相关财务决定。有一些老年人，特别是处于较低社会阶层的老年人和年龄较轻的老年人，没有为养老做任何准备。

（二）为未来的照顾和支持需求做财务准备

根据 2015 年英国卫生部对 50 岁以上的民众实施的老年长期护理服务需求调查中发现：53% 的受访者为老年的长期护理服务费用做了财务安排；46% 的受访者没有或几乎没有为老年的长期护理服务费用做任何财务安排。① 根据 2015 年普通民众追踪调查，27% 的受访者为老年的长期护理费用做出了财务安排。而 2014 年英格兰的健康调查中显示，36% 的年龄 30 岁及以上的民众没有对将来的长期护理需求做任何财务安排。② 个人对老年长期护理需求财务安排的缺乏意味着国家将提供长期护理服务或家庭成员将负担长期护理服务的费用。在另外一项年度调查中，68% 的受访者期望政府提供高质量的护理服务，12% 的受访者期望子女将担负长期护理服务的费用。③ 此外，不同年龄段和不同社会阶层的人群对长期护理需求的准备的重视程度不同：53% 的 50 ~ 64 岁的年轻老年群体仅做很少或完全没有做准备，而仅有 38% 的 65 ~ 74 岁的老年群体、37% 的 75 岁以上的老年群体仅做很少或完全没做准备；71% 的 D 级和 E 级社会阶层的老年群体仅做很少或完全没做准备，而仅有 29% 的 A 级和 B 级社会阶层的老年群体仅做很少或完全没做准备。④

（三）对老年长期护理服务需求的担忧

随着老龄化进程的深入，英国民众对老年长期护理服务日益关注。根据 2015 年英国卫生部对 50 岁及以上人群的长期护理服务需求调查，44% 的受访者常对护理费用的负担表示担忧，55% 的受访者表示不太担心或完全不担心。⑤ 这与 2016 年针对更广泛人群的调查结果一致：46% 的 16 岁及以上的成年人表达了对长期护理服务费用的担忧。⑥ 65 ~ 75 岁的老年群体更倾向于对潜在长期护理费用的支付能力表示担忧：52% 的该年龄段的受访者对此表示非常或比较担心。⑦ 对没有承担护理责任的民众来说，非正式照料者更加担心长期护理费用负担：53% 的非正式照顾者表达了这种担心，而没有承担护理责任的民众的这一比例仅为 38% 。⑧ 这与针对更广泛群体的调查结果一致，55% 的非正式照料者表达对

①⑤ Department of Health and Social Care. Health，Ageing and Support Survey：Ipsos MORI Report for the Department of Health. 2016.

② Strategic Health Authorities. Health Survey for England 2014：Health，Social Care and Lifestyles. 2014.

③ Astellas Pharma EST-C. Poll for Astellas Innovation Debate，Published Online on 20th February 2016.

④ Spillman B. Financial Preparedness for Long-Term Care Needs in Old Age. In：Lamdin D.（eds）Consumer Knowledge and Financial Decisions. International Series on Consumer Science. New York，NY：Springer，2011.

⑥ Department of Health and Social Care. General Public Tracker 2016 Survey. 2016.

⑦⑧ Ipsos MORI Research. Ipsos MORI/DH Health，Ageing and Support Tracker. 2015.

潜在护理费用的担忧，而没有承担护理责任的民众的比率仅为 40%。[①]

（四）老年人口承担的长期护理服务

在英国，50 岁及以上的老年人口承担了很多的长期护理责任，为亲人或朋友提供照料服务。根据英国卫生部针对 50 岁及以上人群的调查，52% 的 50 岁及以上老年人正在承担或最近承担过照顾他人的责任，37% 的 50 岁及以上老年人正在承担照顾家庭成员、邻居等患有与老年相关的长期疾病、精神病、残疾的亲人或朋友；50 ~ 64 岁的老年人中，42% 的为非正式照顾者，而 31% 的 65 ~ 74 岁的老年人为非正式照顾者。[②] 其中，39% 的 50 岁及以上老年人的照顾对象是家庭成员、7% 的照顾对象是朋友、7% 的照顾对象是邻居、24% 的现在没有承担照顾责任但过去曾经对亲人提供了家庭照顾。[③] 与男性相比，女性承担家庭照顾的责任更多（28% 比 19%）。86% 的 50 岁及以上人口认为将来会承担照顾责任，并相信自己能够照顾好自己的亲人，其中 27% 自信心非常强。[④]

第二节　英国长期护理服务保障制度的变迁

一、长期护理服务保障制度的建立

（一）医疗护理与老年长期护理的分离与整合

在医疗服务免费的情况下，一些难以严格区分医疗护理和老年长期护理的项目，存在为获得免费的长期护理服务而长期占用医院床位的现象，造成医院床位紧张、医疗资源浪费等问题。自 1948 年国民医疗保障建立起，除北爱尔兰外，社会护理就从医疗护理中分离出来，医疗护理服务完全免费，而社会护理服务收取使用者费用。由于社会护理和医疗护理的对接并不顺畅，1998 年政府意识到医疗护理和社会护理必须开展合作，共同制定战略规划、确定服务价格并提供综合长期护理服务。1999 年的《健康法案》规定，国民医疗保障系统与地方政府有义务共同购买或提供服务，通过对相关资源进行集中，双方决定由其中一方统一调配资源和提供服务，避免职能的交叉和资源的分散。在《健康法案》的指导下，英国对医疗护理和社会护理不断进行整合，力争实现医疗护理和社会护理的无缝对接，为民众提供综合的长期护理服务，但各地的整合进程与效果并不一致。

（二）现行长期护理体系

英国的老年护理服务体系由 NHS 和地方政府共同提供。这两大提供方的筹资方式和

---

① Department of Health and Social Care. General Public Tracker 2016 Survey. 2016.

②③④ Department of Health and Social Care. Health, Ageing and Support Survey: Ipsos MORI Report for the Department of Health. 2016.

支付方式不同。由于 NHS 提供的长期护理服务是根据老年人的医疗需求而设定的，因此英国真正意义上的长期护理服务体系是由地方政府所提供的，被称为社会护理。

1. NHS 长期护理服务

NHS 提供护理服务被称为 NHS 延伸医疗保健服务（NHS Continuing Healthcare），包含一系列的打包付费服务，包括远程护理、护理之家、24 小时长期护理服务等，属于 NHS 医院的院外延伸服务，以医疗必需为特点，由 NHS 负责筹资，个人无须付费。NHS 长期护理服务资格由英国临床执业联盟（Clinical Commissioning Groups）负责评估，评估的内容包括：服务类型、服务需求复杂程度、服务需求频率、疾病严重程度、风险评估。老年人获得临床执业联盟的资质评审后，NHS 将对其提供免费的医疗和相关护理服务。

2. 地方政府提供长期护理服务

在老年人没有通过 NHS 长期护理服务资格评估的情况下，临床执业委员会将建议其申请地方政府提供的长期护理服务。地方政府提供的长期护理服务被称为社会护理（social care），是由政府与个人共同筹资的。

1970 年《地方政府社会服务法》颁布，规定由各地社会服务部门向老年人、残疾人和精神病患者、儿童与家庭等弱势和特殊群体提供护理和支持服务。1990 年和 1991 年，英国政府分别颁布了《国民医疗服务与社区护理法》和《社区护理白皮书》，对医疗服务和社会服务制度进行改革。同时，长期护理服务筹资中增加个人付费的比例和数额，地方政府开始承担起社会养老服务的主要管理与筹资责任。在资金运行上，长期护理服务体系分为服务筹资者和服务提供者：政府部门负责筹资，而长期护理服务的提供则通过市场化方式由非营利长期护理服务机构和营利性的长期护理服务机构提供。

在地方政府提供的长期护理服务中，个人根据经济状况好坏来承担一定比例的长期护理费用，个人承担的比例不等。地方政府根据老年人的经济情况，主要是工资和收入，还有地方政府的出资能力，设定政府支出下限。如果老年人的财产和收入状况低于政府支出下限，政府则会为其提供免费的长期护理服务。此外，政府还设定支付不同比例的长期护理服务费用的经济标准，以确定老年人是否享有全部的免费护理服务，还是支付部分长期护理服务费用，或是完全自付长期护理服务费用。自 2020 年起，英国将实施自付上限制度（cap on care costs），一旦患者自付护理支出超过上限额度，地方政府将负担所有的护理需求费用。自付上限不包括日常费用，如食宿、设施等，目前的标准为 7.2 万英镑①。与政府的支付下限不同，自付上限是按照护理支出费用来划分的，而政府的支出下限是按照工资和收入来划分的。

（三）覆盖人群和服务

英国长期护理体系，又被称为“社会护理”体系，为由于疾病、老年、贫困等原因

① Cromarty H, Sandford M, Harker R, Jarrett T. Adult Social Care Funding (England). Commons Library Briefing Paper, October, 2019.

造成的有长期护理服务需求的民众提供社会工作、个人护理、保护和社会支持服务。按服务提供的场所，英国长期护理服务分为基于家庭和社区的长期护理服务和机构长期护理服务。长期护理服务机构不免费提供食宿，按照接受服务的人员的收入状况收取食宿费。除苏格兰外，英国老年长期护理服务制度具有社会救助的性质，是非普惠的长期护理保障制度，对申请长期护理服务的人员进行家计调查，符合条件后才能享受相关待遇。独居并缺乏非正式护理服务的失能人员能够获得政府资助的社会长期护理服务。

二、长期护理服务保障体系的运行

（一）长期护理服务需求预测模型

为较为准确地确定民众对长期护理服务的需求情况，英国卫生和社会护理部在根据英国老龄化进程和老年人口整体状况的基础上，对申请长期护理服务的民众进行综合考虑，主要包括基本需求和社会经济指标。所考虑的基本需求和社会经济指标包括：年龄、性别、健康/残疾状态、家庭构成、婚姻状况、是否独居、非正式照顾情况、总收入来源和基准资产、津贴、各种服务的成本（包括照料和住房费用分摊）。根据这些指标导出主要衡量变量：福利津贴获取情况（护理津贴、残疾生活照顾津贴、养老金）及支出情况、个人全部住房和非住房资产、护理服务需求评估情况、非正式照料情况、服务的使用和密度（居住服务和非居住服务、私人购买和公共支出购买）、服务价格等。卫生和社会护理部所利用的数据来源为英国家庭追踪调查和英国老龄问题纵向调查，然后主要根据综合护理服务需求评估、资产和收入评估、服务项目和价格等综合确定英国公共照顾服务的提供的数量。

（二）长期护理需求评估

对个人情况的评估分为四个部分。一是个人与地方政府联系，由地方政府对个人的护理和支持需求进行评估，确定护理成本。二是个人了解自身护理需求以后，自行选择地方政府为其提供的支持额度，并对自身资产进行评估确定是否满足接受地方政府支持的条件。三是对于有资格获得支持的护理的个人进行一般生活成本和额外成本评估。四是持续评估护理需求。

1. 与地方政府联系，评估护理需求

个人或其代理人与地方政府接洽讨论护理需求，双方就需要的护理服务和期望达到的护理效果进行沟通。地方政府使用全国资格审查标准进行评估，计算各项合理需求的价格。不符合条件的人员将无法进入费用上限（capped cost）制度，但是仍然可以获得面向全体民众的服务，如疾病预防、信息咨询等，包括满足自身护理服务的信息和建议等。

在对符合条件的个人进行护理需求评估时，无论地方政府是否能够提供所有的护理服务，对于其需要的各种护理，都应当计算出费用。当地方政府没有义务满足个人的需求时，个人仍然可以申请护理服务评估，用于启动或更新所需要的护理服务类型。

2. 对地方政府提供的服务进行评估

经过第一轮评估，个人掌握了自己需要的护理信息，以及地方政府提供的护理支持的费用。在这种情况下，个人可以选择自己在多大程度上需要地方政府提供支持。对于希望自己安排护理服务、自己承担费用，不从地方政府获得任何支持的个人而言，不需要进行资产评估，即家计调查。在法律中明确规定了如果个人提出不从地方政府获得支持，可以拒绝履行家计调查的要求。地方政府应当告知个人有权利拒绝家计调查。对于需要地方政府提供护理和支持帮助的个人，地方政府将对其收入和资产进行评估，以确定其是否能够获得资金支持。对于居住在护理机构的个人，若 2017 年 4 月的资产低于 12.3 万英镑，则可以根据收入情况获得一定数量的资金支持。无论个人是否获得资金支持，或者已经选择不进行家计调查，都有权将护理服务的费用计入长期护理服务自付上限中。

3. 需求评估

根据法规，地方政府应当对需要社会护理的人员需求进行评估，对确有资格享受社会服务的人员提供支持。在英国，没有统一的标准衡量需要社会护理的人员是否有资格获得支持，而是由地方政府按照地方资金承受能力自行确定。2014 年的《长期护理法案》虽然提到英国将实施统一的社会护理标准，但是在英国境内仍然存在多种标准。社会护理需求评估是根据卫生部的“公平使用护理服务框架进行综合评估”（FAC 需求水平评估）。在对个人的长期护理服务需求进行评估时，主要衡量的指标包括：日常生活能力量表中各项需求情况、年龄和非正式护理获得情况。评估的结果被划分为四个等级，即重度、次重度、中度、轻度或无需求（见表 3－2）。表 3－3 给出了未考虑非正式护理获得情况时，英国民众不同等级长期护理服务需求分布情况；表 3－4 给出了在考虑非正式护理获得情况时，英国民众长期护理服务在不同需求层次分布情况，其中有重度需求的老年人数约为 64.7 万。

表 3－2　2010 年 ADL 需求水平与“公平使用护理服务”水平之间的关系　单位：%

ADL 需求	“公平使用护理服务”等级			
	重度	次重度	中度	轻度或无需求
1	0	0	23	92
2	3	50	72	8
3	24	40	4	0
4	36	10	0	0
5	38	0	0	0
总体	100	100	100	100

资料来源：Department of Health and Social Care. Social Care Grant Determinations for 2015 to 2016. 2015－07－10。

表 3-3　2010 年“公平使用护理服务”等级分布情况（未考虑非正式护理获得情况）　单位：人

“公平使用护理服务”等级	人数（65 岁以上人口）
重度	933 000
次重度	471 000
中度	391 000
轻度或无需求	6 762 000

资料来源：Department of Health and Social Care. Social Care Grant Determinations for 2015 to 2016. 2015-07-10。

表 3-4　2010 年考虑非正式护理后的“公平使用护理服务”等级分布情况　单位：人

“公平使用护理服务”等级	人数（65 岁以上人口）
重度	647 000
次重度	321 000
中度	257 000
轻度或无需求	7 330 000

资料来源：Department of Health and Social Care. Social Care Grant Determinations for 2015 to 2016. 2015-07-10。

三、家计调查

（一）津贴情况

对提请长期护理服务津贴申请的老年人进行家计调查，关键的调查内容包括老年人的养老金和其他收入来源。结合 ADL 需求情况以及慢性病、年龄、性别、收入和非住房资产等，地方政府确定申请者能够获得的护理津贴和残疾生活照顾津贴。根据预测，英国 2010~2026 年获得长期护理津贴的老年人数量从 50 万人增加至 100 万人，而每年新申请者的数量将从 30 万人增加至 40 万人。① 从预测的老年人领取津贴的时间长度分布来看：领取 1~2 年护理津贴者的数量为 7 万人，领取 2~4 年护理津贴者为 6 万人，领取 5~6 年护理津贴者为 4.7 万人，领取 7~8 年护理津贴者为 3.7 万人，领取 9~10 年护理津贴者为 2.7 万人，领取 11~12 年护理津贴者为 1.9 万人，而 23~24 年护理津贴者不足 1 000 人。② 根据预测，护理津贴领取者根据 ADL 功能限制项目数量的分布状况为：一项限制的津贴领取者的数量为 20 万人；二项限制的津贴领取者为 22 万人；三项限制的津贴

① Public Health England. Adults on Probation：Health and Social Care Needs Assessment. 2020-04-07.

② Department of Health and Social Care. Social Care Charging for Local Authorities：2020 to 2021. 2020.

领取者为 17 万人；四项限制的津贴领取者为 13 万人；而五项限制的津贴领取者为 1 万人。[①]

（二）长期护理津贴个人财产标准

英国卫生和社会护理部根据老年人的非住房财产情况（非住房财产平均数和中位数）制定护理津额支付的个人财产标准。如果个人的非住房财产不超过政府支付下线，即 142 450 英镑，就可以获得全额长期护理津贴，无须支付长期护理服务费用；如果个人的非住房财产处于 142 450 ~ 23 250 英镑之间，则需要支付部分长期护理服务费用；如果个人非住房财产高于 23 250 英镑，则不能够获得长期护理津贴，需个人完全支付长期护理服务费用。[②] 经家计调查后，未能够获得长期护理津贴而需要个人完全负担长期护理费用的人员，可以根据喜好选择长期护理服务，能够在市场上选择，也可以接受地方政府提供的长期护理服务，但费用需要个人或家庭承担。在任何情况下，政府都有义务为申请者提供符合其护理需求的长期护理规划，包括费用预算情况，以便患者选择适当的长期护理服务。

四、护理服务的使用

（一）接受服务的程序

经过需求评估以后，地方政府确定申请者是否有资格享受社会护理服务。对于获得资格的申请者，地方政府将为其制定护理和支持计划，在计划中说明全额或部分资助护理服务，并列明个人预算部分。

1. 长期护理支持服务津贴的领取方式

获得政府支持的长期护理服务的申请者，可以选择以现金的形式领取长期护理津贴，也可以采取接受服务的方式申领政府的长期护理服务支持，还可以采取现金与服务结合的给付方式。但获得护理院等机构式的长期护理服务的申请者，不再获得现金津贴。获得长期护理服务的人员的资金账户由地方根据个人的需要进行管理。同时，个人也可以请自己的亲属、志愿者组织或提供长期护理服务的机构与地方政府一起进行账户管理。在获得津贴支付后，个人购买的长期护理服务要与政府为其制定的长期护理服务计划相一致。

2. 长期护理服务机构的选择

无论个人是否需要支付部分长期护理服务费用，在获得地方政府的长期获利服务支持的资格后，都能够获得政府的相关标准的直接支付。申请者在获得养老院等机构化的长期护理服务资格后，可以在政府提供的长期护理服务机构名单中选择一家接受长期护理服

---

① Department of Health and Social Care. Social Care Charging for Local Authorities：2017 to 2018. 2017.

② Department of Health and Social Care. Social Care Grant Determinations for 2015 to 2016. 2015 - 07 - 10.

务，也可以请地方政府直接为自己做出选择，还可以自行选择市场上能够满足自己需求的长期护理服务机构。

3. 长期护理服务价格

对符合条件的申请者，政府需要购买或直接提供长期护理服务。对于非机构化的长期护理服务，如果受益人能够管理自己的账户并愿意以直接支付的方式领取长期护理服务津贴，地方政府根据其能力和意愿以现金的形式支付，而不用为其提供长期护理服务。对于养老院等机构式的长期护理服务，地方政府在辖区内制定了统一的付费标准，但不同地区的政府定价标准差别较大。同时，不同类型的长期护理费用收费标准差异较大，并且近些年来相同类型的长期护理服务的价格一直呈增长趋势（见表3－5）。政府在制定基于家庭和社区的长期护理服务投入费用时，考虑的变化因素包括ADL需求、年龄、居住状态、性别、长期疾病等（见表3－6）。

表3－5　　2010～2026年不同类型的护理服务的价格　　单位：英镑

年份	周居家护理费	周住宿费	小时社区护理费
2010	499.8	266.7	15.2
2011	509.8	272.0	15.5
2012	520.0	277.4	15.8
2013	530.4	283.0	16.1
2014	541.0	288.6	16.4
2015	551.8	294.4	16.7
2016	562.9	300.3	17.1
2017	574.1	306.3	17.4
2018	585.6	312.4	17.8
2019	597.3	318.7	18.1
2020	609.2	325.0	18.5
2021	621.4	331.5	18.8
2022	633.8	338.1	19.2
2023	646.5	344.9	19.6
2024	659.4	351.8	20.0
2025	672.6	358.8	20.4
2026	686.1	366.0	20.8

资料来源：Department of Health and Social Care. Update to Charging Arrangements for Adult Social Care Services. October 2012。

表 3 - 6　根据 ADL 需求、居住状态和年龄调整的社区长期护理服务投入费用

单位：英镑/周

ADL 需求	非独居		独居	
	85 岁以下	85 岁及以上	85 岁以下	85 岁及以上
1	50	55	85	88
2	59	65	99	102
3	72	77	116	117
4	98	103	152	153
5	138	142	209	210

资料来源：Department of Health and Social Care. Update to Charging Arrangements for Adult Social Care Services. 2012。

（二）涉及的其他费用

政府提供的长期护理补贴不包含一般性生活费用，在护理机构接受长期护理服务的受益人需要自行承担一般性生活费用。一般性生活费用通常包括食宿费和燃气费等，由政府根据相关法令对护理费用进行指数化调整，并根据不同的时间、不同的情况确定不同的数额。2017 年 4 月新调整的数额为每年 1.2 万英镑。① 政府为受益人所做的长期护理计划中的个人预算额度中不包含一般性生活费用。此外，受益人还可以根据自身需要和偿付能力购买较高价格的长期护理服务，但不能计入个人自付上限。

（三）实时调整机制

随着时间的推移，个人的护理需求可能需要调整。为使受益者得到更为适当的长期护理服务，并调整计入自付费用上限的长期护理服务费用，地方政府需要对个人预算额度进行审查，并不断对其护理需求进行评估。在个人未主动申请长期护理服务再评估的情况下，政府应每年对个人护理服务需求重新评估一次，并审核个人预算额度，以针对性地调整个人护理服务需求。地方政府在确定是否调整个人预算额度时，需要与受益者进行充分沟通，并提供书面的说明以解释调整的具体内容，或确认无须进行长期护理服务需求和个人预算额度再调整。受益者也可以根据自己的情况申请政府对长期护理服务需求和个人额度进行重新评估。

① Local Government and Social Care Ombudsman. Local Government and Social Care Ombudsman Annual Report and Accounts. 2018 - 07 - 12.

第三节　长期护理服务的筹资与管理体系

一、筹资来源

（一）来源

英国长期护理服务的资金主要来自中央政府，即来自一般性税收，地方政府从中央获得资金，为当地居民和组织提供医疗卫生服务和基础医疗护理服务。其他的筹资来源还包括地方政府、教会和慈善机构、个人与家庭购买长期护理服务费用等。

（二）筹资制度改革

2016年，英国政府对地方政府提供的长期护理服务的筹资机制进行改革，引入个人终生长期护理费用自付上限制度：个人在花费了自付上限规定的合乎标准的长期护理服务费用之后，政府将承担接下来发生的长期护理服务费用。所谓合乎标准的长期护理费用，是指地方政府对申请者进行评估后为其制定的长期护理服务计划中包含的长期护理服务包。长期护理服务价格是指地方政府制定的长期护理服务的价格。在长期护理服务机构中发生的食宿、供暖等费用，不计入合乎标准的长期护理服务费用中，即不能计入自付上限额度。2017年，居家护理服务符合标准服务的价值为7.5万英镑，即个人居家护理服务自付上限为7.5万英镑；机构长期护理服务自付上限为12.3万英镑。[①] 地方政府根据卫生和社会护理部制定的指南确定各项长期护理服务费用的收费标准，倾向于以成本为基础。随着老龄化进程的加深，英国老年人长期护理体系的财务负担越来越重，现行的长期护理服务制度加重了民众的长期护理服务支出负担。

二、管理与监督体系

（一）管理体系

英国长期护理服务体系运行涉及的政府机构包括卫生和社会护理部，工作和养老金部、地方政府和社区部等。卫生和社会护理部负责长期护理服务需求评估标准体系，为实现残疾人、老年人更加独立、健康的生活整合各部门进行政策制定和标准实施。工作和养老金部负责长期护理服务津贴的发放工作。地方政府负责购买长期护理服务或提供等额的现金津贴，并与社区部共同管理养老住房。

---

① Department of Health and Social Care. Social Care Grant Determinations for 2015 to 2016. 2015 - 07 - 10.

（二）地方政府的作用

老年长期护理服务具体是由地方政府负责实施的，地方政府是老年长期护理服务的管理者和实施者。地方政府按照一定的标准遴选提供长期护理服务的机构，并与之签署购买服务协议，并向服务机构和居家、社区护理服务提供机构付款。卫生管理专员是地方政府指派的，为民众提供长期护理服务的具体实施者。根据长期护理服务评估结果，卫生管理专员为获得长期护理服务资格的申请者提供相关的服务规划和实施工作，包括帮助申请者选取适当的服务类型，为申请者制定一揽子服务计划，经申请者同意后为其购买长期护理服务。地方政府还负责 NHS 住院服务和社会护理服务的对接，与当地的 NHS 机构合作，了解正在住院的患者出院后对长期护理服务的需求，以便及时为其提供长期护理信息服务等。此外，志愿者组织在长期护理服务中也发挥积极的作用，如为老年人提供长期护理服务信息等。

（三）质量监督

根据 2000 年颁布的《长期护理标准法案》，由医疗保健审计与监察委员会、社会护理监察委员会、全国护理标准委员会、护理质量委员会负责长期护理质量的监督。长期护理质量委员会已经登记了 1.8 万个护理机构，定期开展检查并发布检查报告。① 民众可以通过查询检查报告获取关于护理机构质量和安全的信息，从而选择适当的护理机构，例如英格兰长期护理质量委员会根据《长期护理标准法案》及相关法律法规对各类长期护理服务机构进行监督和管理；苏格兰长期护理服务监察机构负责苏格兰地区长期护理机构的注册和监督；NHS 健康护理促进处为长期护理服务制定了质量指标体系和失能评价体系以满足失能患者的长期护理服务需求。

1. 对长期护理服务市场的监督

在长期护理服务市场的监督方面，卫生和社会护理部、地方政府、护理质量委员会、NHS 等组织和机构是主要监督主体。卫生和社会护理部是承担成年人社会护理市场管理职能的主要政府部门，协调长期护理服务市场管理工作，与社区和地方政府部共同审查地方议会社会护理资金使用情况，指导地方政府开展工作。

地方政府的职能是向有资格接受护理服务的人员及其护理者提供护理和支持；引导地方的长期护理服务市场提供高质量、多样化和充足的服务；在地方政府预算中安排长期护理服务应急资金以防止由于长期护理服务提供机构破产而对民众长期护理服务需求产生的影响。在长期护理服务提供机构破产时，长期护理服务应急基金能够保障受益人的长期护理服务不发生中断。此外，地方政府与 NHS 合作以促进长期护理服务的无缝对接，为受益人提供综合的长期护理服务。另外，英国成年人长期护理管理者协会（ADASS）担负应急服务规划和长期护理市场培育的责任。NHS 的职责是通过其延伸医疗保健服务体系促进医疗护理服务和长期护理服务的对接；培育长期护理服务市场；其地方机构负责与地方政府合作支持长期护理服务的可持续发展。

---

① OFSTED. Social Care Common Inspection Framework（SCCIF）. 2017 -02 -22.

2. 护理质量委员会的具体管理和监督的实施

护理质量委员会负责所有护理服务提供方的登记工作；监督、检查并评定护理服务质量，有权要求服务质量差的机构进行停业整改；监管提供方的运营并在发现服务提供机构可能破产并停止提供服务时，向地方政府预警。护理质量委员会在2017年4月之前，对2014年10月1日之前登记的全部成年人社会护理服务机构进行了服务质量评级工作，级别分为卓越、良好、需要改进、不合格等四个级别。之后，护理质量委员会公布了评级标准和结果，评级工作参与人员、服务机构的投资方以及服务使用者对服务质量的评价。

此次评级反映出长期护理服务市场的特点和不同类型的长期护理服务机构的突出问题。第一，经过对不同类型的长期护理服务提供机构的比较发现：小型的长期护理服务提供机构提供的服务要优于中大型长期护理服务提供机构；养老院的服务质量普遍比其他类型的服务提供机构差。第二，被评为卓越或良好的长期护理服务提供机构的共同特点为：能够与服务对象及其家庭成员、护理人员、社区进行充分沟通，共同制定长期护理计划；服务设施和服务内容能够满足服务对象的各种长期护理服务需求。第三，不同等级的长期护理服务机构提供的长期护理服务质量差别较大，良好的管理制度是促使服务从业人员提供更好服务质量的主要动力。第四，整个长期护理服务行业面临较大的经济压力，降低成本的空间较小，一些长期护理服务机构由于人工成本较高、营利不断下降，已经逐步退出了市场。这就使有长期护理服务需求的民众面临可选择服务机构较少的困境，甚至不得不中断服务，或者难以获得能够满足自身服务需求的服务。第五，77%的被评为不合格的长期护理服务机构在停止经营、进行整改之后，经护理质量委员会重新检查之后，都已经改善了服务质量。①

3. 投诉机制

民众有权自愿选择护理机构。如果地方政府在没有充分理由的情况下为其指定护理机构，个人可以向地方政府相关部门进行投诉。同样，民众可以选择长期护理服务的类型，政府不得强制其接受机构化的长期护理服务。如果对地方政府处理投诉的结果不满意，民众可以向地方政府巡视官进行投诉。

第四节　现状和改革趋势

一、待遇给付现状及问题

（一）服务的提供

长期护理服务提供机构较为多元，居家长期护理服务以私人机构为主，机构长期护理

① OFSTED. Social Care Common Inspection Framework (SCCIF). 2017－02－22.

服务则以公立机构为主。在居家长期护理服务的供给上，私人机构占 75%，地方政府运营的服务机构占 14%，非营利组织运营的机构占 8%。① 在一段时期内，英国地方政府停止建造长期护理机构和增加长期护理床位，市场上有 74% 的长期护理机构是私有的。随着长期护理市场价格的上涨，地方政府决定再次开始公办机构的建设，由政府组织建设老年长期护理服务机构，并将住房单元租售给老年人，缓解长期护理机构不足、床位紧张的情况。英国有 16.5 万个居住护理机构，与地方家庭医生、医院医生和地区所在地的护士密切合作为居民提供各种长期护理服务。②

（二）长期护理支出

长期护理服务的类别包括旨在减轻痛苦和管理慢性健康状况（包括老年和残疾相关状况）的护理服务，这些情况预计不会改善健康状况。长期护理服务的类别分为与健康相关的护理要素和社会护理要素。与健康相关的护理要素是包含在卫生账户的当前卫生支出之中的，社会护理要素不包含在卫生账户之内，属于与以援助为基础的服务。涵盖于当前卫生保健总支出之中，属于长期护理（健康）类别的服务，大部分涉及对日常生活基本活动（ADL）进行支持的服务，包括洗澡、穿衣和散步等护理。长期护理（社会）类别的服务，没有计入当前卫生保健总支出的范围之内，主要涉及对日常工具性活动（IADLS）进行支持的服务，包括购物、烹饪和管理财务等。

1. 英国医疗保健总支出情况

2016 年的英国医疗支出总额为 1 917 亿英镑（人均 2 920 英镑），较 2015 年的支出增长了 3.6%，当时英国的医疗支出为 1 850 亿英镑（见表 3 - 7）；政府资助的医疗保健支出占总支出的 79.4%，1 522 亿英镑。③ 自 2013 年以来，政府在住院病人治疗和康复护理方面的支出增长比在门诊、日间病例或家庭环境中提供的治疗和康复护理增长缓慢。2016 年，与健康相关的长期保健支出为 355 亿英镑，在健康账户定义之外的长期社会保健支出为 109 亿英镑。政府支出占所有长期护理支出的 62%，而大多数其他长期护理支出是由家庭及个人支付提供资金的。由表 3 - 7 可以看出，2016 年英国的医疗保健支出总额占国内生产总值（GDP）的 9.8%，高于经济合作与发展组织（OECD）成员国的中位数，但在七国集团中排名第二，自 2013 年引入英国医疗保健账户以来，这一状况一直保持不变。④

---

①② Care Quality Commission. Market Oversight of Adult Social Care. 2018 - 06 - 08.

③ Office for National Statistics. Healthcare Expenditure, UK Health Accounts: 2018.

④ Office for National Statistics. How Does UK Healthcare Spending Compare with Other Countries? 2019 - 08 - 29.

表 3-7 2013～2016 年英国医疗保健支出和增长率

年份	总支出（亿英镑）	政府支出（亿英镑）	非政府支出（亿英镑）	总支出增长率（%）	支出占 GDP 的比例（%）
2013	1 713	1 360	352	—	9.8
2014	1 786	1 420	366	4.3	9.7
2015	1 850	1 469	380	3.5	9.8
2016	1 917	1 522	395	3.6	9.8

资料来源：Office for National Statistics. Healthcare expenditure，UK Health Accounts：2018。

2. 长期护理总支出情况

2016 年长期护理支出总额为 464 亿英镑，增长率约为 5.0%（见表 3-8）。英国人口结构的变化，使需要复杂社会护理和卫生保健的人的数量增加。英国努力将健康相关的长期护理和社会护理服务结合起来，更好地为人民递送服务。英格兰的 2012 年《健康和社会长期护理法案》（*Health and Social care Act*）和 2014 年《长期护理发展法案》等法规规定卫生系统有义务促进健康和社会长期护理服务系统间的配合。这导致了诸如“更好的护理基金”（Better Care Fund）等计划的建立，鼓励 NHS 和地方当局通过共同预算安排和综合支出计划进行更大的合作。

表 3-8 2015 年和 2016 年英国长期护理服务总支出情况 单位：亿英镑

年份	总支出	健康相关护理	社会长期护理
2015	442	338	104
2016	464	355	109

资料来源：Office for National Statistics. Healthcare expenditure，UK Health Accounts：2018。

3. 长期护理（健康）支出和长期护理（社会）支出情况

2016 年，政府长期护理（健康）支出为 236 亿英镑，占长期护理（健康）支出总额的 66.3%，而现金支出又占 30.0%；家庭服务非营利机构（NPISH）的支出占长期护理（健康）融资的最后 3.7%（见表 3-9）。通过非营利机构来源提供资金的支出，主要是由捐赠、赠款和投资收入提供资金的慈善支出，2016 年占长期护理（社会）的 40.4% 的较大份额，而政府支出仍然是最大的资金来源，占 47.7%（见表 3-9）。2016 年，长期护理总支出的自付支出增长了 6.8%，快于政府支出 4.4% 的增长率，与非营利机构支出的增长率比较一致。自付支出是长期护理（健康）和长期护理（社会）增长最快的部分。与治疗和康复护理一样，长期护理（健康）也可以按提供方式进行分割，分成住院护理（主要包括住院和养老院护理）和家庭护理两种模式。2016 年，这两类支出总额分别为 234 亿英镑和 119 亿英镑，住院患者长期护理（健康）支出增长 4.8%，家庭长期护理

（健康）支出增长 5.9%。[①]

表 3－9　　2015 年和 2016 年不同的资助计划对长期护理（健康）和长期护理（社会）支出的贡献情况　　单位：亿英镑

各种资助计划	长期护理（社会）		长期护理（健康）	
	2015 年	2016 年	2015 年	2016 年
政府资助	49	52	226	236
家庭服务非营利机构	42	44	12	13
家庭自付（现金）	13	13	100	107

资料来源：Office for National Statistics. Healthcare expenditure，UK Health Accounts：2018。

（三）长期护理服务使用情况

1. 获得服务的人数

自 2015～2016 年度以来，英国获得地方政府提供的长期护理的人员持续减少，2017～2018 年度接受服务的人数比 2015～2016 年度减少 1.7%，主要原因是 65 岁及以上人员中获得长期护理的人数有所减少（减少 2.2 万人）；18～64 岁人员稍有增长，增加了 7 340 人。[②] 英国约有 0.9% 的 18～64 岁人员和 5.6% 的 65 岁及以上年龄段人员获得了地方政府支持的长期护理服务。[③] 在所有接受长期护理服务的人员中，66% 为 65 岁及以上人员，但该群体的支出仅占 51%。[④]

2. 地方政府支出

在院舍式护理机构、养老院、社区家庭护理服务（包括直接支付、家庭护理、生活支持和其他长期护理服务）等三大主要的长期护理提供场所，地方政府在社区内的总支出占 46.6%，院舍式服务机构的支出占 37.6%。[⑤] 地方政府用于 65 岁及以上年龄人员的长期护理支出中，占比最高的是院舍式服务机构护理支出，其次是养老院护理支出（20.7%），社区家庭护理服务（20.6%）；对于 18～64 岁长期护理支出，占比最高的前三位是院舍式护理机构、生活支持、直接支付。[⑥] 2018～2019 年度，地方政府在社会长期护理服务的总支出为 187 亿英镑，比 2017～2018 年度增加了 8.07 亿英镑，名义增长率为

---

① Office for National Statistics. Healthcare expenditure，UK Health Accounts：2018.

② Ofsted. Ofsted Annual Report 2017/18. 2019－06－21.

③④ Office for National Statistics. Measuring Adult Social Care Productivity. 2018－06－01.

⑤⑥ Improved Better Care Fund（iBCF）：Quarterly and Year-End Reporting 2015－16.

2.6%，实际增长率为2.6%。① 2017～2018年，65岁及以上家庭长期护理服务对象的人均成本为每周604英镑，而2018～2019年度增长至每周636英镑；养老院护理周平均成本则从2017～2018年的638英镑增长至2018～2019年度的678英镑。②

3. 申请长期护理的人员及原因

2018～2019年度，成年社会长期护理服务的新申请人员为190万人，比2017～2018年度增长了3.8%，即地方政府每天收到5 245份申请，比上一年度每天多收到195份申请。③ 不同年龄组人员申请长期护理服务的原因不同。18～64岁人员中，认知障碍是需要长期护理服务的首要原因（45.0%），其次是身体支持（29.9%）和精神健康支持（19.8%）。65岁及以上人员需要长期护理服务的首要原因是身体支持（73.6%），其次是记忆和认知原因（12.9%）。④

（四）老年人对护理和支持服务体系的评价

1. 对长期护理服务和政策的看法

根据调查的结果，仅有26%的50岁以上受访者认为地方委员会为老年人提供了良好的护理和支持服务，45%的受访者则不同意这一观点（见图3－4）；仅有19%的受访者认为政府为老年人制定了恰当的护理和支持政策（见图3－5）。在2015年一项面向公众实施的追踪调查中，37%的公众认为地方当局为老年人提供了良好的社会护理服务，25%的公众认为政府提供了恰当的社会护理服务。⑤ 较为年轻年龄组的受访者相比年龄较大的

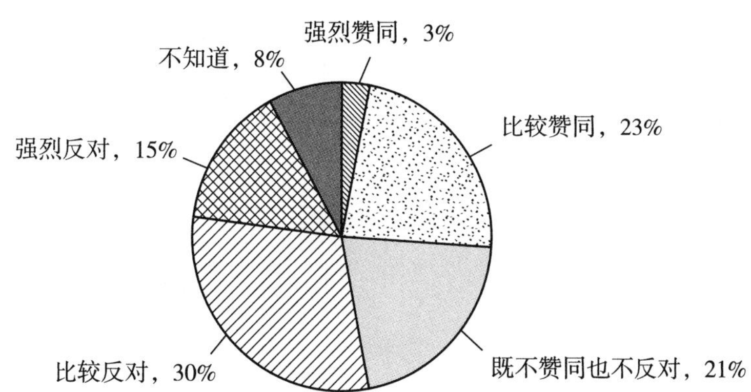

图3－4 对“地方委员会为老年人提供了良好的护理和支持服务”观点的看法

资料来源：Department of Health and Social Care. Health, Ageing and Support Survey: Ipsos MORI Report for the Department of Health. 2016。

① Office for National Statistics. Measuring adult social care productivity. 2018－06－01.

② Department of Health and Social Care. ASCFR (NCE) Reference Tables, 2018－19 (1).

③ Department of Health and Social Care. Adult Social Care Activity and Finance Report, England－2018－19.

④ Department of Health and Social Care. Adult Social Care Activity and Finance Report, England－2017－18.

⑤ Department of Health and Social care. General Public Tracker 2015 Survey. 2015.

年龄组的受访者持反对意见：54% 的 50 ~ 64 岁年龄组的受访者不认为政府提供了适当的政策，而 75 岁以上受访者这一比例为 42%；49% 的 50 ~ 64 岁的受访者不认为地方委员会提供了良好的服务，而 75 岁以上的受访者的这一比例为 32%。①

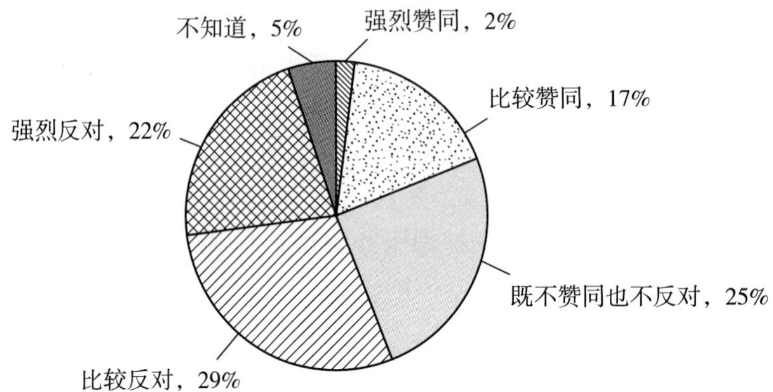

图 3－5　对“政府为老年人护理和服务制定了适当的政策”观点的看法

资料来源：Department of Health and Social Care. Health，Ageing and Support Survey：Ipsos MORI Report for the Department of Health. 2016。

2. 对综合护理服务的看法

公众对 NHS 和护理支持服务是否能够一起为老年人提供综合护理服务看法不一致：34% 的受访者认为 NHS 和护理支持服务能够为老年人提供良好的综合护理服务，35% 的受访者持相反的意见，20% 的受访者既不赞同也不反对这一观点（见图 3 －6）。在 2015 年的普通公众跟踪调查中，公众对这一问题的看法较为积极，49% 的受访者认为老年人获

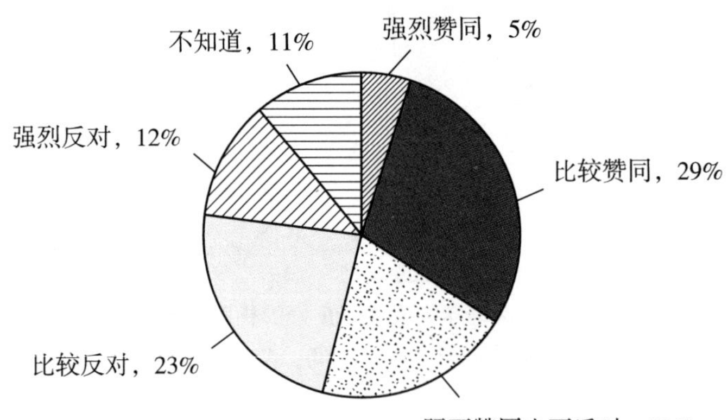

图 3－6　对“NHS 与护理支持服务一起为老年人提供综合护理服务”的看法

资料来源：Department of Health and Social Care. Health，Ageing and Support Survey：Ipsos MORI Report for the Department of Health. 2016。

① Department of Health and Social Care. Health，Ageing and Support Survey：Ipsos MORI Report for the Department of Health. 2016.

得了良好的综合护理服务，31% 的受访者持相反的观点。[①] 不同的社会阶层对综合护理服务的看法不同：A 级和 B 级社会阶层的受访者比 D 级和 E 级受访者相比更可能持有赞同的观点（26% 比 42%）。[②]

3. 对尊严和尊重的看法

50% 的 50 岁及以上的受访者认为老年人在使用长期护理服务时，工作人员能够维护其尊严并给予尊重；20% 的受访者对此持反对意见；22% 的受访者既不赞成也不反对这一说法（见图 3－7）。这一结果跟 2014 年普通公众追踪调查显示的结果一致：53% 的受访者认为老年人在使用长期护理服务时能有尊严、能够得到尊重。[③]年轻的老年群体比年龄较大的老年群体更倾向于对这一观点持否定态度：24% 的 50～64 岁的老年人否认这一说法，13% 的 75 岁及以上受访者则认为老人在获取护理服务时能够保持尊严和获得尊重。在上一年经历过护理服务的受访者比没有这一经历的受访者更加倾向于同意老年人在接受服务时能够获得尊严和尊重（55% 比 44%）。[④]

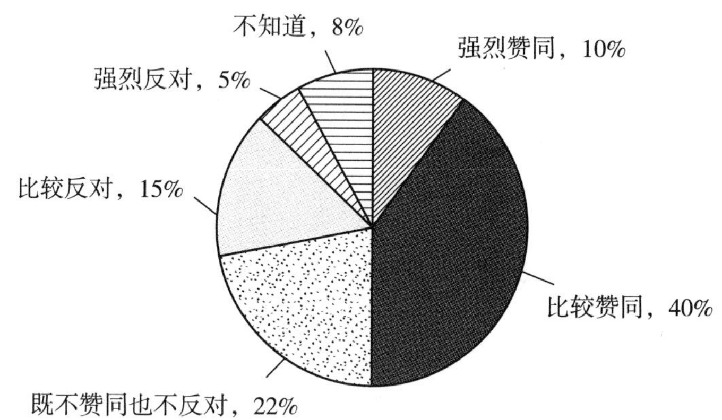

图 3－7 对“老年人在使用护理支持服务时能够获得工作人员的尊重”观点的看法

资料来源：Department of Health and Social care. Health，Ageing and Support Survey：Ipsos MORI Report for the Department of Health. 2016。

4. 老年人长期护理服务反馈和改善机制的看法

老年人对是否能够顺畅的对自己所接受的服务进行反馈的观点不一致：32% 的受访者认为有顺畅的反馈渠道，27% 的受访者持相反的意见，23% 的受访者既不赞成也不反对（见图 3－8）。对于服务机构能够针对老年人反馈的意见进行整改的观点：30% 的受访者认为服务机构能够根据老年人的意见进行改善，27% 的受访者持反对意见，27% 的受访者既不赞同也不反对这种说法，16% 的受访者表示不知情（见图 3－9）。

---

①③ Department of Health and Social Care. General Public Tracker 2015 Survey. 2015.

②④ Department of Health and Social Care. Health，Ageing and Support Survey：Ipsos MORI Report for the Department of Health. 2016.

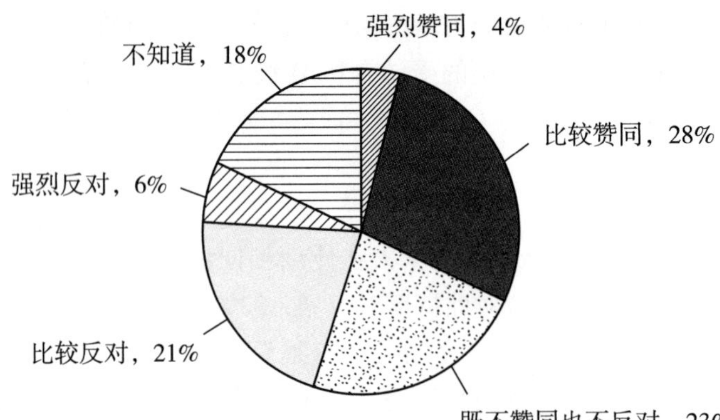

图 3－8　对"老年人对使用的长期护理服务能够有顺畅的反馈渠道"这一观点的看法

资料来源：Department of Health and Social care. Health，Ageing and Support Survey：Ipsos MORI Report for the Department of Health. 2016。

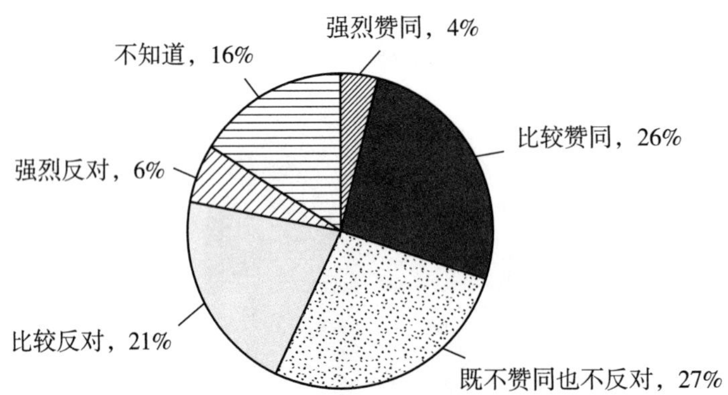

图 3－9　对"提供长期护理服务的机构能够根据反馈意见进行改善"的观点的看法

资料来源：Department of Health and Social care. Health，Ageing and Support Survey：Ipsos MORI Report for the Department of Health. 2016。

二、改革趋势

（一）改革背景

1. 长期护理资金支持短缺

改革前，长期护理制度获得资金支持有限。由于护理需求的不可预测性，个人和家庭无法判断自己为将来获得必要的护理应当做好的资金准备。在需要接受长期护理的人员中，仅有 1/4 既能享受到必要的护理服务又负担较少的个人自付费用。同时，在接受长期护理服务的人员中，约有 10% 的人对长期护理服务的需求较为迫切，个人自付支出余生将超出10万英镑。① 这部分人员通常患有认知障碍等慢性疾病，付出的长期护理费用较高，如果在工作年龄段没有做好相关的资金安排，就无法获得必要的帮助。地方政府对提出护理需求的人员进行收入和资产调查，确定他们个人能够在多大程度上承担护理服务。如果个人需要入住养老院，个人的房产也将被纳入资产调查的范围，个人需要自己支付护理费用，直到只剩下23 500英镑的资产时，国家才能够提供资金支持。此后，个人将持续获得政府的资金支持，但是，地方政府将继续核查个人能够自己支付的数额，个人仍需要承担护理费用而不是接受完全免费的服务。

2. 民众长期护理费用负担较重

在改革之前，仅有较小比例的人员需要自己承担较高的费用，但是仍有需要出售房产或耗尽毕生积蓄才能够获得必要的护理。根据护理和支持基金委员会的统计数据，房产价值越低的人员受到的影响越大。例如，拥有价值10万英镑的房产的个人，如果需要终生居住在护理院，房产价值的80%将用于支付护理服务；如果房产价值40万英镑，则仅有25%的房产价值用于支付护理服务。

根据英国长期护理和支持基金委员会的结论，英国长期护理制度问题的核心为：当前的制度无法为需要大额护理支出的个人提供有效的保护。在养老、医疗和住房等方面，都有私营保险可以将个人的风险降低，但是长期护理领域缺乏相应的商业保险化解风险，所有的支出都需要个人自己支付。从个人层面来看，民众无法做出有效的规划和准备，在确实需要护理服务时只能依靠消耗积蓄购买护理服务。这种情况限制了民众的消费能力，使其难以改善自身的健康状况和生活水平，也无法满足预防性护理需求。从宏观角度而言，长期护理服务保障的不足也限制了公众的消费能力，从而对国家经济的发展不利。

同时，现行长期护理服务制度对那些已经尽力实施财务管理和为可能发生的长期护理风险做出规划的个人没有鼓励和奖励措施。相反，工作年龄段的勤恳工作和精心的财产管理规划有很大可能性被在老年阶段用以填补长期护理服务支出的巨大开支中，在一定程度上产生了负面激励效应。长期护理服务制度本身为公众造成了风险防御的不确定性。另外，处于工作年龄段的18～64岁的居民，在需要长期护理服务时只能自付服务费用，在面临高额护理服务费用时，将对自身及家庭产生较大影响。

（二）长期护理制度改革过程

1. 更好的护理基金和《社会服务和福利法案》

一直以来，英国医疗护理服务和社会长期护理服务之间缺乏合作与协商，而二者之间的密切合作无论从理论上还是实践上都有利于更好的为患者服务。英国为加强社会长期护理服务和医疗长期护理服务的融合，于2013年宣布实施“更好的护理基金”（即最初的整合资金）计划，并于2015年4月1日起正式启动。为了鼓励NHS与地方政府加强合作，“更好的护理基金”设立了统一的预算资金，为地方政府提供资金。在NHS和地方政

① Care Quality Commission. Market Oversight of Adult Social Care. 2019.

府规划中，都明确规定与“更好的护理基金”开展战略合作的具体实施计划。2015 ~ 2016 年度，“更好的护理基金”全面到位，基金总额为 53 亿英镑；2016 ~ 2017 年度的基金总额为 58 亿英镑。① 为顺利实现医疗护理和社会护理进入新的合作方式，政府制定了过渡期实施方案。在威尔士，2014 年《社会服务和福利法案》赋予政府更多的权利推进医疗服务与社会服务的整合，此前医疗服务与社会服务的整合工作开展得不尽如人意。在医疗护理与社会长期护理的融合方面，2013 年至 2015 年，英格兰地区选定了 25 个试点方实施新方案，利用志愿者组织和社区的优势，将医疗护理与社会护理整合②。

2. 对家庭护理人员提供更多的支持

《2014 年护理法案》赋予了家庭护理人员更多的权利，更加肯定和承认家庭护理人员工作的价值。每周家庭护理人员的津贴（carer's allowance）从 2010 年的 53. 90 英镑增长到 2017 年的 62. 70 英镑③。低收入的家庭护理人员还可申请收入支持和养老金抵免（income support and pension credit）等收入相关津贴。家庭护理人员在获得上述津贴时，待遇水平比没有承担护理责任的人员高，每周可获得 34. 95 英镑的收入支持津贴④。工作和养老金部与全国的雇主协商，鼓励雇主对承担家庭护理责任的员工采取更为有利的灵活就业政策。2014 年 6 月，“要求灵活工作的权利”项目覆盖所有连续工作 26 周的雇员：负有家庭护理责任的人员可以与雇主协商，采用灵活工作时间、轮班、压缩工作时间等方式，既满足雇主的工作要求，也能平衡家庭内的护理责任。

（三）改革效果

新制度通过支付门槛和家计调查两种方式，明确了政府与个人责任的界限，双方共同承担护理服务的成本。个人需要负担最初的服务，但是，在需要大量护理服务的情况下，个人无需承担繁重的负担。同时，新制度提高了成年人在护理院接受服务的资本上限，将增加政府的财政支持。拥有较少财富的个人将获得与护理成本相对应的财务支持，使其免于损失所有的资产。

1. 改革将产生改善人们的生活

长期护理服务制度改革促使人们提前作出规划，重视预防工作。改革前，某些需要护理服务的个人，为避免产生经济负担，则选择不接受必要的护理服务，从而使个人的健康状况进一步恶化，从长远而言加剧了个人家庭经济负担。改革后，个人责任被限定在一定范围内，有助于个人接受护理服务。

2. 金融服务产品的市场将进一步拓展

民众对未来的护理服务需求有较为清晰的认识，可以将更多的闲置资金用于购买其他

---

① Improved Better Care Fund. Quarterly and Year-End Reporting 2017 – 18.

② Department of Health and Social Care. NHS Can Move Towards More Coordinated and Continuous Care. 2019 – 02 – 14.

③④ Department of Health and Social Care. Carer's Allowance: report changes. 2017 – 02 – 14.

金融保险产品，以金融保险业支持此次改革措施。政府希望金融保险业创新产品，支持人们选择新型金融保险产品，为将来自己可能需要接受的护理服务所需的资金进行规划。

3. 人们更加了解自己可以获得的护理服务

在改革前的制度下，多数接受护理的个人自己负担大部分费用，与地方政府的接触较少。改革后，地方政府将需要接待更多的政策咨询，为需要接受长期护理服务的个人提供更多信息和建议服务。这种变化一方面将对地方政府带来更大的工作量，对其能力建设提出新要求，另一方面将促进长期护理服务更贴近个人的需要，提升护理服务质量，进一步培育长期护理服务市场。

4. 降低制度成本

改革前的制度存在潜在风险，人们为获得政府支持的护理服务，往往选择隐藏资产，而降低个人付费将在一定程度上降低风险。

三、改革成本与收益

改善措施实施后，增加的成本包括需要向更多的成年人提供护理服务，地方政府需要开展更多的评估，地方政府可以使用的残疾津贴的数额也将有所变化（从政府获得支持的居住在护理机构的个人，将不再享受残疾津贴）。政府预计改革后每年的成本约增加 10 亿英镑。①

为了进一步推动健康和社会照顾进一步整合这一趋势，2016 年英国开展“可持续发展和转型伙伴关系”项目，旨在促进 NHS 和地方政府在 44 个区域内的合作。2018 年将由首期 10 个可持续发展和转型伙伴建立起综合的长期护理系统，NHS 和地方政府共同负责管理预算和提供服务。威尔士、苏格兰和北爱尔兰也开始对健康护理和社会长期护理服务进行整合。2016 年，长期护理（健康）服务的总支出为 355 亿英镑，而 109 亿英镑用于社会长期护理。② 2018 年，近 200 万居民接受了成年人社会长期护理服务，大约 650 万护理人员提供了服务。③ 但是，自 21 世纪初期以来，由于政府资金缩减、人口老龄化压力、护理需求复杂性增强、提高工资水平的压力不断增加，获得社会长期护理服务的人数不断减少，据估计约 140 万居民的社会护理需求未能得到满足或充分满足。在英国全境，成年人社会护理服务能够为国民经济创造 462 亿英镑的价值，创造 260 万个工作岗位。④

① Improved Better Care Fund. Quarterly and Year-End Reporting 2015 - 16.

② Improved Better Care Fund. Quarterly and Year-End Reporting 2017 - 18.

③ Department of Health and Social Care. Adult Social Care Activity and Finance Report, England - 2018 - 19.

④ Morse A. The Adult Social Care Workforce in England. http://hdl.voced.edu.au/10707/459557.

第四章　澳大利亚长期护理保障制度发展研究

澳大利亚是一个高度发达的资本主义国家，人口总量大约为 2 500 万人[①]，其人口老龄化程度在发达国家中相对不高，但主要通过税收融资的长期护理保障制度建立时间也较早。在澳大利亚，长期护理保障制度一般是指老年长期护理保障制度（Aged Care），主要对象是老年人，但对有特殊需求的一些人群，如土著、退伍军人等也提供支持。

第一节　澳大利亚老年长期护理保障制度发展背景和概况

和其他建立长期护理保障制度的国家一样，澳大利亚老年长期护理保障制度的建立和发展，主要是基于人口老龄化不断加深、家庭护理保障功能不断弱化，老年护理逐渐成为一个需要政府积极介入的社会问题。

一、人口老龄化情况

（一）老龄化现状

1970～1971 年，澳大利亚还是一个相对年轻的国家，31% 的人口年龄在 15 岁或以下，而到 2001～2002 年，这一比例已下降到 22%；65 岁以上人口的比例从 1970～1971 年的 8% 增加到 2001～2002 年的 13%。[②] 截至 2018 年 6 月 30 日，澳大利亚年龄在 65 岁及以上的人口占 16%（390 万人），85 岁及以上人口占 2.0%（51 万人）；到 2027 年，估计 65 岁及以上人口将占 18%（520 万人），85 岁及以上人口将占 2.3%（67.2 万人）。[③] 与此同时，传统劳动力年龄人口的增长预计将减缓至几乎为零。除非生育率发生前所未有的变化，否则人口的年龄结构可能会稳定下来，澳大利亚老年人口的比例将要高得多。

---

① Nielsen R W. Population and Economic Growth in Australia：8，000 BC-AD 1700 Extended to 60，000 BC. 2017.

② Department of Health（Australia）. 2014－15 Report on the Operation of the Aged Care Act 1997. 2015.

③ Department of Health（Australia）. 2017－18 Report on the Operation of the Aged Care Act 1997. 2018.

（二）老龄化原因

人口老龄化是由两个因素造成的。第一个因素是澳大利亚出生婴儿在减少。出生率在20世纪60年代后期开始下降，并且一直在下降。在过去的20年左右，出生率已经低于替代率，这意味着如果没有移民，澳大利亚的人口最终将开始下降。政府已经对税收和福利制度进行了大量改革，以鼓励家庭生育小孩。政府现在正在研究如何进一步改善对家庭的援助，以便父母在平衡工作和家庭责任方面有最大的选择。这种选择的一个方面是确保雇主和雇员能够灵活地实现互利的工作安排，包括通过兼职或灵活的工作。导致人口老龄化的第二个因素是预期寿命更长。1960年，澳大利亚男性出生时的预期寿命约为68岁，而目前是80.3岁。[①] 女性的预期寿命也有类似的增长，预期寿命更高。随着出生婴儿的减少和更多人的寿命延长，澳大利亚人口不可避免的逐渐变老。

（三）移民对老龄化的作用有限

一些人认为可以增加移民水平以解决人口老龄化问题。由于移民主要是劳动力年龄，移民将有助于保持劳动力的增长，而高技能劳动力移民将提高一般技能水平和生产力。政府认识到澳大利亚最大的收益来自年轻技术移民，并将澳大利亚移民计划的名额逐渐增加。但增加的移民并不能阻止澳大利亚人口老龄化。要通过移民来维持澳大利亚现有的年龄结构，每年都需要增加移民人数，而且考虑到移民本身的老龄化，移民增长需要逐渐变得越来越大。

二、老年长期护理保障制度的发展概况

历届澳大利亚政府均十分重视人口老龄化给社会保障带来的挑战。20世纪80年代中期以来，澳大利亚政府针对长期老年护理制度出台了一系列措施，尤其是针对机构养老服务。

（一）《老年护理法案》

1996年以前，澳大利亚老年人护理机构主要分两类：一是护理院（nursing home），二是老年公寓（hostel）。前者主要服务需要较强护理依赖的病人，后者主要服务护理依赖相对较轻的病人。1997年，澳大利亚通过了《老年护理法案》（*Aged Care Act*），该法案也成为目前澳大利亚老年长期护理保障制度最主要法律依据。《老年护理法案》的内容主要是发展家庭护理和机构护理两个方面，将护理院和老年公寓统一纳入院所养老服务体系。1999年是联合国确定的“国际老人年”，作为对国际社会的回应，澳大利亚政府宣布实施澳大利亚老年护理战略。澳大利亚领导人在议会上提出的国家发展战略中，重要的一项就是提升对老年人和老龄化的关注，为老年人的人身安全、住房、交通和交流提供更好的保障，与此同时鼓励全社会参与到维护老年人福利的公益活动中去。

---

① Department of Health (Australia). 2018 - 19 Report on the Operation of the Aged Care Act 1997. 2019.

（二）2008 年改革

《老年护理法案》出台后，老年长期护理保障制度总体运行良好，但随着澳大利亚人口老龄化程度不断加剧，许多意想不到的问题开始暴露出来。为了保证老年长期护理保障制度可持续运行，澳大利亚政府对该法案进行了多次修改，尤其是 2008 年的修改对澳大利亚老年长期护理保障制度的发展产生了较为深远的影响，包括加强家庭护理、改进老龄护理评估、增加新的特殊照顾人群、调整政府对老年护理的资助标准等。

（三）近年来的调整

近年澳大利亚老年护理系统正处于改革时期，其改革方向在 2011 年澳大利亚生产力委员会报告《关爱老年澳大利亚人》（*Caring for Older Australians*）中得到了全面的阐述。澳大利亚政府出台了“活得更长，活得更好”（Living longer living better）的一揽子改革方案，作为对这份报告的回应。

第二节　澳大利亚老年长期护理保障制度基本情况

一、立法情况

澳大利亚非常重视通过立法来保障老年护理制度运行。其中，最重要的是 1997 年通过的《老年护理法案》。该法案以及相关立法，为澳大利亚政府资助的老年护理提供者提供监管框架，并为老年护理接受者提供保护。它规定了成为澳大利亚政府资助的老年护理机构的条件、老年护理床位的分配规则、老年护理对象的批准和分类、老年护理机构的责任以及澳大利亚政府支付的补贴标准。该法案还规定了老年护理机构在护理质量和合规性方面的责任。

（一）制定《老年护理准则》

根据《老年护理法案》第 96 – 1（1）小节制定《老年护理准则》。《老年护理法案》赋予澳大利亚卫生部部长能够制定该法案要求或允许的准则，或部长认为有必要或方便地执行或实施该法案的一部分或部分。目前澳大利亚卫生部根据《老年护理法案》共制定了 16 套准则，并可随时按照需要对这些准则进行修订。

（二）老年护理质量监督

为了加强老年护理质量的监督，2013 年澳大利亚通过了《老年护理质量监督局法案》。该法案规定了老年护理质量监督局的设立和职能，以及首席执行官和咨询委员会的任命和述职要求。该法案的授权立法《2013 年质量机构准则》，规定了住宿的老年护理机构的申请要求；同时，规定了在住宿老年护理服务和家庭护理服务的质量审查过程中，质量监督机构应当遵循的程序和应考虑的事项。除了上述法案外，联邦家庭援助计划（Commonwealth Home Support Programme，CHSP）的运作受2017年《联邦家庭支持计划指导手册》的管辖。联邦－州联合资助的西澳大利亚州家庭和社区护理计划（Home & Community Care Program，HACC）的资金安排受2007年《家庭和社区护理计划审查协议》的管辖。

二、管理机构

澳大利亚相关法律对政府在老年长期护理保障中的职责进行了明确规定。联邦和州政府负责制定老年护理服务发展战略、规划，承担主要的筹资责任，建设部分老年服务机构，组织制定各种老年护理服务机构的准入和质量控制标准、服务规范，并对服务机构、服务人员的资格进行认证和监管服务质量。除此之外，还有一些机构在老年长期护理保障制度运行过程中发挥重要作用。

（一）卫生部

该部门监督《老年护理法案》的遵守情况以及监管与提供者的任何协议或合同。如果提供者不遵守规定，卫生部可以采取行动，包括对提供者实施制裁。制裁手段包括：撤销或暂停批准提供者作为老年护理服务提供机构；撤销或暂停分配给提供者的部分或全部护理场所。

（二）老年护理质量监督局

这是一个独立的法定机构，负责根据《老年护理质量监督局法案》的质量标准、合同安排以及提供教育和培训计划，对提供者进行认证、审查和监督。

1. 老年护理质量监督局的监管方式

老年护理质量监督局通过以下方式对澳大利亚政府资助的老年护理服务进行监管：住宿老年护理服务和灵活护理服务的认证，通过该服务在住宿护理环境中提供短期恢复性护理；社区老年护理服务的质量审查，包括家庭护理服务、联邦家庭支持计划服务和灵活护理服务，通过这些服务，在家庭护理环境中提供针对家庭护理标准的短期恢复护理；对国家土著和托雷斯海峡岛民灵活老年护理计划服务进行质量审查；根据适用标准对服务进行合规性监控；在经批准的老年护理提供者中推广高质量的护理，创新质量管理和持续改进；向经批准的老年护理提供者提供信息、教育和培训；质量评估员的注册。

2. 更广泛的监管方式

质量机构还通过以下方式加强了基于风险的老年护理服务监管方法：加强数据收集；增加对信息的使用；对合规历史和风险状况较差的服务进行主动案例管理（包括在认证审核期间与消费者进行结构化访谈）；更有效的消费者报告。

3. 自愿性国家质量指标计划

为了加强质量监控和对比，澳大利亚从 2016 年 1 月 1 日开始实施针对住院老年护理提供者的自愿性国家质量指标计划。该计划包括三个侧重于临床领域的质量保健指标：无计划的体重减轻；压力受伤；身体约束。参与上述计划的住宿老年护理服务提供商能够收集数据并获得可用于持续质量改进的全国可比报告。

（三）老年护理融资局

老年护理融资局（Aged Care Financing Authority，ACFA）是一个法定委员会，职责是向澳大利亚政府提供关于老年护理部门资金和融资问题的独立、透明的建议。老年护理融资局在维持可行、可持续的老年护理行业和可获得服务的背景下考虑问题，以平衡消费者、提供机构、从业人员、纳税人、投资者和金融家的需求。老年护理融资局由独立主席和副主席领导，由六名具有老年护理或金融部门专业知识的成员组成。另外，它还有三个无表决权的澳大利亚政府代表，分别来自财政部、卫生部和老年护理定价委员会。

（四）老年护理中心

老年护理中心（My Aged Care）是澳大利亚政府建立的一项全国性的在线和电话服务，是老年护理系统和政府补贴老年护理服务的起点。它旨在使体弱的老年人以及家人和照顾者更容易获得有关老年护理的信息，包括需求评估、服务支持规划和可供选择的服务。为了获得政府资助的老年护理服务，客户需要用电话和网络方式联络该中心进行评估。评估由地区评估服务中心（Regional Assessment Services，RAS）或老年护理估评估工作小组（Aged Care Assessment Teams，ACAT）进行，全面考虑客户的需求并确定他们可能有资格获得的护理和服务类型。两个评估团队工作内容有所区别：地区评估服务中心主要是为在联邦家庭支持计划（CHSP）下寻求入门级支持的客户进行面对面的家庭支持评估，老年护理评估工作小组则是为需求更复杂的客户进行面对面的综合评估。这两个评估服务机构均由澳大利亚政府资助，由相关州/领地政府管理。

三、供求情况

澳大利亚老年护理供给的规划是基于需求，因此是按照老年人口的增长比例来增加老年护理名额的供给，同时还要确保城乡之间、不同区域之间以及不同人群之间服务的平衡。

（一）老年护理名额的规划

具体来说，澳大利亚是根据老年人口的一定比率来规划老年护理名额的，截至 2018 年 6 月 30 日，该比率是为每 1 000 名 70 岁及以上人士提供 79.2 个老年护理名额。[①] 但这

① Department of Health (Australia). 2017 - 18 Report on the Operation of the Aged Care Act 1997. 2018.

个比率要求主要是针对住院的机构护理，家庭护理和家庭支持计划都不受此限制。人口老龄化和相关的痴呆症人数增加是导致老年护理服务需求增加的两个主要因素。随着年龄的增加，需要护理的可能性也在增加。

（二）需求评估

虽然年龄较大的群体对老年护理服务的利用率较高，但并不是年龄本身决定了供给，而是根据需求评估。获得家庭护理和住院老年护理服务，需要通过所在州和地区老年护理评估小组进行的综合评估。2017～2018 年，共进行了 186 128 次老年评估工作小组的评估。[①] 如果某人被评估为符合特定级别的家庭护理套餐的资格，但没有资源可用，则需要排队，并可以向该人提供较低级别的套餐作为临时措施，直到有更高级别的套餐可用。通过了区域评估服务的评估，就可以获得联邦家庭支持计划的支持。

（三）老年护理提供机构

在老年护理提供者方面，虽然大多数提供者只运营一种老年护理服务，但有些机构提供两种或全部三种类型。图 4－1 显示了仅提供一种类型、两种类型和所有三种类型服务的提供商数量。其中：7% 提供所有三种类型的服务（2015～2016 年为 6%）；17% 提供两种服务类型（2015～2016 年为 16%）；76% 的提供商仅提供一种服务（2015～2016 年为 78%）。

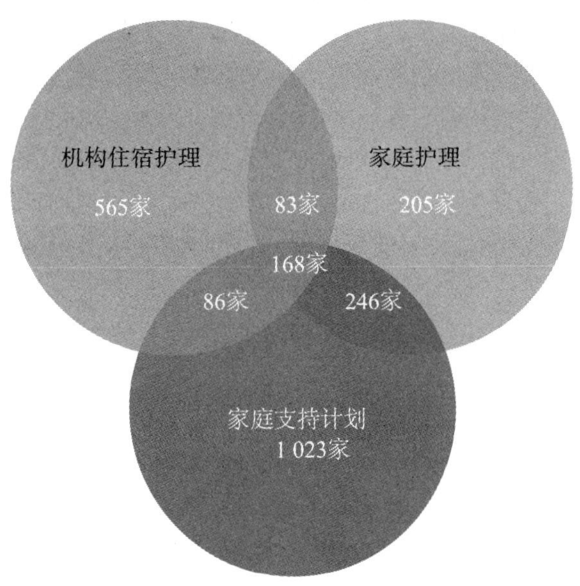

图 4－1　2016～2017 年按服务类型划分提供者数量

资料来源：Department of Social Services Australia. Aged Care Providers—September 2019 Quarterly Review. September 2019。

① Department of Health (Australia). 2017－18 Report on the Operation of the Aged Care Act 1997. 2018.

（四）服务对象规模

在老年护理服务对象方面，2017 ~ 2018 年，澳大利亚超过 130 万人接受了某种形式的老年护理。绝大多数人获得了家庭护理和家庭支持，相对较少的人住院获得机构护理：783 043 人通过联邦家庭支持计划获得了家庭支持；64 491 人通过西澳州的联邦 – 州家庭和社区护理计划获得家庭支持；116 843 人通过家庭护理服务包接受护理；61 993 人接受了住院喘息照顾，其中 33 145 人（约 53%）后来获得了永久性护理；241 723 人获得永久性住院老年护理。[①] 人们还通过灵活的护理计划和其他老年护理服务获得护理。有些人通过一个以上的计划接受了护理。从服务对象的平均年龄来看，入住永久性院所老年护理的平均年龄为男性 82. 0 岁、女性 84. 5 岁，进入家庭护理服务包的男性平均为 80. 3 岁、女性为 81. 0 岁。[②]

四、融资情况

澳大利亚老年护理制度的主要融资来源是税收。老年护理消费者在有些情况下要自付一定费用。2017 ~ 2018 年度澳大利亚政府老年护理支出总额为 181 亿澳元，比上一年增长 5. 7%，从老年护理支出分项目来看，机构护理支出比重最大：以 2017 ~ 2018 年度为例，机构护理支出为 122 亿澳元，家庭支持支出为 28 亿澳元，家庭护理支出为 20 亿澳元，弹性和短期护理支出 6 亿澳元，其他老年护理支出为 4 亿澳元。[③]

大多数老年护理服务对象将自付一定的护理费用：在居住护理方面，居民将 85% 的养老金用于生活费用，并根据经济状况调查结果负担一部分长期护理服务费用。2016 ~ 2017 年，服务对象的生活费用自付支出为 31 亿澳元，住宿费用自付支出（不包括一次性存款）7. 53 亿澳元，医疗费用自付支出 5. 47 亿澳元；家庭护理服务包的服务对象自付护理费用约 1. 5 亿澳元，而联邦家庭支持计划的服务对象自付护理服务费用约 2. 04 亿澳元。[④] 服务对象还可以选择向提供者支付额外的自付费用以获得额外水平的护理或服务。

五、老年护理服务提供项目

澳大利亚老年护理制度提供的连续护理有三种主要服务类型，包括联邦家庭支持计划、家庭护理（home care）和居住护理（residential care）。消费者（及其护理人员）也可以使用多种类型的灵活护理，从家庭支持计划到老年机构护理。

（一）家庭支持计划

联邦家庭支持计划（CHSP）提供入门级服务，旨在帮助 65 岁及以上（土著居民和托雷斯海峡岛民 50 岁及以上）的老年人继续在自己的家中生活。重点是支持个人承担日

①② Aged Care Quality and Safety Commission. Consumer Experience Report Data 2017 – 18. 2019 – 04 – 01.

③④ Aged Care Financing Authority. Sixth report on the Funding and Financing of the Aged Care Sector. 2019.

常生活任务，使人们在家庭和社区中更加独立（具体服务项目见表 4 – 1）。根据申请者的需要，该计划下的服务可以连续性提供，也可以间歇性提供。联邦家庭支持计划提供者包括政府所属组织、非政府组织和非营利组织。2017 ~ 2018 年度，澳大利亚政府共支出 22 亿澳元用于提供联邦家庭支持服务，有 1 456 个老年护理组织获得政府资助，以帮助符合条件的服务对象在家中独立生活，同时向老年护理中心等机构提供了 1.168 亿澳元工作经费。①

表 4 – 1　　联邦家庭支持计划的子项目和服务内容

项目	社区和家庭支持	护理关系和护理人员支持	护理和住房支持	服务体系发展
目标	提供入门级支持服务，帮助体弱、年长者在家中和社区独立生活	通过为体弱的老年人提供优质的喘息照顾，以使护理人员定期休息，支持和维护护理人员与被护理人之间的护理关系	支持那些无家可归或面临无家可归风险的人，获得适当和可持续的住房以及社区护理和其他支持服务，尤其是避免无家可归或减少无家可归的影响	以符合家庭支持计划和老年护理体系目标的方式，支持社区老年护理服务系统的发展
服务项目	餐饮；其他食品服务；交通；家庭援助；个人护理；家居维护；家居修改；社会支持 – 个人；社会支持 – 群体；护理；健康和治疗服务；货物、设备和辅助技；专业支持服务	各种喘息服务	为年纪大、收入低、无家可归或面临无家可归风险的人提供护理和住房援助	部门支持和发展活动

资料来源：My Aged Care. Commonwealth Home Support Programme. 2020。

（二）家庭护理

1. 四个级别的服务

家庭护理是一个更有条理、更全面的家庭支持方案，提供四个级别：1 级支持有基本护理需求的人；2 级支持低水平护理需求的人；3 级支持有中间护理需求的人；4 级支持有高度护理需求的人。老年护理机构根据评估结果，为老年人提供一系列量身定制的个人护理、支持服务、临床服务和其他服务，以满足消费者的需求。家庭护理由政府根据有关法律批准的机构提供。这些机构必须遵守法案规定的护理质量、消费者权利等规定。

① Aged Care Financing Authority. Sixth Report on the Funding and Financing of the Aged Care Sector. 2019.

2. 服务机构

2017 年 6 月 30 日至 2018 年 6 月 30 日期间，家庭护理提供机构数量从 702 个增加到 873 个，增加了 24.4%。截至 2018 年 6 月 30 日，共有 91 847 人享受了家庭护理服务。① 非营利组织（包括宗教、慈善和社区提供者）提供了大部分护理，为 76.2% 的服务对象提供了服务，而营利性机构提供了 16.9% 的护理，政府所属机构提供了 6.9% 的护理。②

3. 覆盖范围

虽然没有符合资格要求的最低年龄要求，但家庭护理服务包计划主要是为了帮助澳大利亚老年人在家中独立生活。2017 ~ 2018 年度，获得一揽子计划的平均年龄为 80.8 岁，获得家庭护理服务的人数为 91 847 人，比 2017 年 6 月 30 日增加了 20 424 人（或 28.6%）。③ 这一增长符合政府的政策，即增加获得家庭护理服务的机会，使人们尽可能长时间地独自生活在自己的家中。

4. 筹资来源

家庭护理服务的主要融资来源是政府，主要方式是向服务提供者提供补贴。随着护理等级水平的提高（从 1 级到 4 级），补贴额度也会相应增加，补贴标准从每年 7 月 1 日起调整。2017 ~ 2018 年度，澳大利亚政府家庭护理服务方面的支出为 20 亿澳元，比上一年度增加 4 亿澳元，增长 28.1%。④ 获得家庭护理服务的服务对象也需要支付一定费用。一是每日基本费用，最高为基本养老金的 17.5%。⑤ 二是经过收入审查的护理费。如果服务对象被评估有足够的收入来支付其护理费用，澳大利亚政府就会减少补贴金额。每日基本费用在每年的 3 月和 9 月调整，与基本养老金调整同步。经过收入审查的护理费有年度上限和终生上限，一旦超过上限，消费者就不用再自付费用。

（三）机构住院护理

机构住院护理为那些被评估为需要比家中提供的更高水平护理的人提供支持和住宿，并在必要时提供 24 小时护理。

1. 服务项目

住院护理可以永久性或临时性（喘息）提供。住院护理提供的服务包括：帮助完成日常任务（如清洁、烹饪、洗衣）；个人护理（如洗澡、穿衣、梳洗、上厕所）；在注册护士的监督下进行临床护理（如伤口护理和药物管理）；其他护理服务。

---

①② Department of Social Services Australia. Aged Care Providers—September 2019 Quarterly Review. September 2019.

③④⑤ Aged Care Financing Authority. Sixth report on the Funding and Financing of the Aged Care Sector. 2019.

2. 护理机构

护理机构由澳大利亚政府根据相关法案进行批准。护理机构包括宗教、慈善、社区、营利性和政府部门所属机构。其中非营利性机构（包括宗教、慈善和社区提供者）运营的护理场所占55.3%，营利性机构占40.6%，政府部门所属机构占4.2%（见表4-2）。

表4-2 截至2018年6月30日澳大利亚不同性质护理机构运营场所情况

项目	宗教机构	慈善机构	宗教/慈善机构	社区机构	营利机构	州/领地机构	地方政府机构	全部
数量（家）	49 603	36 782	67	28 011	84 011	7 457	1 211	207 142
比例（%）	23.9	17.8	0.0	13.5	40.6	3.6	0.6	100.0

资料来源：Department of Social Services Australia. Aged Care Providers—September 2019 Quarterly Review. 2019。

3. 服务对象情况

2017~2018年度，澳大利亚共有241 723人获得永久性住院老年护理，比2016~2017年度增加2 344人；男性入住护理院平均年龄为82.0岁，女性为84.5岁，在护理院平均入住时间为34.6个月，共有180 923人获得永久性机构照顾。①

4. 资金来源

住院机构护理的资金由政府和个人共同承担。2017~2018年度，澳大利亚政府共支出了大约122亿澳元，比上一年增加2.5%（见表4-3）。澳大利亚政府对符合条件的入院护理老人的补贴包括基本补贴和额外补贴两个部分，其中基本补贴是主要支出，额外补贴主要针对入院老人的一些特殊情况进行额外资助。基本补贴数额通过应用老年护理资助工具（ACFI）、服务对象的评估护理需求来确定。老年护理资助工具根据有关评估护理需求的问题确定，其中有些问题由专门的评估工具和两个诊断部分支持，由12个问题组成，由老年护理院按A、B、C或D等级评定，然后用于确定个人的老年护理资助工具评分。

① Aged Care Financing Authority. Sixth Report on the Funding and Financing of the Aged Care Sector. 2019.

表4-3　　澳大利亚政府2013～2014年度到2017～2018年度住院机构护理支出情况　　单位：百万澳元

州/领地	2013～2014年	2014～2015年	2015～2016年	2016～2017年	2017～2018年	2017～2018年比上一年增加
新南威尔士	3 348.9	3 563.5	3 836.3	3 992.5	4 053.9	1.5%
维多利亚	2 539.8	2 758.6	2 976.2	3 144.8	3 247.6	3.3%
昆士兰	1 762.6	1 926.4	2 061.9	2 189.1	2 274.2	3.9%
西澳大利亚	860.3	921.1	972.0	996.4	1 029.8	3.3%
南澳大利亚	942.4	1 018.2	1 084.3	1 116.6	1 126.9	0.9%
塔斯马尼亚	239.9	258.0	278.5	290.9	295.0	1.4%
澳大利亚首都领地（ACT）	94.0	110.6	126.0	134.2	137.9	2.7%
北领地	26.5	33.1	35.7	39.1	38.9	-0.4%
全国	9 814.4	10 589.4	11 371.4	11 903.8	12 204.2	2.5%

资料来源：Aged Care Financing Authority. Sixth report on the Funding and Financing of the Aged Care Sector. 2019。

5. 个人自付部分

根据个人收入和资产情况，入院老人需要支付部分费用。首先是住宿费。住宿费用需要经过经济情况调查。收入低于26 660.40澳元且资产低于48 500.00澳元的居民无须缴纳住宿费，由澳大利亚政府支付居民的全部住宿费用。① 那些收入、资产水平较高的居民，需要自付部分住宿费用，澳大利亚政府支付其余费用。居民自付住宿费用的方式可以与服务提供机构协商，一次性支付或者每日支付。

除了住宿费用以外，入住老人还需要支付的费用包括每日基本费用、更高标准服务费、额外服务费等。老年护理院的服务对象需要支付基本的每日费用（标准居民缴费），相当于基本养老金的85%，主要用来支付清洁、维护和洗衣等支出。如果老人在护理院选择比平均水平更高标准的服务，如住宿、饮食等，护理院可以收取更高的费用。另外，如果老人选择一些基本项目以外的额外服务项目，也需要额外交费。

（四）喘息护理服务

喘息护理是对体弱人士及其护理人员的重要支持服务，并在多种环境中提供，以便为用户提供灵活性。

1. 服务项目

喘息护理分为联邦家庭支持计划下的喘息护理和机构护理院提供的住院喘息服务。其

① Aged Care Financing Authority. Sixth report on the Funding and Financing of the Aged Care Sector. 2019.

中，后者是由澳大利亚政府资助的老年护理院提供的短期护理服务，其主要目的是让照顾老年人的护理人员（如家人、亲属、朋友等）能够暂时获得休息。住院喘息服务可以在计划或紧急情况下使用。要获得住院喘息服务，必须由老年护理评估工作小组评估其资格。在每个财政年度，个人能够在老年护理院接受长达63天的住院喘息服务，并且可以在老年护理评估工作小组批准的情况下适当延长喘息服务时间。

2. 服务机构

2017~2018年度，556家老年护理组织获得拨款（包括小型非营利机构以及政府和非政府组织），为客户提供联邦家庭支持计划的喘息护理服务，另外有2 522所机构护理院提供喘息护理服务。①

3. 服务对象

2017~2018年度，共有61 993人接受了机构喘息服务，截至2018年6月30日，共有5 674人正接受机构喘息服务；2017~2018年度使用的机构喘息服务天数为200万天，比2016~2017年度增加12万天；平均而言，每位受助人在2017~2018年度期间接受了1.3次机构喘息护理服务，每次入住的平均时间为25.6天②。

4. 筹资情况

从资金来源来看，2017~2018年度，澳大利亚政府向联邦家庭支持计划提供的喘息服务支付2.62亿澳元，向提供机构喘息护理服务支付3.496亿澳元。③ 消费者也需要共付一部分费用。澳大利亚政府规定了服务提供者可以向消费者收取的每日基本费用的最高额，相当于基本养老金的85%。不过，是否按照最高限额来收取费用由护理提供者自行决定。这些收取的费用主要用来支付清洁、维护和洗衣等支出。

六、老年护理评估

澳大利亚老年护理联络中心工作人员通过国家筛选和评估表（National Screening and Assessment Form，NSAF）对申请者进行筛选和评估，筛选和评估过程是全国一致的。国家筛选和评估表的筛选和评估过程由三个组成部分：老年护理联络中心工作人员通过电话进行筛查；地区评估服务中心面对面进行家庭支持评估；老年护理评估工作小组面对面进行综合评估。

（一）筛选

老年护理联络中心工作人员首先通过电话询问一系列问题，完成客户的初始需求识别。筛选发生在申请者在老年护理联络中心注册之后，并且创建了一个客户记录。筛选使

① Department of Social Services Australia. Aged Care Providers—September 2019 Quarterly Review. 2019.

②③ Aged Care Financing Authority. Sixth report on the Funding and Financing of the Aged Care Sector. 2019.

用对话方法，要考虑客户的需求、环境和功能。联络中心工作人员将与客户制定行动计划，确定客户下一步是进行家庭支持评估还是综合评估。如果在不需要进一步评估或提供服务的情况下，联络中心工作人员还将向客户提供相关信息。

（二）家庭支持评估

家庭支持评估建立在联络中心注册和筛选中收集的信息的基础上，为进一步详细评估客户是否有资格获得联邦家庭支持计划服务。家庭支持评估由地区评估服务中心进行，通常在客户的住宿环境中面对面进行。家庭支持评估收集客户的主要信息包括：家庭，社区参与和支持；照顾者、照顾责任和关怀关系的可持续性；功能水平；身体和个人健康；医疗保健情况和健康状况；认知能力和心理状况；家庭和人身安全；身体脆弱的复杂程度和风险；目标、动机和偏好。在评估期间，评估员和客户将共同制定支持计划，以反映客户的优势和能力、难点以及最能满足其需求和目标的支持。这将包括在适当情况下考虑正式和非正式服务以及康复途径。

（三）综合评估

由老年护理评估工作小组承担的综合评估建立在联络中心筛选和家庭支持评估（如果适用）和适当的面对面环境（最好是在客户通常的住宿环境中）中收集的信息的基础上，以确定客户根据《老年护理法案》获得护理类型的资格。

综合评估包括与家庭支持评估类似的更深层次的客户信息。评估员将全面评估客户的身体能力、医疗状况、心理因素、认知和行为因素、身体环境因素和恢复性需求。评估员和客户将共同制定支持计划，以反映客户的优势和能力、难点以及最能满足其需求和目标的支持。这将包括考虑正式和非正式服务以及康复途径。如果根据该法案的护理类型被确定为满足客户需求的最合适的支持类型，并且客户符合资格标准，评估员将提出批准建议。客户可能被批准使用家庭护理包、住宿护理、住院喘息护理或灵活护理（过渡护理计划或短期恢复护理），客户也可在适当情况下转到至联邦家庭支持计划下接受服务。

（四）补充评估工具

补充评估工具作为国家筛选和评估表的一部分也包含在内，评估员可以使用补充评估工具对客户的需求进行整体评估。使用这些经临床验证的评估工具不是强制性的，但如果确定需要更高水平评估的需求，则应使用这些评估工具。评估员还可以自行选择使用其他经过临床验证的工具，但应记录评估工具的名称、评估结果，并将评估副本附加到客户的记录中。

以下补充评估工具可供综合评估员使用：看护人应变指数（CSI）；修订的看护者应变指数（MCSI）；美国老年人资源和服务－日常生活的工具活动（OARS-IADL）；巴塞尔日常生活活动指数；金伯利土著认知评估－日常生活活动（KICA-ADL）；修订的尿失禁量表（RUIS）；修订的粪便失禁量表（RFIS）；非牙科专业人员的口腔健康评估工具（OHAT）；迷你营养评估（MNA）；简明疼痛清单（简表）；酒精使用障碍识别测试（审核）；标准化的迷你精神状态检查（SMMSE）；罗兰世界痴呆评估量表（RUDAS）；关于老

年人认知衰退的知情问卷（IQCODE）；金伯利土著认知评估－认知评估（KICA-COG）；金伯利土著认知评估－护理者：认知信息报告（KICA-Carer）；老年抑郁量表（GDS）。

七、老年护理人力资源

根据澳大利亚每四年进行一次的老年护理劳动力调查结果，2016 年澳大利亚老年护理工作者超过 366 000 人（2012 年为 240 000 人），另有 68 000 名志愿者，总计 434 443 人左右；机构护理院工作的所有领薪劳动者大约为 235 764 人，其中 153 854 人为直接受雇者（其他为临时工、志愿者等）。① 在家庭护理和家庭支持领域，所有领薪劳动者大约为 130 263 人，其中 86 463 人为直接受雇者。②

（一）机构护理院从业人员明显增长

近年来，澳大利亚机构护理院劳动力数量出现明显增长。2016 年工作人员总数为 235 764 人，比 2012 年增长了 17%，同时劳动力的就业稳定性也有明显改善，临时工占比为 10%，明显低于 2012 年的 19%。③ 在机构护理院劳动力中，个人护理服务员的占比最大，并且呈逐年增长态势。同时，机构老年护理人员相对稳定，42% 的劳动力在该行业工作超过 9 年，25% 的劳动力在该行业工作超过 14 年。④ 在全职护理院工作人员中，个人护理服务人员所占比重最大（2017 年为 71.5%），其次是注册护士（2017 年为 14.9%）；护理院全职工作人员规模也在不断扩大，2003 年为 76 006 人，2007 年为 78 849 人，2012 年为 94 823 人，2016 年达到 97 920 人（见表 4－4）。

表 4－4　　不同年份澳大利亚护理院全职工作者（FTE）数量情况

职业		2003 年	2007 年	2012 年	2016 年
数量（人）	执业护士	—	—	190	293
	注册护士	16 265	13 247	13 939	14 564
	登记护士	10 945	9 856	10 999	9 126
	个人护理服务员	42 943	50 542	64 669	69 983
	医务专业人员	5 776	5 204	1 612	1 092
	医务助理人员			3 414	2 862
	全时雇员（FTE）总数	76 006	78 849	94 823	97 920

① National Institute of Labour Studies. 2016 National Aged Care Workforce Census and Survey：the aged care workforce，2016. Department of Health，2017.

② Savy P，Warburton J，Hodgkin S. Challenges to the Provision of Community Aged Care Services Across Rural Australia：Perceptions of Service Managers. Rural & Remote Health，2017，17（2）：4059.

③④ McCarthy T. Future of Australia's Aged Care Sector Workforce. Australian Nurse Teachers Society E Bulletin，2016.

续表

职业		2003年	2007年	2012年	2016年
占所有雇员比重（%）	执业护士	—	—	0.2%	0.3%
	注册护士	21.4%	16.8%	14.7%	14.9%
	登记护士	14.4%	12.5%	11.6%	9.3%
	个人护理服务员	56.5%	64.1%	68.2%	71.5%
	医务专业人员	7.6%	6.6%	1.7%	1.1%
	医务助理人员			3.6%	2.9%

资料来源：National Institute of Labour Studies. 2016 National Aged Care Workforce Census and Survey：the aged care workforce，2016. Department of Health，2017。

（二）家庭护理和家庭支持劳动力明显下降

家庭护理和家庭支持的劳动力则明显下降，尽管近年护理需求人数在增长。一个可能的原因是更多使用了临时工作人员。与前一次调查相比，机构护理、家庭支持和家庭护理方面的个人护理人员总体上更为合格。近年来，机构护理工作者的平均年龄有所下降，2016年的平均年龄为46岁，而2012年为48岁。相比之下，在家庭支持和家庭护理方面，平均年龄为52岁，而在2012年50岁。① 海外出生的劳动力继续占老年护理劳动力的很大比例，其中机构护理劳动力中32%为海外出生的劳动力，家庭支持和家庭护理劳动力中23%为海外出生劳动力。② 从老年护理劳动力的性别结构来看，仍然是女性占主导，但男性劳动力比重在缓慢增长。在护理机构中，男性劳动力比重为13%（2012年为11%），③ 在家庭支持和家庭护理行业，男性劳动力比重为11%（2012年为10%）。

澳大利亚老年护理劳动力总体来说仍然存在短缺。根据社会调查报告，一些老年护理机构，尤其是偏远地区的老年护理机构，仍存在招聘具有适当资格的员工存在困难的问题。

第三节　近年澳大利亚老年长期护理保障制度改革情况

近年来，澳大利亚老年长期护理保障制度进行了一些重要改革，旨在改善老年护理服务的可持续性，增加消费者的选择权和控制权。一系列改革方案自2012年4月首次公布以来，已经分阶段实施，并在随后进一步推出改革公告。改革的总体目标是建立“更加

①③ National Institute of Labour Studies. 2016 National Aged Care Workforce Census and Survey：The Aged Care Workforce，2016. Department of Health，2017.

② Negin J，Coffman J，Connell J，et al. Foreign-Born Aged Care Workers in Australia：A growing trend. Australasian Journal on Ageing，2016.

以消费者为导向，以市场为基础，受到较少监管”的老年长期护理保障制度，制度将越来越重视在家中提供老年护理服务，并转向“以消费者为导向”的家庭护理模式。表4－5是按服务项目来划分的主要老年长期护理保障改革举措。

表4－5　　按项目划分澳大利亚老年长期护理保障制度改革举措

项目	主要改革措施
联邦家庭支持计划（CHSP）	• 从2015年7月1日开始，将所有州和地区的联邦－州家庭和社区护理（HACC）计划并入CHSP（除维多利亚州和西澳大利亚州） • 维多利亚州于2016年7月1日开始将其HACC服务转移至CHSP，西澳大利亚州于2018年7月1日开始转移至CHSP
家庭护理	• 新的家庭护理包（1～4级）于2013年8月1日开始实施 • 2014年7月1日开始，实施减少补贴的正式收入测试，包括年度和终身上限 • 从2015年7月1日起，所有家庭护理包都必须是以消费者为导向，每个人都具有个性化的预算 • 从2017年2月27日开始，家庭护理包预算将直接分配给消费者，而不是提供者，以增加消费者选择权 • 2018～2019年预算中宣布了14 000个更高级别的家庭护理名额
住院机构护理	• 从2014年7月1日开始，实施新测试方法（结合收入和资产测试），包括年度和终身上限 • 从2014年7月1日开始，实施新的住宿付款安排，允许所有政府不补贴的市场定价的住宿服务，消费者可以自主选择支付方式，消费者可以选择一次性支付、每日付款或二者结合 • 要求提供者公布它们对住宿服务和额外服务收取的最高价格 • 入驻自2012年4月20日起新建或大幅翻新的受扶养居民住宿费补贴大幅增加 • 2013年10月任命了老年护理定价专员
跨项目	• 在2012～2013年度至2021～2022年度之间，政府资助的老年护理场所的总体目标拨款比率由每1 000名70岁以上人士113个增加至125个 • 自2018年7月1日起，为家庭护理和住院机构护理创建统一的预算项目，以便灵活地根据消费者的喜好将可用资金用于家庭护理或住宿护理 • 从2019年1月开始建立老年护理质量和安全委员会，并从2019年7月1日开始实施所有老年护理的统一质量标准 • 2018～2019和2019～2020年度老年护理中心进一步改进

资料来源：笔者根据澳大利亚老年长期护理保障改革的资料整理。

一、机构住宿支付方式变化

从2014年7月1日开始的改革，对机构住宿的定价方式和永久性住宿护理的定价方式进行了一些重大改变。一个重大变化是取消了对接受高水平护理的非政府补贴居民的每日住宿价格的控制。此外，取消了接受高水平护理的居民支付一次性住宿存款的规定。通过取消提供者扣除保留金额的能力，还可以全额退还一次性住宿存款。居民也有完全的自由权来选择付款方式。提供者必须公布住宿价格，保证信息透明。由卫生部确定的最高住宿费用（高于最高限价的需要申请老年护理定价专员批准）被设定为消费者的保护机制。对无法全额支付住宿费用的居民以及住在2012年4月20日以来建成或大幅翻新的老年护理机构的居民，政府补贴也大幅增加。

（一）住宿费用支付方式

当改革措施出台时，老年护理行业有一些担忧，即消费者将不再支付一次性住宿费用，供应商持有的一次性住宿存款在2016~2017年度继续增长，达到247.8亿澳元（见图4-2）。被评估为财务能力较低的居民有资格获得政府援助，住宿费用可以是政府部分补贴或完全补贴。

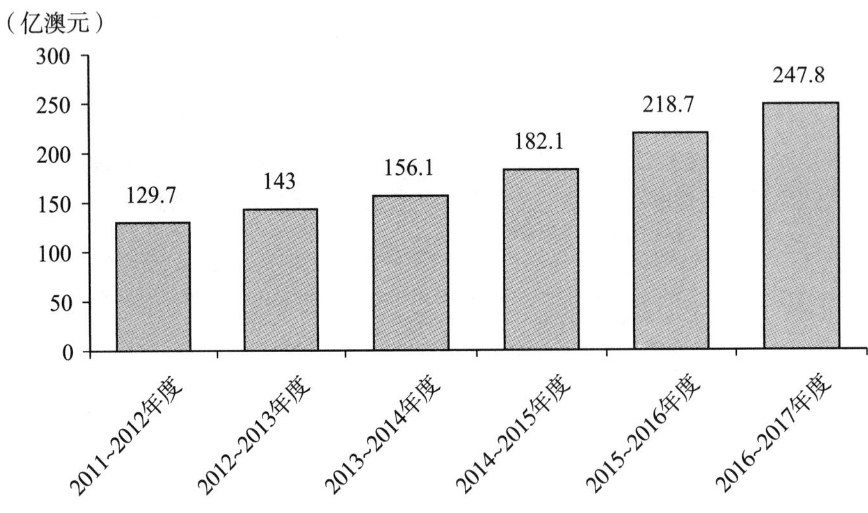

图4-2 澳大利亚2011~2017年度一次性住宿存款总额

资料来源：Aged Care Financing Authority. Sixth Report on the Funding and Financing of the Aged Care Sector. 2019。

获得部分政府补贴的居民需要自己支付部分费用，支付方式可以自由选择：可以一次性可退还供款（refundable accommodation contribution，RAC）、每日住宿供款（daily accommodation contribution，DAC）或两者的组合来支付住宿费。获得完全政府补贴的居民无需自付费用。没有获得政府补贴的居民需要自付所有住宿费用，支付价格与提供者协商，支付方式可以选择一次性可退还住宿存款（refundable accommodation deposit，RAD）、每日住宿支付（daily accommodation payment，DAP）或两者的组合。从图4－3可以看出，在2016～2017年，每日支付方式（DAP/DAC）首次比一次性支付方式（RAD/RAC）略受欢迎。选择RAD/RAC的人口比例连续两年下降，分别从2014～2015年和2015～2016年的43%和41%降至2016～2017年的38%。选择DAP/DAC的人数比例从2014～2015年的33%增加到2016～2017年的40%（见图4－3）。因此，2014年改革之后，提供者普遍担心消费者会不再选择一次性住宿付款。

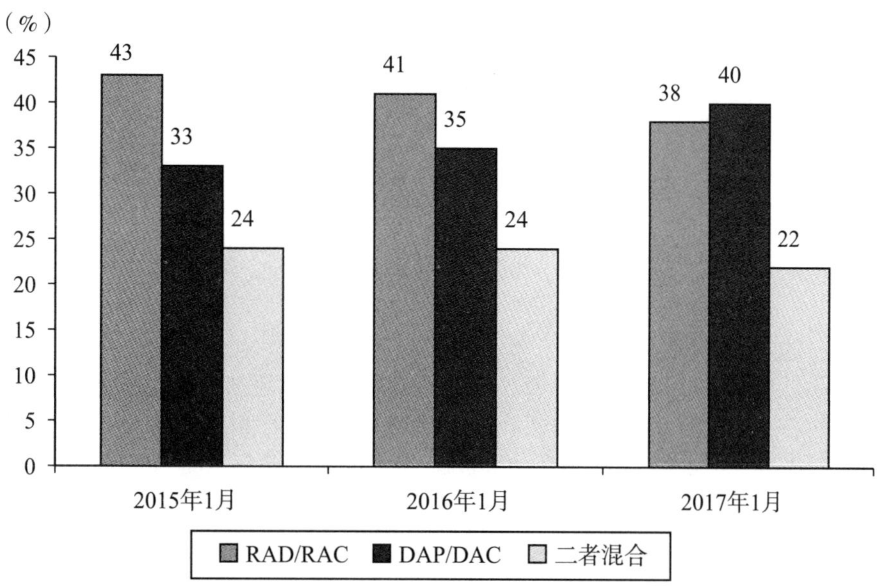

图4－3　2015年6月至2017年6月消费者住宿费支付方式构成变化

资料来源：Aged Care Financing Authority. Sixth Report on the Funding and Financing of the Aged Care Sector. 2019。

（二）住宿价格

作为机构护理住宿改革的一部分，经批准的机构服务提供者必须公布其最高住宿价格及其描述性信息。最高价格需要公布为每日住宿支付（DAP）、等效DAP以及一次性可退还住宿存款（RAD）和DAP的示例组合价格。机构不能收取超过公布的最高价格，但可以协商较低的金额。

2018年4月3日，养老管理中心网站上发布的平均最大RAD/DAP为411 000澳元/64.97澳元，而2014年7月29日价格首次公布时为355 000澳元/65.06澳元。总的来说，营利性机构的平均公布价格高于非营利性机构，政府所属机构的报价最低。此外，主要城市的平均公布价格明显高于区域和偏远地区。价格必须由老年护理定价专员批准的门槛在2016～2017年保持不变，一次性可退换住宿存款为550 000澳元或等值的每日支付87.09澳元。[①] 截至2018年4月3日，公布的价格中有6%高于门槛，与前两年一致。

---

① Department of Social Services Australia. Aged Care Providers—September 2019 Quarterly Review. 2019.

虽然住宿机构护理提供者需要公布最高价格，但每个居民可以协商较低的实际价格。实际价格有助于了解行业的运作方式，特别是在住宿定价方面。平均实际价格与平均公布价格的结果相似，通常在10 000～30 000澳元之间。[①] 与往年的情况一样，营利性机构的实际价格最高，其次是非营利机构和政府所属机构。主要城市的实际价格明显高于区域和偏远地区。没有数据可用于确定消费者在多大程度上积极谈判较低的住宿价格。然而，鉴于平均实际价格低于平均公布价格，这表明一些消费者在某些情况下成功地谈判降低价格。不过，由于公布价格是最高价格，因此一些提供机构可能会默认发布更高的价格，以期收取低于此最大值的潜在价格范围。

二、经济状况调查和制度可持续性

2014年7月1日，澳大利亚在家庭护理和机构护理方面引入了新的经济状况调查安排。这些改革的目的之一是减轻政府和纳税人的负担，提高老年长期护理保障制度的长期可持续性。

在家庭护理方面，澳大利亚引入了减少补贴的收入调查。所有消费者（包括2014年7月1日之前和之后）都可以被要求支付基本日常费用，最高为基本养老金的17.5%（目前每天10.32澳元/每年3 767澳元）。[②] 该费用不受收入或资产测试的影响，不会影响政府补贴。如果提供者实际收取基本日常费用，则只需提供与基本日常费用相关的服务。在机构护理方面，一项新的经济状况调查包括收入调查和资产调查。家庭护理的收入调查和机构护理中的经济状况调查均由澳大利亚人类服务部管理。所有居民也可以被要求支付基本的日常生活费用，这笔费用最高为基本养老金的85%；截至2018年7月1日，85%的基本养老金为每天50.16澳元（年化18 308.40澳元）。[③]

家庭护理和机构护理也引入了年度和终身上限，以限制消费者每年以及一生中需要自付的护理费用。上限不适用于根据联邦家庭支持计划支付的费用，或2014年7月1日之前开始的家庭护理包，或2014年7月1日之前在机构护理中且仍在2014年7月1日之前规定的永久居民。基本日常费用继续适用于家庭护理和机构护理以及额外和附加服务的费用，所有这些费用均由消费者自行支付。

三、额外服务（extra service）和附加服务（additional services）改革

具有额外服务资格的机构提供者可以向住院期间享受额外服务的居民收取额外服务费。额外服务主要提供了高于平均水平的服务标准，包括住宿、食物的范围和质量，以及娱乐和个人兴趣活动等非护理服务。要获得额外服务资格，提供者必须首先获得卫生部门的批准，然后还必须向老年护理定价专员申请额外服务费的批准建议，包括建议增加当前

---

① Aged Care Financing Authority. Sixth Report on the Funding and Financing of the Aged Care Sector. 2019.

② Mills W. Aged Care Means Tested Fee-sorry We Really a Mean to Say "Aged Care Means Tested Tax". 2019-01-12.

③ Department of Health (Australia). 2017-18 Report on the Operation of the Aged Care Act 1997. 2018.

的额外服务费。

（一）护理津贴的减少

对于在 2014 年 7 月 1 日之前接受护理且接受额外服务的，则护理补贴将减少相当于额外服务费用的 25%，这被称为额外服务补贴减少。[①] 改革后，护理服务接受者继续使用额外服务的，提供者可以向其收取额外服务费以及减少额外服务补贴。额外服务补贴减少不适用于 2014 年 7 月 1 日或之后进入护理机构的居民。

（二）提供额外服务的机构减少

自 2014 年 7 月改革开始以来，具有额外服务资格的机构总数显著减少。这可能是因为 2014 年 7 月 1 日后对住宿定价的变化减少了供应商获得额外服务状态的需求和动机，部分原因是：现在可以为所有护理类型支付一次性住宿费用，之前仅限于包含额外服务的低等级护理或高等级护理；提供商根据市场需求确定的价格适用于所有新的没有政府补贴的居民；提供商可以在额外服务框架之外提供附加的护理和服务，以收取附加费用。这导致许多提供商重新考虑他们的额外服务资格，其中许多开始提供附加服务。

（三）不具备额外服务资格的机构可收取附加服务费

不具有额外服务资格的机构可以向住院者收取附加服务费（如美发服务、晚餐配红酒）。在提供服务之前，机构必须与住院者商定附加服务的费用，并在提供服务后提供明细。这些附加费用可以从居民支付的可退还押金中扣除。但以下情况无法收取附加费用：不为个人提供直接利益；住院者不能获取或使用这些服务；提供的活动或服务是老年护理机构正常运作的一部分，属于特定护理和服务范围。

四、赋予消费者家庭护理更大选择权

（一）家庭护理服务统一排队等候

从 2017 年 2 月开始，家庭护理服务包直接分配给消费者，而不是分配给提供者。这可以让消费者自行选择提供者，并更换提供者。被评估为需要家庭护理的澳大利亚老年人根据等待护理的时间以及个人需求和环境，无论居住地点在哪里，都统一进入一个全国的排队系统。澳大利亚卫生部的数据显示，截至 2018 年 3 月 31 日，排队人数共有 108 463 人。

（二）排队原因分析

老年护理融资局（ACFA）的报告指出，对家庭护理的需求短缺是长期存在的，但在

---

① Australian Government Department of Health and Ageing. List of Services Where Extra Service is in Operation. History, 2015.

实施国家优先排序队列直接向消费者分配家庭护理服务包之前无法量化。它还指出，排队的人中约有一半正接受临时的较低级别的家庭护理服务包服务，以等待符合其评估需求的更高级别的家庭护理包服务。此外，数据显示，排队的人中还有 1/4 通过联邦家庭支持计划（CHSP）享受服务。虽然排队中的大部分消费者正在获得一定程度的支持，但排队数据的公布，首次反映出不同等级护理服务包分布与消费者护理需求不一致的矛盾。

（三）家庭护理服务包计划的调整

作为 2018 ~ 2019 年预算的一部分，澳大利亚政府宣布增加 14 000 个更高级别的家庭护理服务包，其中大部分将在 2018 ~ 2019 年和 2019 ~ 2020 年释放。[①] 作为 2017 ~ 2018 年中经济和财政展望（MYEFO）的一部分，通过转换较低级别的护理包，已经发布了另外 6 000 个更高级别的护理包，预计到 2021 年，较高等级家庭护理包比率将占到 50%。[②] 家庭护理和机构护理使用统一的预算，也将提供一定的灵活性，把可用资金用以满足新出现的家庭护理包的需求。

五、完善老年护理质量监管体制

2017 年 5 月，澳大利亚政府宣布进行第三方评估，以审查澳大利亚老年护理认证、监督、审查、调查、投诉和合规程序。第三方评估报告于 2017 年 10 月发布，提出了 10 项建议。评估报告发现，住院老年护理中的联邦质量监管体系通常有效运作，但是可以通过改进来解决一些缺点。政府宣布总体支持报告的大方向，并随后宣布从 2018 年 3 月开始，采取突击现场审核替代重新认证现场审核。新安排适用于 2018 年 7 月 1 日起的所有重新认证申请。

同时，为回应此次评估，澳大利亚政府于 2018 年 4 月宣布，将成立一个新的独立的老年护理质量和安全委员会，以监督联邦政府资助的老年护理提供者的批准、认证、评估、监测、投诉处理和合规性。从 2019 年 1 月 1 日起，澳大利亚老年护理质量监督局和老年护理投诉专员的职能将转移到新的委员会，卫生部的部分监管职能将从 2020 年 1 月 1 日开始转移。

---

① Department of Health (Australia). 2017 – 18 Report on the Operation of the Aged Care Act 1997. 2018.

② Aged Care Financing Authority. Sixth Report on the Funding and Financing of the Aged Care Sector. 2019.

第五章　新西兰长期护理保障制度发展研究

第一节　新西兰人口发展状况

一、人口状况

（一）人口规模

自 20 世纪 90 年来以来，新西兰人口一直保持增长态势，从 1991 年的 351. 60 万增长至 2018 年的 488. 13 万（见图 5 –1）。2017 年的人口增长率为 2. 1%，增长了约 10 万人

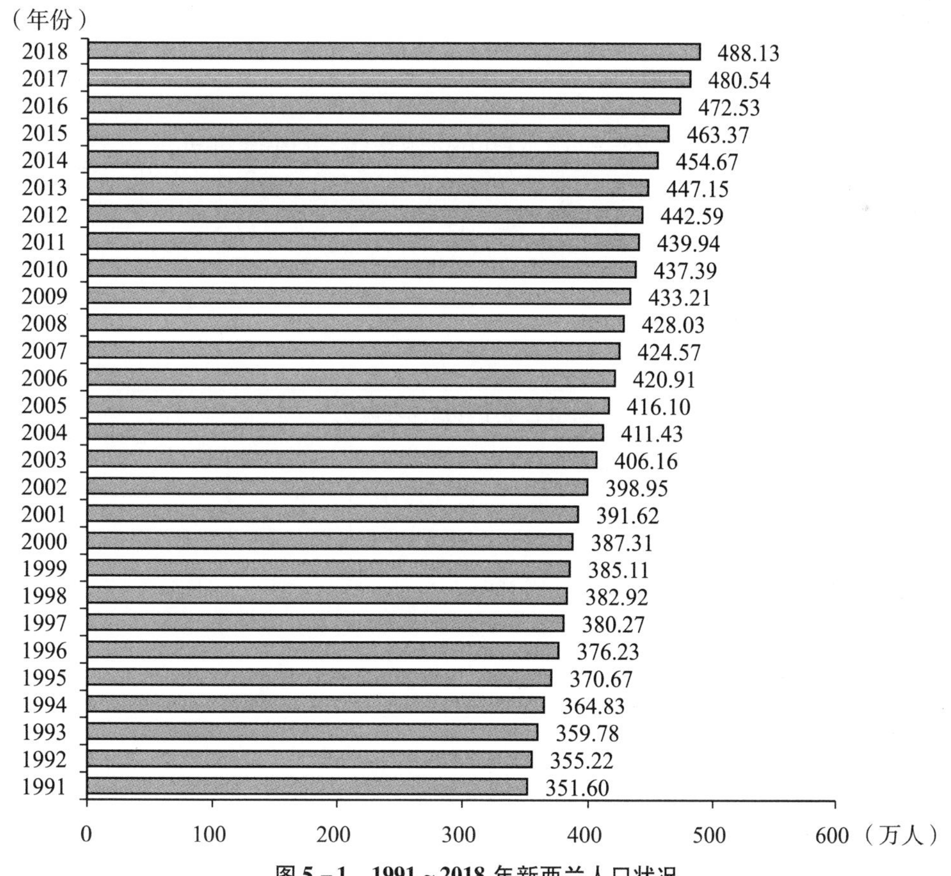

图 5 –1　1991 ~2018 年新西兰人口状况

资料来源：Stats NZ. Summary Figures. Population Statistics. 2019。

（自然增长2.8万人，移民7.2万人），2017年6月人口规模为479.37万（见表5－1）。

表5－1　**2016～2017年新西兰人口状况**　单位：人

年龄段	2016年6月30日	2017年6月30日	变化率
0～14岁	921 600	933 500	1.3%
15～39岁	1 583 400	1 634 900	3.3%
40～64岁	1 489 800	1 502 200	0.8%
65岁以上	698 400	723 000	3.5%
总计	4 693 200	4 793 700	2.1%

资料来源：Stats NZ. National Population Estimates：At 30 June 2017。

（二）预期寿命

在OECD国家中，新西兰一直保持着相对较高的人均预期寿命、相对较低的人均卫生支出：新西兰人均卫生支出排名在第20位左右，而人均预期寿命排名在第13位左右（见表5－2）。21世纪以来，新西兰女性的人均预期寿命保持在83岁左右，而男性的预期寿命保持在79岁左右（见表5－3）。2017年与1990年相比，女性平均预期寿命增长5.5岁，达到83.6岁；男性平均预期寿命增长7.1岁，达到79.7岁（见表5－4）。

表5－2　**新西兰人均卫生支出、人均预期寿命在OECD国家的排名**

项目	2015年	2010年	2005年	2000年
平均寿命排名	13	13	12	13
卫生支出排名	19	20	23	20

资料来源：OECD Health Statistics 2019。

表5－3　**新西兰年平均预期寿命**　单位：岁

性别	2014～2016年	2013～2015年	2012～2014年	2005～2007年
女性	83.4	83.3	83.2	82.2
男性	79.9	79.7	79.5	78.0

资料来源：Stats NZ. Summary Figures for the NZ Population，1990－2019. Population Statistics. 2019。

表5－4　**新西兰1990年和2017年预期寿命、健康预期寿命和健康状况不佳年数**

项目		预期寿命（岁）	健康预期寿命（岁）	健康状况不佳年数（年）
女性	1990年	78.1	66.3	11.8
	2017年	83.6	70.1	13.5
男性	1990年	72.6	63.1	9.5
	2017年	79.7	68.0	11.7

资料来源：Stats NZ. Summary Figures for the NZ Population，1990－2019. Population Statistics. 2019。

（三）健康调整预期寿命

就健康调整预期寿命来说，2015 年新西兰女性为 71.8 岁，而男性为 69.9 岁（见表 5－5）。1990～2017 年，女性的健康调整预期寿命增加了 3.8 年（至 70.1 岁），男性增加了 4.9 年（至 68.0 岁）（见表 5－6）。预期寿命增长速度快于健康调整预期寿命意味着新西兰人面临着重要挑战：人们在健康状况不佳的情况下生活的时间越来越长，女性健康不佳状况从 1990 年的 11.8 年增加至 2017 年的 13.5 年，男性健康不佳状况从 1990 年的 9.5 年增加至 2017 年的 11.7 年（见表 5－4）。平均来说，新西兰人一生中有 1/3 的时间健康状况不佳。①

表 5－5　新西兰 1990 年、2000 年、2010 年和 2015 年健康调整预期寿命　单位：岁

性别	2015 年	2010 年	2000 年	1990 年
女性	71.8	71.3	69.8	68.1
男性	69.9	69.4	66.9	64.3

资料来源：Ministry of Health. Longer，Healthier Lives：New Zealand's Health 1990－2017. Wellington：Ministry of Health，2020。

表 5－6　新西兰 1990～2017 年预期寿命和健康调整预期寿命变化情况

性别	预期寿命		健康调整预期寿命	
	增加年数（年）	增长率（%）	增加年数（年）	增长率（%）
女性	5.5	7.0	3.8	5.7
男性	7.1	9.7	4.9	7.8

资料来源：Ministry of Health. Longer，Healthier Lives：New Zealand's Health 1990－2017. Wellington：Ministry of Health，2020。

二、残疾人状况

（一）残疾人的人口规模

2006 年新西兰残疾人调查结果显示：约 82% 的成年残疾人在家庭中生活，5% 的成年残疾人在居住服务设施中生活；约 14% 未成年残疾人（15 岁以下）在家庭中生活。② 残疾发生比率随着年龄的增加而增加，15 岁以下未成年人的残疾比例为 10%，65 岁以上老年人的残疾比例为 45%；大约 5% 的未成年人有特殊教育需求；出生时的疾病和缺陷是未

① Ministry of Health. Longer，Healthier Lives：New Zealand's Health 1990－2017. Wellington：Ministry of Health，2020.

② Stats NZ. 2006 Household Disability Survey. 2007.

成年人致残的主要原因；成年人的残疾类型主要是精神和感官残疾，疾病、事故、受伤是导致成年人残疾的主要致因。[①] 几乎所有的居住在机构照料设施中的成年人都有残疾（99.7%），大多数是多重残疾（94%）、高支持需求（82%）。[②] 2013年，新西兰残疾调查显示新西兰人口残疾发生率为24%，而居住在私人住宅的人口的残疾发生率为23%，残疾人的数量为60万人。[③]

（二）伤残调整生命年

伤残调整生命年（DALYs）是通过综合健康状况不佳、残疾和早死的衡量指标来衡量健康损失的总负担。自1990年以来，新西兰在降低健康损失的年龄标准化率方面取得了进展。

2017年，男性伤残调整生命年（592 548）比女性伤残调整生命年（507 156）更高。这主要是因为男性死亡损失生命年（years of life lost，YLLs）（304 452）比女性（232 415）高得多，在统计意义上很显著。尽管女性伤残损失年（years lived with disability，YLDs）（337 741）比男性（288 096）要高，但在统计意义上并不显著（见图5-2）。

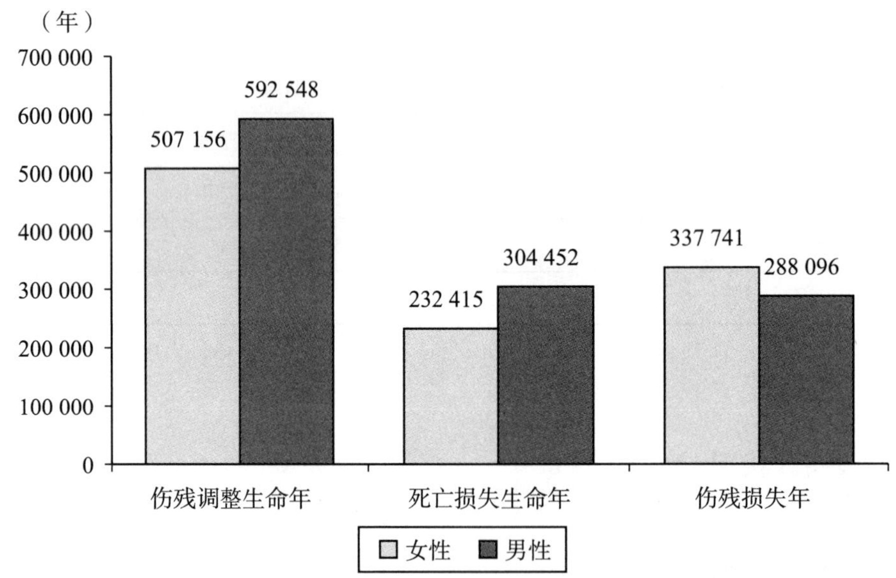

图5-2 新西兰2017年按性别分类的伤残调整生命年、死亡损失生命年和伤残损失年

资料来源：Ministry of Health. Longer, Healthier Lives: New Zealand's Health 1990 - 2017. Wellington: Ministry of Health, 2020。

（三）不同年龄段健康损失情况

人口中的健康损失通常随着年龄的增加而增加。图5-3和图5-4显示了按年龄组划

---

① Stats NZ. 2006 Household Disability Survey. 2007.

②③ Stats NZ. 2013 Household Disability Survey. 2014.

分的健康损失比例和每个年龄组人口占总人口的比例：15 岁以下的人口占总人口的比例约为 20%，但占整体健康损失的比例仅为 6%；75 岁以上人口占总人口的 6.3%，却占整体健康损失的比例为 23.3%。根据图 5－4，约 30% 的健康损失发生在中年（45～64 岁），超过 40% 的健康损失发生在老年（65 岁及以上）。

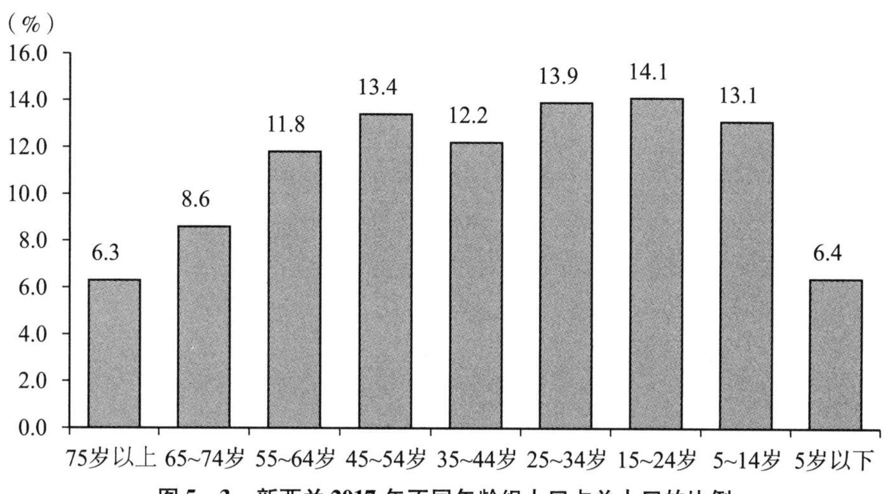

图 5－3 新西兰 2017 年不同年龄组人口占总人口的比例

资料来源：Ministry of Health. Longer, Healthier Lives: New Zealand's Health 1990 – 2017. Wellington: Ministry of Health, 2020。

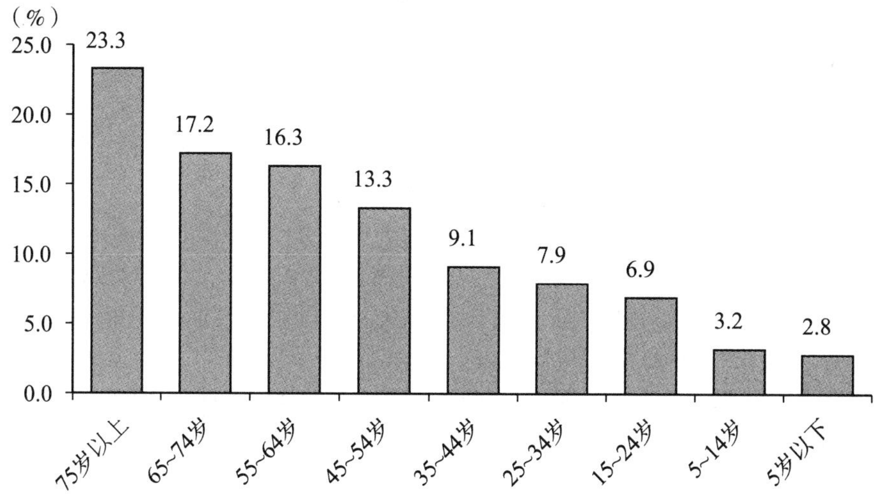

图 5－4 新西兰 2017 年不同年龄组人口的伤残调整生命年占总伤残调整生命年的比例

资料来源：Ministry of Health. Longer, Healthier Lives: New Zealand's Health 1990 – 2017. Wellington: Ministry of Health, 2020。

三、65 岁及以上人口的状况

新西兰 65 岁及以上人口占总人口的 1/7，到 21 世纪中期将达到总人口的 1/4，85 岁及以上人口的比例将增加两倍。① 2013 年新西兰 65 岁及以上常住人口为 607 032 人，其中 45. 9% 是男性，54. 1% 是女性。② 自 1981 年以来，新西兰 65 岁及以上人口将近多了一倍（见表 5 –7），到 2063 年 85 岁及以上人口也会将近翻番。③ 65 岁以上的人口中从事全职工作的人 2001 年为 11. 4%，2006 年为 16. 8%，2013 年为 22. 1%；从事兼职工作的男性的比例 2001 年为 17. 2%，2006 年为 23. 6%，2013 年为 28. 8%；从事兼职工作的女性的比例 2001 年为 6. 9%，2006 年为 11. 4%，2013 年为 16. 5%。④ 就收入水平来看，20. 6% 的 65 岁及以上老年人的年收入在 1 ~ 15 000 新西兰元之间，49. 4% 处于 15 001 ~ 30 000 新西兰元之间，19. 6% 处于 30 001 ~ 60 000 新西兰元之间，8. 7% 高于 60 000 新西兰元。⑤ 根据 2014 年新西兰大众社会调查，65 岁及以上老年人中认为有足够用的钱的比例为 71%，认为身体状况良好以上的占 77%，生活满意度较高的占 86%。⑥

表 5 –7　　1981 ~ 2063 年新西兰人口变化情况　　单位：%

年龄	1981 年	2013 年	2063 年（预测）
15 岁以下	26. 9	20. 4	15. 9
15 ~ 64 岁	63. 2	65. 3	57. 5
65 岁及以上	9. 9	14. 3	26. 7

资料来源：Stats NZ. Summary Figures for the NZ Population，1990 – 2019. Population Statistics. 2019。

（二）老年人的健康损失情况

2017 年，65 岁及以上人口经历了 40. 5% 的伤残调整生命年，其中 75 岁及以上老人占 57. 6%，80 岁以上老人占 38. 0%。图 5 –5 和图 5 –6 给出了按健康损失原因和五大疾病列出的老年人的伤残调整生命年、死亡损失生命年和伤残损失年：65 ~ 74 岁的老年人的疾病类型与中年年龄组的疾病类型相似，但疾病负担增加，65 ~ 74 岁人群的全因伤残调整生命年比率是 45 ~ 54 岁人群的两倍。图 5 –7 和图 5 –8 给出了 75 岁及以上老年人的健康损失的三大原因和五大疾病。对于 75 岁以上的人来说，死亡的主要原因从癌症转移到心血管疾病，阿尔茨海默病和其他认知障碍成为早死的第二大原因，而导致残疾的主要原因是跌倒，其次是腰痛和听力损失。2014 年，超过一半的 65 ~ 74 岁的老年人有 2 种以上的长期健康问题；大约 2/3 的 75 岁以上的老年人有 2 种以上的健康问题；75 岁以上老年人，重度残疾发生率为 36%，严重残疾发生率为 18%。⑦

---

① Ageing New Zealand and Health and Disability Services 2001 – 2021.

② Statistics N Z. People Aged 65 + Living in New Zealand. 2015.

③④ Statistics N Z. Older People Statistics. 2019.

⑤ Stats NZ. 2013 Household Disability Survey. 2014.

⑥ Stats NZ. New Zealand General Social Survey：2014.

⑦ Ministry of Health. Healthy Ageing Strategy. Wellington：Ministry of Health，2016.

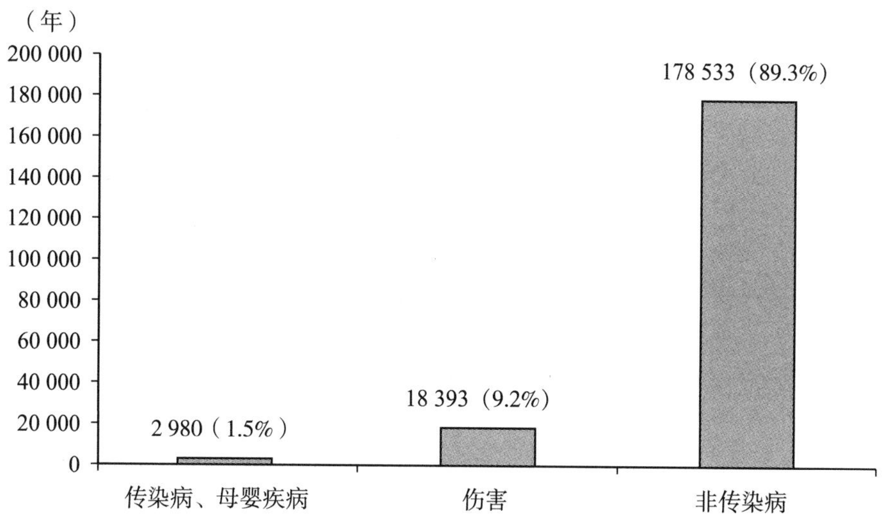

图 5-5 新西兰 2017 年 65~74 岁老年人健康损失的三大主要原因

注：图中括号内数据表示占全部健康损失的比例。

资料来源：Ministry of Health. Longer, Healthier Lives: New Zealand's Health 1990 – 2017. Wellington: Ministry of Health, 2020。

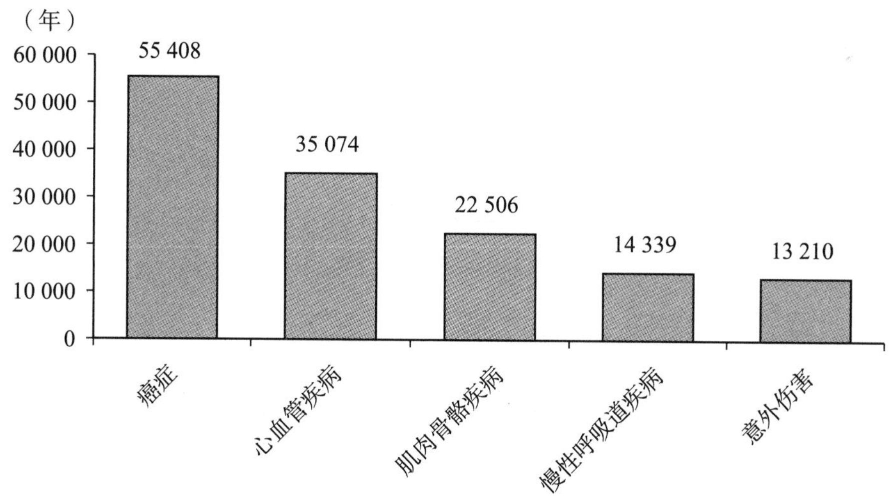

图 5-6 新西兰 2017 年 65~74 岁健康损失的五大疾病

资料来源：Ministry of Health. Longer, Healthier Lives: New Zealand's Health 1990 – 2017. Wellington: Ministry of Health, 2020。

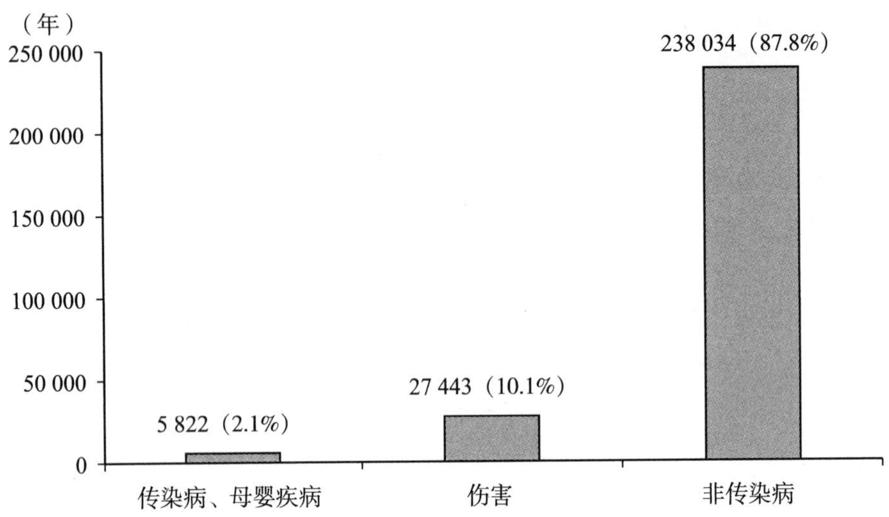

图5－7　新西兰2017年75岁及以上人口健康损失三大原因

注：图中括号内数据表示占全部健康损失的比例。

资料来源：Ministry of Health. Longer，Healthier Lives：New Zealand's Health 1990－2017. Wellington：Ministry of Health，2020。

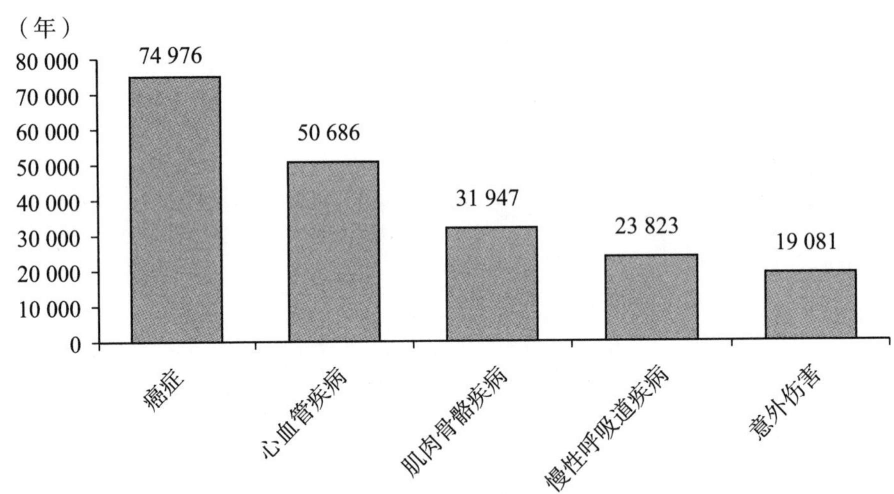

图5－8　新西兰2017年75岁及以上健康损失的五大疾病

资料来源：Ministry of Health. Longer，Healthier Lives：New Zealand's Health 1990－2017. Wellington：Ministry of Health，2020。

（三）65岁及以上人口预期寿命

65岁以上的新西兰人与20年前相比也更加长寿。1990～2017年，女性65岁时预期寿命增加了3.5年，从18.2岁增加至21.7岁，增加的比例为19.0%；男性65岁时预期寿命增加了4.4年，从14.8岁增加至19.2岁，增加了29.7%（见表5－8）。在这一时期，女性65岁健康预期寿命增加了2.1年，从13.4岁增加至15.5岁，增加了15.8%；男性65岁健康预期寿命增加了2.9年，从11.0岁增加至13.9年，增加了26.5%（见表5-8）。1990~2017年，预期寿命和健康预期寿命的性别差异下降了很多，但仍存在差异。与1990年相比，2017年65岁的女性健康状况不佳时间增加了1.4年，而男性增加了1.5年（见表5-8）。这意味着或健康状况不佳在绝对值（或总年数）上有所增加。65岁的男性和女性在健康状况不佳的情况下的平均寿命将超过预期寿命的1/3（女性为39%，男性为35%）。①

表5-8 新西兰人1990年和2017年65岁时预期寿命、健康预期寿命和健康状况不佳的年数

项目		预期寿命（岁）	健康预期寿命（岁）	健康状况不佳年数（年）
女性	1990年	18.2	13.4	4.8
	2017年	21.7	15.5	6.2
男性	1990年	14.8	11.0	3.8
	2017年	19.2	13.9	5.3

资料来源：Ministry of Health. Longer, Healthier Lives: New Zealand's Health 1990 - 2017. Wellington: Ministry of Health, 2020。

（四）老年人社区变化和居住情况

老年人和社区将会更加多样化。2016~2026年，毛利人65岁以上人口将增长79%；太平洋岛裔则将增加63%；亚裔则会增加至125%。② 不断变化的人口对新西兰国家政策、资金和规划有着重大影响，政府需要做好规划，确保在国家、地区、经济和社会层面都做好准备，需要适当的基础设施来保持人民的健康，为不健康的人口提供保障。从趋势上来看，65岁以上的人口2031年将达到110万人；越来越多的老年人居住在自己家中，老年人住在护理机构的比例下降：2006~2007年度，28%的85岁以上的老年人居住在老年居住护理机构中，2013~2014年度，则下降到了23%；74%的65~74岁的老年人在家中居住，不需要提供任何支持。③

第二节 新西兰公共残疾支持服务保障制度的发展

一、公共残疾支持服务体系

公共残疾支持服务体系由两大系统组成。一是卫生部为65岁以下残疾人的支持服务

① Ministry of Health. Longer, Healthier Lives: New Zealand's Health 1990 - 2017. Wellington: Ministry of Health, 2020.

②③ Ministry of Health. Healthy Ageing Strategy. Wellington: Ministry of Health, 2016.

提供资金支持，但残疾人设备和改装服务是针对所有年龄段的残疾人。二是 65 岁以上的残疾人支持服务、精神健康需求者的服务是由地区卫生管理局提供资金来源的，即与年龄相关的老年人的需求和具有精神健康需求的人的残疾支持服务是由地区卫生局支付的。2017 年，新西兰卫生和残疾支持服务系统向地区卫生管理局拨款为 122 亿新西兰元，各种服务如残疾支持、筛查和精神病等国家服务的支出为 30 亿新西兰元，卫生部的机构运营费用为 1.97 亿新西兰元。①

（一）卫生部残疾支持服务管理局

卫生部通过残疾支持服务管理局（Disability Support Services，DSS）为残疾支持服务提供资金来源，其他的政府机构，如社会发展和教育部、事故赔偿管理局等也为残疾人提供部分资金或支持服务。

1. 服务对象

卫生部的残疾支持服务管理局服务的对象的特点：通常 65 岁以下；身体、智力或感官残疾或多重残疾；在提供了设备、治疗和康复服务后仍然存在着障碍；障碍存在时间在 6 个月以上；需要长期支持服务。② 2017 年，大约 3.2 万人获得定期的、持续的服务；大约 7 万人获得一次性支持服务（设备）；男性服务对象占 56%，女性占 44%；38% 的服务对象为 19 岁以下者，8% 的服务对象在 65 岁以上；主要的残疾类型包括智力残疾（46%）、身体残疾（27%）、孤独症谱系障碍（ASD）（16%）、感官残疾（4%）。③

2. 服务和支持类型

残疾支持服务管理局资助的服务包括：需求评估和服务协调、残疾信息咨询、家庭和社区支持、个性化资助（individualized funding）、孤独症谱系障碍支持、行为支持、儿童发展服务、社区住宅服务、社区日间服务、喘息和照顾者支持服务、辅助生活、康复服务及环境支持性服务（提供给所有年龄段的人）。环境支持服务包括：设备（如轮椅、淋浴凳、步行架等）、房屋改造（如扶手、坡道等的安装，门的加宽等）、车辆改装（如轮椅搬运车或厢式起重机，手控等）、助听器补贴和资助计划，以及为听力和视力受损者提供支持性服务。

3. 不同类型的支持服务的具体项目安排

2017 年残疾人支持服务管理局获得预算拨款为 12 亿新西兰元，其中：机构性照料为 45%、社区照料为 23%、环境支持为 11%、高级和复杂需求支持为 7%、其他为 14%。④

---

① Ministry of Health NZ. Annual Report for the Year Ended 30 June 2018. 2018 - 10 - 23.

② Ministry of Health NZ. Disability Information and Advisory Services and Needs Assessment and Service Coordination Review-A Proposed Design and Framework. 2017.

③ Ministry of Health NZ. Demographic Report for Clients Allocated the Ministry of Health's Disability Support Services: 2018 update. 2020 - 01 - 27.

④ Ministry of Health NZ. Annual Report for the Year Ended 30 June 2018. 2018 - 10 - 23.

2016 年，67% 的残疾人获得社区支持服务，2017 年这一比例上升为 77%。[1] 社区长期护理服务包括个人护理（如洗澡、穿衣）、家务管理（做饭、清洁、洗衣）、提供补贴的家庭护理（有残疾成年人的居民家庭）、照顾者支持/喘息服务（全职护理者休息支持），以及生活支持（财务管理、购物、交通）。机构护理包括社区居住设施、疗养院［需要临床（护理）支持的身体残障人士］和医院（为高需求服务对象提供）。环境支持服务包括为残疾的人提供长期需要的器具（包括 65 岁以上者）、住房和机动车改造、助听器、眼镜补贴，以及沟通辅助设备。

（二）评估机构

残疾支持服务管理局资助的服务是通过需求评估和服务协调管理局（NASC）的评估和协调来确定的，全国共有 16 个需求评估和服务协调机构。残疾支持服务管理局与需求评估和服务协调局的机构签约，用以评估残疾人是否符合卫生部资助的残疾支持服务。这些机构与残疾人及其家庭、照顾者一起，确认残疾人的优势和需求，然后制定出支持和服务计划，并指出由卫生部资助的部分。需求评估和服务管理局负责分配卫生部出资的残疾支持服务，并帮助残疾人获得这些服务，最终由服务提供商为残疾人提供相关的服务。

与残疾支持服务管理局签署的合同中，需求评估和服务协调管理局主要有三个方面的任务：实施需求评估、进行服务协调，以及确认申请者是否满足卫生部出资的残疾人支持服务的条件，并在预算内进行资源分配。需求评估，在于找出残疾人的能力、资源、目标和需求，然后帮助残疾人确认最重要的部分；目标是使残疾人最大可能地保持独立，并尽可能充分地参与社会生活。服务协调，帮助残疾人确认能够满足其需求和目标的可用的支持服务组合。这些可选择的组合一般既包括卫生部资助的残疾支持服务，也包括社区的自然支持服务。资源管理，需求评估和服务管理局需要在残疾支持服务的预算框架内分配资源，确保提供的服务对残疾人来说是公平与适当的。

（三）残疾人信息和咨询服务机构

卫生部在全国选取了一些机构，为其提供资金支持，以残疾人信息和咨询服务机构的形式提供残疾信息和咨询。这些服务机构中，有的是单个的地方性机构，有的能够在全国范围内提供信息服务。这些机构为残疾人及其家庭、照顾者、供应商和公众提供独立的信息或建议。这些信息对咨询者来说是可用的、适当的。残疾人信息和服务机构还为残疾人提供卫生部资助的和非卫生部资助的残疾支付服务信息，并指导其如何获得这些服务，包括如何找到支持和倡导组织、如何找到需求评估和服务协调机构，以及与特定残疾相关的具体信息。

（四）残疾人获得支持和服务的情况

2013 年残疾服务调查报告在 2013 年残疾人家庭调查的基础上，对残疾人获得的支持

---

① Ministry of Health NZ. Demographic Report for Clients Allocated the Ministry of Health's Disability Support Services: 2018 update. 2020 - 01 - 27.

服务进行了调查。调查表明，25%的成年残疾人在家庭接受一系列的个人或家务劳动支持（见表5－9）；65岁及以上的残疾人更倾向于接受支持服务。最常用的支持服务是围绕着家庭和花园的重型家务；智力残疾者比其他的残疾类型更加倾向于使用支持服务。家庭成员是为残疾人提供支持服务的主力；机构也是服务重要的提供者，特别是对65岁以上的残疾人来说。对残疾人支持服务需求满足情况的调查显示，10%的成年残疾人认为支持需求未得到满足，其中女性残疾人多于男性残疾人；12%的残疾儿童因残疾而获得了额外的个人护理服务，10%的残疾儿童的照料者认为至少有一项与残疾相关的服务需求未得到满足。①

表5－9　2013年不同残疾类型的居家成年残疾人获得服务的情况（成年残疾人的比例）

单位：%

支持类型	残疾类型					
	感官	身体	智力	精神	其他	全部
做饭	10	13	32	17	18	9
购物	14	17	31	17	19	12
家务	16	21	32	19	22	15
重活	22	30	31	22	25	21
个人护理	5	6	18	8	9	4
其他帮助	15	16	55	29	29	14
成年残疾人的比例	11	14	2	5	8	25

资料来源：Stats NZ. 2013 Household Disability Survey. 2014。

二、社区居住支持服务现状

卫生部资助的社区居住支持服务（community residential support services）是由残疾支持服务管理局拨款的一系列服务中的一种，为在社区家庭生活的残疾人提供24小时居住支持服务。社区居住残疾支持服务由与卫生部签约的机构提供。这些服务机构的规模大小不一，有仅能为不到5人提供服务的单一住宅，也有全国的住宿服务设施。

（一）服务提供机构

卫生部每年花费5.2亿新西兰元购买社区居住支持服务，全国共有97家社区居住支持服务提供商，为儿童和青少年提供支援服务的有13家。②

① Ministry of Health NZ. Feedback from People Living in Ministry of Health Funded Residential Services for People with Disabilities. 2016－11－23.

② Doss. Community Residential Support Services: What You Need to Know. 2019.

（二）接受服务的人数

根据卫生部2016年9月的《社区居住支持服务服务对象统计报告》，大约有6 600人居住在社区居住支付服务机构中，不到1 000人居住在医院或疗养院中；其中82%的使用居住服务的人为学习或智力障碍人士。①

（三）服务对象特点

社区居住支持服务对象的平均年龄为48岁，比2014年的平均年龄增长1岁；使用社区居住支持服务的男性多于女性；45～54岁年龄组的残疾人是使用社区居住支持服务的最大群体；2016年30岁以下使用社区居住支持服务的残疾人的比例比2013年相比减少了20%，降低至14%。②

（四）服务类型和数量

2016～2017年度，卫生部残疾人支持服务的支出为11.88亿新西兰元：5.28亿新西兰元（44.4%）用于支付居住护理，服务对象约为7 500人，人均支出为每年7.04万新西兰元；为127位符合高级和复杂支持政策的残疾人支付的支持服务费用为7 470万新西兰元（6.3%）；辅助生活安排的支出为5 230万美元（4.4%）；其中82%以上的服务对象获得社区照料，而18%的是疗养院、医院或租赁住宿。③ 社区居住支持服务对象的每周服务时长多集中在20～39小时、40～69小时、60～79小时三种服务时长范围之内（见图5－9）。

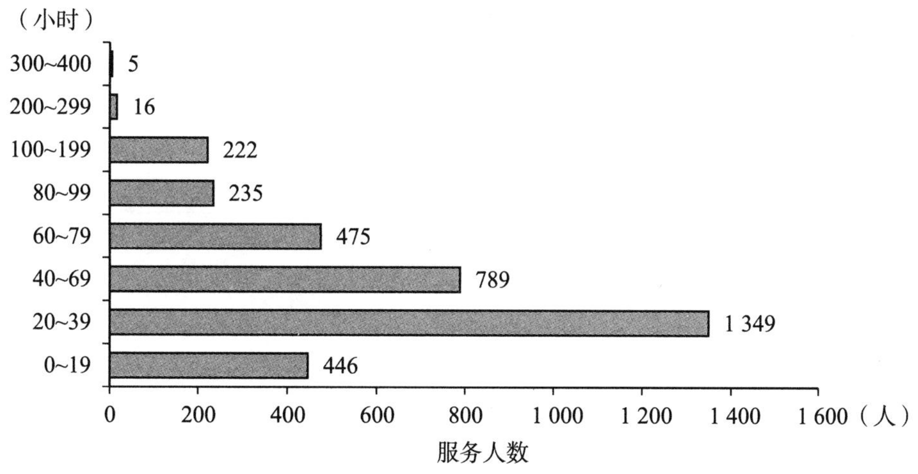

图5－9　现有社区居住支持服务对象每周所获服务时长

资料来源：Ministry of Health Disability Support Client Database（Socrates）2017。

①② Ministry of Health. Demographic Report on Clients Allocated the Ministry of Health's Disability Support Services as at September 2016. Wellington：Ministry of Health，2017.

③ Ministry of Health. A Guide to Community Engagement with People with Disabilities. Published online：2017－04－12.

三、残疾支持服务发展现状

2016年9月，共有33 804名残疾人获得一项以上卫生部资助的残疾支持服务：男性占比为58%，女性则为42%，男性受益人的年龄段主要在5～29岁；残疾支付服务的受益人平均年龄为28岁；智力残疾受益人占57%，肢体残疾受益人中女性占58%，孤独症谱系障碍受益人中男性占81%；48%的受益人在家中接受服务。[①] 此外，有63 856名残疾人获得设备和改装服务。[②] 2018年9月，共有38 342名残疾人获得了卫生部资助的残疾支持服务，比2016年增加了6.4%（男性占59%，女性占41%）；平均年龄为26岁（2014年平均年龄为31岁）。[③]

（一）不同类型的服务提供现状

与2016年相比，2018年不同类型的残疾支持服务项目中增长幅度较大的包括行为支持服务、社区生活选择、资助家庭护理、个性化资助项目、喘息服务，均增长幅度超过25%（见表5－10）。例如，接受行为支持服务的人员数量比2016年大幅度增长，增幅为30.4%，由2 557人增加至3 334人；资助家庭护理从318人增加至431人，增幅为35.5%；个性化资助项目从3 483人增加至5 338人，增幅为53.3%。与2016年相比，2018年不同类型的残疾支持服务项目中下降幅度较大的包括社区康复（从104人下降到86人，降幅为17.3%）、日间服务（从1 889人下降至1 653人，降幅为12.5%），及家庭和社区支持服务（从10 626人下降至8 890人，降幅为16.3%）。

表5－10　新西兰2018年和2016年不同类型的残疾支持服务的服务对象情况

DDS服务类型	2018年服务人数（人）	2016年服务人数（人）	增长情况（%）
行为支持服务（BSS）	3 334	2 557	30.4
护理人员支持	21 233	19 539	8.7
社区生活选择	216	172	25.6
社区康复	86	104	－17.3
社区居住	6 782	6 791	－0.1
日间服务	1 653	1 889	－12.5

①② Ministry of Health. Demographic Information of Clients Using the Ministry of Health's Disability Support Services as at September 2016. Wellington：Ministry of Health，2017.

③ Ministry of Health. Demographic Report for Clients Allocated the Ministry of Health's Disability Support Services：2018 update. Wellington：Ministry of Health，2019.

续表

DDS 服务类型	2018 年服务人数（人）	2016 年服务人数（人）	增长情况（%）
个性化资助强化项目	396	432	-8.3
资助家庭护理	431	318	35.5
高度复杂需求项目	304	293	3.8
家庭和社区支持服务	8 890	10 626	-16.3
个性化资助项目	5 338	3 483	53.3
喘息服务	3 740	2 544	47.0
辅助生活项目	4 215	3 705	13.8
使用老年护理居住服务的年轻服务对象	878	835	5.1

资料来源：Ministry of Health Disability Support Client Database（Socrates）2017。

（二）服务对象的残疾类型

2016 年不同的残疾类型残疾支持服务的服务对象的统计数据显示：智力残疾服务对象的平均年龄为 28 岁，占残疾支持服务管理局服务对象的将近一半，大都伴随有肢体残疾，男性占 57%；肢体残疾服务对象的平均年龄为 54 岁，占残疾支持服务管理局服务对象的 15%。孤独症谱系障碍服务对象的平均年龄为 12 岁（男性占 81%）；感官残疾服务对象的平均年龄为 42 岁，男性占 49%；神经系统残疾服务对象的平均年龄为 55 岁（男性为 51%）。①

2018 年，50% 的残疾支持服务管理局的客户主要是智力残疾，比 2016 年的 51.5% 略有下降（见表 5-11）。主要残疾为身体残疾的客户比例正在下降：从 2014 年的 30.1% 下降到 2018 年的 22.6%（2016 年为 24.5%）。自闭症谱系障碍主要残疾客户的比例正在急剧上升，从 2014 年的 15.7% 上升到 2018 年的 23%（2016 年：19.5%）。男性在自闭症患者中占主导地位，在智障患者中也占主导地位，女性客户主要是身体残疾的客户群体。

① Ministry of Health. Demographic Report on Clients Allocated the Ministry of Health's Disability Support Services：As at September 2016. Wellington：Ministry of Health，2017.

表5-11　新西兰2016年和2018年按性别和主要残疾类型划分的残疾支持服务服务对象情况

残疾类型	2018年				2016年	增长情况（%）
	女性（人）	男性（人）	总计（人）	百分比（%）	总计（人）	
智力残疾	8 200	11 027	19 227	50	18 548	3.7
感官残疾	540	556	1 096	3	1 125	-2.6
身体残疾	4 975	3 687	8 662	23	8 824	-1.8
神经障碍	140	163	303	1	333	-9.0
自闭症谱系障碍	1 765	7 093	8 858	23	7 014	26.3
其他	127	69	196	1	203	-3.4
总计	15 747	22 595	38 342	100	36 047	6.4

资料来源：Ministry of Health Disability Support Client Database（Socrates）2017。

（三）2013～2018年发展趋势

2013～2016年间，残疾支持服务的服务对象增加了8.7%，各服务类型发生了如下变化：辅助生活服务增加了23%，达到3 438人；社区居住服务增长了1%，达到6 557人；照顾者支持项目增加了15%，达到18 331人；喘息服务增长了82%，达到2 977人。① 与2016年相比，2018年不同类型的残疾支持服务项目中增长幅度较大的包括行为支持服务、社区生活选择、资助家庭护理个性化资助项目、喘息服务，均增长幅度超过20%。②

1. 不同类型的服务对象

2013～2016年间，主要残疾类型的服务对象发生了如下变化：智力残疾增加了17%，达到8 519人；肢体残疾增加了3%，达到8 519人；孤独谱系障碍者增加了35%，达到6 620人；感官残疾减少了3%，下降为1 066人；神经系统残疾减少了39%，下降为581人。③2013～2016年，不同需求等级的服务对象发生了如下变化：需求等级为很高的服务对象增加了18%；需求等级为高的服务对象增加了15%；需求等级为中度的服务对象下降了0.3%；需求等级为低度的服务对象下降了18%。④自2016年，毛利人（0～79岁）获得残疾支持服务的人数5 920人，占服务总人数的17.5%；太平洋岛国裔（0～79岁）获得残疾支持服务的人数为2 084人，占服务总人数的6.2%（见表5-12）。

①③④ Ministry of Health. Demographic Report on Clients Allocated the Ministry of Health's Disability Support Services：As at September 2016. Wellington：Ministry of Health，2017.

② Ministry of Health. Demographic Report on Clients Allocated the Ministry of Health's Disability Support Services：As at September 2019. Wellington：Ministry of Health，2019.

表 5－12　新西兰 2016 年残疾支持服务管理局（DSS）服务对象（0～79 岁）的族裔分布情况

族裔	DSS 残疾服务对象（人）	残疾服务对象占比（%）	人口普查残疾人数量（人）	人口普查残疾人占比（%）
欧洲移民后裔/其他	22 579	66. 8	2 945 220	72. 1
毛利人	5 920	17. 5	594 135	14. 5
太平洋岛国裔	2 084	6. 2	293 814	7. 2
亚裔	1 913	5. 7	467 769	11. 4
未说明	1 308	3. 8	212 253	5. 2
总计	33 804	100. 0	4 087 707	110. 4*

注：＊之所以总数会超过 100%，是因为统计时有服务对象的种族登记为多个族裔。
资料来源：Ministry of Health Disability Support Client Database（Socrates）2017。

2. 不同类型的支持服务

2013～2016 年，照顾者支持服务项目的服务对象增加了 15%，居住服务对象保持稳定，支持性居住服务对象增加了 23%（增加了 641 人），喘息服务的服务对象增长了 82%（增加了 1 340 人），而日间服务对象下降了 23%（减少了 535 人）。[①]

3. 服务对象变化情况

2013 年残疾支持服务的对象为 31 101 人，2013～2016 年增长了 8%，2014～2016 年增长了 5%；2016 年残疾支持服务对象的平均年龄为 28 岁，2014 年平均年龄为 31 岁。[②] 2016 年，大约一半（47. 7%）的服务对象居住在自己家庭或大家庭中，超过一半的居家服务对象为男性（59%），仅有 5% 的服务对象居住在新西兰住宿公寓中。[③] 2016 年将近一半（49. 8%）的服务对象的主要残疾类型为智力残疾，2013 年则为 46%；肢体残疾服务对象的比例下降了 14%，2014 年的比例为 31%；孤独症谱系障碍者 2013 年的比例为 16%，2016 年增长到 19. 6%。[④]

4. 支持服务需求等级（Support Package Allocation）

根据需求评估和服务协调机构的评估，每个残疾支持服务管理局的服务对象都会被分配到一定的支持服务等级。2013～2016 年，很高需求等级的服务对象从 25% 增加至 27%；高需求等级的服务对象从 34% 增长至 36%；中等需求等级的服务对象从 36% 下降

①③　Statis NZ. The 2016/17 New Zealand General Social Survey，2017.

②　Ministry of Health. Demographic Report on Clients Allocated the Ministry of Health's Disability Support Services：As at September 2016. Wellington：Ministry of Health，2017.

④　DSS. Feedback from People Living in Ministry of Health Funded Residential Services for People with Disabilities. 2016.

至33%；低需求等级的服务对象从4%下降至3%①。年纪较大的服务对象的需求层级较高：37%的50～59岁的服务对象37%属于很高需求等级，10～19岁服务对象仅17%属于很高需求等级；这两个年龄段的服务对象的高需求等级率为36%；10～19岁的服务对象中43%的人属于中等需求等级，而24%的50～59岁的服务对象属于中等需求等级②。与2016年相比，2018年中、高和非常高需求等级水平的服务对象比例略高；2016～2018年，需求等级水平低和很低的服务对象比例大致相同，更多的男性客户拥有更高的需求等级水平（见表5－13）。

表5－13　新西兰2018年和2016年按支持服务组合复杂等级划分的残疾支持服务服务对象的数量

支持服务组合复杂等级	2018年				2016年（人）	增长情况（%）
	女性（人）	男性（人）	总计（人）	百分比（%）		
很高	4 504	6 232	10 736	28.0	9 670	11.0
高	5 773	8 290	14 063	36.7	12 831	9.6
中度	4 948	7 163	12 111	31.6	12 061	0.4
低	481	657	1 138	3.0	1 194	－4.7
很低	8	16	24	0.1	30	－20.0
未限定的	33	237	270	0.7	261	3.4
总计	15 747	22 595	38 342	100	36 047	6.4

资料来源：Ministry of Health. Demographic Report for Clients Allocated the Ministry of Health's Disability Support Services：2018 update. Wellington：Ministry of Health，2019。

第三节　老年人长期护理保障的变迁

一、1885～1984年福利国家建设时期

（一）老年人机构化长期护理服务的开端

新西兰为老年人提供社会支持的历史可以追溯到19世纪的两项立法：1885年《医院

① Ministry of Health. Transforming Respite：Disability Support Services Respite Strategy 2017 to 2022. Wellington：Ministry of Health，2017.

② Needs Assessment and Service Coordination Services NZ.

和慈善机构法案》和1898年《退休金法案》。《医院和慈善机构法案》是老龄医学化的重要一步。通过该法案，新西兰成立地方委员会为老年人提供医院和慈善救济，开始将财政援助（机构外救济）和因疾病而提供的居住长期护理（机构救济）区别开了。但是，这一时期的地方委员会对财政援助也实施了机构化的方案。1898年《退休金法案》进一步强化了机构化的做法，为老年人提供收入支持；同时用医疗的手段来评估老年人所需要的社会支持，将老龄化与残疾更加紧密地联系起来。

（二）养老院津贴计划

1945～1980年，新西兰社会政策日益复杂化，政府逐渐从直接提供老年人长期护理服务中退出，转而成为拨款方资助建造为老年人提供长期护理服务的机构。1951年，宗教和福利机构获得政府资助、为老年人建造提供食宿的护理机构。1961年，奥克兰开始实施“养老院津贴计划”，为长期卧床的老年患者购买私人养老服务机构的长期护理服务，从而实现将公立医院的长期护理床位剥离、专注医疗护理的目标。在该计划中，在接受政府补贴而获得机构化的长期护理服务的同时，老年人需要自付一定额度的长期护理费用。经过30多年的尝试和推广，1996年该计划在整个新西兰推广开来。

（三）私营养老院的壮大和社区长期护理服务的开展

《1938年社会保障法》规定，老年人在私营养老院接受长期护理服务可以由医院委员会拨款支付。20世纪50年代和60年代，新西兰越来越重视增强老年人支付长期护理服务的能力，制定社会保障特别援助条款，如家庭援助和私营养老院服务的用户付费制度等。特别是老年医院特别援助计划正式建立起将公共资金支付给宗教机构、福利组织和私营提供机构的机制。在部分地区，老年人可以申请公立医院的老年护理床位（用养老金支付），但要遵从等候名单。同时，医院委员会鼓励老年人及其家庭转向私营医院，在通过家计调查后获得老年医院特别援助计划提供的津贴。1970年，医院委员会和宗教慈善组织之间构成的复杂合作关系开始形成，提供长期护理居住服务的私人营利机构在20世纪70年代，特别是80年代日益壮大。

新西兰地区卫生管理局将老年医院护理分包给私营医院的做法，使私营医院的长期老年护理床位在1978～1984年间增长了258%。① 通过认证的私营老年之家的数量在1981～1985年间增长35%，从410家增长至533家。② 在这一时期，虽然医院委员会仍然继续承担老年人医疗护理的责任，但开始与志愿者组织合作，以满足社区长期护理服务的需求，如开始于20世纪50年代的家庭援助计划和轮椅餐饮项目逐渐得到推广。

---

① Saville-Smith K. The State and the Social Construction of Aging. in P. Koopman-Boyden（ed.）. New Zealand's Ageing Society：The Implications. Wellington：Daphne Brasell Associates，1993.

② Social Monitoring Group. Care and Control：The Role of Institutions in New Zealand. Wellington：The New Zealand Planing Council，1987.

二、1984～1997 年福利国家重建时期

自 1945 年起，政府就开始逐渐退出直接提供养老服务的领域，志愿部门（20 世纪 50 年代和 60 年代）、私营部门（20 世纪 70 年代和 80 年代）逐渐成为公立医院长期护理居住服务提供合作伙伴。1984 年后，政府部门基本从直接提供养老护理服务中退出，私营部门在长期护理服务提供领域日益发挥重大作用。

（一）私营长期护理服务机构采取按照服务收费的方式

自 1987 年起，新西兰调整养老院的补贴，取消宗教机构、福利组织和私营养老院的工资补贴和建筑物资本补贴，而转向按照服务付费的方式购买其提供的老年人长期护理服务。私营长期护理服务机构获得了为享受国家补贴的老年人提供长期护理服务的机会，促使养老院数量大幅度增加。同时，与公立医院的床位相比，私营部门、宗教机构和福利组织提供的长期护理服务床位费更低，大大增加了地区卫生管理局将老年医院长期护理服务承包给非公立养老院的比例。

（二）老年长期护理服务的资金来源和提供方日益复杂

在卫生保健领域，新西兰 1993 年开始将医疗保健购买方和服务提供方分立，将老年长期护理的拨款与个人医疗服务、残疾人服务分开。因此，地方卫生管理局与公立医院签约急症治疗、康复和门诊服务，以及个人健康与残疾支持服务，而从宗教机构、福利组织和私营提供机构采购老年人长期护理服务与支持。老年人长期护理服务的资金来源和服务提供方日益复杂。

三、现行老年护理保障体系

新西兰现行的老年人长期护理保障体系主要由两大老年人支持服务系统组成：老年人长期护理居住服务和老年人家庭支持服务。这两大系统均是由地区卫生管理局负责实施的，采用家计调查和需求评估的方式确定申请者是否有权获得长期护理服务津贴，而非普惠制的长期护理保障制度。除区域卫生管理局之外，为老年人提供支持服务的网络还包括如下几个方面。

（一）事故伤害的康复

事故赔偿管理局为因意外伤害而接受康复服务的人们提供居家支持服务，包括个人支持和家务支持。事故赔偿管理局与 6 家服务提供商签署合同，在全国范围内提供服务。这些提供商也可以将服务分包给其他的居家护理提供商。但是，有资格获得家庭和社区支持服务的服务对象可以选择签约的服务提供机构，也可以选择非签约的服务提供机构，或者两者的混合。

（二）其他政府服务和财政援助

政府还为老年人提供其他的服务以帮助其在家生活，包括防止老年人遭受虐待和冷落的服务，以及为生活在退休社区和老年公寓的老年人提供咨询服务。此外，政府还为低收入老年人的住房提供利息补贴，为有行动障碍的老年人提供出租车补贴等。

（三）更广泛的支持网络

政府对居住在家中的老年人提供的支持只是一系列支持援助中的一部分，更广泛的老年人支持网络还包括老年人之间的互助，家庭成员之间的相互支持，以及社区组织、慈善组织、志愿团体的支持和帮助。

第四节　老年人长期护理居住服务系统

一、老年人需求和支持服务的评估

需求评估和服务协调管理局（NASC）为所有年龄段的人提供评估服务，与老年相关需求的评估是针对65岁以上的老年人实施的。申请评估的资格要求：必须是符合2000年《新西兰卫生和残疾法案》覆盖的公共筹资的卫生或残疾服务的资格要求的新西兰公民。

二、老年人长期护理居住服务

老年人长期护理居住服务的法律依据为1964年《社会保障法案》的第四章和附表27的条款。申请居住长期护理津贴的老年人需要满足如下条件：65岁以上的老年人或50～64岁的单身无子女者；需求评估显示需要持续的、长期的养老院居住长期护理、医院的住院护理；家计调查在资产限额之下，并确定自付额度；接受2000年《卫生和残疾卫生法案》认证的、并与地区卫生管理局签约的居住长期护理服务设施的服务。与地区卫生管理局签约的长期护理服务机构共有四种类型，以满足不同需求水平的长期护理服务需求。一是提供基本长期护理服务的养老院；二是针对有半安全设施的护理需求的老年人的认知障碍症护理机构；三是针对需要加强水平的长期护理服务需求的医院持续护理机构；四是针对需要高水平和辅助护理需求的老年人的老年精神病护理机构。认知障碍家庭支持服务帮助提供老年人继续留在家中的服务或物品，包括洗澡、穿衣、清洁或膳食准备、购物等帮助。

三、申请长期护理居住服务的步骤

图5－10给出了新西兰老年人申请长期护理居住服务的步骤。

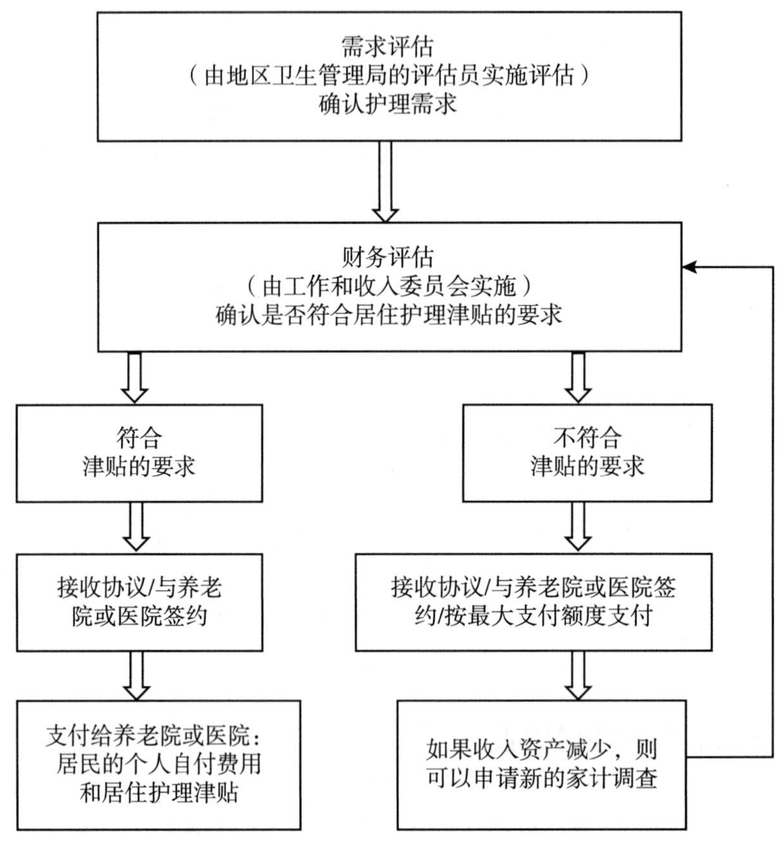

图5－10 新西兰老年人长期护理申请步骤

资料来源：笔者根据新西兰需求评估和服务协调管理局的资料整理。

（一）需求评估

老年人如果需要以下几种长期护理服务，需要向需求评估和服务协调管理局提出评估申请，包括申请长期护理居住服务津贴、申请入住由卫生部签约的长期护理服务的养老院，以及已经获得长期护理服务津贴支持的养老院长期护理服务的受益人申请更高级别的长期护理服务（如，升级为认知障碍症护理和医院护理）。需求评估和服务协调局根据老年人的申请指派评估员对申请者进行需求评估。需求评估的内容包括：健康需求、支持需求（是否需要长期护理居住服务）、持续和长期的长期护理居住服务需求、长期护理服务需求等级（养老院护理、认知障碍症专家护理、长期医院住院护理、老年精神专家护理）。根据评估的结果，评估员帮助申请者选择当地的适当的长期护理服务设施。在申请者由于疾病或伤害住院的情况下，医院需要为申请者安排需求评估。

（二）财务评估（家计调查）

如果申请者的需求评估结果显示需要长期护理居住服务，需求评估员将帮助申请者填写长期护理居住服务津贴申请表，提交给工作与收入管理局申请家计调查，以确定是否符合长期护理津贴申请条件。如果家计调查的结果低于设定的资产限额的话，申请者就有资格获得政府提供的长期护理居住服务津贴。接着，工作与收入管理局将根据申请者的收入情况，包括审查其大部分养老金和其他收入的情况，来核算其所需要支付的长期护理服务费用。

如果家计调查的结果为申请者的资产水平在设定的收入限额之上，不能够获得津贴的，将按照所在地区设定的养老院长期护理服务的最高个人自付标准付费。如果未能获得长期护理津贴的领取资格，申请者还可以向工作和收入管理局申请长期护理居住服务贷款项目，以缓解长期护理自付费用的财务压力。

（三）长期护理居住服务机构的选择和签约

如果申请者满足长期护理居住服务的要求，需求评估员将为申请者制定长期护理居住服务计划，向申请者提供长期护理居住服务设施清单。申请者可以根据自身的情况在与地方卫生管理局签约的老年长期护理居住服务提供机构中选择适当的服务提供商。对通过家计调查而获得长期护理服务津贴的申请者来说，与当地的服务提供商签署了接收协议之后，仅支付个人自付部分；对没有通过家计调查而需要支付最高自付限额的申请者来说，当个人的资产发生变化后，还可以重新申请家计调查以确定是否能够获得一定数量的长期护理服务津贴。

四、最高自付限额的评定

对 50 ~ 64 岁的单身、无子女的申请者，工作与收入管理局只需要对其收入进行评估以确定长期护理服务的自付额度，而无须对其实施家计调查。

（一）资产限额

根据申请者的个人生活状况，工作与收入管理局设定了两套不同的资产限额计算方法以衡量申请者的财务状况：资产限额计算方法 A 和资产限额计算方法 B。对单身的申请者、夫妻双方都需要长期护理居住服务的申请者，工作与收入管理局使用资产限额计算方法 A 实施家计调查。对 65 岁及以上的夫妻中仅有一人需要长期护理居住服务的申请者，工作与收入管理局使用资产限额计算方法 B 实施家计调查，住房和汽车将不计算在内。两种资产限额的计算方法的差别之处在于是否将住房和汽车计算在家计调查的家庭财产之内。资产限额计算方法 A 和资产限额计算方法 B 都计算在内的资产包括：现金和储蓄，投资和股份，提供给他人的贷款（包括家庭信托），船舶、拖车、房车，投资性物业。计算方法 A 和 B 都不将以下财产或物品计入家计调查的范围：预付丧葬费用；个人物品（包括衣服、珠宝、家具和动产）。

2012年6月30日，资产限额计算方法A设定的资产最高限额为21万新西兰元，而资产限额计算方法B设定的资产最高限额为11.5万新西兰元。[①] 此后，这两种资产限额根据消费者价格指数调整，每年于7月1日调整一次。例如，2012年的消费者指数为1.57%，因此2012年7月到2013年6月30日的限额调整后的数值为：资产限额A为213 297新西兰元，资产限额B为116 806新西兰元。[②] 2002年，长期护理居住服务设定的免于家计调查的资产仅为1.5万新西兰元，夫妻为3万新西兰元；这一标准于2005年7月提高至15万新西兰元，以后每年以1万新西兰元的额度提高。[③]

（二）收入评估

申请者需要自付的长期护理费用额度是通过收入评估确定的，任何津贴或养老金和其他收入的大部分都会用来支付长期护理服务自付费用。一般来说，收入评估不包含以下收入：每周个人津贴和年度服装津贴、资产收益、在社区居住的伴侣的收入和资产限额免除统计范围内的收益或利息。资产利息或收入的免除额度是根据申请者的以下三种生活状态来决定的，即单身、夫妻均在长期护理服务居住设施内生活、夫妻中有一人在社区生活。对符合长期护理居住服务津贴的申请者来说，每年可以保留6 000新西兰元的礼物费用。

（三）最高自付额度

根据1964年《社会保障法案》，最高自付额度是指经过评估，个人需要支付给养老院不同等级的护理服务的最高金额，按周进行支付。自2005年7月1日起，最高自付限额由卫生部部长在《新西兰宪报》上公布，并根据地区卫生管理局与养老院的签约价格进行在线更新。各个地区卫生管理局设定的最高自付额度是不同的，同一卫生管理局下的不同县市的最高自付限额也是不同的，每年7月1日进行调整。2013年家庭自付最高额度在819.70~875.77新西兰元之间；2014年的每周家庭自付额度在827.82~884.52新西兰元之间；2015年在875.35~915.59新西兰元之间；2016年在884.03~971.53新西兰元之间，2017年在973.91~1 035.58新西兰元之间；2018年在1 033.55~1 124.41新西兰元之间。[④]

（四）长期护理居住服务贷款

申请者常常因为拥有住房而使自己的资产超过资产限额，必须自己支付长期护理服务津贴。这种情况下，申请者可以以住房为抵押申请免息长期护理居住服务贷款。在贷款申请成功的情况下，卫生部每2周为其支付长期护理居住服务费用，在申请者死亡或房产出售时还款。

---

①② Ministry of Health NZ. Disability Information and Advisory Services and Needs Assessment and Service Coordination Review-A Proposed Design and Framework, 2017.

③ Ministry of Health. Long-term Residential Care for Older People: What You Need to Know. Wellington: Ministry of Health, 2012.

④ New Zealand Gazette.

五、长期护理居住服务合同的签署

区域卫生管理局与养老院或医院签署合同，为老年人提供符合需求评估中所需要的长期护理服务。服务提供的原则是以服务对象为中心，提供促进其独立生活、改善其生活质量的长期护理服务。长期护理居住服务机构提供的服务主要包括：住宿（包括如厕和洗浴）、餐饮服务、洗衣、护理、移动和个人护理通用设备、全科医生探视、处方药、娱乐活动、医疗保健等。

六、额外的服务和收费

除区域卫生管理局与养老院或医院签署的服务外，个人需要自费购买额外的服务和个人物品。这些额外的服务和个人物品包括：地区卫生局不付费的专家诊疗；非健康需要的交通服务；私人电话服务；电话或手机、上网费用；个人报纸、书籍和杂志；个人物品保险服务；个人衣服和鞋类；个人盥洗物品；个人娱乐活动；美发费用；营养师、脚科医生或其他未被地区卫生管理局覆盖的医疗服务；眼镜、助听器和牙科保健；等等。

七、投诉机制

所有的养老院和医院都设有投诉机制，一般先向经理投诉。如果不满意长期护理居住服务提供机构的处理结果，可以采取以下投诉的措施。如果投诉涉及长期护理质量问题，服务对象及其家庭可与卫生和残疾委员会联系。如果是投诉涉及有关服务项目的问题，服务对象及其家庭可以联系当地的地区卫生管理局的老年人服务项目经理。如果是投诉涉及费用相关的问题，服务对象和家庭则查看许可协议。如果投诉的是财务问题，服务对象及家庭则可以申请纠纷仲裁法庭。

第五节　老年人家庭支持服务系统

家庭支持服务是指帮助老年人能够留在家里生活的服务或产品，包括在洗浴、穿衣、清洁、准备饭食、基本购物等方面的帮助。

一、服务现状

2008～2009 年度，区域卫生管理局家庭支持服务的支出四年来增长了 70%；2009～2010 年度，区域卫生管理局花费 2.24 亿新西兰元购买家庭支持服务，为 7.5 万人购买了 920 万小时的服务；2010～2011 年度，区域卫生管理局共为 2.322 亿家庭提供支持服务拨款；2012～2013 年，地区为卫生管理局家庭支持服务支出约为 2.63 亿新西兰元，为 7.5

万人购买了约1 040小时服务；2013～2014年度，地区卫生管理局购买了2.17亿新西兰元的家庭支持服务，为7.5万老年人提供了1 000万小时的支持服务。①

随着年龄的增长，需要家庭支持服务的人口的比例增加。大多数获得家庭支持服务的人口年龄超过75岁；50%的85岁以上的老年人在家接受支持服务，28%的85岁以上老年人在居住护理机构接受支持服务；政府为养老院居民提供的补贴每年约37 000新西兰元，而家庭支持服务补贴为3 000新西兰元。②

二、服务申请步骤

家庭支持服务的申请步骤跟长期护理居住服务的步骤类似。

（一）申请评估

与所在的区域卫生管理局的需求评估服务机构联系，申请评估。区域卫生管理局派评估员确认申请者的能力、目标和长期支持需求。评估员需要评估的内容包括：申请者所需要的支持层级和类型（如设备、家务支持、个人护理）、申请者所能获得的家庭支持、申请者从医疗卫生从业人员（医生、理疗师等）获得的支持、申请者是否有资格获得支持（申请者或者其家庭是否有社区服务卡）、文化需求，以及是否需要专家或治疗师的进一步评估。

（二）制定护理计划

评估员根据评估结果制定满足申请者目标和支持需求的护理计划。根据护理计划，服务协调员为申请者制定最适合的服务和支持选择。这些服务包括：个人护理（如厕、起床、洗浴、穿衣、药物管理、进食帮助）、有助于在家安全生活的设备、家务支持（清洁、膳食准备、购物）、照顾者支持（帮助与申请者共同居住、每天提供4小时以上的护理的人）。一般自申请需求评估之日起，申请者在1～3天内获得回应；如果情况紧急，将会在24小时内回应；非紧急需求评估一般在20个工作日内完成，评估后的10天内，将获得支持服务。③

（三）监督和复评

申请者的服务需求在一定的时期会重新评估，以适应需求的变化。如果需求发生了变化，申请者可以随时申请支持服务重新评估。

---

① Ministry of Health NZ. Home-Based Support Services for Older People. 2014.

② Office of the Auditor-General. Home-Based Support Services for Older People. Performance Audit Report. 2017.

③ Ministry of Health. Disability Information and Advisory Services and Needs Assessment and Service Coordination Review-A Proposed Design and Framework, 2017.

三、签约安排

大多数地区卫生管理局以“按服务付费”的签约模式从提供商那里购买家庭支持服务。在这一模式下，卫生管理局按照提供商提供的服务时数进行支付，每小时的服务价格由各地卫生管理局负责设定。一些地区卫生管理局采取总额付费（bulk funding）的方式：对特定的客户群体，区域卫生管理局和提供商就提供的一揽子服务达成协议，地区卫生管理局支付给提供商一次性总额支持服务费用。

四、需求评估工具

区域卫生管理局使用国际居住评估工具（International Residential Assessment Instrument，InterRAI）评估家庭和社区支付服务的需求情况。它提供了评估老年人是否需要各种类型的支持的规则和标准，包括在家中医疗保健、康复和支持。到2015年中期，新西兰所有的与老年相关的长期居住护理设施都使用了长期国际居住评估工具的长期护理机构版本，以报告老年人的护理计划的进展情况。① 通过使用国际居住评估工具和“病例组合”系统，区域卫生管理局根据所需要的支持服务的类型将人分为不同的类别。病例组合最初被设计用于医院住院服务，以作为医院或项目报销费用的基准以及对患者进行综合临床表述。新西兰学者和区域卫生管理局根据老年人居家护理的情况成功对病例组合进行了改写，应用于家庭和社区的支持服务。

五、管理服务体系

区域卫生管理局为低收入老年人提供家庭和社区支持，社会发展部向中低收入者（单身且独居的人年收入税前不高于27 637新西兰元）提供社区服务卡。② 如果65岁以上的老年人拥有社区服务卡，将会获得所有的家庭管理和个人服务；如果没有社区服务卡，老年人只能够获得个人护理服务。没有社区服务卡的老年人，根据自身的收入情况必须自付一部分家务支持的费用。老年人可以申请卫生部提供的护理者支持津贴，以帮助这些不领薪的、全职提供照顾服务的人获得休息，还可以申请残疾津贴。根据以上评估标准，每年有大约7.5万老年人获得卫生系统提供的家庭和社区支持服务，而获得老年长期护理居住服务的老年人的数量为3.1万人。③

---

①② Ministry of Health. Needs Assessment and Support Services for Older People：What You Need to Know. Wellington：Ministry of Health，2011.

③ Office of the Auditor-General. Home-Based Support Services for Older People. Performance Audit Report，2011.

六、服务提供机构的情况

大约有70家非政府机构为区域卫生管理局提供基于家庭和社区的支持服务，其中37家是非营利机构、33家是营利机构。[①] 根据2013年的人口普查，护理人员的数量为41 232人：其中5 772人的护理对象为老年人或残疾人；将近一半的护理人员（49%）年龄超过50岁，89%的护理人员为女性；其中护理助理人员为29 859人。[②]

第六节　新西兰长期护理保障发展战略和趋势

一、残疾人喘息支持服务战略

卫生部每年的残疾喘息支持服务的经费大约为6 100万新西兰元，70%的受益人年龄在25岁以下[③]。

（一）喘息服务的类型

NASC根据全职护理者的个人需求和残疾人的需求分配喘息支持服务。卫生部目前提供的喘息支持服务项目包括：照顾者支持项目、基于设施的喘息服务、直接购买的喘息服务、在家支持项目和寄宿家庭喘息服务。但目前购买的各种类型的喘息服务都存在着一定的问题，常见的问题包括：服务不够灵活，难以满足家庭的需要；难以找到具备正确技能、经验和态度的相关护理人员；对照顾人员提供支持的管理方式和使用条件已经过时；一些家庭不想使用基于设施的喘息服务，但有需求的家庭却难以获得此类服务；签约的喘息服务不能发挥应有的作用；全国范围内提供的服务不一致。

（二）2017～2022年残疾人喘息支持服务

2016年，残疾支持服务管理局开始与卫生和残疾部门一起制定喘息服务战略，以指导卫生部未来更好地为残疾人服务提供者服务。该战略既支持残疾人服务体系的转型，又赋予残疾人实现良好的生活方式，支持残疾人选择日常生活中的所需要的服务，提供以人为中心的喘息支持服务。喘息服务重视家庭护理人员在支持残疾人充分参与社区生活中的重要作用，致力于开发家庭成员的护理能力，并使家庭护理人员更方便地安排休息。

---

① Ministry of Health. Long-term Residential Care for Older People：What You Need to Know. Wellington：Ministry of Health，2012.

② Ministry of Health NZ. Disability Support Services in New Zealand：The Workforce Survey. 2013.

③ Ministry of Health. The Disability Respite Market. Wellington：Ministry of Health，2018.

（三）残疾喘息服务模式的特点

通过这一战略，新西兰残疾人暂歇支持服务将按照以下几个特点发展。一是提高喘息服务的适用性。通过为残疾人及其家庭提供灵活的喘息服务预算以及多样化的喘息服务类型，该战略使残疾人及其家庭更加有选择性地、控制性地、灵活地选择休息的方法。二是提高喘息服务的质量。该战略针对残疾人及其家庭的需要开发新的喘息服务，扩大喘息服务的外延，提供一系列高质量的喘息服务可选项。三是提高喘息服务管理的灵活性。通过鼓励社会认识到喘息服务的价值，该战略通过采取终身方式分配暂歇服务和相关经费，使用更加方便的管理和支付方式，使残疾人及其家庭更容易获得喘息服务的信息、更灵活地利用喘息服务项目。

二、社区居住支持服务战略

经过50年的发展，新西兰为残疾人提供的服务以及态度已经发生了重大转变，实现了从医疗模式向社会模式的转变，并通过开展残疾人发展战略消除各种阻碍残疾人参与社会的障碍，鼓励和支持残疾人融入社区。2006年，新西兰取消了智力障碍残疾人的大型机构化护理方式，用社区居住项目、群体之家等服务模式取代。社会服务委员会2008年对残疾人支持服务的调查发现，生活在社区居住服务设施中的残疾人的可选择生活的方式仍然很少、生活受到控制。这促使残疾支持服务管理局自2009年起开始开发残疾人支持新模式，为残疾人提供更多的选择，增强残疾人对生活的掌控权利，增强长期护理服务和生活模式的灵活性，开发更加个性化的资金拨付模式，逐渐开展地方协作和社区生活选择项目。

（一）社区居住支持服务现状

卫生部每年购买社区居住支持服务的经费约为5.2亿新西兰元，全国有97家持有社区居住合同的提供商和13家为儿童和青年提供居住支持服务的提供商。① 2016年残疾支持服务管理局的统计数据表明，居住在社区居住支持服务设施中的残疾人约为6 600人，另外有不到1 000人居住在医院或养老院，其中82%的居民为学习障碍者或智力残疾者。残疾人（特别是智力障碍者）大都生活在社区居住支持设施中，与之前的机构化长期护理服务相比有了很大的进步。但2014年，新西兰残疾人组织向联合国残疾人权利委员会提交的报告指出：生活在社区集体住宅中的残疾人的生活安排仍然比较压抑，缺乏与年龄相适应的居住设施，居住选择严重受限。

（二）2018～2020年社区居住支持战略

2016～2017财政年度，残疾支持服务管理局与卫生和残疾部门一起制定2018～2020

① Ministry of Health. Where I Live; How I Live: Disability Support Services Community Residential Support Services Strategy, 2018 to 2020. Wellington: Ministry of Health, 2018.

年残疾人社区居住支持服务战略。为此，联合工作小组于2017年成立，目标为设计出高水平的、能够在全国铺开使用的新体系。联合工作小组的成员包括5个残疾人、2个残疾家庭成员的代表、2个残疾服务组织的代表、1个需求评估服务协调机构的代表、3个来自卫生部和社会发展部的官员。设计小组确认了很多具有挑战性的议题：残疾社区的多样性、新的居住服务系统需要具备简单和直接的特点、更加个性化的资金分配模式、居住支持服务项目的灵活性和可选择性、新支持服务系统的可评估性、对残疾人文化价值观的尊重。

（三）居住服务发展的方向

该战略旨在为残疾人及其家庭提供更多的选择权、控制权和灵活性，使人们可以根据自身的经历探索不同的生活选择。一是增加社区居住支持服务的备选方案。这能够使即将进入社区住宅支持服务的残疾人和已经生活在社区支持服务住宅中的残疾人能够尽可能的独立，避免依赖居住支持服务。通过一系列的安排，残疾人可以选择独立生活，也可以与其他无残疾人士共享一个家，也可以与其他残疾人士共享一个家，以及其他安排。二是支持不同年龄段、不同需求的残疾人表达不同的观点和需求。社区居住支持战略支持儿童和年轻人表达对未来生活地点和方式的看法。三是增强服务的专业性，为高度服务需求残疾人提供更加密集的技术支持。社区居住服务战略将为需要更密集支持服务的残疾人提供更加专业的服务（包括精神健康服务、初级保健和二级保健），全天候社区支持服务住宅将为具有更密集支持服务需求的残疾人提供更加熟练、专业的护理从业人员。

三、健康老龄化战略

2015～2016年，新西兰占人口总量15%的老年人使用了15%的医疗卫生服务，预计2025～2026年老年人将使用50%的医疗保健服务。① 从2005～2006年度到2015～2016年度，地区卫生管理局用于老年长期护理服务的支出增长速度是其总体支出增长速度的两倍多（68%比27%），是消费者价格指数（CPI）增长速度的5倍。② 2014～2015年度，地区卫生管理局共为老年人提供了9.83亿新西兰元的支持服务，其中60%的支出为老年居住护理服务。③ 新西兰健康老龄化战略发布于2016年12月，确定了未来十年为老年人提供服务的战略方向，是新西兰卫生和社会部门广泛合作制定的，与世界卫生组织《2016年老龄化和健康全球战略和行动计划》保持一致。

（一）实施健康老龄化战略的原因

为实现老年人在老龄化友善社区中幸福生活、安享老年生活、有尊严地老去的愿景，新西兰制定并实施健康老龄化战略。通过该战略，新西兰需要进一步统筹安排相关政策、

① Ministry of Health. Estimate of Future Demographic-Based Funding for DHBs Based on Population Growth Alone. 2019.

② Ministry of Health, the Treasury, Statistics NZ, 2019.

③ Ministry of Health. Based on DHB Financial Returns 2014/15 Selected Expenditure Codes. 2016.

资金、规划和服务递送，以期满足健康老龄化战略的五大战略目标：老年人的预防、健康老龄化和增强恢复能力；长期健康生活；改善急性发作期的康复和恢复效果；更好地支持有高需求和复杂需求的老年人；尊敬的临终关怀。

（二）五大促进工作领域

为了实现这五大目标，新西兰将在健康老龄化战略的指导下，促进五个领域的工作：增强从业人员的业务能力；为老年人就近提供服务；提高老年服务的价值，提高工作绩效；实现老龄化支持服务系统的智能化；形成一个紧密协作的健康老龄化服务支持团队。健康老龄化战略，最终要实现：使人们一生的身心健康和福祉最大化；促进老年人、家庭和社区朝着有利于积极老龄化的方向发展；促进减少毛利族裔老年人与其他老年人健康不公平问题；采取措施改善健康老龄化的生理、社会和环境因素；支持有利于老年人积极老龄化社区的可持续性发展。

（三）健康老龄化支持系统的形成

通过以上政策和手段，新西兰将形成多维度的健康老龄化社会支持系统。一是老年人在身体、心理和社会上均很活跃，生活方式很健康，而且在整个生活中都有更强的恢复力，处于良好的健康状态，并尽可能地独立生活。二是老年人富有健康知识，能够做出健康的明智决定，能够及时求助并尽早获得帮助。三是卫生系统和更广泛的社会部门中的每个人都了解促进健康老龄化的因素，并参与实现这一目标。四是支持新西兰所有老年人以适合其需求和文化的方式进行良好的老龄化，社区适合老年人生活，能够使老年人保持健康、人际关系。

（四）为高需求和复杂需求的老年人提供支持

根据高需求和复杂需求老年人长期护理服务存在的问题和支持需求，主要从以下几个方面来改善当前的服务支持体系。一是确保人们在适当的地方接受最适当的、满足其需求的护理和支持，并使个人在需要重大支持时具有保持选择和控制的能力。二是促进复杂护理的创新模式，更好地支持老年人、家庭和护理人员，帮助老年人家庭其他成员在保持自身健康的同时为老年人尽可能地提供最佳支持。三是协调、整合和加强老年人健康和社会服务，提供灵活的居家养老服务。满足日益多样化的老年人需求，减少高需求老年人对急诊科和急症护理的使用频率，使所有的老年人无论在任何财务状况和任何地方都能够轻松获得护理和支持。四是确保卫生费用的价值最大地发挥，不断提高健康和支持服务的绩效。

第六章　德国长期护理保险制度发展研究

第一节　德国基本情况

一、人口状况

根据德国联邦统计局统计的数据，2016 年德国总人口数约为 8 250 万人，人口密度为 237 人/每平方公里。

（一）人口发展趋势

德国目前总和生育率（total fertility rate）约为 1.50%，初生婴儿死亡率（infant mortality rate）约为 3‰，女性和男性人口预期寿命（life expectancy）分别为 83.6 岁和 78.7 岁。① 按照联合国人口司的预测（见图 6－1），其总人口将呈现先增长再持续下降的趋势，预计到 2022 年，德国总人口数将达到峰值，然后呈现持续下降的趋势。

图 6－1　德国总人口数

注：2016 年以后数据为预测数据。
资料来源：联合国人口司《2017 年世界人口展望》。

① Plecher. H. Germany：Life Expectancy at Birth from 2007 to 2017. Statista，Jan 27，2020－01－27.

（二）人口抚养比

德国[1]的总人口抚养比（total dependency ratio）[2] 曾经在1985年左右出现了一个小低谷，达到43.96%，但是1985年以后，德国总人口抚养比呈现出上升的趋势（见图6-2）。1970年到1985年之间，德国的少儿抚养比（child dependency ratio）出现了短暂下降，之后就一直维持在20%的水平（见图6-2）。自20世纪50年代以来，德国老年抚养比（old-age dependency ratio）就已经达到10%以上，1985年以后，德国的老年抚养比开始上升，从2015年之后，老年抚养比将呈现出加速上升的态势，从而带来人口总抚养比的持续上升，在2055年左右将超过80%（见图6-2）。

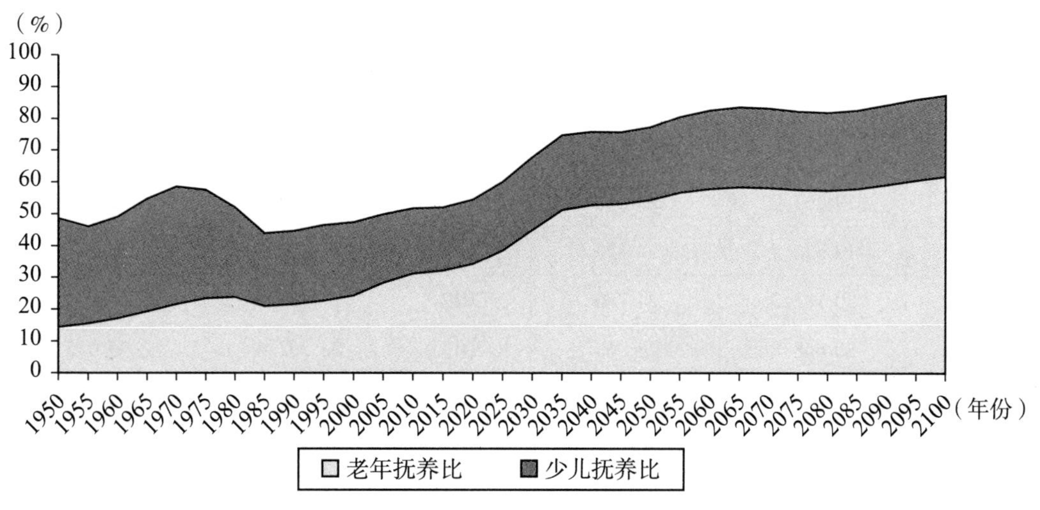

图6-2　德国人口抚养比

注：2016年及以后数据为中方案（Medium Variant）下的预测数据。
资料来源：联合国人口司《2017年世界人口展望》。

二、社会经济

德国是欧洲第一大经济体和世界第四大经济体，欧盟、欧元区和经济合作与发展组织（OECD）的创始成员之一，同时也是G20和G7成员国，属于高收入国家组。

（一）经济一直保持稳定增长趋势

德国经济一直保持着长期相对稳定的增长。自1949年德意志联邦共和国建立至今，德国经济只有5年负增长（分别是1975年为-0.9%、1982年为-0.4%、1993年为-1.0%、2003年为-0.7%和2009年为-5.6%）、1年零增长（2002年），其余均为增

① 本章德国数据在1990年以前为联邦德国数据。

② 此处的总人口抚养比是指0~14岁人口和65岁及以上人口之和占15~64岁人口的比例，下文的老年人口抚养比和少儿人口抚养比相应的分别为65岁及以上人口和0~14岁人口占15~64岁人口的比例。

长年份（表 6 - 1）。即使是在 2008 年以来的国际金融危机和 2009 年欧洲主权债务危机的严重冲击下，德国经济在 2009 年经历大幅下挫后，呈现出强劲的复苏势头，并率先走出金融危机。2010 年，德国经济迅速复苏回升至 3.7%，并实现从 2010 年至 2017 年连续 8 年的扩张和增长（见表 6 - 1）。与欧元区和欧盟国家平均水平相比，德国经济复苏后增长的速度是其他国家的两倍。

表 6 - 1　　德国 1991 年以来 GDP 与人均 GDP

年份	GDP	人均 GDP	年份	GDP	人均 GDP
1991	15 798. 0	19 754	2005	23 008. 6	28 288
1992	16 953. 2	21 060	2006	23 932. 5	29 483
1993	17 485. 5	21 601	2007	25 132. 3	31 031
1994	18 302. 9	22 555	2008	25 617. 4	31 719
1995	18 988. 8	23 354	2009	24 602. 8	30 569
1996	19 263. 2	23 646	2010	25 800. 6	32 137
1997	19 670. 9	24 133	2011	27 031. 2	33 673
1998	20 182. 3	24 780	2012	27 582. 6	34 296
1999	20 648. 8	25 360	2013	28 262. 4	35 045
2000	21 164. 8	25 983	2014	29 324. 7	36 211
2001	21 798. 5	26 741	2015	30 436. 5	37 260
2002	22 092. 9	27 082	2016	31 440. 5	38 180
2003	22 200. 8	27 224	2017	32 633. 5	39 470
2004	22 706. 2	27 875			

注：GDP 的单位为亿欧元，人均 GDP 的单位为美元，且均为欧元现价。

资料来源：Statistisches Bundesa，https：//www. destatis. de/EN/FactsFigures/NationalEconomyEnvironment/NationalAccounts/DomesticProduct/Tables/GrossDomesticProducSince1925_pdf. pdf？__blob = publicationFile。

（二）稳定的劳动力市场

稳定的劳动力市场。从 2007 年至今德国一直保持较为稳定的就业水平，失业率整体呈现为逐步下降的趋势。即使是在金融危机期间，德国的失业率也基本维持在 6% ~8% 的水平，金融危机之后，德国失业率下降至 6% 以下（见图 6 - 3）。从横向的比较来看，金融危机后德国的失业率水平逐渐低于 OECD 国家、G7 国家以及欧盟国家的平均水平。在 2009 ~2013 年，即欧洲债务危机期间，欧盟国家的就业市场恶化，失业率从 2009 年的 8.9% 持续攀升至 2013 年的 10.8%。相比之下，同期德国的失业率反而呈现出持续下降的趋势。2016 年，德国是失业率只有 4.1%，而 OECD 国家和欧盟国家的平均失业率水平分别为6.3%和8.5%（图6-4）。

图6-3　德国失业率（2007年1月~2018年4月）

注：这里的欧盟国家包括英国在内的28个国家。

资料来源：OECD Labour Force Statistics 2017. Paris：OECD Publishing，http：//dx. doi. org/10. 1787/oecd_lfs-2017-en。

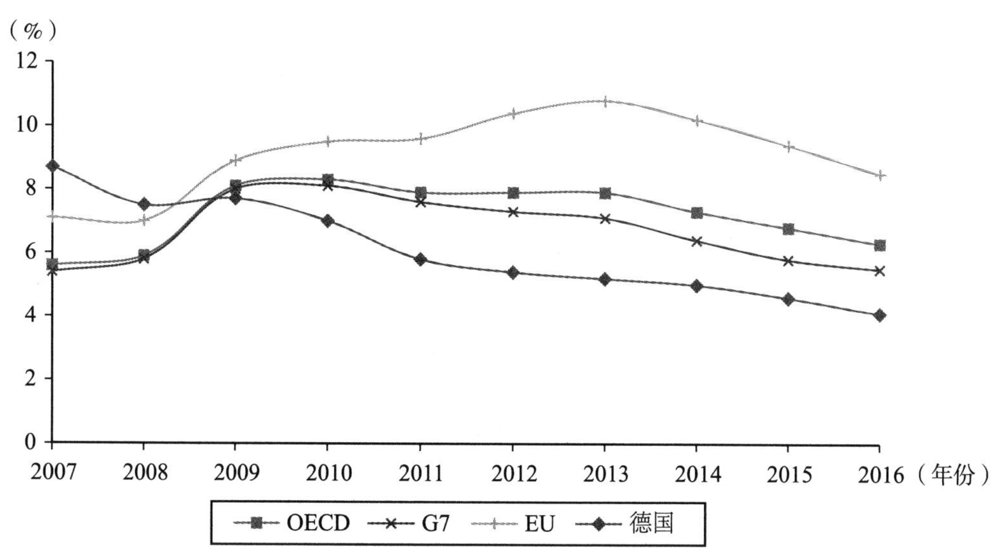

图6-4　主要发达国家的失业率（2007~2016年）

注：这里的欧盟国家包括英国在内的28个国家。

资料来源：OECD Labour Force Statistics 2017. Paris：OECD Publishing，http：//dx. doi. org/10. 1787/oecd_lfs-2017-en。

第二节　德国社会保障体系

一、养老保障

德国是世界上最早建立以社会保险制度为核心的现代社会保障制度的国家。德国养老保障制度的起源可以追溯到19世纪末《老年人与伤残者保险法》的颁布。经过100多年的演变和发展，德国养老保险逐渐形成了以法定公共养老保险为主体，以企业养老保险和私人自愿型养老保险为补充的多支柱、多层次的养老保障体系。

（一）法定公共养老保险

法定公共养老保险是一项强制性的养老保险制度。除公务员、法官以外，所有蓝领和白领人员都是法定公共养老保险的保障对象和范围。截至2009年底，法定公共养老保险覆盖的人数为5 220万人，占比70%。[①] 法定公共养老保险的资金主要来源于雇主和雇员缴费以及国家财政补贴。目前，德国法定公共养老保险的缴费比例为雇员税前工资水平的19%，雇主和雇员各承担50%。国家财政每年按照当年社会养老保险总支出的20%进行补贴。[②] 公共养老金的领取数额与投保者领取养老金时的社会工资水平、缴纳养老保险费的时间相关，强调“多缴多得”，但是公共养老保险金的替代率不得超过75%。[③] 法定公共养老保险采用的是现收现付制，没有基金积累。随着德国老龄化程度的加深，公共养老金面临巨大的支付压力。为了缓解公共养老金的支付压力，德国政府采取了一系列养老保险制度改革措施，包括逐步提高退休年龄、降低改革养老金水平、纳入“可持续发展因子”（养老金水平与养老金制度赡养率相联系）、引入基金积累制的补充养老保险等。

（二）企业养老保险

德国的企业养老保险是对法定公共养老保险制度的重要补充，由雇主或者企业将企业员工或者雇员工资的一定比例投入养老保险基金，当员工达到法定退休年龄后就可以享受养老保险待遇。从一定意义上说，企业养老保险是企业薪酬管理的重要组成部分，是企业激励员工、吸引人才的福利手段。随着德国老龄化程度的加深，公共养老金面临严峻的支付压力，基金积累制的企业养老保险和个人储蓄养老保险计划受到联邦政府的重视。德国联邦政府通过财政补贴、税收优惠和制度保障等方式扶持和发展补充性养老保险制度。2001德国政府引入个人储蓄养老保险计划（里斯特养老金），并且由政府直接对参保个人

① 于秀伟．德国新型个人储蓄性养老保险计划述评．社会保障研究，2013（3）：106－112.

② 张一．德国的企业补充养老保险．中国社会保险，1997（4）：38－39.

③ 杨俊．德国养老金待遇确定机制研究．社会保障研究，2018（1）：96－104.

提供财政补贴或税收减免。考虑到不同家庭的抚养负担，财政补贴包括基础补贴和儿童补贴两类。2008 年，基础补贴的标准为每年 154 欧元，抚育未成年子女的成人还可同时享受每年 185 欧元的儿童补贴。① 2002 年起，德国法律规定对于已经参加强制性公共养老保险的雇员，可以要求雇主最多扣除 4% 的薪水参加企业养老保险计划。② 同时，为了防止企业破产导致企业养老保险金的支付危机，德国法律要求设立企业养老保险的企业和雇主必须向担保机构养老保险基金会投保。德国的私人自愿型养老保险是一种针对高收入群体的私人储蓄养老保险计划。个人通过缴纳一定的养老保险费来获得在退休时领取一定的养老金的权利，具体的养老金领取数额主要与个人缴费额和投资收益额相关。

二、医疗保险制度

（一）双轨制医疗保险

德国医疗保险制度具有鲜明的双轨制特征，体现了政府宏观干预与市场调节相结合的理念。法定医疗保险和私人医疗保险成为德国医疗保险的两大主体。其中，法定医疗保险是以社会福利和互助原则为基础，强调国家在疾病预防和医疗服务中的责任。法定医疗保险制度是德国医疗保险制度的核心和保障，2009 年以前，法定医疗保险覆盖了德国 90% 以上的居民。为了确保全民拥有医疗保障，2009 年开始德国法律规定所有居民都应参加医疗保险。③ 低收入者（月收入低于 4 050 欧元）必须参加法定医疗保险，而高收入可以在法定医疗保险和私人医疗保险中进行自由选择。④

（二）医保基金筹资

医疗保险基金的资金主要来源于医疗保险缴费，由雇主和雇员平均分担。法定医疗保险的费用只取决于收入水平，强调高收入者多缴费，体现的是社会成员的互助共济精神。法定社会医疗保险的费用按照个人工资的 13.9%（2007 年）缴纳，⑤ 而私人医疗保险的缴费比例可以由保险工资决定，更加强调效率原则和自由竞争精神。退休人员和残疾人员的缴费由养老保险基金和失业保险基金承担。目前德国的私人医疗保险机构有 50 多家，覆盖了德国 10% 的人口。⑥

1990 年德国统一之后，德国法定社会医疗保险的开支迅速增长，为了缓解法定医

---

① 侯立平．欧美养老保险改革及其启示．西南财经大学出版社，2008. 转引自：Christina B. Wilke，Axel H. Bärsch Supan. Shifting Perspectives：German Pension Reform. Intereconomics Review of International Trade & Development，2005，40（4）：248－253.

② 徐聪．德国公共养老金体系的现状与改革．上海社会科学界联合会会议论文集，2008.

③ 隋学礼．德国医疗保险双轨制的产生、演变及发展趋势．德国研究，2012（4）：53－63，126.

④ Simon M. Das Gesundheitssystem in Deutschland. Ein fuhrung in Struktur und Funktions-weise，2. Auflage，Gottingen：Verlag Hans Huber，2008，S. 9.

⑤ 刘涛．德国法定医疗保险制度改革及其启示．中国公共政策评论，2014（8）：111－122.

⑥ 罗华林，周俊．德国与我国医疗保险制度的比较分析．党政干部学刊，2009（9）：44－46.

疗保险的支付压力，德国政府实行开源节流。一方面，通过提高医疗保险缴费比例，增加社会医疗保险收入；另一方面，通过缩减医疗保险的支付项目和提高住院自费比例减少医疗保险支出，德国政府还通过门诊与住院服务的有机结合，提高医疗服务资源的利用效率。

三、失业保险制度

（一）就业促进型失业保险制度

1927年《失业保险法》的颁布标志着德国现代失业保险制度建立。起初，失业保险通过向失去工作的劳动者及其家庭提供必要的生活保障，缓解了劳动者及其家庭的生活困境。但是随着社会经济的发展与产业结构的调整优化，原有的被动型的失业保险已经无法适应社会发展的需求。1969年，为了改善就业结构、维持充分就业，德国政府又颁布了《劳动促进法》和《职业培训法》，并通过一系列以预防为主的、积极的就业促进措施避免失业。德国的失业保险制度不仅承担保障劳动者及其家庭基本生活的责任，还负担就业促进的责任与功能，是典型的就业促进型失业保险制度。

（二）筹资状况

在德国，失业保险属于国家强制性保险制度。根据《就业促进法》，所有月收入在400~5 600马克的劳动者都必须参加法定失业保险。[①] 失业保险的覆盖范围十分广泛，一切能够工作、可以工作并且正在努力寻找工作却未能就业的劳动者都可以被覆盖到。德国失业保险的资金主要来源于三个方面：雇主和雇员缴费、财政补贴以及其他方面筹集的资金。雇主和雇员分别按照劳动者工资收入的1.65%缴纳失业保险费。

（三）待遇给付

从失业者向劳动局申报的当日开始，失业者就可以领取失业保险金，失业保险金领取的时间由失业前的工作时间、失业者年龄多个因素共同决定，失业金领取的时间最低78天。对于42岁以上的失业者，领取失业保险金的时间可以长达三年。失业保险金支付占到德国失业保险基金支出的60%，剩下40%用于保障就业、失业救济金支付和就业促进，并且就业促进方面的支出占到绝大部分。[②] 2016年德国《失业保险保护和加强职业进修法》规定，对于参加职业进修的失业人员最多可以获得1 500欧元的进修津贴。[③]

---

① 邵芬，霍延．中德失业保险制度之比较——写在《中德互免社会保险协定》实施之际．思想战线，2003(2)：133-138.

② 姚玲珍．德国社会保障制度．上海人民出版社，2011.

③ 李才海．国外失业保障制度的发展及其对我国的启示．劳动保障世界，2020（6）：21-23.

四、工伤保险制度

（一）全民工伤保险

1884年德国颁布的《劳工伤害保险法》，成为世界上第一部工伤保险立法，德国也成为工伤保险制度的鼻祖。经过一百多年的发展，德国已经形成覆盖范围广泛、措施完善的工伤保险体系。目前，德国的雇员、大多数类别的自我雇佣者、学徒、中小学生、幼儿园儿童以及家庭佣工都被纳入工伤保险范围，突破了传统意义上的工伤保险理念，实施全民工伤保险。

（二）筹资来源

德国工伤保险资金主要来源于雇主和企业缴费，政府部门对农业事故保险及学生幼儿园的保险给予补助。德国工伤保险缴费采取差别费率和浮动费率机制，企业缴纳保险金的差别费率和浮动费率的确定取决于行业和企业风险级别、工伤事故及职业病发生情况等多种因素。德国将所有行业划分成40个风险组，共建立了380个差别费率档次。①

（三）待遇给付

德国工伤保险的待遇给付没有时间限制。对于工伤人员的一般性疾病而产生的费用，一般由医疗保险基金支付，严重的伤害才由工伤保险基金支付。暂时性伤残的补助待遇与普通疾病相同，并且在前6周的补贴由企业或雇主支付，6周以后由工伤保险基金支付，直至暂时性伤残痊愈或者被证明为永久性残疾。对于永久性部分伤残者，根据失能程度领取一定比例的全额抚恤金。对于永久性完全伤残者，按照其近一年收入2/3的标准进行补助；对于严重失能且无其他抚恤金者，每月提供一定的日常照顾补助和10%的基本抚恤金。对于遗属，按照受保人收入的一定比例提供遗属抚恤金，抚恤金的最高额度不超过受保人收入的80%，并一次性支付一个月收入（不低于400马克）的丧葬补助金。②

（四）良好的社会效益

德国工伤保险的义务和目的包括：预防、康复和赔偿三个方面，并且以预防为主、康复其次、最后赔偿的顺序开展工作。首先，在工伤风险发生前积极预防，包括防止工伤事故、职业病以及职业危害发生。德国工商业同业工会每年会将工伤保险基金的7%用于工伤预防，并且取得了良好的经济效益和社会效益。德国法定工伤保险金缴费总额以及工伤事故次数呈现下降的趋势。法定工伤保险费总金额占工资额的比例从1970年的1.45%下降至2010年的1.32%，工伤事故次数和发生率也由1990年的149.6万次和51.7‰快速下降至2010年的95.4万次和25.84‰。③ 其次，当工伤风险发生后，尽可能地帮助参保者恢复健康和工作能力。最后，依据一定的标准对参保者或者其遗属提供资金补偿。2012

①②③　姚玲珍．德国社会保障制度．上海人民出版社，2011.

年，德国工伤保险费用中用于工伤治疗康复和工伤经济补偿的数量和比例最多，比别为36.81亿欧元和56.31亿欧元，二者合计超过了当年工伤保险总费用的80%。[①]

第三节　德国长期护理保险制度

一、长期护理保险制度的创建背景

长期护理保险制度建立以前，长期护理被看作是一项家庭风险，其责任由家庭成员特别是家庭中的女性成员来承担。家庭与慈善机构是护理服务的主要提供者，国家只有在它们因为种种原因均无法提供护理服务而导致护理服务缺失的时候，才会进行干预。因此，当时的政府仅在长期护理服务提供过程中扮演托底功能。

（一）老龄化程度加深和女性就业率提高

随着德国老龄化程度的加深以及女性就业率提高，家庭护理功能不断弱化。一方面，社会对长期护理保险的需求持续增加；另一方面，市场化的护理服务费用高昂，普遍高于社会养老保险金水平，大量的护理服务需求向社会救助制度外溢。1963～1994年间，德国申请护理津贴资格的人口规模从16.5万迅速增长至56.3万人，增长了2倍多，申请护理津贴的人口占到了社会救助总人数的43.1%。社会救助制度的支付压力剧增，护理津贴支出占到社会救助总支出的35.6%[②]，长期护理保险需求与供给失衡。持续低迷的人口生育率、严格的移民限制和预期寿命的延长将会进一步加剧德国的人口老龄化程度。2040年，婴儿潮一代出生的人口将大量步入80岁以上，届时80岁以上人口将占到总人口的12.1%[③]，长期护理需求也将急剧增加。

（二）第五大社会保险险种

为了应对日益增加的长期护理需求，1994年德国颁布《护理保险法》，在养老、医疗、工伤和失业四大社会保险险种之后，建立了长期护理社会保险制度，成为第五大社会保险险种。该险种自动强制覆盖所有收入水平低于社会保险收入上限（2012年社会保险收入上限为5 600欧元[④]）的雇员以及所有参加社会医疗保险的成员；而那些未被长期社会护理保险覆盖的其他雇员，只要其参与了私人健康保险计划，就可以与私人长期护理保险机构签订合同。截至2007年，社会长期护理保险覆盖了德国大约90%的人口，有大约

---

① 乔庆梅．德国工伤保险的成功经验．中国医疗保险，2015（1）：68－71.

② 刘芳．德国社会长期护理保险制度的运行理念及启示．德国研究，2018（1）：61－76，135.

③ 杨巧，卢茜．人口老龄化、家庭结构与住房价格——来自德国的经验证据．老龄科学研究，2018（5）：72－80.

④ 德国社会法典，https：//en. wikipedia. org/wiki/Social_security_in_Germany。

9%的人口参与私人长期护理保险。①

二、长期护理保险制度的发展历程

（一）“创设有关护理的社会保险”共识的达成

1974年，老年扶助协会开始探讨护理保险议题，出台老年疾病机构式治疗与法定健康保险人费用负担评价方案；1977年，联邦卫生部就护理需求安全问题发布老年护理需求报告；1980年，联邦劳动部在建立社区护理服务站的筹资报告中提出“建立不分年龄和地点的全民式护理模式”；1986~1989年期间，联邦政府、黑森邦、莱茵兰-普法尔茨州和巴伐利亚州相继出台与长期护理保险相关的报告与草案；20世纪90年代开始，有关部门开始针对如何应对人口老龄化和减轻州与自治体的财政负担问题进行具体对策探讨，提出了包括“创设基于税收制度的护理保障体系”“灵活利用商业护理保险”“创设有关护理的社会保险”“扩大社会救助的支付力度”在内的四个方案。经过各方案的比较和各党派的博弈，最终于1994年达成“创设有关护理的社会保险”的共识，并由德国联邦议会通过相关法案。

（二）长期护理保险体系的基本成型

与此同时，基于对个人保险责任与成本控制的强调和对德国公共医疗保险的“高收入者及自雇者”的参保对象与“非强制性”的参保方式的考量，“灵活利用商业护理保险”的方案也由当时联合执政党之一的自由党所主张。之后，补充长期护理保险制度于2013年建立，大约有2%~3%的人群参加了补充长期护理保险制度。自此，由社会长期护理保险制度（Social Long Term Care Insurance，SLTCI）、私人长期护理保险制度（Private Long Term Care Insurance，PLTCI）和补充护理保险制度三个部分组成的德国长期护理保险体系基本成型。其中，社会长期护理保险制度的覆盖人群最广，是德国长期护理保险的主体制度。

三、长期护理保险制度的具体内容

（一）参保对象

德国长期护理社会保险的参保采取跟随医疗保险的做法。凡承担法定义务必须参加医疗保险的居民同时也必须参加法定长期护理社会保险，雇员、职员、失业金领取者、社会救济领取者、退休人员和学生等都被纳入法定长期护理保险，其中，政府机关公务人员、法官和职业军人的长期护理保险与服务由国家购买与提供；被保险人的低收

① Arntz M，Sacchetto R，Spermann A，et al. The German Social Long-Term Care Insurance-Structure and Reform Options. Iza Discussion Papers，2007，20（21）：4656-4658.

入且无职业配偶以及满足一定条件的子女可跟随公共医疗参保者免费参保。其他没有被法定长期护理保险覆盖的居民可自愿选择参加长期护理社会保险或者购买私人长期护理保险。

（二）筹资方式

根据长期护理社会保险和私人长期护理保险的不同，德国公民可通过公共疾病基金和私营健康保险公司两种方式筹资。公共疾病基金采取现收现付的精算制度，由雇主和雇员按照个人税前工资的一定比例缴纳保险费，失业者由联邦劳动局（Federal Employment Agency）代为缴付。公共疾病基金不允许被用于投资和其他经营活动，银行利息是其增值的唯一途径。私营健康保险公司则采用预付基金制，同时将年龄作为保费计算的重要依据。

（三）给付对象

德国护理保险的给付对象没有年龄限制，并不只是针对老年失能人员。对于任何年龄段的参保人，只要满足一定条件，比如经过评估与鉴定在饮食、家务、卫生和行动等日常生活行为中至少有两个方面需要提供至少6个月以上的经常性与实质性帮助，则可以获得长期护理保险的受益资格。

（四）需求评估

在评估标准上，德国为了确定被保险人对于长期护理服务及服务程度的实际需要，制定与发布了一套独立的全国统一的评估标准与评估工具（简称NBA）。① 在评估机构上，由医疗保险和护理保险各出资50%，依据《社会福祉法》成立的负责长期护理保险受益资格评估和认定的公益法人机构，被称为“医疗保险医学服务中心”或“医疗保险医事鉴定服务中心”（MDK），是德国长期护理社会保险的评估机构；私人长期护理保险的评估机构为由商业性健康保险公司组织倡导建立的、与医疗保险医事鉴定服务中心使用相同评级标准的医疗审查有限公司。医疗保险医事鉴定服务中心和医疗审查有限公司的共同职能是评估其成员是否需要护理以及所需的护理服务等级。

（五）供给服务类型

根据个体所需服务程度的实际需要，德国长期护理服务的供应商可提供包括居家护理服务、部分机构护理服务和完全机构护理服务等不同层次的服务。居家护理服务主要由家庭成员以及邻居提供，主要内容包括日常护理、家务援助、健康护理以及支援住宅改造，同时供应商负责居家护理服务中护理服务用具的供给。当参保人在居家护理中产生超出上述内容的护理服务需求（比如短期护理服务、日托、夜间护理服务和紧急医疗护理服务）

---

① 江海霞，郑翩翩，高嘉敏，陈功．老年长期照护需求评估工具国际比较及启示．人口与发展，2018（3）：65－73，84.

时，可由部分机构护理服务提供。当参保人所需服务居家护理和部分机构护理都无法提供时，可申请以基本日常护理、医疗护理和社会护理等内容为主的完全机构护理服务。其中，居家护理服务的供给方式为实物与现金给付相结合，部分机构护理和完全机构护理采取现金给付方式。

（六）供给主体类型

1. 类型

德国长期护理服务供给主体可分为三类：非营利型护理机构、营利型护理机构以及政府公共组织。截至 2013 年底，各类型护理服务机构总数为 25 775 家。其中私人机构占 52. 3%，非营利机构占 44. 6%，公共机构仅占 3. 1%。[①] 政府及第三方基于人事和财务的结构标准以及标准质量管理体系是否适用进行疗养院的授权。在德国，针对疗养院的、为组织制定管理标准的质量管理体系是强制性的。奥地利、意大利、卢森堡和斯洛文尼亚在这方面具有类似的做法。德国发布长期护理服务供给者的绩效报告来刺激供应商之间的竞争，以提高制度运行透明度。美国和韩国也有类似的质量评分系统。这种系统能够为长期护理服务的接受者提供诸多选择的可能，但是缺陷可能在于质量指标并没有完全涵盖对长期护理服务接受者来说最重要的问题。

2. 双重认证

在供给主体的资格认证上，德国是经合组织国家中为数不多的拥有为护理院和家庭护理提供双重认证的国家。认证要求机构或者家庭护理服务的提供商致力于质量管理体系，使用最低质量标准，并确保护理人员具备必要的资格。最低标准必须不断更新，并且应当与当前医疗和护理方面普遍公认的技术水平相适应。护士可以完成一门额外的附加课程，使其有资格担任管理职务。长期护理保险基金必须为家庭护理人员和志愿护理人员提供培训课程。但是家庭护理方面的认证却并不是那么严格。

（七）质量管理与监督

质量保证的责任传统上被分配给服务的供给主体，例如联邦健康保险基金协会及其在区域一级的执行单位——医疗咨询委员会。作为负责评估需求和保证质量的中心机构，医疗咨询委员会的作用可以延伸到报告和发布审计结果。审计工作组通常由一名合格的社区工作者、一名注册护士和一名行政人员组成。这些小组有时由医生陪同。审计工作包括对设施的观察和对居民、亲属以及工作人员的采访。在居家与半居家护理方面，标准审计着眼于一般护理服务和与住宿、膳食相关的社会照料与服务的质量。在非住宅护理中，标准审计着眼于基本护理服务的质量。审计中使用的质量相关指标与以下护理维度相关：个性化的程序和质量结果（护理、流动性、营养和液体摄入、失禁、痴呆和身体卫生），患者满意度和结构以及程序的质量（患者房间和公共活动室的设计、机构内部活动、运营结

① 华颖．德国长期护理保险最新改革动态及启示．中国医疗保险，2016（7）：67－80.

构、质量管理、卫生、食品和社会保障）。此外，对护理文件的审查也有助于评估的进行。医疗咨询委员会的审查小组举行会议，讨论不足之处，并就如何改善质量向长期护理机构提出意见。尽管疾病基金的医疗咨询委员会审计工作在联邦层面进行协调，个体也负有对疗养院进行监督的职责。

（八）长期护理劳动力供给

按照是否接受过专业培训，可将德国护理服务人员分为两大类：正式护理人员和非正式护理人员。其中，正式护理人员是指接受过专业培训与护理能力测试取得专业护理资格并专门从事护理职业的护理人员；非正式护理人员通常指家人或者邻居等在居家护理服务中承担日常护理职责的、未接受过正规护理服务知识与技能培训的人员，该类护理人员可因相关护理行为获得相应的护理补偿或享受税收减免、护理假期和失业保险金免缴等优惠待遇。

四、长期护理保险制度的特点

（一）参保与收入相关联

德国全体国民须强制性加入社会长期护理保险或商业长期护理保险，参保与收入状况相关联。具体而言，收入低于一定水平的工薪阶层及低收入、无收入群体强制性加入长期护理基本险和医疗基本险；高收入群体可自行决定参加基本险或购买商业保险；如果高收入者决定购买商业保险，则需在同一家保险公司同时投保医疗保险和长期护理保险。加入基本险和商业险的收入界限根据德国的国民经济发展水平适时调整。[①] 参加基本险的公民也可以同时购买商业险作为个人补充长期护理保险计划。

（二）竞争机制

竞争机制在德国长期护理保险制度中的引入主要体现在两个方面：一方面是长期护理服务供应商之间的竞争。不受联邦政府、州政府以及付款人等的限制，非营利性的慈善机构与营利性的护理机构作为服务的供给方，具有平等地进入市场参与竞争的权利。因此，尽管早期的护理服务主要由慈善机构提供，但随着护理市场对营利组织和非营利组织的平等开放，营利组织在家庭护理服务供应商和护理院护理服务供应商中所占的份额均逐年上涨。同时，长期护理保险基金作为服务的付款方，有自由选择供应商的权利。另一方面是保险机构之间的竞争。雇主可自主选择保险机构，每年初可自主在600余家健康保险基金之间进行一次转换。

---

① 2014年的界限是年收入53 550欧元或税前月收入4 463欧元。

五、长期护理保险制度的财务平衡

（一）长期护理保险基金的收入

与德国其他社会保险计划相似，长期护理保险资金主要来源于雇主和雇员的缴费。缴费标准为雇员收入水平的一定比例，并由雇主和雇员平均分担。长期社会护理保险基金的运营模式采取的也是现收现付制度。起初，儿童和家庭中已婚但未工作的伴侣可以共同投保，且不用额外缴费。在 1994 年 1 月 1 日至 1995 年 4 月 1 日期间，长期护理社会保险的缴费率仅 1%，并且该阶段的长期护理保险基金只有单方面的缴费而没有任何支出。1995 年 4 月 1 日以后，长期护理保险的缴费率增长至 1.7%。一直到 1995 年 4 月 1 日和 1996 年 7 月 1 日，家庭护理津贴和机构护理津贴才分别开始兑现。考虑到家庭中抚养未成年子女对家庭收支的影响，以及避免与宪法冲突，2005 年联邦政府起草《儿童审议法》规定，对 22 岁以上无子女者的参保人员的缴费率提高 0.25 个百分点。①

（二）长期护理保险的待遇

1. 待遇给付条件

从待遇给付条件来看，德国公民享有长期护理服务的权利并不受抚养人的年龄限制。尽管有照护需求的 80 岁以上老人占该年龄段人口的比例远远高于 80 岁以下的人群。2011 年，德国 80 ~85 岁人口中有 20.5% 有照护需求，85 ~90 岁人口中有 38.0% 有照护需求，90 岁以上人口中则有 57.8% 有照护需求，而 80 岁以下人群中有照护需求的人口比例均不超过 10%。② 根据德国法律，“长期护理需求”或“依赖性”指的是那些至少有两种基本日常生活活动（ADLs）和一项附加日常生活活动需要帮助和照顾，且可预期的照顾时间不低于 6 个月的。根据需要帮助的频率以及需要非专业护理者协助时间的长短，长期护理需求可以分为三个层次的水平（见表 6 –2）。

表 6 –2　　长期护理需求的水平

类型	第一层次	第二层次	第三层次
基本生活活动的照顾需求	每天至少一次至少两种基本生活活动的照顾	每天至少三次且分别在不同的时间	必须随时提供帮助
附加生活活动的照顾需求	一周至少一次	一周至少一次	一周至少一次

① 刘芳．德国社会长期护理保险制度的运行理念及启示．德国研究，2018（1）：61 –76，135.

② 刘涛．福利多元主义视角下的德国长期照护保险制度研究．公共行政评论，2016（4）：68 –87，207.

续表

类型	第一层次	第二层次	第三层次
需要照顾的总时间	每天至少有 1.5 小时，其中，至少有 0.75 小时是用于日常生活活动的护理	每天至少 3 个小时；其中至少有 2 小时是用于日常生活活动的护理	每天至少 5 小时；其中至少有 4 小时是用于日常生活活动的护理

资料来源：Social Code Book（Sozialgesetzbuch XI，SGB XI）。

2. 待遇给付方式

从待遇给付方式来看，德国长期护理服务以三种形式供给：家庭护理、全天护理和机构护理。参保者可根据需要自由选择。在家庭护理方面，受益人可以在社区护理和现金福利之间进行选择。现金福利是直接支付给受护理者个人，且现金使用由受益人自行决定。接受护理者也可以选择将现金转移给家庭中的护理人员。社区护理服务可以由盈利或非营利性的提供者提供。护理服务费用中未达到待遇水平上限的部分,① 由长期护理保险基金支付。现金和实物福利可以合并计算，即可以部分以实物服务兑现，部分以现金补贴兑现。家庭护理中，实物福利是现金福利的两倍。在一级和二级护理服务中，机构护理的效益高于家庭护理。只有在Ⅲ级护理中，所有类型的正式护理可享受同等待遇。2008 年之后，全天护理权益只是部分的以实物和现金福利的形式兑现，剩余的一小部分基金用于特殊援助和非专业护理人员的课程培训。长期护理保险基金支付还需支付非正式照顾者的养老金缴费,② 这些非正式照料者也同时参加工伤事故保险且无须缴费。

3. 待遇给付标准

2002 年以后，考虑到那些失去基本活动能力、需要日常监护以及大量护理服务人群的特殊需求，长期护理保险设立了额外福利基金。表 6-3 显示了接受德国长期护理保险不同级别护理服务的个人可申请的月补助金额。可以看出：护理级别越高，给付补助上限越高；完全住院护理可获得的补助金额高于部分住院护理，部分住院护理可获得的补助金额高于家庭护理。

表 6-3　2015 年德国长期护理保险不同级别护理补助　单位：欧元/月

家庭护理	一级护理	二级护理	三级护理
护理津贴	244	458	728
护理服务	468	1 144	1 612（1 995）

---

① 2009 年为平均每月不低于 1 918 欧元。

② 缴费金额的多少取决于照顾需求的程度以及提供护理服务的时间，且非正式照顾者每周需提供不低于 14 小时的护理服务。

续表

家庭护理	一级护理	二级护理	三级护理
部分住院护理（日间或夜间护理）	468	1 144	1 612
完全住院护理	1 064	1 330	1 612（1 995）

注：括号内数值为视困难情况的给付上限。
资料来源：刘涛．福利多元主义视角下的德国长期照护保险制度研究．公共行政评论，2016（4）。

（三）长期护理保险的基金平衡

基金平衡的实现是任何一项保险制度的重要目标。德国长期护理保险制度建立的最初几年，长期护理保险基金的收入大于支出，整体上实现了基金的收支平衡。然而自1999以后，长期护理保险基金开始出现收不抵支的现象，基金储备逐年减少（见图6－5）。从长远来看，保险基金的可持续性受到挑战。

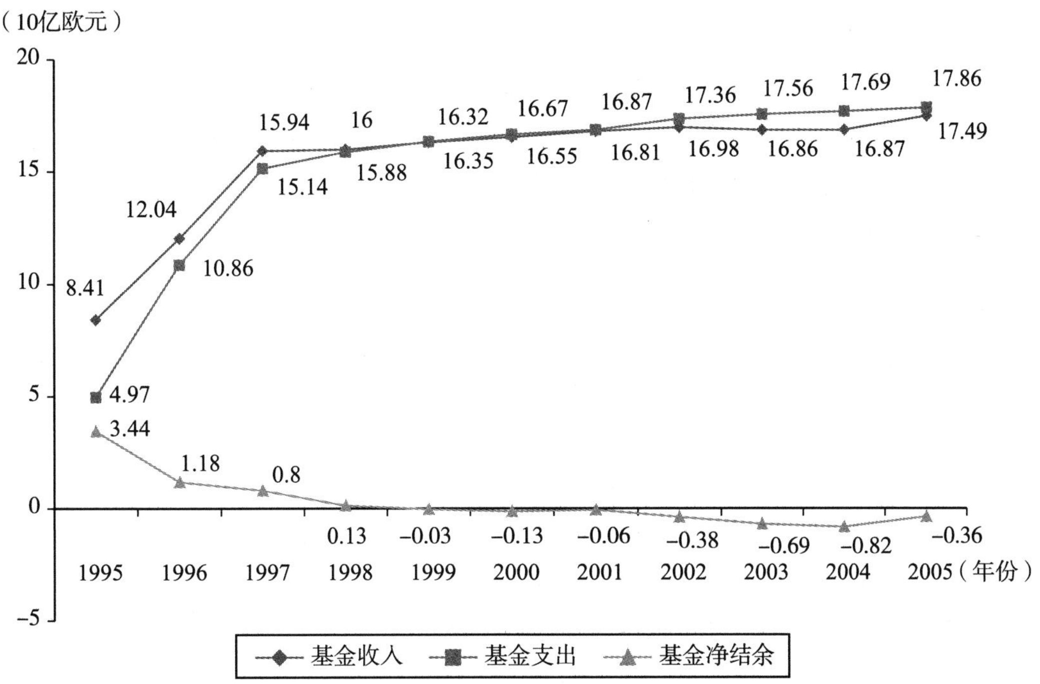

图6－5　1995～2005年德国长期护理保险基金收支情况

资料来源：Bundesministerium für Gesundheit und Soziale Sicherung（2006b）。

第四节　长期护理保险制度的实施效果、问题与挑战

一、长期护理保险制度的实施效果

自 20 世纪 90 年代建立起，德国长期护理保险制度有效地改善了失能群体的生存和护理状况，解决了其护理费用负担过重的问题，同时缓解了社会救助压力，促进了护理产业的发展。

（一）制度覆盖面广

1. 覆盖总人口的 98%

从参保情况来看，2017 年德国参加长期护理保险的总人数为 7 170 万人，占德国总人口的 86.7%，加上占总人口 11.3% 的少数自雇人员、自由职业者或高收入者加入私人长期护理保险，德国护理保险覆盖了总人口的 98%。①

2. 护理需求规模

从参保者的护理需求产生情况来看，2016 年，约 292.7 万（约占当年德国总人口的 3.54%）德国公民有护理需求，其中 274.9 万（约占当年德国总人口的 3.3%）德国公民的护理需求发生在法定社会保险范围内，17.8 万（约占当年德国总人口的 0.24%）德国公民的护理需求发生在私人长期护理保险范围内。②

3. 护理方式的选择

从参保者所选的护理方式来看，2016 年，在长期护理社会保险范围内发生护理需求的 274.9 万德国公民中，72% 选择了居家护理，28% 选择了住院护理。③

4. 护理等级分布

从护理等级来看，2016 年居家护理总人数约为 197.4 万，其中护理一级、护理二级、护理三级分别为 127.4 万人、54.6 万人、15.4 万人，一级护理占比 64.5%，二级护理占比 27.7%，三级护理占比 7.8%。④ 当年住院护理总人数为 77.5 万，其中护理一级、护理

---

① 孙宏涛，袁菁．德国长期护理保险制度的启示．中国银行保险报，2018－09－26.

②③ 刘涛，汪超．德国长期护理保险 22 年：何以建成，何以可存，何以可行？．公共治理评论，2017（1）：25－39.

④ Lehnert T，Günther O H，Hajek A，et al. Preferences for Home-And Community-Based Long-Term Care Services in Germany：A Discrete Choice Experiment. Eur J Health Econ，2018（19）：1213－1223.

二级、护理三级分别为 33.9 万人、29.0 万人、14.6 万人，分别占比 43.7%、37.4%、18.9%。[①] 可以看出，随着护理级别的升高，选择住院护理的人群比例就相应越高，从一级护理到三级护理，选择居家与住院护理的人数的比例关系分别为 3.76∶1、1.88∶1 和 1.05∶1。[②]

5. 护理服务对象变动情况

图 6－6 反映了 2002～2016 年间法定长期护理保险范围内接受护理服务的人数变动情况。可以看出，在此期间，法定长期护理保险内接受护理服务的人数规模不断扩大，从 2002 年的 188.8 万人上升至 2016 年 274.9 万人，涨幅达 45.6%（见图 6－6）。从受益者所选择的护理方式来看，尽管接受居家护理和住院护理的居民数量都有所上升，但接受居家护理的人数上升更快，同时，选择居家护理的居民数量远远高于选择住院护理的居民数量。

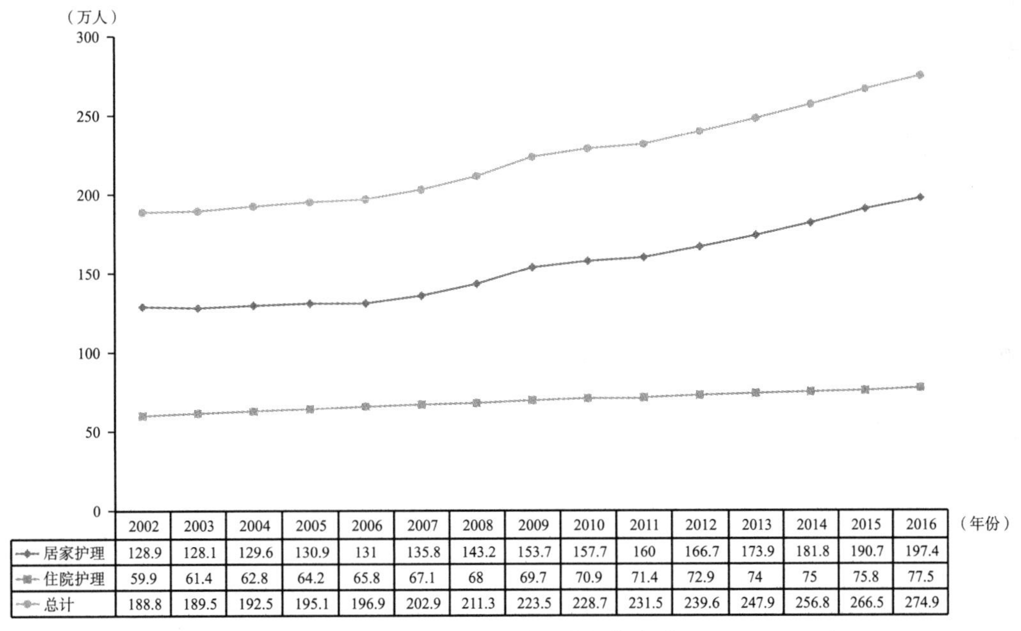

	2002	2003	2004	2005	2006	2007	2008	2009	2010	2011	2012	2013	2014	2015	2016
居家护理	128.9	128.1	129.6	130.9	131	135.8	143.2	153.7	157.7	160	166.7	173.9	181.8	190.7	197.4
住院护理	59.9	61.4	62.8	64.2	65.8	67.1	68	69.7	70.9	71.4	72.9	74	75	75.8	77.5
总计	188.8	189.5	192.5	195.1	196.9	202.9	211.3	223.5	228.7	231.5	239.6	247.9	256.8	266.5	274.9

图 6－6　法定长期护理保险内接受护理人数的变动（2002～2016 年）

资料来源：德国联邦健康部。转引自刘涛，汪超．德国长期护理保险 22 年：何以建成，何以可存，何以可行？．公共治理评论，2017（1）：25－39。

（二）受益人数规模扩大且待遇给付水平逐年上升

首先，德国法定长期护理保险受益人占参保人的比例不断扩大（见图 6－7）。其次，

① Lehnert T，Günther O H，Hajek A，et al. Preferences for Home-And Community-Based Long-Term Care Services in Germany：A Discrete Choice Experiment. Eur J Health Econ，2018（19）：1213－1223.

② 刘涛，汪超．德国长期护理保险 22 年：何以建成，何以可存，何以可行？．公共治理评论，2017（1）：25－39.

德国政府于 2008 年、2010 年和 2012 年分别提升长期护理保险待遇给付水平（见表 6－4）。家庭护理和护理院护理是德国长期护理保险护理的两种重要形式，其中家庭护理又可分为现金给付与实物给付两种类型。从表 6－4 中可以看出，无论家庭护理还是护理院护理，德国长期护理保险的待遇都在不断上涨，其中，实物待遇形式的家庭护理增长最快。

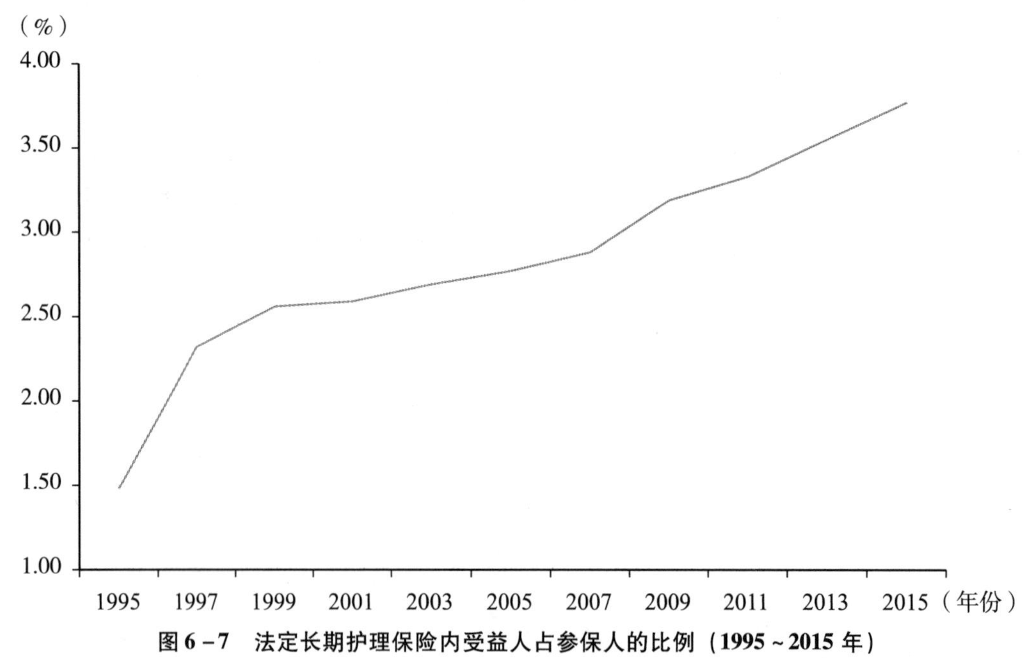

图 6－7 法定长期护理保险内受益人占参保人的比例（1995～2015 年）

资料来源：刘芳．德国社会长期护理保险制度的运行理念及启示．德国研究，2018（1）：61－76，135。

表 6－4 德国长期护理保险的待遇调整情况（1996～2015 年）

项目	等级	待遇金额（欧元）					1996～2015 年待遇增长情况		
		1996～2007 年	2008 年	2010 年	2012 年	2015 年	金额（欧元）	增长（%）	年均增长率（%）
家庭护理：实物待遇	Ⅰ	384	420	440	450	468	84	21.88	1.05
	Ⅱ	921	980	1 040	1 100	1 144	223	24.21	1.15
	Ⅲ	1 432	1 470	1 510	1 550	1 612	180	12.57	0.63
家庭护理：现金待遇	Ⅰ	205	215	225	235	244	39	19.02	0.92
	Ⅱ	410	420	430	440	458	48	11.71	0.58
	Ⅲ	665	675	685	700	728	63	9.47	0.48

续表

项目	等级	待遇金额（欧元）					1996～2015年待遇增长情况		
		1996～2007年	2008年	2010年	2012年	2015年	金额（欧元）	增长（%）	年均增长率（%）
护理院护理	Ⅰ	1 023	1 023	1 023	1 023	1 064	41	4.00	0.21
	Ⅱ	1 279	1 279	1 279	1 279	1 330	51	3.99	0.21
	Ⅲ	1 432	1 470	1 510	1 550	1 612	180	12.57	0.63
	特别严重	1 688	1 750	1 825	1 918	1 995	307	18.19	0.88

注：2008年的待遇发放情况比较特殊，分为两个阶段，其中，6月份以前按照表中2007年的待遇水平发放，7月份及以后按照表中2008年的待遇水平发放。

资料来源：刘芳．德国社会长期护理保险制度的运行理念及启示．德国研究，2018（1）：61－76，135。

（三）财务出现盈余

整体而言，德国长期护理保险的财务出现盈余，财政状况良好。如图6－8所示，德国社会长期护理保险的基金累计结余在2007年以后稳步上升，2016年达9.34亿欧元。如图6－9所示，尽管2002～2016年14年间德国社会长期护理保险年度基金储备目标逐

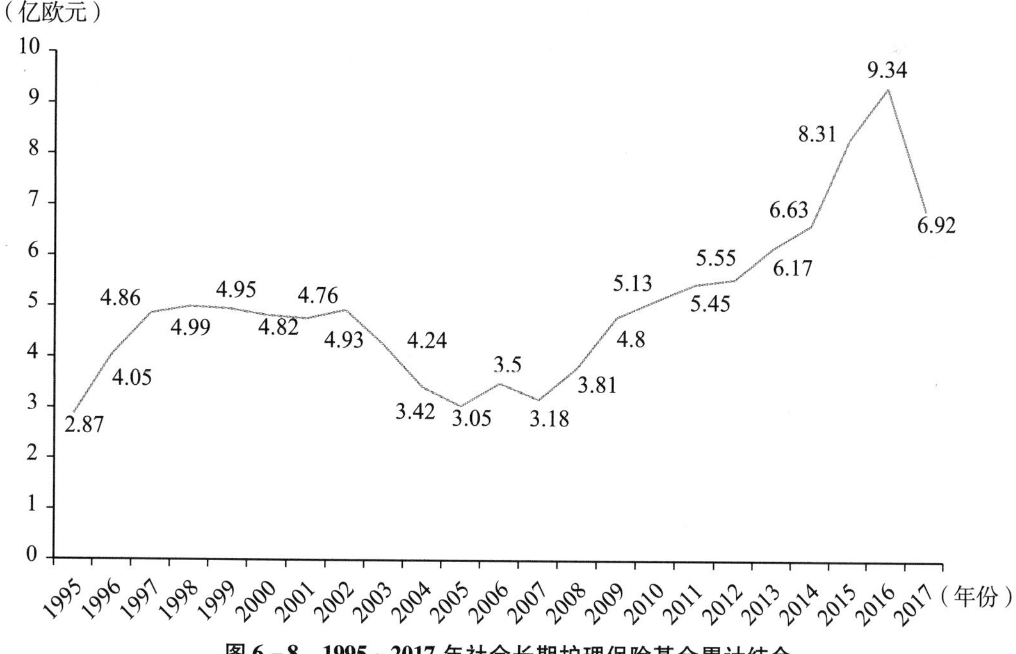

图6－8　1995～2017年社会长期护理保险基金累计结余

资料来源：刘芳．德国社会长期护理保险制度的运行理念及启示．德国研究，2018（1）：61－76，135。

年上升，2003～2007 年间流动基金储备有所下降，但德国长期护理保险每年的流动基金储备均高于年度基金储备目标，且近年来差额越来越大。2007 年以后，流动基金储备①扭转下降趋势，稳步上升，至 2016 年流动基金储备规模达 93 亿欧元（见图 6－9）。

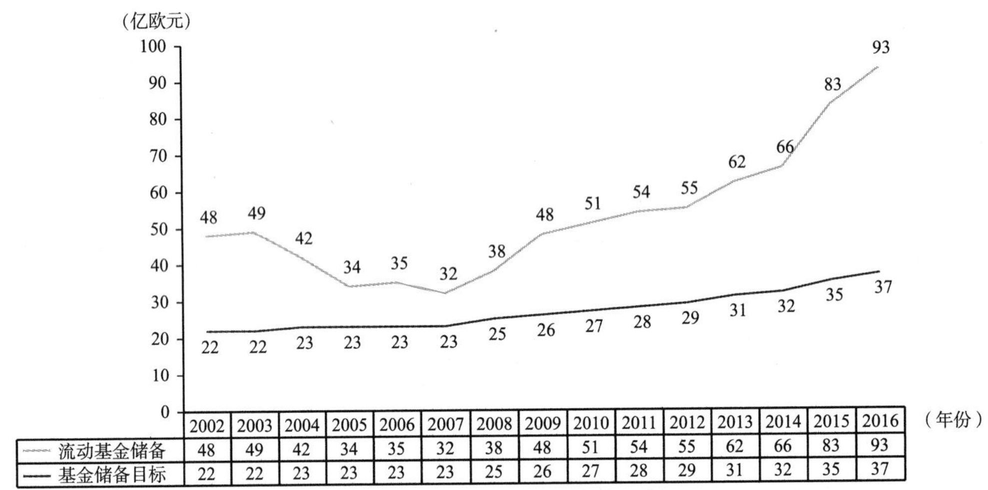

	2002	2003	2004	2005	2006	2007	2008	2009	2010	2011	2012	2013	2014	2015	2016
流动基金储备	48	49	42	34	35	32	38	48	51	54	55	62	66	83	93
基金储备目标	22	22	23	23	23	23	25	26	27	28	29	31	32	35	37

图 6－9　德国长期护理保险的流动基金储备及年度基金储备目标（2002～2016 年）

资料来源：德国联邦健康部。转引自刘涛，汪超．德国长期护理保险 22 年：何以建成，何以可存，何以可行？．公共治理评论，2017（1）：25－39。

（四）社会救助压力得以缓解

长期护理保险制度建立以前，社会救助制度在护理服务需求者无法负担高额的护理费用时，给予一定的资金支持，被称作护理救助，其由个人申请、国家财政支付。申请对象在接受资格审查被认定为符合申请标准并且有实质性护理需求时可以获得该项专项救助。值得一提的是，长期护理保险制度建立以后，护理救助制度依然没有消失，在法定长期护理保险覆盖范围之外，如果护理人员需要自付费用的部分过高并且入不敷出的时候，依然可以向社会救助制度中的护理救助申请救助。尽管如此，长期护理保险制度的实施使得社会救助在长期护理保险费用支出上的压力大大减轻。

从图 6－10 可以看出，1994～2008 年社会救助中的长期护理费用支出从 90.6 亿欧元下降到了 32.6 亿欧元。尤其是长期护理保险制度建立以后的 1995～1997 年，社会救助中的长期护理保险支出骤减，此后从 2000～2008 年呈现十分轻微的上升趋势。

① 流动基金储备是德国为了弥补年度运行资金收支缺口而建立的储备基金。

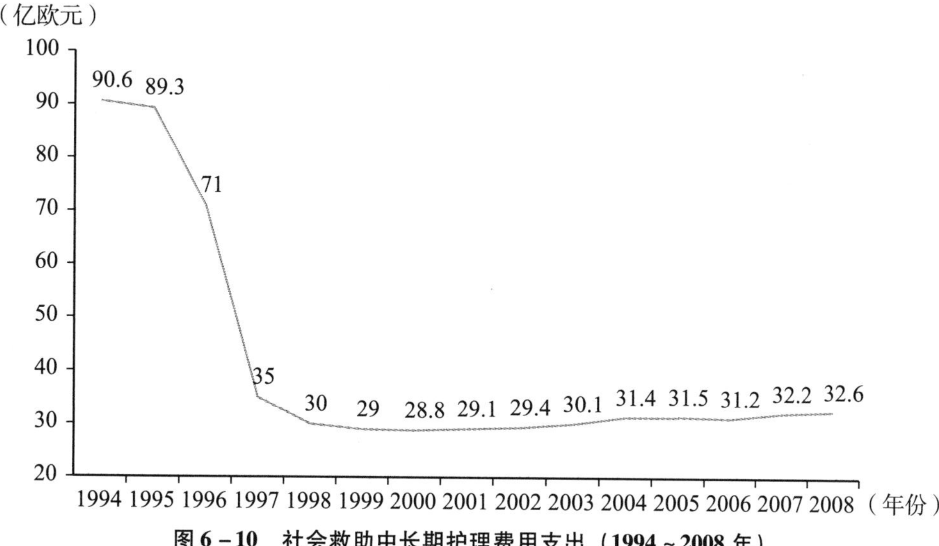

图 6-10 社会救助中长期护理费用支出（1994~2008 年）

资料来源：德国联邦健康部。转引自刘涛，汪超．德国长期护理保险 22 年：何以建成，何以可存，何以可行？．公共治理评论，2017（1）：25-39。

二、面临的问题与挑战

（一）缴费费率不断上涨

德国长期护理保险制度建立之初费率定为 1%，此后经过数次上调：1996 年上调 0.7% 至工资收入的 1.70%；2008 年上调 0.25% 至工资收入的 1.95%（其中，参保者和雇主各负担 0.975%，如果参保者为 23 岁以上无子女人员，则保费为 2.2%，雇主仍旧负担 0.975%，余下部分个人负担）；2013 年上调 1% 至工资收入的 2.05%；2015 年上调 0.3% 至工资收入的 2.35%；2017 年上调 0.2% 至工资收入的 2.55%（其中，23 岁以上无子女参保者的保险费率为 2.8%）。[①] 缴费费率的每次上涨都带来了德国长期护理保险制度年财政结余的增加。2008 年保险缴费率上调 0.25%，年度财政结余从 2007 年的负值扭亏为盈，上升 9.4 亿欧元，此后至 2013 年缴费率的再次上调，长期护理保险年度财政结余连年下降；2015 年保险缴费率上调 0.3%，年度经费结余大幅上升至 16.8 亿欧元的最高点。[②]

（二）专业护理人员短缺

2009 年，德国每 1 000 名 65 岁及以上老人仅可享有 26 名机构护理服务提供人员和 12

① 刘涛．福利多元主义视角下的德国长期照护保险制度研究．公共行政评论，2016（4）：68-87，207.

② 刘涛，汪超．德国长期护理保险 22 年：何以建成，何以可存，何以可行？．公共治理评论，2017（1）：25-39.

名家庭护理服务提供人员①。2011 年，德国所有的长期护理服务工作者中，护士的占比为 26%，个人护理人员的占比是 74%。② 德国长期护理服务专业护工的可及性在 OECD 国家中排名倒数第三。随着护理需求的增加，护理人员短缺现象日益凸显，为了缓解专业护理人员的压力，德国鼓励参保者选择居家护理或者兼职护理形式，导致专业护理人员流失和护理服务质量下降的双重困境。2003～2014 年间，具有护理资质的护理人员数量持续下降。③ 2013 年，德国联邦政府开始考虑由邻近的低收入国家，如波兰、拉脱维亚、立陶宛、匈牙利等引入专业护理人员。然而，这一改革方向可能在降低长期护理保险体系高昂的费用之外，使得当地专业护理人员就业与收入受到一定程度的冲击，从而更进一步加剧专业护理人员的短缺现状。

第五节 德国长期护理保险的发展趋势

德国老龄化程度的深化、护理需求人数的增加以及财务压力的增大给长期护理保险制度的运行带来了新的挑战。从 2015 年 1 月和 2016 年 1 月先后生效的德国《护理加强法案第一部》和《护理加强法案第二部》中可以窥探德国长期护理保险的未来发展趋势。

一、护理需求的重新界定

特殊被保险人的认定。由于护理需求的认定由医疗保险医事鉴定服务中心执行，因而在认定上更加注重医学方面而非心理方面。制度设立之初只以身体状况来划分失能等级，未充分考虑认知、心理与精神方面的障碍。2012 年，德国护理保险法通过修订增加了低于最低护理级别 1 的级别，命名为 0 级；2016 年护理加强法案第二部提出了关于“护理需求”的新概念，在现有评估体系的基础上，将与自理能力相关的更多指标进行加权评估，护理等级由三个增加到五个；同时将以前没有得到足够重视的痴呆症患者纳入护理服务需求体系，并根据痴呆症患者的等级分别给予一定的护理津贴或者提供相应的医疗及护理服务。

二、建立长期护理保险的新支柱

1995 年德国长期护理保险制度建立以后，社会救助制度在长期护理救助上的作用略有下降，但 2000 年以后长期护理救助支出又出现了重新上升的态势（见图 6－11）。随着护理需求不断增加，单单依靠以“有限责任”和“预算控制”为原则的德国法定长期护理保险体系，无法满足全部的护理服务需求。德国“老年人之家”以 2011 年度平均的住

① Gospel H. Varieties of Qualifications, Training, and Skills in Long-Term Care: A German, Japanese, and Uk Comparison. Human Resource Management, 2015, 54 (5): 833－850.

②③ 林斌．德国长期护理保险的成效、挑战与发展趋势．老龄科学研究，2015（12）：67－77.

院护理费用市场价格计算巴登符腾堡州法定长期护理保险参保者的护理需求，发现参保者即使在接受护理费用补贴以后，仍旧存在每月 1 538 欧元、1 719 欧元和 1 988 欧元的自负费用。[①] 据此，德国自民党提出：第一，借鉴社会保险领域的老年退休金计划，建立额外的基金积累的私人保险体系，作为长期护理保险的第二支柱；第二，鼓励个人进行长期护理相关的个人储蓄，建立长期护理保险护理储蓄基金。

① 刘涛．联邦德国的老年防贫体系：社会救助制度的动态扩展与增量扩容．社会保障评论，2017（2）：125－133.

第七章　荷兰长期护理保险制度发展研究

荷兰作为发达国家，人均国内生产总值处于世界前列。荷兰是欧洲最早建立专门长期护理保险制度的国家。近50年来，荷兰长期护理制度的受益范围不断扩大，待遇水平较高，且对正规护理服务的依赖度较高，但也面临一系列挑战，包括长期护理支出占GDP比重高、人口老龄化带来巨大财务压力、不同制度协调问题突出等。为了提高长期护理制度的服务质量和保证制度可持续，荷兰也对长期护理保险制度进行了不断改革完善。研究荷兰的经验将为我国正在建设中的长期护理保险制度提供有益的借鉴和启示。

第一节　荷兰长期护理保险制度的历史演变

1967年12月14日，荷兰议会通过了《特别医疗支出法案》（*Exceptional Medical Expenses Act*）。该法案对荷兰长期护理保险制度的建立进行了专门立法，并宣布从1968年开始正式实施，因此荷兰是欧洲最早通过立法建立长期护理保险制度的国家，对其他国家产生了重要影响。

一、长期护理保险制度建立背景

荷兰长期护理保险制度的主要特征是，它是一个独立的社会保险制度，覆盖荷兰所有公民，并且是强制参加。荷兰之所以要建立这样一个制度，主要有以下两个方面的原因[①]。

（一）福利国家发展的需要

在建立长期护理保险制度之前，荷兰已经有各种各样的护理机构和服务，不同人群通过不同方式来解决长期护理问题，富人主要通过市场手段，穷人主要通过慈善手段。长期

---

① Frederik T. Schut and Bernard van den Berg, Sustainability of Comprehensive Universal Long-Term Care Insurance in the Netherlands, Social Policy &Administration, 2010, 44 (4): 411 -435.

护理服务提供呈现出高度“碎片化”特点，并且无法给低收入群体提供足够的长期护理服务。20 世纪 60 年代高速的经济增长极大提升了社会的整体福利，但由于缺乏资金，长期护理机构的数量和质量都远远落后于福利社会发展。因此，考虑到长期护理的风险很大程度上不能通过商业保险市场来解决，通过公共财政融资就获得了广泛的政治支持。

（二）改革现有的社会医疗保险不可行

当时治疗性的医疗服务采取的是社会医疗保险形式进行融资，因此长期护理也计划采取保险的形式而不是通过税收融资。但是，当时的社会医疗保险覆盖人群只占荷兰人口的 2/3（主要是中低收入群体），[①] 其中一种选择是直接将长期护理服务纳入社会医疗保险覆盖范围，但意味着高收入群体无法纳入，无法参加长期护理保险的缴费。还有一种选择是将当时的社会医疗保险覆盖范围扩大到所有人群，同时将长期护理服务纳入待遇范围。后一种选择得到了政府的慎重考虑，并提出了相关议案，但是遭到了私人保险公司（担心流失大量的商业健康保险市场）、雇主（担心增加雇主缴费负担）、医学界（担心政府对商业保险保障的患者费用过分控制）的强烈反对而被迫流产。既然扩展现行的社会医疗保险的计划不可行，为了保障全体荷兰公民的切身利益，1967 年荷兰通过了《特别医疗支出法案》，一个单独的强制性长期护理保险从 1968 年开始实施。

二、发展历程

荷兰长期护理保险刚建立时覆盖范围比较窄，仅覆盖养老院和残疾人机构提供的服务。但此后无论是覆盖对象还是服务项目都出现了不断扩大，受益方式、服务提供方式等不断进行改革。

（一）《社会支持法案》的实施

1980 年，覆盖范围扩大到包括居家健康护理，比如出院后的居家康复、受伤老人的护理。1982 年，覆盖范围扩大到包括非住院的精神健康护理。1989 年，覆盖范围扩大到包括家庭护理，比如在身体虚弱、心理问题或分娩后的家庭帮助。1995 年，为了增加个人选择，荷兰建立了“个人预算”（personal budgets）制度，个人既可以选择实体服务，也可以选择现金补贴，然后自己到市场上购买长期护理服务。1997 年，覆盖范围扩大到包括老年人的机构护理。2007 年，荷兰通过了《社会支持法案》（*Social Support Act*），将《特别医疗支出法案》制度中的一项职责，即家庭帮助服务（home help service）交由地方政府来负责。这一转变的区别是，《特别医疗支出法案》制度具有福利刚性，享受服务是公民的权利，灵活性不强。若由地方政府来负责，则灵活性更强，地方政府可以视自身财力等状况来提供，不再具有硬性约束。因此，这一法案的本质是

---

① 20 世纪 60 年代，荷兰医疗保险市场结构由三个部分组成：一是强制性的社会医疗保险，覆盖工薪阶层；二是自愿性的社会医疗保险，覆盖自雇者及退休人员等；三是私人保险市场，覆盖高收入阶层。

要减轻国家的责任，增加个人的责任，实际上是一种福利削减措施，但它又远比直接取消更容易被接受。

（二）2015年长期护理保险制度改革

2015年，荷兰进行了长期护理保险制度建立以来最大规模的一次改革，原有的长期护理保险计划提供的服务一分为四。一是机构护理仍然由长期护理保险覆盖，但新的法案《长期护理法案》（*Long-term Care Act*）取代了旧的《特别医疗支出法案》。二是居家护理由保险公司负责，但是在《医疗保险法案》（*Health Insurance Act*）覆盖下。三是大部分非机构护理（社会支持部分）转由市政当局负责，并写进新的《社会支持法案》。四是青少年预防性和精神健康服务转由新修改的《青少年法案》负责。

总的来说，荷兰长期护理保险制度建立以来，经历了逐步发展壮大和不断完善的过程，覆盖人群不断扩大，保障水平逐步提高，个人选择服务方式和服务机构的选项不断增多，但在人口老龄化加剧背景下，也同样面临制度可持续问题。

第二节　荷兰长期护理保险制度基本情况

一、组织和管理

荷兰法律规定，中央政府承担长期护理服务体系的整体责任，中央政府必须确保长期护理服务政策的目标（可及的、可承担的高质量服务）能够实现。

（一）主管部门

荷兰健康福利体育部是长期护理保险制度的主要中央部门，负责有关政策和立法草案的制定，由于荷兰长期护理保险具体经办由保险公司负责，因此该部门还需要负责选择合适的保险公司来负责经办事宜。荷兰健康保险局是一个独立机构，主要负责机构认证、注册和质量检查监督。参与长期护理保险制度的每一家健康保险公司都必须在健康保险局注册，而每个参保人都必须选择一家健康保险公司注册，参保人可以自由选择健康保险公司，注册期为一年，如果不更换，则自动续约，如果更换，需要提前两个月通知保险公司。

（二）保险公司

但并非所有保险公司均参与长期护理服务的每个环节。按照区域划分，荷兰设立了32个区域护理服务办公室，该办公室实际上是由某一家保险公司设立的实体，由它代表政府和其他保险公司，负责与长期护理服务提供机构进行谈判，签订合作协议，同时负责收取病人支付的费用，以及提供咨询服务（见图7-1）。这些区域办公室是非营利机构，其管理成本由基金支付，因此没有费用来源顾虑，没有财务风险，能够代表政府和保险公司做好服务购买等工作，从而确保长期护理服务的价格和质量能够达到最佳。政府针对这些区域护理服务办公室会设定绩效目标，它必须达到，如果没有完成，政府有权重新选择新的保险公司来完成任务。

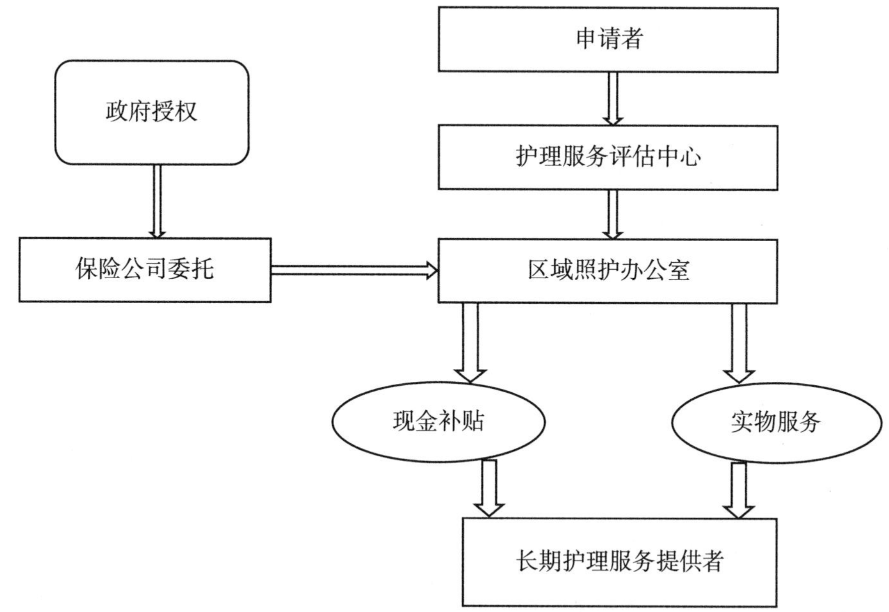

图7-1 长期护理保险服务的一般性流程

资料来源：笔者根据荷兰长期护理保险服务流程整理。

（三）长期护理服务申请

对于有长期护理需求的患者来说，首先要向护理服务评估中心（CIZ）提交申请（见图7-1）。护理服务评估中心根据一定标准进行评估，并将评估结果反馈给区域护理服务办公室。如果符合享受待遇的资格条件，区域护理办公室就可以向申请者发放待遇。

（四）待遇给付的方式

享受待遇主要有两种方式：患者可以申请个人预算自己购买，或者区域护理服务办公室代表患者购买（见图7-1）。如果选择现金补贴，患者会收到一定数量的资金，可以自己在服务市场上选择提供者进行购买。由于部分患者由亲戚或朋友照顾，因此荷兰规定个人预算也可以支付给提供护理服务的亲戚或朋友。无论是市场上购买还是支付给亲戚朋友，患者用于购买服务的资金将比选择直接提供服务所需资金少25%，主要因为个人预算增加了个人选择权，同时个人购买的效率应该更高。如果个人想省事，患者也可以选择区域护理服务办公室来购买，由其选定的机构护理服务提供者来提供服务。

（五）监管

长期护理服务的质量有专门的法律进行监管。监管的核心理念是，质量的主要责任是服务提供方。荷兰医疗保障监督局（IGZ）负有监督责任。

二、资格条件

荷兰长期护理保险制度的待遇给付主要基于需求，只要通过了有关机构的需求评估，就能够获得相应的保障。因此，资格条件评估是享受长期护理保险待遇的前提条件，也是关键环节，为此荷兰专门成立了护理服务评估中心，对申请者的资格情况进行审查。护理服务评估中心的评估行为不会影响其自身的财务状况，因此做出的是独立、客观的全面评估。护理服务评估中心利用一定的标准评估申请者能否享受长期护理保险提供的服务以及享受的数量。对于大多数服务，申请者可以选择实物服务或者现金补偿。荷兰采用世界卫生组织的“功能、失能与健康国际分类标准”（ICF）来确定一个人的长期护理需求，但并未设立明确的护理等级分类，护理服务评估中心根据申请者的具体情况，做出独立的评估。护理服务评估中心的评估流程一般分为以下几个步骤。

（一）评估考虑的条件

第一步，护理服务评估中心对申请者的情况进行分析，不仅要考虑身体失调和受限程度，还要考虑其他条件，包括正常护理（usual care）和非正规护理情况，以及申请者已经获得其他社会福利情况。在荷兰，“正常护理”是有专门的定义，主要针对护理依赖程度较低的患者，具体指护理持续期低于3个月且每周低于8小时的护理服务，这些护理服务可以由家人或者亲戚朋友来提供，而不需要由正规的护理服务机构提供，同时提供这些护理服务不会给家人或亲戚朋友带来很大的负担。

（二）是否存在替代性途径

第二步，护理服务评估中心要判断申请者的问题是否有其他解决途径而不是长期护理保险。它首先考虑申请者的问题能否通过治疗、改变环境或者配备辅助器具等方式来得到解决。如果不能解决，是否可以通过家人或亲戚朋友提供的非正规护理服务来解决，是否有其他公共融资渠道提供的服务可以解决。在上述渠道都无法解决的情况下，护理服务评估中心才会同意长期护理保险来提供服务。这一个步骤的评估最为关键，它决定了申请者能够获得长期护理的种类、数量和期限等待遇。

（三）非正式服务提供的可能性

第三步，考虑由家人或亲戚朋友提供服务的可能性。家人或者亲戚朋友可以提供非正规护理服务，超过正常部分就被认为是自愿的。对于超过正常护理的这部分非正规护理和自愿服务，长期护理保险可以买单。参保者可以向长期护理保险机构申请个人预算，并支付给非正规护理提供者。

（四）护理方式的选择

第四步，护理服务评估中心决定患者应以哪种方式进行护理，是居家护理还是机构护理。它会根据申请者的身体状况以及个人家庭情况等因素做出综合判断，如果申请者身体状况要求有24小时监护的，一般就会采用机构护理。另外，在有些情况下，虽然居家护理成本更高，但基于人性化考虑，护理服务评估中心也会同意，比如临终护理。

（五）评估结果及再评估

第五步，护理服务评估中心做出正式的护理服务决定，并告知申请者。护理服务的有效周期一般是5年，在这个周期内，如果患者身体条件发生变化，或者通过接受服务后认为现有的护理服务无法满足自身需求，可以向护理服务评估中心提出重新评估。对于《社会支持法案》服务的评估，由于服务提供的职责在地方政府，因此评估也由地方政府负责。地方政府可以选择护理服务评估中心或者其他机构进行评估。它们有财政动力去控制护理支出。如果《社会支持法案》服务上的实际支出比预算要少，地方政府可以将节约下来的钱投在其他领域。地方政府可以将评估过程外包出去，据统计，52%的地方政府与护理服务评估中心或其他评估机构共同完成，28%的地方政府自己来完成，21%的地方政府完全委托给护理服务评估中心或其他评估机构。① 在评估规则方面，地方政府有很大的自主权。比如，它可以规定，收入较高的人不能享受财政提供融资的家事服务，因为他们可以自己花钱购买服务。

三、长期护理保险的融资机制

荷兰长期护理保险制度的费用较高。从筹资来源上看，荷兰长期护理保险制度主要有三个筹资渠道。

（一）参保者缴费

参保缴费收入是最主要的收入来源，约占总收入的70%；从费率水平来看，2015年改革前，荷兰长期护理保险的保费费率为12.15%，改革后费率下降为9.65%。②

（二）一般性税收

一般性税收是国家财政对长期护理保险制度的支持，每年初主管部门提出长期护理保险制度的总预算后，国家据此确定每年对长期护理保险制度的预算支持额度。税收大约占

① Mot E. The Dutch System of Long-Term Care. CPB Document No 204, March 2010.

② Delsen L. From Welfare State to Participation Society. Welfare State Reform in the Netherlands: 2003 - 2010. NICE Working Paper 12 - 103. Nijmegen: Nijmegen Center for Economics (NICE), Institute for Management Research, Radboud University Nijmegen, 2012.

荷兰长期护理保险制度收入来源的22%左右。①

（三）使用者付费

使用者付费是指享受长期护理服务的参保者需要根据自身收入水平，承担一定数量的支付费用，这部分收入占总收入的8%左右。② 在使用者付费方面，根据不同的服务类型和患者的收入水平，个人共付的标准也有所不同。如果是居家护理服务，使用者每小时最高支付额度由政府规定，每年调整，目前的水平是12.6欧元。③ 除了考虑收入水平外，自付水平还取决于患者家庭成员数量以及年龄数量。比如，对于年收入不足14 812欧元的单身老人来说，每四周最大的分摊费用是17.2欧元；但如果同一个老人，年收入达到4万欧元，每四周最大的分摊费用是307.83欧元。④ 机构护理的自付部分也有高低两个标准。

（四）整体长期护理保险费用支出规模

随着荷兰长期护理保险覆盖范围的逐步扩大，长期护理费用支出占GDP比重也随之水涨船高。1968年，长期护理费用占GDP比重仅为0.8%，1980年上升到2.0%，2005年进一步增长到4.0%；其实荷兰一直注意控制长期护理费用的增长，1985~2000年费用支出占GDP比重基本稳定在3.5%左右。⑤但一系列的供给、投资审批和预算控制导致了护理机构排队等候以及服务质量问题。在公众和政治压力下，荷兰决定增加支出来降低等候率，因此这一阶段长期护理费用每年增长率超过了10%，最终使其占GDP的比重增加到了4.0%。⑥ 2014年，荷兰长期护理费用支出为278亿欧元，大约是治疗性的医疗保险费用的2/3（401亿欧元）。⑦ 从国际比较来看，2014年荷兰长期护理费用公共支出占GDP比重为4.3%，在OECD国家中是最高的，并且远高于OECD国家平均水平的1.4%（见图7-2）。

---

①⑤ Delsen L. From Welfare State to Participation Society. Welfare State Reform in the Netherlands：2003-2010. NICE Working Paper 12-103. Nijmegen：Nijmegen Center for Economics（NICE），Institute for Management Research，Radboud University Nijmegen，2012.

② 刘德浩．荷兰长期照护制度：制度设计、挑战与启示．中国卫生事业管理，2016（8）：567-571.

③④ Van Ginneken E，Kroneman M. Long-Term Care Reform in the Netherlands：Too Large to Handle? Eurohealth Systems and Policies，2015，21（3）.

⑥ Schut F T，Van den Berg B. Sustainability of Comprehensive Universal Long-Term Care Insurance in the Netherland. Social Policy & Administration，2010，44（4）：411-435.

⑦ Van Ginneken E，Kroneman M. Long-Term Care Reform in the Netherlands：Too Large to Handle?．Eurohealth Systems and Policies，2015，21（3）.

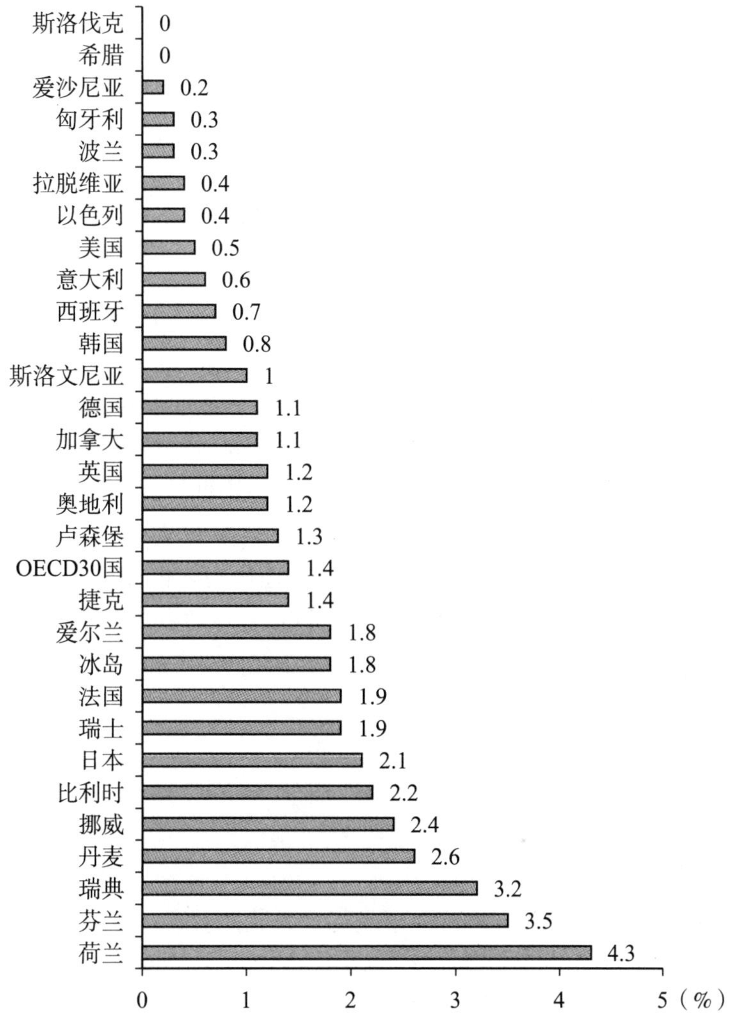

图 7-2 各国长期护理公共支出（医疗护理和社会服务）占 GDP 比重

资料来源：OECD Health Statistics 2017。

四、支付制度

在支付制度方面，荷兰长期护理保险主要分为居家护理和机构护理两种情况。

（一）居家护理

几乎所有类型的护理都按小时支付给家庭护理提供者。区域护理服务办公室确定不同类型护理的每小时最高价格。例如，对于个人护理，标准情况下最高价格是 42.96 欧元每小时，特殊情况下的最高价格是 64.94 欧元每小时。[①] 区域护理办公室可以通过谈判获得低于最高限额的价格。

① Mot E. The Dutch System of Long-Term Care. CPB Document No 204，March 2010.

（二）机构护理

对机构护理支付主要是根据护理包来支付。2009 年，荷兰根据机构护理患者的不同严重程度划分出 10 个护理包（ZZPs）。对老年人的长期护理来说，这些护理包涵盖从最低级的“生活需要一些协助”（ZZP1）到最高级的“由于特殊疾病，需要严密护理”（ZZP8）①。在 2009 年引入护理包之前，荷兰根据预算情况给机构护理的相关组织（护理院、养老院、残疾人机构）划拨资金。虽然机构获得的预算与入住率以及特定类别患者（如中风患者）数量有一定关联，但预算总体来说是固定的。护理机构几乎没有动力去争取客户，特别是入住护理机构需要等候排队。2009 年之后，护理机构支付方式发生了根本性改变。在资格评估过程中，护理机构的每个潜在客户就会根据其自身情况，被确定为接受哪个护理包。对于每个护理包，区域护理服务办公室都确定了固定的价格。因此，价格不用经过谈判。价格是按床日计算，等级最低的生活协助护理包（ZZP1）价格为 56.44 欧元（不包括治疗），等级最高的严密护理（ZZP8）价格为 216.92 欧元（包括治疗）。②根据“钱跟着患者走”的理念，只有患者入住，护理机构才能按日获得报酬，一旦转换机构，就失去收入。与原有的支付制度相比，新制度让护理机构更加关注入住患者的偏好，促使机构提高服务质量。

五、服务提供

（一）覆盖面广

荷兰长期护理保险制度覆盖人群广，享受待遇人数比重高，荷兰人口几乎全部纳入制度覆盖范围。长期护理服务不仅包括老人，还包括年轻人、残疾人和精神病人的护理费用。在改革进程中，已经逐渐剥离了精神病人和青少年的长期护理。

（二）护理服务类型

荷兰的长期护理服务主要包括由家庭提供的非正规护理和由机构提供的正规护理，机构正规护理又包括机构护理和居家护理。

1. 非正规护理

非正规护理是指由家人、亲戚、朋友、邻居等提供的护理服务，非正规护理服务的规模很难统计。非正规护理一般是基于亲情、友情等提供的服务，一般是较短时间内提供的服务。对于超过一定期限的非正规护理服务，荷兰长期护理保险制度可以对其进行支付。主要通过个人预算的形式，由护理服务接受者支付给提供者。原来即便没有长期护理保险的支持，家人也会提供护理服务。这也是个人预算规模逐年增长的一个重要原因。

---

① ZZP9 和 ZZP10 分别对应康复护理和姑息治疗（palliative care）。

② Mot E. The Dutch System of Long-Term Care. CPB Document No 204，March 2010.

2. 机构护理

机构护理既可以是护理院（nursing home），也可以是养老院（residential homes for the elderly）。根据有关数据，2007 年荷兰共有 324 家护理院，960 家养老院以及 210 家综合护理机构。[①] 荷兰护理机构多数是非营利性机构，少数是营利机构。护理院入住者的健康状况一般是劣于养老院入住者。大约 90% 入住护理院的患者每天要接受护理，而养老院这个比例是 62%。[②] 护理院的个人护理密度也更高，一半以上的患者需要个人护理如帮助上厕所，养老院的比例只有 10%。[③]养老院入住者可以享受单间，护理院入住者往往要几个人住一间房。

从 2000 年开始，荷兰机构护理排队等候问题就并不严重。2005 年 1 月大约有 3.5 万人在排队机构护理：其中 79% 的人有身体疾病，21% 的人有精神疾病；排队者平均年龄是 80 岁，排队者老年人中 80% 是 75 岁以上老人；排队老人中 50% 是处于 80 ~ 90 岁年龄段，但这个群体 65% 都获得了“临时护理”（主要是居家护理）。[④] 因为有临时护理等原因，排队等候者只有很小部分会出现问题。2005 年和 2007 年出现在机构护理轮候名单但在合理时间内无法获得适当护理的比例只有 5% ~ 10%，在 2007 年初，机构护理平均等候时间是 13 ~ 48 天。[⑤]

3. 居家护理

居家护理主要由居家护理组织、护理院和养老院提供。2007 年，共有 248 家居家护理组织提供居家护理服务，还有 255 家养老院或护理院同时提供居家护理服务。[⑥]居家护理中使用最多的是家政服务和个人护理，但分别从 2007 年和 2015 年开始，这两项服务已经分别由社会支持法案和医疗保险法案覆盖。

（三）长期护理服务具体情况

从表 7 - 1 中可以看出，荷兰长期护理服务接受者的数量增长较快，2007 年为 61.2 万人，2013 年为 74.9 万人，按 2016 年荷兰人口 1 702 万计算，大约有 4.35% 的荷兰人接受了长期护理服务。从覆盖人群来看，老年人是长期护理保险覆盖的主要人群，65 岁以上人口占 75% 左右（见表 7 - 1）。从表 7 - 1 中可以看出，荷兰长期护理保险制度主要有以下特点。第一，荷兰机构护理和居家护理的比重分别大约是 40% 和 60%。虽然机构护理比重低于居家护理比重，但从国际比较来看，荷兰机构护理比重较高，不仅高于同为社会保险模式的德国，也远高于北欧国家。第二，护理需求和年龄之间存在明显正相关关

---

①③⑥ Mot E. The Dutch System of Long-Term Care. CPB Document No 204, March 2010.

② Van Ginneken E, Kroneman M. Long-Term Care Reform in the Netherlands: Too Large to Handle? . Eurohealth Systems and Policies, 2015, 21 (3).

④ Bonneux L G A, Gaagvd N L, Bijwaard G E, et al. Demographic Epidemiologic Projections of Long-Term Care Needs in Selected European Countries Germany, Spain, the Netherlands and Poland. SSRN Electronic Journal, 2012 (6): 26.

⑤ Mot E, Bíró A. Performance of Long-Term Care Systems in Europe. ENEPRI Research Report No. 117A. December 2012.

系，年龄越大，护理需求越大。80岁以上老人中，差不多有50%左右接受了机构护理或者居家护理，而65%以上老人大约只有20%老人接受机构护理或居家护理。第三，机构护理和居家护理人数总体都是上升趋势，但是居家护理人数增长更加明显。

表7-1　　荷兰接受正规护理服务人数及占各自年龄层比重（2007～2013年）

年份	机构护理			居家护理		
	总人数	65岁以上（%）	80岁以上（%）	总人数	65岁以上（%）	80岁以上（%）
2007	238 890	6.9	20.2	373 160	13.1	30.2
2008	239 095	6.7	19.5	380 080	13.1	30.4
2009	245 925	6.7	19.5	381 370	13.0	30.6
2010	253 945	6.6	19.5	387 625	12.9	30.8
2011	259 470	6.5	19.1	508 080	13.9	32.4
2012	261 835	6.2	18.4	521 330	13.7	32.7
2013	249 188	5.6	16.8	500 230	12.5	30.7

资料来源：刘德浩．荷兰长期护理制度：制度设计、挑战与启示．中国卫生事业管理，2016（8）。

第三节　近年荷兰长期护理保险制度的改革及面临的挑战

荷兰长期护理保险制度建立以来，总体保持稳定，主要在提高服务效率、降低成本等方面出台了一些举措，大的改革主要是在21世纪以来的三次改革，分别是2003年改革、2007年改革和2015年改革。2003年改革可以看作是福利扩张性改革，而之后的两次改革则更多的是收缩性改革。

一、2003年改革

政策制定者往往要面临不同目标之间的权衡，有时控制成本的目标受到更多关注，有时患者响应（如服务质量、满意度等）受到更多关注。20世纪90年代，政府更加关注成本问题，导致了排队等候时间过长。从2000年开始，政府增加了预算投入，等候时间逐步减少。

2003年，荷兰开始了一轮长期护理保险制度的一项重要改革：《特别医疗支出法案》现代化。这次改革的目标是提高长期护理制度的客户响应度。不同类型的提供者和不同的《特殊医疗支出法案》使用者（机构护理和居家护理，老年人，残疾人）的区别变得不再那么明显，因为所有的提供者可以向所有的客户群体提供服务。长期护理服务不再被定义为某些长期护理机构的产品，而被认为是应当提供的服务。所有的患者都可以使用《特殊医疗支出法案》所有的服务项目，而所有的机构都可以提供相应的服务。个人预算的使用开始标准化，个人预算的管理更加清晰，因此个人预算的作用进一步扩大。现代化改革提升了患者的地位，但保持《特殊医疗支出法案》宏观预算稳定变得更加困难，因此成本开始上升：以前不能得到补贴的非正规护理，现在可以通过个人预算获得补贴；其他一些患者群体开始使用《特殊医疗支出法案》服务项目（如援助），以前这些项目大多数只有残疾人使用。2003 年，《特殊医疗支出法案》成本上升了 10%，并且没有放缓迹象，成本变得无法控制。①

二、2007 年改革

2007 年，随着《社会支持法案》出台，荷兰长期护理制度改革继续迈出新的步伐。这次改革的主要目标是减轻国家责任，提升个人在长期护理方面的责任。同时改革也增加了地方政府在居家护理方面的职责和作用。最明显的变化是，家政服务不再由长期护理保险制度提供，而是根据《社会支持法案》由地方政府提供，并且相应的预算得到削减，同时地方政府提供服务的灵活度在提高。根据《社会支持法案》规定，家政服务提供的资金来源主要是中央政府的财政拨款和使用者付费，地方政府可以对使用者付费的收费标准进行规定。地方政府要由资金使用承担兜底责任，一旦资金出现缺口，由地方财政负担，但如果有盈余，地方政府也可以自行支配，用于其他方面的社会支出。

中央政府的财政拨款主要解决两个问题，一是每年财政拨款的总规模，二是财政拨款在不同地区之间的分配。财政拨款在不同地区之间的分配主要考虑各地区的老年人口数量以及往年需要护理的人数，同时参考工资和价格的变动。从实际执行来看，财政拨款的总规模容易确定，但地区分配较为困难，部分地区预算不够，部分地区预算大量结余。

三、2015 年改革

2008 年全球金融危机爆发，各国经济增长进入下行周期，财政状况也更为紧张。荷兰也不例外。因此，荷兰开始了新一轮的改革，其中一个重要目标是控制支出增长，保证长期护理保险制度可持续发展。由于人口老龄化和福利支出的刚性，荷兰长期护理费用占 GDP 比重逐年增加，改革目标就是保证长期护理服务的长远运行。荷兰长期护理制度从 2015 年开启新一轮改革，这轮改革是 1968 年建立制度以来最重大的一次改革。2015 年的改革主要包括四个方面的核心内容，不同方面之间既相互区别，又相互关联。

---

① Mot E. The Dutch system of long-term care. CPB Document No 204, March 2010.

（一）价值再定位和理念再造

荷兰长期护理保险制度经过近50年发展，保障人群和保障水平均不断扩展，使得制度成本尤其是财政投入压力不断变大，参保者已经对此制度高度依赖，并习以为常。但这种政府承担过多的制度是不可持续的，尤其是人口老龄化背景下，需要长期护理的老年人口越来越多，因此只有增加个人及其家庭、社会的责任才能使这种广覆盖、高保障的制度持续下去。这也意味着从付费角度来看，要增加个人付费比例；从服务提供来看，要增加个人及其家庭的非正规护理，更大程度发挥家庭和社区的作用，而不能一味地由长期护理保险制度来承担。当然，政府角度的这一观点也存在较大争议，尤其是非正规护理方面。许多人认为，荷兰目前的非正规护理规模已经很大，而且在人口出生率下降的趋势下，进一步依赖家庭护理的潜力和可能性均不大。

（二）从机构护理向非机构护理转变

荷兰长期护理中机构护理比重高是一个比较明显的特点，也是造成支出较大的一个重要原因。2015年的改革就是要转变这一现象，收紧机构护理的资格条件，将那些只有轻微症状的申请者转向居家护理，把有限的资源更好地用于需要机构护理的人群，从而提高质量和效率。为此，2015年荷兰通过了《长期护理法案》，取代了实行几十年的《特别医疗支出法案》。制度的相关变量发生了一些变化。最重要的是资格评估程序更为严格，全国实行标准统一的需求评估程序，机构护理只针对需要24小时护理以及需要持续护理以避免疾病加重等几种情形。一般性的情况将只适用于居家护理，个人仍然可以申请个人预算，自己购买服务。改革后，长期护理保险缴费率比之前有所下降，设定在应税收入的9.5%。①

改革后，符合机构护理条件的申请者也可以申请居家护理，并申请个人预算。从2015年开始，为了防止欺诈，荷兰专门成立了新的机构——社会保险银行（SVB）代表申请者来管理个人预算，由其向长期护理服务提供者支付费用，而改革之前个人费用直接支付给申请者，由个人向长期护理服务提供者直接支付，但需要证明确实提供了服务。

（三）将非机构护理职责下放给地方

根据2015年《长期护理法案》，所有其他非机构护理包括为老年人、残疾人、瘾君子和有社会精神问题的人提供服务的职能，已经下放到各地方市政当局。国家财政对地方进行转移支付，以使地方政府有履行职责的财源，使地方政府在长期护理方面发挥更大作用（2015年儿童福利也同样下放到市政当局）。提升当地政府的作用主要是基于如下考虑：市政当局最了解本地情况，而且由于它们负责其他社会政策领域包括住房、福利项目、交通以及地方规划等，因此能够给享受长期护理的群体提供一个更有效、适合、综合的一揽子服务。

---

① Van Ginneken W, Kroneman M. Long-Term Care Reform in the Netherlands: Too Large to Handle?. Eurohealth Systems and Policies, 2015, 21 (3).

根据2015年《长期护理法案》的规定，如果申请人有长期护理需求，就可以申请公共资金资助。地方政府要对申请人的情况进行判断，评估其是否具有获得帮助的资格。地方政府在非机构护理及其需求的评估程序、方法、机构选择上具有很大自由权，同样地方政府对于提供的服务类型和数量也有很大自由权。同样，可以采取患者自付部分长期护理服务费用的制度，对于患者自付部分的标准，市政当局可以自行决定，但家计调查仍然是被禁止的。

（四）削减支出

削减支出规模是一个博弈过程，一开始荷兰政府计划大规模削减支出，但遭到广泛反对，因此最后缩小了规模。《长期护理法案》和《医疗保险法案》的开支分别削减7亿和4亿欧元，机构护理支出削减5亿欧元，① 主要因为原来为病情比较轻微患者提供护理服务的护理机构，现在不再提供。② 削减支出对长期护理服务提供不可避免地产生了一些影响，特别是地方政府，只能通过签订价格更低或者服务数量更少的合同。因此许多服务提供机构不得不停止某些服务，尤其是家政服务。价格更低则一定程度影响到了服务的质量。

（五）改革的影响和产生的问题

总的来说，2015年改革是荷兰长期护理保险制度建立以来最大的一次改革。这次改革的重要背景是金融危机和财政压力，因此改革的显著特征就是更加强调个人责任，减轻国家负担；在融资来源上一方面降低了保险费率，另一方面中央政府责任一定程度向地方政府转移；在护理服务提供上，开支占比较大的机构护理的资格条件受到严格限制，机构护理开始向非机构护理模式转移；在非机构护理的提供上，保险公司和地方政府权责更大，尤其是激发地方政府的积极性。尽管改革幅度大，但荷兰长期护理保险制度仍然是公共的独立的社会保险制度，而且与其他国家比较，荷兰长期护理保险的待遇水平仍然是相当慷慨的。

但2015年的改革也存在一些问题。第一个问题是改革实施匆忙。此轮改革从2012年开始准备，虽然也经过了相关群体的讨论，但更多的是在制度层面，许多操作层面问题考虑不周、准备不足。第二个问题是管理和信息通信技术出现问题。特别是刚成立的社会保险银行，负责管理个人预算，但因为信息系统不到位，个人预算支付出现延付，影响了长期护理服务的提供，这些“技术问题”迅速给政府造成了政治负担。

四、未来的挑战

2015年改革之后，荷兰长期护理服务实际上由三个不同制度构成，每个制度都通过了相应的立法，都有自己的一套管理服务标准和目标客户。由于每个制度都有自己的成本

---

①② Van Ginneken E, Kroneman M. Long-Term Care Reform in the Netherlands: Too Large to Handle?. Eurohealth Systems and Policies, 2015, 21 (3).

约束和激励机制，这样的体制将带来一个协调上的巨大风险。

（一）降低制度总效益

由于不同制度之间存在职责分工，理论上可以产生制度合力，但实际上因为协调困难，反而降低了制度的总体效益。比如，如果地方政府增加对独居老年人的社会照顾，那么独居老人因意外事故受伤的概率将会降低，从而能减轻对医疗保险和长期护理保险的需求。如果地方政府增加额外的支出，而对独居老年人进行更好的照顾，成本由自己承担，但受益的却是医疗保险制度和长期护理保险制度。同样，在申请者面临需求时，特别是在一些模糊地带，不同制度可能都存在往外推卸责任的动力。

（二）管理服务繁杂，影响效率水平

另外，不同制度存在使管理服务更加复杂，影响效率水平。当一个申请者面临需求时，首先需要明确向哪个机构申请，以及申请何种服务，在需求评估时可能要面临不同机构的评估要求。因此，改革的成功将很大程度上取决于不同制度之间能否有效协调，从而取得最大合力。

第四节　荷兰长期护理保险制度发展对我国的启示

作为最早建立专门长期护理保险制度的国家，荷兰长期护理保险制度经过 50 年的发展完善，取得了较好效果。荷兰长期护理保险制度在服务可及性和公平性等方面都表现突出，但在财务可持续方面面临一些问题，未来需要给予关注。荷兰长期护理保险制度发展经历了从政府承担起责任，到不断扩展责任，再到让地方政府分担责任、让个人及家庭承担更多责任的改革过程，对我国正在建设中的长期护理保险制度有重要的启示意义。

一、正确处理好政府和家庭及个人的责任

根据政府和家庭在长期护理服务中的责任，有学者将欧洲国家的长期护理制度分为北欧模式、欧洲大陆模式和地中海模式。荷兰、丹麦和瑞典属于北欧模式，是正规护理相对重要，而非正规护理相对不重要，公共部门承担着个人护理需求的主要责任。作为另外一个极端，地中海模式的典型代表希腊，正规护理几乎没有，非正规护理极端重要，家庭和个人是护理需求的主要责任人。法国和比利时属于欧洲大陆模式，正规护理和非正规护理则都相对重要。

在荷兰，很大比例的女性是兼职就业，因此理论上非正规护理可以扮演相对重要的角色。荷兰理论上可提供的非正规护理服务量在 10 个国家中是最多的，但实际上却是最低的。荷兰许多父母（尤其是母亲）可利用的时间都用来亲自照顾自己的孩子，而不是选

择托幼机构。有学者指出，① 荷兰人的观念就是，家庭是孩子自然的照管人，而国家是老人的管家。虽然许多荷兰人也部分照顾父母，但正规护理的接受度高，老人也更愿意独立，不愿意麻烦孩子。但是，荷兰的制度特点也给财政带来了极大压力，尤其是随着人口老龄化程度加深，制度的财务可持续性面临较大挑战。从 20 世纪 90 年代开始，荷兰通过采取各种措施，比如增加使用者付费、提高个人及家庭责任等方式，来减轻长期护理制度支出压力。特别是 2008 年全球金融危机以来，随着政府财政吃紧，制度的可持续性问题日益凸显。荷兰近年来长期护理保险制度改革的本质，就是要调整国家和个人的责任，提高个人及其家庭的护理责任，减轻国家的负担，这实际上也是各国控制长期护理费用过快增长的一个普遍趋势。

因此，在我国长期护理保险制度建设过程中，要在充分考虑我国经济社会发展阶段和我国家庭文化传统等基本国情的基础上，综合考虑长期护理服务需求和长期护理服务资源，选择适合我国国情的制度模式，明确制度定位，合理划分政府和个人及其家庭的责任。

二、正确处理好政府与市场的关系

荷兰长期护理保险制度的改革过程，实际上也是划清政府和市场边界、妥善处理“有形的手”和“无形的手”关系的过程。与医疗保险经办一样，长期护理保险经办工作委托给健康保险公司来承担，这是荷兰政府充分利用市场机制的一个重要体现。同时，在长期护理服务提供上，荷兰政府也逐步由生产者转向购买者和市场的监管者。

在我国长期护理保险制度建设过程中，也要充分利用市场机制和市场主体的力量，调动各种社会资源和社会资本。特别是随着我国社会保险覆盖面不断扩大，经办工作疲于应付的局面日益明显，应当充分利用市场力量，不断提升经办工作能力和效率。同时，长期护理保险制度有其提供服务的特殊性，因此在我国老龄化日益严重的情况下，长期护理服务的供给和需求矛盾将日益突出，也需要充分发挥市场机制作用。

三、处理好不同制度之间的协调和衔接

长期护理保险制度虽然是一项独立的社会保险制度，但其良好运行必然要涉及与其他制度之间的协调。在大的政策体系下，必然涉及不同的部门。政策目标能否实现，很大程度上取决于不同部门之间分工合作是否顺畅。因此，长期护理保险制度要取得较好效果，既要靠制度和政策的衔接，也要靠不同部门之间的协调配合。荷兰经过历次改革，使得长期护理制度由各种制度和政策体系构成，其中《长期护理法案》是长期护理制度的核心。但医疗保险制度、社会救助制度等也与长期护理密切相关，不同制度的管理部门、资金来源、受益人群等均存在一定差异，如何明确各个制度的功能定位，并做好衔接协调，产生制度的最大合力，这成为荷兰未来制度发展的一大挑战。

---

① Bettio F, Plantenga J. Comparing Care Regimes in Europe. Feminist Economics, 2004, 10 (1): 85 - 113.

荷兰长期护理保险制度改革发展中出现的这一突出问题，对我国长期护理保险制度建设发展有一定的警示意义。在我国制度建设过程中，这方面的教训已有不少，一些领域“九龙治水”局面造成的低效并不鲜见。因此，我国长期护理保险制度的建设，要协调好与医保、卫生、民政等部门的关系，最大限度发挥合力，提高制度运行绩效。

第八章　瑞士长期护理保险制度发展研究

第一节　瑞士基本情况

一、人口状况

（一）人口数量持续增加

根据瑞士联邦统计署的数据，[①] 2017 年瑞士总人口数约为 851.27 万人，人口密度 206 人每平方公里。瑞士目前总和生育率（total fertility rate）约为 1.53，初生婴儿死亡率（infant mortality rate）约为 4‰，女性和男性人口预期余命[②]（life expectancy）分别为 84.75 岁和 80.50 岁。按照联合国人口司中方案下的预测（见图 8－1），其总人口将呈现持续增长的趋势，增速不断放缓。预计到 2100 年，瑞士总人口数将超过 1 000 万人。

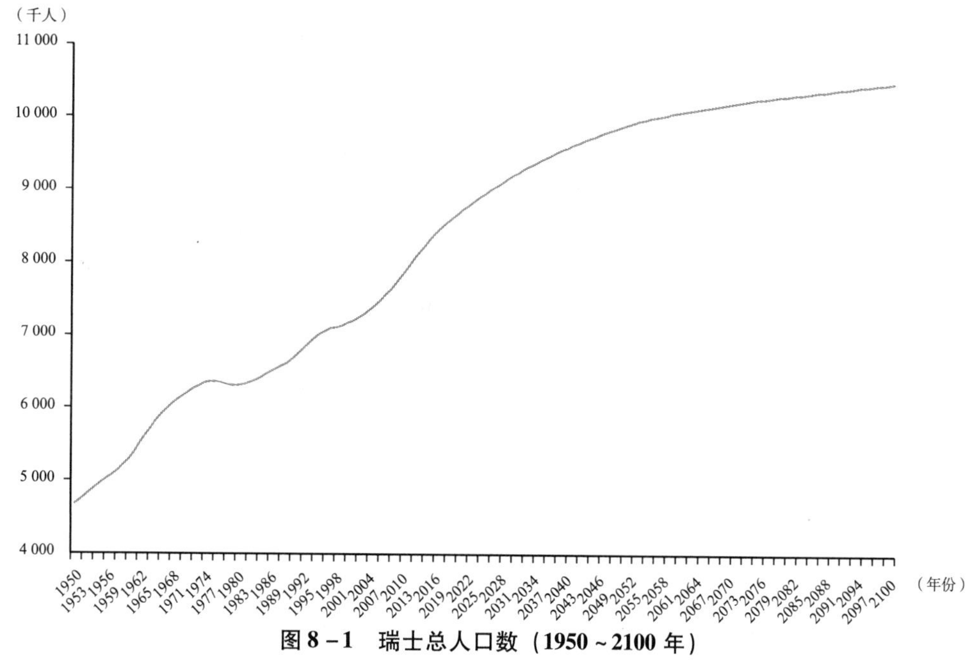

图 8－1　瑞士总人口数（1950～2100 年）

注：2016 年以后数据为预测数据。

资料来源：联合国人口司 . 2017 年世界人口展望。

---

① 瑞士联邦统计署官网，https：//www. bfs. admin. ch/asset/en/1155－1800.

② 此处是指 0 岁人口平均预期余命。

（二）总人口抚养比及老年人口抚养比不断提升

瑞士的总人口抚养比（total dependency ratio）[①] 曾经在1985～2015年之间出现了一段时间的小低谷，并于1990年达到最低值46.2%，但是2010年以后，瑞士总人口抚养比呈现出上升的趋势（见图8－2）。瑞士的少儿抚养比（child dependency ratio）在1950～1955年的5年间从35.1%上升到36.9%，之后1955～1965年的10年间就一直维持在36.8%左右的水平，此后不断下降，在2010～2015年之间降至22.0%左右，之后缓慢上升，至2055年开始维持在25%左右并在小范围内上下波动（见图8－2）。自20世纪50年代以来，瑞士老年抚养比（old-age dependency ratio）就已经达到10%以上，并呈现出不断上升的趋势；从2010年开始，老年抚养比呈现出加速上升的态势，从而带来人口总抚养比的持续上升，在2100年将超过60%（见图8－2）。

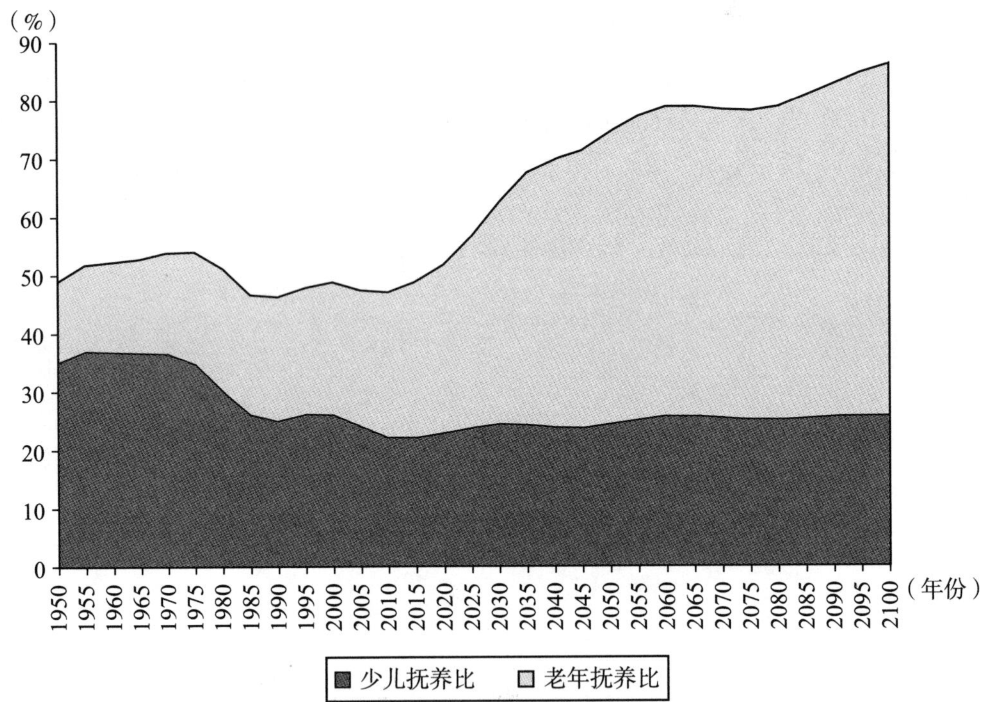

图8－2 瑞士人口抚养比（1950～2100年）

注：2016年及以后数据为中方案（Medium Variant）下的预测数据。
资料来源：联合国人口司．2017年世界人口展望。

① 此处的总人口抚养比是指0～14岁人口和65岁及以上人口之和占15～64岁人口的比例，下文的老年人口抚养比和少儿人口抚养比相应的分别为65岁及以上人口和0～14岁人口占15～64岁人口的比例。

二、社会经济

瑞士是世界上最为稳定的经济体之一。其政策的长期性、安全的金融体系和银行的保密制度使瑞士成为避税投资者的安全避风港。瑞士是世界上最为富裕的国家之一，人均收入处在世界最高行列，世界银行将瑞士归入高收入国家。

（一）经济长期增长稳定

瑞士经济保持着长期相对稳定的增长趋势。自 1981 年以来，瑞士经济只有 5 年负增长（分别是 1982 年为 -1.31%、1991 年为 -0.92%、1992 年为 -0.04%、1993 年为 -0.13% 和 2009 年为 -2.22%），2 年较低增长（分别是 2002 年为 0.16% 和 2003 年为 0.04%），其余均为相对较高增长的年份（见图 8-3）。受 2008 年国际金融危机的影响，瑞士在 2009 年经历下挫后，率先走出金融危机并呈现出强劲的复苏势头。2010 年，瑞士经济迅速复苏回升至 3.0%，并实现从 2010 年至 2017 年连续 8 年的扩张和增长（见图 8-3）。2017 年，瑞士 GDP 高达 6 788.9 亿美元，人均 GDP 为 76 667.44 美元，均属世界前列（见表 8-1）。

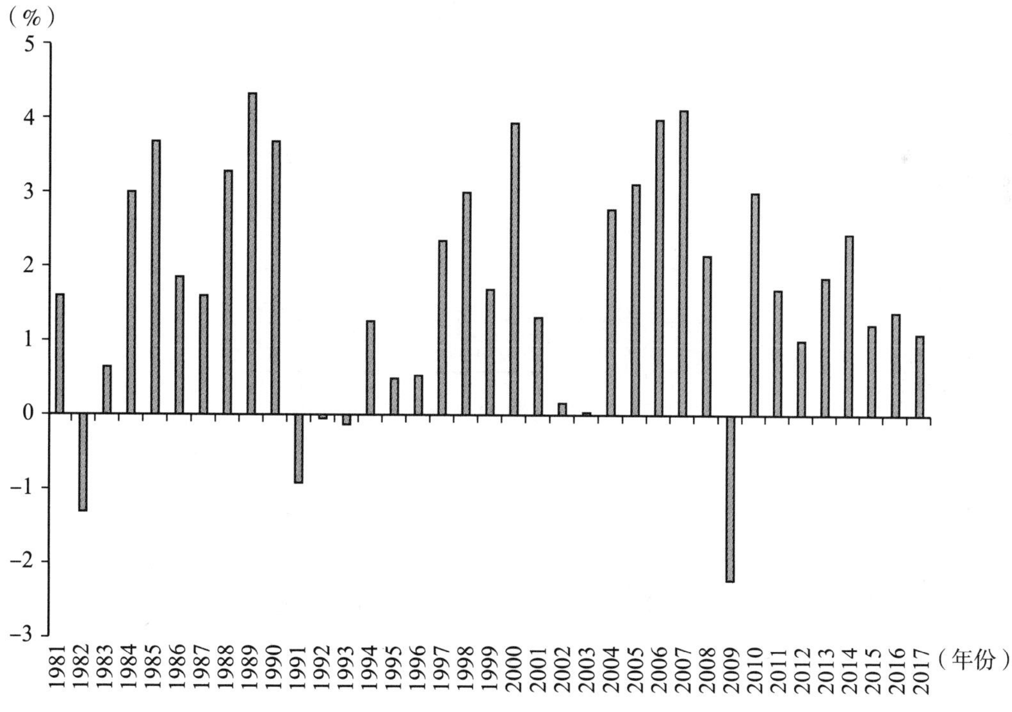

图 8-3　瑞士经济增长率（1981~2017 年）

资料来源：Trading Economics. Switzerland-Economic Indicators. 2019。

表8－1　　2008～2017年瑞士的GDP与人均GDP

年份	GDP（10亿美元）	人均GDP（美元）	年份	GDP（10亿美元）	人均GDP（美元）
2008	554.36	75 793.63	2013	688.5	75 499.71
2009	541.51	73 189.19	2014	709.18	76 410.86
2010	583.78	74 605.72	2015	679.29	76 472.46
2011	699.58	75 029.76	2016	668.75	76 682.64
2012	668.04	74 984.14	2017	678.89	76 667.44

资料来源：Trading Economics. Switzerland-Economic Indicators. 2019。

（二）劳动力市场稳定

瑞士劳动力市场稳定，失业率一直保持在较低水平。金融危机以前，瑞士失业率水平维持在2.5%左右；金融危机期间，失业率出现一定程度的上升，即使如此，也没有超过4.5%；金融危机之后，瑞士失业率很快下降至3.2%左右的水平，并持续到2017年6月；近两年则呈现出逐步回落至2.5%的趋势（见图8－4）。从横向比较来看，瑞士的失业率水平远远低于OECD国家的平均水平。2017年，瑞士失业率只有3.2%，远低于OECD国家的6.1%平均失业率水平。①

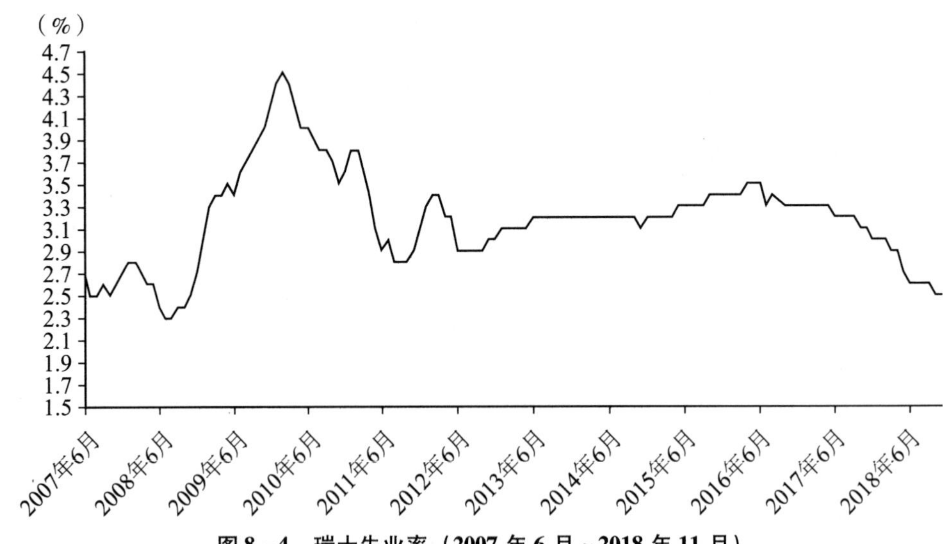

图8－4　瑞士失业率（2007年6月～2018年11月）

资料来源：瑞士联邦统计署，https：//www. bfs. admin. ch/bfs/en/home. html。

① OECD. Unemployment Rate（indicator）. 2020. doi：10. 1787/997c8750－en（Accessed on 13 May 2020）.

第二节 瑞士社会保障体系

瑞士有着由不同类型险种构成的联系紧密的社会保险网络，为在瑞士工作或生活的个人及其家庭成员提供广泛的保护，使他们免受因没有保险而无法承担的经济后果所带来的风险。任何在瑞士有收入的雇员以及任何生活在瑞士但没有收入的居民都要参加瑞士的社会保障制度。瑞士社会保障体系被分为五个不同的部分：养老、遗属、伤残保险（三支柱制度）；疾病及意外保险；强制性服务或产假时的收入补偿津贴；失业保险和家庭津贴。这些不同类型的保险以养老金、失业津贴或家庭津贴的形式或通过偿还因疾病、生育或意外事故而产生的费用的方式为参保者提供社会风险的保护。

一、养老保险

瑞士的养老保险制度由三支柱构成。

（一）养老和遗属保险

第一个支柱为国家保障基金，又称为养老和遗属保险（old-age and survivor's insurance，OASI）。这是一种以维持公民最低生活水平为制定依据的普遍性的强制性的保险计划，目的是至少部分补偿公民因退休或死亡而减少或损失的收入。该计划覆盖全体在瑞士生活或者工作的人。

1. 筹资来源

任何根据养老和遗属保险金计划投保的人士，即任何在瑞士居住或工作的人士，必须缴纳保费。[①] 保费征集与养老和遗属保险福利的支付由养老和遗属保险赔偿办公室负责。从 17 岁生日后一年的 1 月 1 日起，从事有收入工作的个人必须缴纳养老和遗属保险费，直到其达到养老和遗属保险金计划规定的领取养老金的年龄（男性 65 岁，女性 64 岁）[②]为止，缴费比例按雇员收入的 8.4% 收取[③]（雇员和雇主各自支付全部保费的一半），没有上限，雇主从雇员的薪金中扣除雇员的供款，连同雇员的供款一起存入养老和遗属保险基金。对于自雇者，养老和遗属保险赔偿基金根据收入计算应支付的保险费，一般适用

---

① 无职业者也必须支付 OASI 的供款。但是，如果他们有收入的配偶或者民事伴侣支付至少两倍于 OASI 最低缴款（每年 478 瑞士法郎），则他们可以免除这项义务。

② 如果在 65 岁和 62 岁以后还在工作的男女，仍旧要求继续投保，可以继续缴纳保险金，并以在投保的收入基数中每月扣除 1 300 瑞郎或每年扣除 15 600 瑞郎的方式降低实际缴纳保险费的金额。

③ Social Security in Switzerland. p21. https：//www. ahv-iv. ch/en/Social-insurances/Old-age-and-survivorss-insurance-OASI.

7.8% 的费率。① 如果年收入低于 56 400 瑞士法郎，按比例下降可以使缴款率降低到 4.2% 。②没有从事有收入的工作的个人也必须在 20 岁生日后一年的 1 月 1 日开始缴纳保费，养老和遗属赔偿办公室根据其资产和以养恤金或福利形式收到的收入的 20 倍确定应支付的缴款额，但是如果其有收入的配偶或者民事伴侣支付至少两倍于养老和遗属保险计划的最低缴款（每年 478 瑞士法郎③），则可以免除这项义务。对于已婚人士或民事合伙人，供款是根据配偶或者合伙人的资产或福利加总的一半来计算。一般来说，缴款根据州一级的税务评估进行。养老和遗属保险计划每年的供款从 392 瑞士法郎到 19 600 瑞士法郎不等。④领取养老金但仍有收入的劳动者，必须继续缴纳保险费，缴费以超过每月 1 400 瑞士法郎或者每年 16 800 瑞士法郎的收入份额征收。⑤

2. 福利安排

养老和遗属保险计划所发放的主要福利包括退休及尚存受养人的养恤金及无助津贴（用来支付某些特定类型的护理费用）和支持材料（为居住在瑞士的退休残疾老人提供的设备补贴），这些福利是根据通货膨胀和工资增长而调整的。达到退休年龄的个人有权领取养老金。养老和遗属计划的养老金按年平均收入和缴款年限计算，决定养恤金数额的有三个因素：个人缴纳保险费的年数、收入以及抚养子女和照顾家庭成员的奖金。凡缴款满期者，发给全款养恤金。

（二）职业养老金

第二大支柱是职业养老金（COPA），也称为强制职业保险，于 1985 年 1 月 1 日起随着《联邦职业养老、遗属和伤残保险法》的颁布而施行，该计划可使被保险人能够在退休后合理地继续退休前已经习惯的生活方式。职业养老金计划连同养老和遗属保险计划一起使养老金收入应达到参保人最后薪金的 60% 左右。

所有参加养老、遗属和伤残保险且年收入超过 21 330 瑞士法郎⑥（2020 年的规定）的工薪阶层均强制性要求参加职业福利计划。该体系的保险资金由雇主和雇员按照各自承担一半的原则形成，雇员承担部分直接从薪金扣除，与雇主承担的份额一起交给第二支柱的养老基金管理机构。第二支柱的养老基金管理机构由联邦社会保障部在各州分设、统一管理，各养老基金机构可在法定范围内自行确定缴纳额。因此，第二支柱养老保险缴费率与养老基金机构有关，也与个体年龄有关。男 25 ~ 34 岁（女 25 ~ 31 岁）保费按平均工资的 7% 缴纳；男 35 ~ 44 岁（女 32 ~ 41 岁）的缴费率为 10% ；男 45 ~ 54 岁（女 42 ~ 51 岁）的缴费率为 15% ；男 55 ~ 65 岁（女 52 ~ 61 岁）的缴费率为 18% 。⑦ 第二支柱的养老基金以个人账户基金积累制的方式运行，待遇与缴纳数额和投资收益相关。

---

①②④⑤ Social Security in Switzerland. p21. https：//www. ahv-iv. ch/en/Social-insurances/Old-age-and-survivorss-insurance-OASI.

③ Social Security in Switzerland. p20. https：//www. ahv-iv. ch/en/Social-insurances/Old-age-and-survivorss-insurance-OASI.

⑥ Switzerland's Old-Age Insurance System. p23. https：//www. bsv. admin. ch/bsv/en/home/social-insurance/bv. html.

⑦ Switzerland's Old-Age insurance System. p26. https：//www. bsv. admin. ch/bsv/en/home/social-insurance/bv. html.

（三）个人公积金计划

第三支柱是个人公积金计划，由个人自愿参保，其目的是使个体退休后从 OASI、COPA 和个人公积金计划获得的养老金能够保证其与退休前相同的生活水平。该支柱作为一种补充性质的保障，具有更强的投资性和自由性。有参保意愿的个体可与银行机构或者私人保险公司签订合约，个人可以自主决定每年缴纳的总金额。通常来说，政府会通过对缴纳保险的税率减免等政策积极推广并鼓励国民更多地参与到个人储备计划中，以降低社会保障制度对政府财政的压力。比如，除了 OASI 和职业养老保险，有收入的就业者可以自由加入第三支柱养老保险。拥有第二支柱保险的员工每年最多可以留出 6 826 瑞士法郎①的免税额度。个人公积金计划的基金只有在保险事件（退休、死亡或伤残）发生或在某些情况（如购买自己的住房）下才会发放，具体可获得的福利取决于合同的拟定情况。任何超过正常退休年龄继续工作的人都可以推迟支付（最多推迟 5 年）第三支柱的养老金资产，直到他们离开有收入的工作。因此，有关人士在超过正常退休年龄后继续工作期间可继续参与享有税收优惠的第三支柱计划。

二、健康保险

瑞士的健康保险主要承保疾病、生育及意外事故，保证被保险人在疾病、生育或意外事故中能够获得良好的医疗，而这些事故并没有包括在意外保险之内。因此瑞士的健康保险包含了医疗保险和生育保险的内容。

（一）覆盖范围

在瑞士，人人都必须有健康保险。任何在瑞士居住超过 3 个月的人必须在 3 个月内购买健康保险，刚出生孩子的父母必须在 3 个月内通知保险公司，父母和子女分别投保。②每个人都有选择健康保险供给者的自由。瑞士联邦公共卫生办公室（FOPH）的网站提供完整的健康保险公司名单。一般来说，雇主不安排健康保险。根据《人员自由流动协定》或《欧洲自由贸易区公约》，受瑞士社会保障制度管辖的居住在国外的个人也必须参加强制性健康保险。联邦政府制定基本医疗保险最低标准，各州的医疗保险方式可在满足最低标准的情况下有所不同。

（二）保险费缴纳

健康保险的保费由投保人自负。

1. 保费优惠措施

根据不同保险公司的情况，下列情况下个体可享受保费减少优惠。

---

① Switzerland's Old-Age Insurance System. p30. https：//www. bsv. admin. ch/bsv/en/home/social-insurance/bv. html.

② FSIO. Social Security in Switzerland. https：//www. bsv. admin. ch/bsv/en/home/social-insurance/bv. html.

（1）超额的免赔额选择。如果个人选择的年度免赔金额高于300瑞士法郎，保险公司会提供保费减免。对于成年人来说，可以选择的免赔额有500瑞士法郎、1 000瑞士法郎、1 500瑞士法郎、2 000瑞士法郎或2 500瑞士法郎。对儿童来说，可以选择的免赔额有100瑞士法郎、200瑞士法郎、300瑞士法郎、400瑞士法郎、500瑞士法郎或600瑞士法郎。①

（2）服务提供者的选择有限。个人可选择只接受一个名为“健康维护组织”（Health Maintenance Organization）的团体诊所的治疗，或先咨询家庭医生（family doctor system），家庭医生将决定是否需要转诊给专家。这样做，他们将受益于保费的降低，但将放弃选择医生或医院的权利。

（3）保险津贴。如果保险期间个人并未要求任何保险赔偿，则可以享受每年减少的保费，但这种情况相对少见。

2. 保费计算方法

健康保险的保费不按收入计算，取决于保险公司、居住地和所选择的保险模式。由联邦政府或者州政府为低收入人群支付部分健康保险费。

（二）覆盖的服务

健康保险包括的服务内容有：诊断、治疗和医疗车。强制医疗保险还覆盖在发生疾病或事故时提供的服务（如果不包括在意外保险政策范围内）和妇产保健。支付下列费用：诊断和治疗疾病的后续费用，即检查、治疗和门诊或住院医疗费用；分析、药物、检查或治疗中使用的制剂和项目、对规定的水疗治疗和医疗康复措施的费用；运输和救援费用（每年的贡献为50%，运输费用总额为500瑞士法郎，救援费用总额为5 000瑞士法郎）；② 属于预防医学范畴的某些检查，例如新生婴儿和儿童的检查，或妇科检查；产科服务。

（三）个人自付部分

个人必须支付的部分为保险费、超额费用、共付额以及在某些情况下，医院账单的一部分。一个拥有瑞士强制医疗保险的人每年支付的固定金额以及按百分比分摊的费用标准为：在住院期间，未受教育的成年人和青年人（25岁以下的受保人）必须每天缴纳15瑞士法郎的住院费。③ 免赔额一般为每年300瑞士法郎。④ 18岁以下青少年不设起付线，其他人在超过起付线部分的分担比例为10%，⑤ 该共付部分成人最高可达700瑞士法郎，儿童最高可达350瑞士法郎。由一家保险公司承保的同一家庭的几个孩子的共同支付金额不超过1 000瑞士法郎，⑥ 实行个人负担封顶，超过部分由保险基金负担。如果使用原研制剂，而仿制药出现在报销药品清单上，则费用共付的份额为20%。⑦ 在怀孕第13周后至

---

①②③④⑤⑥⑦ FSIO. Social Security in Switzerland. https://www.bsv.admin.ch/bsv/en/home/social-insurance/bv.html.

分娩后8周内提供的产科服务或与健康有关的服务，不需要被保险人支付任何费用。[①]

（四）生育保险

瑞士的生育保险包含在健康保险之内，生育保障待遇的内容包括医疗服务和津贴支付。只要参加健康保险，即可享受生育医疗待遇；如果在分娩前9个月内至少工作满5个月，并参加9个月的保险的所有女性雇员和自雇人士可享受生育津贴待遇。

三、失业保险

（一）保障范围

瑞士失业保险除了在失业、工作时数减少、因天气原因而没有工作和雇主无力偿债的情况下提供福利以外，也支持重新融入社会的措施。瑞士失业保险覆盖任何有收入的雇员以及“老年、遗属及伤残保险计划”（OASI/DI）的参保人，个体经营者不受失业保险的保障。

（二）筹资来源

除极少数例外情况外，任何有收入的就业人员都必须向失业保险计划缴费。失业保险缴费基数参照缴纳养老和遗属保险金计划的收入计算，缴费比例为2.2%，最高14 200瑞士法郎，由雇主和雇员按照各自50%的比例承担；收入在148 200瑞士法郎以上的，需额外缴纳1%的团结捐款。[②]为不受瑞士强制性失业保险计划约束的外国雇主工作的个人，必须自己全额缴纳保险费。

（三）待遇标准

失业救济金的发放标准为保险工资的70%，[③] 作为日常津贴发放。最高保险薪金与强制意外保险的薪金相当，即12 350瑞士法郎。[④]除了失业津贴外，失业保险还提供以下福利：积极返回劳动力市场的奖励津贴；工时减少的津贴；坏天气津贴和雇主资不抵债时的津贴。已就业至少12个月并已缴纳强制性失业保险费的失业者有权领取失业救济金。[⑤]

四、家庭津贴

（一）家庭津贴的性质

家庭津贴是瑞士社会保障制度的一部分，与其他类型的社会保险项目不同，家庭津贴

---

①②④⑤ FSIO. Social Security in Switzerland. https：//www. bsv. admin. ch/bsv/en/home/social-insurance/bv. html.

③ 对于有义务照顾25岁以下儿童的个人，或每天领取低于140瑞士法郎的津贴的个人，或因至少40%的残疾程度而领取DI养恤金的个人，这一比例可上升到80%。

不是收入的替代，而是旨在部分补偿子女抚养费的收入补充。

（二）筹资来源

自2013年1月1日起，所有独立个体将遵守《联邦家庭津贴法》，个体有缴纳会费的义务，并拥有要求获得家庭津贴的权利，家庭津贴的应享权利受《联邦家庭津贴法》和有关州条例或《联邦农业部门家庭津贴法》（FLG）的保护。家庭津贴的缴费主要来源于雇主，雇主按照雇员薪金的一定百分比为其缴纳家庭津贴费用，具体的缴费率则因州、经济部门和州赔偿办事处家庭津贴而异。

（三）津贴的发放

子女未满16岁（如学徒期或持续教育，则为25岁）且父母是雇员或个体经营者、农民以及低水平就业的家庭有权领取家庭津贴。对于16岁以下的儿童，家庭津贴以儿童津贴的形式发放，每个儿童每月至少200瑞士法郎；对于16～25岁的仍在接受教育的儿童，每个儿童每月至少250瑞士法郎。[①] 此外，各州可给予高于以上法定最低限额的福利，一些州还提供生育和收养津贴。

第三节　瑞士长期护理保险的筹资制度

与大多数经合组织国家一样，瑞士正式的长期护理（LTC）筹资混合了公共资金和私人资金。

一、主要筹资来源

瑞士长期护理服务主要有三大支付来源：强制性社会健康保险（MHI）、私人家庭和来自各级政府的补助（见图8－5）。此外，补充私人保险、强制意外保险和军事保险也在长期护理服务筹资中扮演着次要角色。图8－5左侧显示了私人家庭与其他支付者之间的联系。私人家庭支付社会健康保险和其他保险的费用，同时向三级政府纳税；相应地，当私人家庭支付了保险费用以及应纳税额后，则可获得社会健康保险或其他保险的报销，也可直接从国家各级政府获得补贴。除了保费和税收以外，私人家庭还要支付免赔额和自付额。从图8－5的右侧可以看出，所有类型的支付者都为疗养院护理和家庭护理提供了资金。在瑞士，对非正式照顾者的财政资助有限。联邦层面，在决定退休和遗属福利时可以将照顾亲属的时间考虑在内。护理服务提供者和接受者必须共同居住，并且服务接受者必须是遭受中度或者重度的损伤。在某些情况下，退休福利和损害津贴可直接支付给同住的非正式照顾者。在某种程度上，可以通过疗养院短期床位和非政府组织提供的临时帮助来获得临时看护。

---

① FSIO. Social Security in Switzerland. https：//www. bsv. admin. ch/bsv/en/home/social-insurance/bv. html.

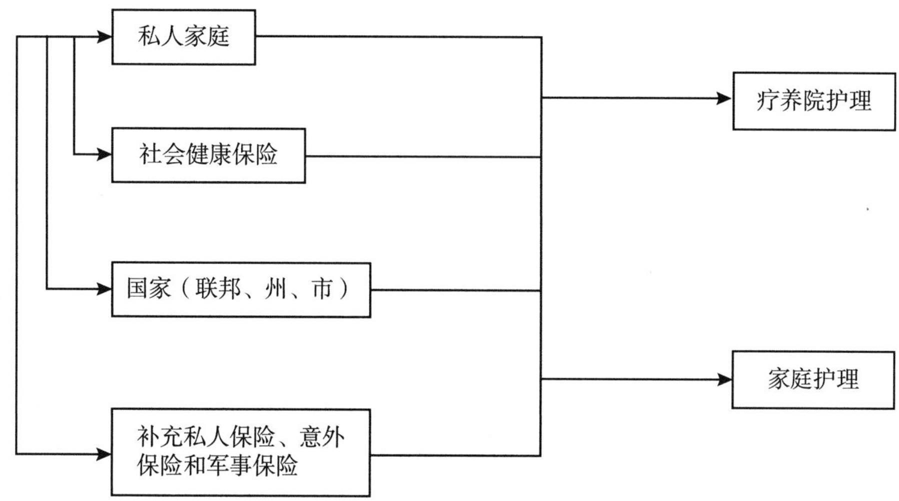

图 8-5 瑞士长期护理筹资责任主体概览

资料来源：France Weaver. Long-Term Care Financing in Switzerland. Financing Long-Term Care in Europe Chapter 15，2012：279-299。

二、社会健康保险涵盖的长期护理服务

（一）社会健康保险概况

自 1996 年以来，社会健康保险对所有居民都是强制性的，属于强制性的基本医疗保险。瑞士医疗保险的参保以个人为单位，并非以雇主为基础。瑞士全国有 100 多家公司提供同样的强制性医疗保险类型。不同的保险公司、地区（州以下）、年龄层（0~18 岁、19~25 岁、26 岁以上）和保险类型的保费各异。原则上，保费与收入、财富或健康状况无关。州政府为将近 30% 的低收入个人参加该类保险提供一定补贴。① 如今，社会健康保险的保费不断增加。2008 年，26 岁及以上成年人的平均保费达到每月 315 瑞士法郎。各州的保费也从下瓦尔登州的 219 瑞士法郎到日内瓦的 419 瑞士法郎不等。②

（二）涵盖的长期护理服务

由社会健康保险覆盖的长期护理服务范围由联邦政府确定。所涵盖的长期护理服务必须由医生开处方，主要包括以下三类服务：病人及其亲属的护理需要评估和建议；医疗保健，如诊断和治疗；基本护理，主要指协助完成日常生活活动（ADL）。综合而言，社会健康保险所涵盖的长期护理相关服务可以被视为“与医疗相关”的护理，因为它们包括

① Balthasar A，Bieri O，Gysin B. Monitoring 2007. Die Sozialpolitische Wirksamkeit der Pramienverbillifung in den Kantonen，Interface Politikstudien，BAG report（Luzern：Interface），2008.

② FOPH（Federal Office of Public Health）. Data Needed to Supervise the Compul-sory Health Insurance 2008，available in French or German，http：//www. bag. admin. ch/themen/krankenversicherung/00261/05417/index. html? lang = fr，accessed Octo-ber 2010.

医疗护理本身，以及由于健康状况恶化而导致的吃饭、穿衣、换乘、洗澡或淋浴以及使用卫生间等日常活动能力受限时的支持。当个体被认定对护理服务的依赖为永久性时，长期护理服务的覆盖范围没有时间限制。根据联邦政府的法律，这样的长期护理服务可以在家中或者疗养院等任何情况下提供，然而因居住方式不同所得的来自政府不同数额的补充福利，将会对实际的护理设置产生影响。

（三）长期护理费用的报销

从2010年开始，长期护理费用的报销率通常由州级权威机构批准、社会健康保险公司组成的中央协会和州级家庭护理或者疗养院护理服务的提供者共同协商制定。用于确定所需护理水平的工具和与护理等级相对应的报销率，在不同的州也是不同的。例如，在四个讲法语的州，日内瓦州（Geneva）、沃州（Vaud）、纳沙泰尔州（Neuchatel）和侏罗州（Jura），疗养院护理是由基于护理所需分钟数的PLAISIR（Planification Informatisee des Soins Infirmiers Requis）工具来测量的。其他州使用的评估工具则是基于有效的护理分钟或与评估相关的分组（BESA和RAI/RUG）。

由于社会健康保险是由个人保费支付，一些人认为这种支付方式是私人的，也有人将保费视为一种非基于手段的税收，因此对于究竟应该将社会健康保险视为公共支付者还是私人支付者目前尚无定论。

三、私人家庭

疗养院里的食物和膳宿以及主要由IADL①来提供支持的与医疗无关的家庭护理被排除在社会健康保险的报销范围之外。2008年，食物和膳宿支出占护理家庭总支出的50%以上，而主要由IADL来提供支持的非医疗相关护理占家庭护理总支出的14%。② 这些不被覆盖的长期护理服务将由家庭自付，低收入个人可获得部分或者全额补贴。对于大多数护理类型，接受保险覆盖范围内有保障的长期护理服务的个人将支付他们参保时所选择的免赔额（从每年300瑞士法郎到2 500瑞士法郎不等）以及10%的共付额，最高可达每年700瑞士法郎。③ 被保险人可以根据实际或预期的医疗账单随时修改他们的免赔额，并面临可变的自付支出。

四、公共筹资

在瑞士，与卫生政策有关的一般原则由联邦政府确定，各州政府则负责相应服务的充足供给。因此，长期护理服务的监管和融资被分散到26个州。

（一）州政府和市政府筹资责任

各州的长期护理政策各不相同，导致各州的公共支出差异也相当大。例如，在一些

---

① 包括使病人独立生活的日常任务，如做家务、做饭、服药、购物、打电话和管理财物。

②③ France Weaver. Long-Term Care Financing in Switzerland. Financing Long-Term Care in Europe Chapter 15, 2012: 279-299.

州，长期护理政策是州政府的责任，而在另一些州，长期护理政策是市政府的责任。

（二）对服务提供机构的供应计划和补贴计划

州政府和市政府可以通过两种主要工具影响公共支出：供应计划和补贴计划。这些计划分别规定了长期护理服务的定量供给数额，和州政府、市政府对长期护理供应商的财政补贴数额。例如，在2002～2012年的十年间，许多州都暂停增加疗养院床位。由于人口压力和越来越长的等待名单，这些暂停行为受到的质疑越来越大。直到2007年，联邦政府通过联邦退休和遗属保险向家庭护理机构发放了直接补贴，情况才有所改善。在各州，一般通过家庭护理和疗养院护理提供者的官方名单确定哪些提供者可以获得补贴。尽管不被官方认可的供应商也可以进入长期护理市场，但通常不会得到补贴。针对供应商的公共补贴既可以是预先确定的财政贡献也可以是事后的赤字弥补。

（三）对个人的直接和间接补贴

除了对供应商的补贴，还有对受损个人和长期护理服务使用者的直接和间接补贴。其中两项直接补贴是在联邦政府一级确定的，并通过退休和遗属保险获得。

1. 残疾津贴

第一项是为中度或重度残疾人士提供的“残疾津贴”。这项津贴不需要经济状况调查，受益资格不取决于收入、人口特征或抚养状况。2010年，中度残疾人士的月津贴达到570瑞士法郎，重度残疾人士的月津贴达到912瑞士法郎。① 无论其是否接受正式长期护理服务都可获得该津贴。

2. 为低收入退休者和残疾人提供的补充福利

联邦政府的第二项直接补贴是为低收入退休者或残疾人提供的“补充福利”。这些补充福利的提供基于经济状况的调查，当养恤金和其他来源的收入不能支付基本生活费用时，才能申请该项补充福利。它们不以使用保健服务为条件，但在确定这些补充福利的标准时会考虑到不被社会健康保险覆盖的长期护理服务。因此，补充福利有助于疗养院护理的筹资，但是受申请者个人具体情况的影响很大。

这两种联邦直接补贴都必须由有需要的个人提出申请才能享受。目前，很多长期护理服务的提供者鼓励他们的病人申请这些福利，因为这些福利有助于支付家庭护理受益人和疗养院护理服务接受者所负担的费用。

3. 其他类型的直接补贴

州政府和市政府还会提供许多其他类型的直接补贴。例如，日内瓦州提供附加的州立“补充福利”，并在其他私人和公共捐款不足以负担个人支出的情况下，直接支付一些长期护理服务。弗里堡州向居住在家中接受正式或者非正式护理的受损个人提供一次性援助

① France Weaver. Long-Term Care Financing in Switzerland. Financing Long-Term Care in Europe Chapter 15，2012：279－299.

（2008 年为每日 25 瑞士法郎）。[①]

4. 间接补贴

除了直接补贴，长期护理服务使用者还有间接补贴。非保险覆盖范围内的长期护理服务价格，如 IADL 限制的服务，可能取决于病人的收入、财富或获得的补贴类型。例如，根据患者是否获得补充收入来制定不同的费率。

五、其他筹资主体

1. 强制意外伤害保险和军事保险

除了社会健康保险，强制意外伤害保险和军事保险也覆盖了长期护理服务。强制意外伤害保险是由雇主投保的，它包括与工作有关的意外事故和疾病。军事保险主要针对职业的和非职业的士兵、社会保护志愿者、瑞士人道主义援助雇员以及联合会的和平工作者。这两种保险比社会健康保险提供更加全面的长期护理服务。原则上，它们涵盖包括解决 IADL 受限问题在内的所有服务，而且保险是全面的，没有自付额与免赔额。

2. 补充私人长期护理保险计划

目前，长期护理保险领域没有专门用于支付与受养人有关的护理风险的私人市场。一些补充的私人计划提供了家庭护理使用或疗养院住宿的每日总价。然而，这种私人长期护理保险是在比社会健康保险更全面的急性护理保险计划中提供的。一次性付款不能完全支付长期护理成本，而且时间有限。其他私人保险计划通过为残疾人提供少量的每日津贴来提供部分保障。这种日常保险或津贴根据被保险人选择的保险级别而有所不同。

第四节　长期护理服务的评估和提供体系

一、护理等级评估和质量监管

（一）护理等级的确定

护理服务等级的确定中最重要的是居民评估工具，其由长期护理服务提供者和各州根据

① Bayer-Oglesby L. Bases statistiques pour la planification des soins de longue durée dans le canton de Fribourg a l'horizon 2010－2025，sur mandat du Service de la prévoyance sociale du canton de Fribourg，Rapport final（Neuchatel：Swiss Health Observatory），2009.

各自情况共同确定，包括资源利用组（RAI-RUG）、德语地区的 BESA（Bedarfsklärungs-und Abrechnungs-System）和法语地区的 PLAISIR（Planification Informatisee des Soins Infirmiers Requis）评估工具。2011 年瑞士对不同的评估工具进行了重新校准，以便在整个瑞士产生更具可比性的结果。不论在哪种评估工具下，患者都被根据每天所需的计划累计护理时间分为 12 个不同的护理级别。

（二）质量评估体系的建立

由于长期护理服务的提供主要由州一级政府提供，因此联邦政府层面没有提高质量的方案，只是有州一级的方案。大多数州目前正在为瑞士家庭护理协会服务申请某种形式的质量报告。最近，由瑞士家庭护理协会支持的一个研究项目开发了家庭护理质量指标。全国范围内的家庭护理和疗养院质量指标体系正在构建，但细节仍有待确定。FOPH（Federal Office of Public Health）目前正在为联邦委员会制定一项长期护理策略，将审查长期护理领域当前和未来的挑战，并可能提出解决这些挑战的立法措施。

二、长期护理服务的提供主体

在瑞士，家庭护理和疗养院护理是两种最普遍的正式的长期护理服务。

（一）家庭护理发展情况

2008 年，65 岁及以上人群中使用家庭护理超过 12 个月的占比约为 12%，80 岁以上使用家庭护理的比例达到 27%；65 岁以上老人使用疗养院超过 12 个月的比例是经合组织国家中最高的，为 10%，80 岁以上人士使用疗养院的比率则为 28%，这一年龄组在所有疗养院使用者中的占比为 75.6%。① 从 1997 年到 2008 年，家庭护理支出绝对数额从 0.8 亿瑞士法郎增至 1.4 亿瑞士法郎，其在长期护理总支出和 GDP 中的占比保持稳定，分别为 14.3% 和 0.2%；每小时的护理成本从大约 72 瑞士法郎增加到了 101 瑞士法郎。②

（二）疗养院护理发展情况

受使用者数量增加的推动，疗养院护理支出的绝对数额从 48 亿瑞士法郎增至 76 亿瑞士法郎，其在长期护理总支出和 GDP 中的占比也保持稳定；每天的护理成本略有增加，从大约 234 瑞士法郎增加到了 246 瑞士法郎（包括膳食和食品费用）。③ 此外，从各项目的使用情况来看，从社会健康保险所覆盖的服务项目中获益的人数越来越多，而从包括 IADL 等在内的非社会健康保险覆盖的服务项目中受益的人数则越来越少。

---

①②③ France Weaver. Long-Term Care Financing in Switzerland. Financing Long-Term Care in Europe Chapter 15，2012：279 - 299.

（三）提供主体的地区差异

不同州的家庭护理和疗养院护理使用有很大的差异。① 不同地区使用者的类型也不同。法语和意大利语地区的疗养院比德语地区的疗养院有更多的病例。总体而言，在长期护理服务使用上地区差异部分可能是由于年龄的分布差异、人口健康状况的差异和地方的LTC政策，比如长期护理服务的供给和针对服务供给者和使用者的补贴，以及影响当地居民偏好的文化和政治差异。

（四）医院等服务主体

在瑞士，一些长期服务仍然在急症护理医院提供，主要是在患者等待替代的护理安排时，如急救室床。非急性护理精神病医院和老年医院也提供一些制度化的长期护理服务②。辅助生活设施或日托中心等中级护理设施正变得越来越普遍，但数量仍然有限。

（五）非政府组织

此外，非政府组织在提供长期护理服务方面也发挥了作用。例如瑞士红十字会（Swiss Red Cross）、瑞士助老组织或阿尔茨海默病协会（Alzheimer Association）。它们主要提供针对IADL受限、在家吃饭、临时经济支持、辅助装备和社会活动方面的帮助。这些非政府组织接受公共补贴和私人捐款。

三、长期护理服务的不同形式

（一）社区和家庭护理

1. 瑞士家庭护理协会提供的社区和家庭护理服务

瑞士家庭护理协会（Spitex）组织为瑞士的老年人或慢性病患者提供社区护理或家庭护理服务，服务内容包括基本长期家庭护理、亚急性和中级护理、家务和社会支持，以及包括送餐、理疗服务或手足口病在内的补充服务（见表8－2）。大多数瑞士家庭护理协会服务的提供者是私人的非营利组织（协会或基金会），尽管有些是由市政府直接运营的。

2. 私人营利组织等提供的补充服务

私人营利服务组织和个人卫生保健工作者也正在通过提供更多补充服务，如夜间护理或强化护理的方式获得市场份额，且私人长期家庭护理服务的供应商于2005年成立了瑞士私人股本公司（ASPS）。

---

① Andreani T. Indicateurs des Institutions Médico-Sociales 2006. Résultats et Analyses（Neuchatel：Federal Statistical Office），2008.

② Bayer-Oglesby L. Bases Statistiques Pour la Planification des Soins de Longue Durée Dans le Canton de Fribourg a l'horizon 2010－2025，Sur Mandat du Service de la Prévoyance Sociale du Canton de Fribourg，Rapport final（Neuchatel：Swiss Health Observatory），2009.

表8-2 2012年由不同服务主体提供社区和家庭长期护理服务（按组织类型划分）

类型	总计（家）	非营利型（慈善机构）		营利型（企业）		医护人员个体	
		数量（家）	占比（%）	数量（家）	占比（%）	数量（家）	占比（%）
供给者数量	1 522	617	40.5	273	17.9	632	41.6
基本长期家庭护理	1 508	605	40.1	271	18.0	632	41.9
亚急性和中级护理	144	120	83.3	13	9.0	11	7.7
家务及社会支持	736	531	72.1	176	23.9	29	3.9
就餐	282	262	92.9	19	6.7	1	0.4
其他	446	367	82.3	56	12.6	23	5.1

资料来源：France Weaver. Long-Term Care Financing in Switzerland. University of Geneva，Switzerland。

3. 服务规模

2012年，接受瑞士家庭护理协会提供的家庭和社区长期护理服务的人数约为21.6万人（见表8-3），比接受疗养院（机构）护理的人数多52%左右。绝大多数人都是由非营利机构或公共服务提供者照顾。2012年，只有17%（36582人）的患者由营利性机构或个人医疗工作者照料，但这一数字自2011年以来略有上升，2011年营利性机构或个人医疗工作者照料的患者为16%（31869人）。在所有年龄组中，受照顾的女性人数远远高于男性。

表8-3 2012年接受家庭和社区长期护理服务的人员（按供应商类型划分）

项目	总计		非营利型（慈善机构或公众）		营利型（企业）		医护人员个体	
	数量（人）	占比（%）	数量（人）	占比（%）	数量（人）	占比（%）	数量（人）	占比（%）
总数	215 756	100.0	179 174	83.0	17 594	8.2	18 988	8.8
女性	138 819	64.3	115 101	82.9	11 558	8.3	12 160	8.8
0~4岁	652	0.5	509	0.4	17	0.1	126	1.0
5~19岁	931	0.7	686	0.6	46	0.4	199	1.6
20~64岁	27 903	20.1	20 916	18.2	2 044	17.7	4 943	40.6
65~79岁	37 166	26.8	31 726	27.6	3 030	26.2	2 410	19.8
80岁+	72 167	52.0	61 264	53.2	6 421	55.6	4 482	36.9

续表

项目	总计		非营利型（慈善机构或公众）		营利型（企业）		医护人员个体	
	数量（人）	占比（%）	数量（人）	占比（%）	数量（人）	占比（%）	数量（人）	占比（%）
男性	76 937	35.7	64 073	83.3	6 036	7.8	6 828	8.9
0~4岁	685	0.9	506	0.8	19	0.3	160	2.3
5~19岁	1 167	1.5	881	1.4	46	0.8	240	3.5
20~64岁	18 745	24.4	14 493	22.6	1 394	23.1	2 858	41.9
65~79岁	23 437	30.5	20 157	31.5	1 712	28.4	1 568	23.0
80岁+	32 903	42.8	28 036	43.8	2 865	47.5	2 002	29.3

注；因四舍五入的原因，部分数据存在分项合计与总计不等的情况，下同。

资料来源：France Weaver. Long-Term Care Financing in Switzerland. University of Geneva，Switzerland。

4. 支付来源

州政府和市政府是瑞士家庭护理协会服务最重要的支付方，约占总成本的45%。第二大支付方是医疗健康保险（MHI），约占成本的30%，家庭承担15%，其余部分由私人保险公司和遗属保险（AHV）与伤残保险（IV）补充支付①。瑞士家庭护理协会服务的可及性在不同的州之间差别很大，例如，日内瓦州瑞士家庭护理协会雇员的数量大约是阿尔高州瑞士家庭护理协会雇员的三倍。

（二）疗养院（或机构）护理

疗养院或者机构对老年人的长期护理主要由疗养院和少数养老院的护理部门提供。养老机构大多为老年人提供庇护性的居住环境，只有少量的护理床位，并且随着时间的推移，其数量一直在减少，而疗养院则专门为需要加强护理的老年人服务。

1. 服务规模

2012年，全国养老机构和疗养院共有长期护理床位约9.2万张（见表8-4）。在65岁以上的人群中，约6.6%的人有床位。大约30%的机构是由州政府或市政府直接拥有的，而30%是受补贴的私人非营利机构，40%是私人营利性机构。② 除了长期护理床位，这些机构还可以在患者住院后的最初14天提供亚急性或中级护理。③

①②③ France Weaver. Long-Term Care Financing in Switzerland. Financing Long-Term Care in Europe Chapter 15，2012：279-299.

表 8-4 2012 年瑞士养老机构和疗养院的床位 单位：张

服务部门	种类	床位数量	每千居民（65 岁及以上）
养老机构	长期	374	0.3
	短期	29	0.0
疗养院	长期	91 479	65.4
	短期	1 430	1.0
	亚急性和中级护理	246	0.2

资料来源：France Weaver. Long-Term Care Financing in Switzerland. University of Geneva，Switzerland。

2. 主要服务对象情况

养老机构和疗养院的长期护理服务的可及性一般来说是足够的，而且区域差异不像其他许多卫生保健领域那么明显。居住在疗养院的长期护理病人人数随年龄增加而增加（见表 8-5）。从表 8-5 中可以看出，高龄老人中相当大一部分选择在疗养院接受护理，在 85～89 岁高龄老人中占比约为 31%，在 90 岁及以上高龄老人中的占比增加到约 66%（2012 年某一时点的数据）。

表 8-5 2012 年瑞士入住养老机构和疗养院的老人数（按年龄划分）

年龄组	按年龄分入住养老机构和疗养院的老人数（人）			2012 年年底总人口数（人）	接受护理的老人占比（%）
	男性	女性	总计		
0～69 岁	6 067	5 740	11 807	7 060 607	0.2
70～74 岁	3 364	4 167	7 531	326 356	2.3
75～79 岁	5 544	8 818	14 362	261 434	5.5
80～84 岁	8 399	18 651	27 050	201 444	13.4
85～89 岁	10 161	28 789	38 950	125 002	31.2
90 岁 +	9 300	32 906	42 206	64 217	65.7
总数	42 835	99 071	141 906	8 039 060	
平均年龄	81 岁	85 岁			

资料来源：France Weaver. Long-Term Care Financing in Switzerland. University of Geneva，Switzerland。

3. 费用支付情况

家庭承担了大部分的疗养院内的长期护理费用（36.9%）。医疗健康保险约占成本的 17.7%，遗属保险和伤残保险的补充支付约占成本的 17.1%。其余的 30% 分摊在市政府

(8.2%)、州政府（7.3%)、其他社会保险项目（特别是遗属保险占5.9%）和其他公共项目（州或市的长期护理支持）或其他私人来源（捐赠等）。①

4. 机构运营情况

瑞士为失能者提供机构和半机构式的长期护理服务。疗养机构一般从社会和专业的角度将失能者集中整合在一起接受护理服务。2012 年，瑞士能够为身体失能人员提供护理服务的机构是20 699 家，其中大约9 300 家机构提供整合的专业化服务。② 这些机构运营成本主要由州政府承担，在总开支中的占比约为45%，残障保险承担的比例为34%，剩下14%由家庭承担。③

第五节 长期护理服务支出和非正式护理支持情况

一、长期护理支出情况

（一）总体趋势

自1997 年以来，瑞士长期护理支出增长了50%以上，增速快于医疗支出总额（42.3%）或瑞士人均GDP（26.7%）的增速。④ 长期护理支出占卫生保健支出的比例从2005 年的13%上升到2013 年的15%，而1995～2004 年仅上升了一个百分点。⑤ 2008 年，瑞士长期护理服务支出达89 亿瑞士法郎，约占医疗开支总额的16%，占瑞士国内生产总值的1.7%。⑥ 这一比例自2002 年以来一直保持稳定，处于欧洲国家的中间水平，低于一些北欧国家，如瑞典、芬兰、荷兰或丹麦，但高于法国、奥地利或德国（欧盟，2006；经合组织，2006)。

（二）支出结构

在长期护理支出的结构上，如果按护理方式来划分，瑞士与大多数西方国家一样，疗养院占长期护理支出的比例最大。1997 年，瑞士长期护理总支出为56.2 亿瑞郎，其中家庭护理支出为8.054 亿瑞郎，占比14.3%，疗养院护理支出为48.146 亿瑞郎，占比85.7%；2008 年，瑞士长期护理总支出为88.625 亿瑞郎，其中家庭护理支出为12.798 亿瑞郎，占比14.4%，疗养院护理支出为75.827 亿瑞郎，占比85.6%。⑦ 而在挪威、德国和荷兰，长期护理服务的支出中用于疗养院护理的比例不到2/3，用于家庭护理的比例则超过1/3。如果按照人口的年龄段来划分，65 岁及以上群体的长期护理服务费用占全部长

---

①②③④⑤⑥⑦ France Weaver. Long-Term Care Financing in Switzerland. Financing Long-Term Care in Europe Chapter 15, 2012: 279-299.

期护理支出的90%左右。[①] 此外，AHV 的补充福利和津贴也被用于长期护理公共支出。

近年来，由于流动护理的成本往往低于制度化护理，政策制定者们越来越主张流动护理。此外，自 1997 年以来，家庭护理支出的年增长率与疗养院护理支出的年增长率相当，并没有支出方面的证据证明长期护理方式正在向家庭护理转变。

（三）不同筹资主体的支出情况

长期护理服务的三个主要筹资主体对家庭护理和疗养院护理服务的贡献不同（见表 8 -6）。从表 8 -6 中可以看出，2008 年，社会健康保险为超过 1/3 的家庭护理服务提供了资金，而它只覆盖了不到 1/4 的疗养院护理支出。新成立的私人机构直接资助了一小部分家庭护理服务（约占家庭护理服务的 6%），但私人捐款占到疗养院支出的近 43%，主要包括膳食和伙食方面的开支。预计公共开支将用于支付一半以上的家庭护理费用和近 1/3 的疗养院费用。在家庭护理方面，补贴主要流向服务提供者，因为它们占家庭护理支出的 47%。疗养院所获得的直接补贴是有限的（占支出的近 7%）。然而，约有 1/4 的疗养院支出是通过对个人的补贴来提供的，主要形式为针对低收入个人的补充福利（1. 382 亿瑞士法郎）和损害津贴（3. 34 亿瑞士法郎）。[②]

表 8 -6　　2008 年瑞士长期护理支出分配情况

项目	家庭护理		疗养院护理	
	支出金额（百万瑞郎）	百分比（%）	支出金额（百万瑞郎）	百分比（%）
社会健康保险	455	35. 7	1808	23. 8
现金支付	81	6. 4	3 106	41. 0
公共津贴	692	54. 3	2 395	31. 6
给个人	92	7. 2	1 888	24. 9
给供给者	600	47. 0	507	6. 7
其他	47	3. 6	274	3. 6
总成本	1 275	100. 0	7 583	100. 0

资料来源：France Weaver. Long-Term Care Financing in Switzerland. University of Geneva，Switzerland。

综上所述，社会健康保险在家庭护理服务中所占的比重大于在疗养院护理服务中所占的比重。同样，家庭护理的公共补贴份额也大于疗养院护理中的份额。因此，私人家庭承担的家庭护理支出比例低于疗养院。

① OECD. Long-Term Care for Older People（Paris：OECD）. 2005.

② France Weaver. Long-Term Care Financing in Switzerland. Financing Long-Term Care in Europe Chapter 15，2012：279 -299.

二、对非正式护理服务支持状况

（一）非正式护理服务发挥的重大作用

非正式护理员发挥着重要作用，在整个护理负担中占有相当大的一部分。2012 年，约有 33. 8 万人接受了长期护理，约占瑞士人口的 4. 2%。其中约 64% 在家接受护理，36% 在机构接受护理。[①] 此外，据瑞士健康调查报告，2012 年，4. 7% 的人口和 16. 5% 的 75 岁以上的居家老人接受了家人或朋友的定期帮助。[②] 此外，据估计，有相当一部分人接受了由灵活就业人员提供的非正式长期护理服务。[③] 相当大一部分卫生保健，特别是长期保健是由非正式护理人员提供的，且这些服务对护理人员的护理要求很高。据估计，大约 4. 7% 的人口每天提供非正式帮助，另外 9. 6% 的人口大约每周提供一次非正式帮助。[④]通常情况下，非正式的护理员会在专业的德国家庭护理服务协会服务无法提供的时候，比如晚上，或者没有根据正式的需求评估支付费用的时候，确保对家人的照顾。

（二）为非正式护理者提供的服务

对非正式护理者的大多数支持服务是由州或地方组织提供的。例如，瑞士红十字会提供自助小组和培训等支持计划。然而，这些支持服务的可获得性在各区域之间有很大差异，到目前为止还没有全国性的结构化方案来支持和培训非正式护理人员。2014 年 12 月，联邦委员会提出了一项支持非正式护理员的行动计划，其中包括改善短期喘息护理服务的质量和可用性，以允许非正式护理员休假。[⑤]

三、再分配机制的实现

瑞士长期护理保险制度中再分配机制的实现有两种路径。第一种路径是长期护理服务运营的公共支出部分来自渐进式税收，因此，较富裕的个人会比较贫穷的个人缴纳更多用于资助长期护理服务的税款。当然，实际的再分配效应仍旧取决于不同社会经济地位群体

---

① FSO. Statistik der sozialmedizinischen Institutionen 2012 – Standardtabellen：Definitive Resultate. Neuchatel：Federal Statistical Office，2014.

②④ FSO. Kosten，Finanzierung-Daten，Indikatoren. Neuchâtel：Federal Statistical Office，2013（http：//www. bfs. admin. ch/bfs/portal/de/index/themen/14/05/blank/key/leistungserbringer. html，accessed 10 October 2014）.

③ Van Holten K，Jähnke A，Bischofberger I. Care-Migration-transnationale Sorgearrangements im Privathaushalt. Obsan Bericht，57，2013. Neuchatel，Schweizerisches Gesundheitsobservatorium（http：//www. obsan. admin. ch/sites/default/files/publications/2015/obsan_57_bericht. pdf，accessed 10 October 2014）.

⑤ FOPH（Federal Office of Public Health）. http：//www. bag. admin. ch/themen/krankenversicherung/00261/05417/index. html？lang = fr，accessed Octo-ber，2014.

对长期护理服务的使用。如果富人对于长期护理服务的使用更丰富，非基于收入的补贴方式，比如针对供应商和申请人的补贴就不存在再分配效应。第二种路径是对低收入个人的直接补贴，如联邦补充福利。这种补贴基于收入和财富确定获益资格，具有直接的再分配效应。当然，如果个人通过采取不必要或者额外的消费来使其达到低收入的标准线，这种情况的再分配更有可能是无效的。

第六节 长期护理服务保障制度的改革和发展趋势

一、长期护理融资和供给领域的改革

（一）改革背景

与其他国家一样，“婴儿潮”一代的老龄化引发了人们对未来医疗服务（尤其是长期护理服务）融资的普遍担忧。由于长期护理服务使用者数量的增加，预计到2030年，长期护理支出可能占到瑞士GDP的2.5%～3.0%。[①] 在这种背景下，瑞士LTC系统的长期财务可持续性受到挑战。与此同时，自2001年以来，三个主要支付方的长期护理支出都保持增长，它们的相对贡献也发生了变化。家庭护理和疗养院护理的社会健康保险份额均有所增加。在家庭护理方面，这一比例从2001年的25%左右升至2008年的近36%；与之相比，疗养院护理的这一比例增长较为缓慢，大约从19%增加到24%[②]。不同家庭护理和护理机构护理的现金支出也有所不同：前者一直保持稳定，后者则有所下降（从47%～41%）。[③] 最后，家庭护理服务在长期护理公共支出所占比例已从62%逐渐下降至54%，但疗养院护理仍稳定在三分之一。[④] 这些趋势都在一定程度上推动了2011年实施的长期护理筹资方案修订。

（二）改革目标

2008年，瑞士议会批准了联邦委员会关于重组长期护理融资体系的提案，该提案于2011年正式实施。此次改革要实现五个主要目标，其一是通过更明确地界定医疗保险对长期护理费用的支付责任以限制医疗保险在长期护理方面不断增加的开支；其二是更好地保护某些长期护理费用负担过重的群体；其三是引入由社会医疗保险所覆盖的国民服务费率；其四是引入在国家层面有统一界定的私人家庭支出贡献；其五是明确州政府的角色。

①②③④ France Weaver. Long-Term Care Financing in Switzerland. Financing Long-Term Care in Europe Chapter 15, 2012: 279-299.

（三）改革结果

1. 急性后护理类别的创立

改革结果之一是在长期护理机构中引入亚急性和中级护理病房，因而创建了一种新的护理类别，即短暂的急性后护理。在采用DRGs① 医院支付方式的背景下，会出现一些患者尚未康复，却被要求过早出院的状况。因此，自2011年起，如果在出院后住院并且护理由医生指定，则医疗保险将支付这些病房的住院费用，最长可达14天。② 新的"临时护理"包括由"急诊科住院医生"开出的最长持续两周的医疗服务。这种护理的目的是恢复病人住院前的自理能力。它必须在病人家中提供，病人可以选择住在自己的公寓，也可以住在为此专门设立的疗养院里。因此，该类服务可以由疗养院、家庭保健机构或独立的健康专业人士，如护士提供。该计划的融资方式与急症护理的融资方式相同：高达45%的费用由社会健康保险计划承担，剩下至少有55%的资金由州政府负担。③ 一个重要的挑战是如何区分"暂时性护理"和"长期护理"。这种新型的"暂时性护理"是为了部分补偿住院时间的缩短。

2. 增加新的私人支出

改革结果之二是在现有的免赔额和自付额之外又增加了一项新的私人支出。这笔支出的上限是社会健康保险最高收费的20%；家庭护理的最高收费为每小时79.8瑞士法郎，新的自付供款为15.90瑞士法郎；养院的最高每日偿付金额为108瑞士法郎。④ 因此，这种自付供款以每个疗养院护理日21.60瑞士法郎或每年7 884瑞士法郎为上限。⑤ 各州可以决定是否对所有患者或某些特定群体强制执行这20%的自付供款。⑥ 非涵盖服务仍由私人家庭承担。同时，为了部分弥补可能增加的自付支出，将扩大低收入个人的补充福利和残疾津贴。

3. 州政府对差额的补贴

改革结果之三是规定了实际的护理费用与社会健康保险和私人家庭支付的护理费用之间的差额由州政府承担。各州必须通过与服务供给者谈判来确定家庭护理服务和疗养院护理服务的费用。一些州将承担所有剩余费用，另一些州则将这些费用委托给市政当局，也有一些州由州政府和市政当局共同承担剩余费用。根据瑞士州卫生部长协会（GDK-CDS）统计，此次瑞士的融资法案修改以后，州政府和市政府的补贴增加了3.5亿瑞士法郎。⑦

---

① DRG（Diagnosis Related Groups）称为诊断相关分组，是一种病人分类方案，是专门用于医疗保险预付款制度的分类编码标准。它根据病人的年龄、性别、住院天数、临床诊断、病症、手术、疾病严重程度，合并症与并发症及转归等因素把病人分入500~600个诊断相关组，在分级上进行科学测算，给予定额预付款。DRG是一种医疗保险机构就病种付费标准与医院达成协议，医院在收治参加医疗保险的病人时，医疗保险机构就该病种的预付费标准向医院支付费用，超出部分由医院承担的付费制度。

②③④⑤⑥⑦ France Weaver. Long-Term Care Financing in Switzerland. Financing Long-Term Care in Europe Chapter 15, 2012: 279-299.

二、问题与趋势

长期护理保险融资在大多数国家都很复杂，瑞士也不例外。这种复杂性是联邦制和公共与私人支付者混合的共同作用结果。在瑞士，个人责任仍然是社会政策的核心特征。2011 年改革的影响是难以预料的。一方面，自费支出可能会增加，新的个人贡献部分意味着个人将面临较大的自付金额。如果个体的承担能力有限，各州将不得不提供补贴。另一方面，每天 220 分钟护理的社会健康保险支付上限是 108 瑞士法郎，[①] 对于需要加强护理和监督的病人来说，疗养院护理会存在资金不足的风险。各州在确定补贴剩余费用时应考虑到这一风险，并应密切注意护理质量，以确保满足护理需要。

（一）市场机制在瑞士长期护理服务体系中的作用有待加强

市场机制在瑞士长期护理保险体系中的作用是有限的，因为长期护理服务是受管制的，其供应由州政府决定。各州限制长期护理服务的供应，以限制成本的上升和公共预算的负担。修订后的 LTC 融资计划强调了监管和对供应商的直接补贴。由于缺乏竞争，供应商只有有限的动机来提高质量和效率。因此，州政府和市政府必须密切监测服务质量。

（二）长期护理服务保障体系亟待整合

迄今为止，瑞士忽视了长期护理保险的两个领域：非正式护理人员的持续供给和财政支持。长期护理保险支离破碎的供给体系可能会导致对长期护理需求无法得到满足。为了解决这个问题，一些州开始引进连续护理和护理管理的概念。目标是协调急症和长期护理服务的筹资和提供，管理服务和机构（家庭、医院、疗养院）之间的转移，更有效地利用资源，满足病人的护理和社会需要。

（三）需要加大对非正式护理的支持力度

目前瑞士对护理人员的财政支持有限。由于非正式照料起着重要的作用，而且与制度化照料相比，人们更喜欢家庭照料，因此为非正式护理人员和结构支持十分必要。在一些州，这种支持已经开始出现，如咨询、由社会健康保险覆盖的暂托服务、财政补贴、税收抵免或工作假期。

（四）加强透明性和可持续性

在未来几十年，长期护理中心的政策将面临重大挑战，以确保为老龄人口提供足够、公平和可持续的护理服务。此外，瑞士长期护理体系需要更大的透明度，一方面对公共资金与私人资金的流动进行监管，另一方面能够确定适当的财政激励在社会可承受的成本范围内满足人们对护理服务的需求。

---

① France Weaver. Long-Term Care Financing in Switzerland. Financing Long-Term Care in Europe Chapter 15, 2012: 279 - 299.

第九章　日本长期护理保险制度发展研究

日本是全世界较早进入老龄化社会的国家之一，20 世纪 70 年代日本的老龄化率已经达到 7.1%；日本也是目前全世界老龄化程度最高的国家，截至 2015 年 9 月，日本 65 岁以上老年人数量为 3 392 万人，老龄化率达到 26.7%，预计到 2030 年这一比例将超过 30%。[①] 如何有效满足老年人长期护理需求成为十分重要的社会问题。2000 年 4 月 1 日起实施的长期护理保险制度（日文为“介护保险制度”）是日本继医疗保险、年金保险、工伤保险、雇佣保险的第五个社会保险制度。日本的长期护理保险制度根据社会发展和老年人需求不断进行制度创新和完善，有效应对了老龄化社会备受关注的老年人护理问题，在制度建立、内容设计、改革创新等方面，有很多做法经验值得学习借鉴。

第一节　日本长期护理保险制度的建立

一、日本高龄者福祉政策发展沿革

日本政府对老年人福祉问题的关注由来已久，且根据经济社会发展情况和老龄化发展，不断完善老年人福祉政策。

（一）20 世纪 70 年代之前的老年人福利政策

第二次世界大战以前，日本的高龄者福祉政策仅为扶贫政策的一环，对象是特别限定高龄者。第二次世界大战结束后的 1945 年到 20 世纪 50 年代是日本的经济复苏时期，高龄者福祉属于政府生活保护的一部分，当时的养护老人院接收对象是低收入且无人照顾的老年人。1960 年代是日本经济高度发展、国民生活水平急速上升的时期。1963 年制定的《老年人福祉法》象征着日本高龄者福祉的真正开始。日本创设了特别养护老人院，规定了老年人家庭帮手。特别养护老人院的优先对象为低收入且无依靠的老年人，由地方政府根据申请人的需求及收入等情况决定是否适用。这一时期老年人福祉的问题是老年人服务相对不足。

---

① Statistics Bureau Japan, Ministry of Internal Affairs and Communications Japan. Statistical Handbook of Japan 2017. 19 – 1 Wakamatsu-cho, Shinjuku-ku Tokyo 162 – 8668 Japan, Printed in Japan ISSN 0081 – 4792, 2017.

（二）1970～2000年老年人福利情况

20世纪70年代是石油危机和经济高速增长终结的时期。日本较早进入老龄化社会，20世纪70年代老龄化率已经达到7.1%。[①] 日本政府从1973年开始实施老年人免费医疗，充实了特别养护老人院等护理设施，而老年人免费医疗措施导致老年人医疗费用大幅增加。20世纪80年代是日本经济稳步增长结束，泡沫经济来临的时期，日本的老龄化率已从20世纪60年代的5.7%上升至9.1%，[②] 老年人长期住院及失能老年人问题逐渐凸显。1982年日本政府制定《老年人保健法》，规定老年人需负担一定金额的医疗费，1989年制定促进老年人福祉十年战略，完善老年人设施、促进居家护理服务发展。20世纪90年代是日本泡沫经济结束，经济全球化发展的时期。

（三）2000年之后长期护理保险实施和发展

进入20世纪90年代以后，日本的老龄化进程明显加快，1995年老龄化率已经达到14.5%，[③] 政府制定计划完善护理服务提供体制，日本创设护理保险：日本于1997年制定《长期护理保险法》，2000年开始正式实施。2000年以后在通货膨胀、两极分化较大的社会环境下，护理服务在日本得到普及，且逐渐朝着地区综合护理体系发展。

二、日本长期护理保险制度出台背景

日本的护理保险制度的出台背景包括人口老龄化加剧、家庭结构变化、已有政策无法满足护理需求等三方面内容。第一，人口老龄化急速发展，老年人护理需求不断增加，护理风险普遍化。1970年日本约有65岁以上老年人740万人，占人口总数的7.1%；到了1990年这一数据急剧上涨，已达到1 490万人，占总人口的9.1%。[④] 相应地，需要护理的高龄者人数也逐年递增，根据估算1993年这一数据约为200万人，而2025年将达到520万人。[⑤] 第二，高龄者的家庭结构发生变化，家庭护理的局限性渐显。随着时代发展，大家庭逐渐减少，仅有夫妻二人或一人独自生活的高龄者家庭比例明显增加，从1970年的22.5%增至1990年的36.9%。而家庭护理人员中的绝大多数为女性和高龄者，1998年同居护理人员的81.2%为女性，34.8%为高龄者。[⑥] 第三，老年人福祉制度和老年人保险制度等已有制度已无法满足老年人的护理需求。护理保险实施以前的护理服务由老年福祉和医疗保险提供，进入20世纪80年代以后护理服务进行大幅改革，政府感受到了确保稳定的护理财源的必要性。

三、日本《长期护理保险法》立法过程

日本从20世纪90年代开始着手制定护理保险开始到《长期护理保险法》真正得以

①②③④ Statistics Bureau Japan, Ministry of Internal Affairs and Communications Japan. Statistical Handbook of Japan 2017. 19－1 Wakamatsu-cho, Shinjuku-ku Tokyo 162－8668 Japan, Printed in Japan ISSN 0081－4792, 2017.

⑤⑥ Statistics Bureau, MIC.

实施，经历了近十年的准备期。1994 年在厚生省设立高龄者护理对策本部，专门探讨高龄者护理系统相关问题。由不同立场的人员组成的高龄者自立支援系统研讨会经过协商提出报告，建议以社会保险方式实施长期护理制度。“新黄金计划”里也涵盖了长期护理服务基础完善计划。1995 年老年人保健福祉审议会开始审议，由于对于保险制度设计的意见不同，迟迟难以达成一致。实际上就保险方式、参保人范围、护理认定程序、保费水平、低收入人员政策、服务基础、财源等内容，审议会、省厅、国会、媒体、地方行政相关人员、老年人医疗相关人员以及学者们进行过激烈的争论。1996 年审议会向国会提出《长期护理保险法案》。1997 年《长期护理保险法案》成立，并决定从 2000 年开始正式实施。1998 年日本开始实施护理支援专员（护理经理人）考试。1999 年各都道府县开始接受认证机构的申请，市町村开始接受“要护理”认定申请，并修改了“新黄金计划”，由厚生省向地方政府，特别是市町村提供相关信息。2000 年《长期护理保险法》正式开始施行。

四、日本《长期护理保险法》的法律体系及其他相关制度

护理保险制度的实施依据是护理保险相关法律法规。日本长期护理保险由法律、政令、省令等各级法律法规构成一套完整的法律体系，包括国会通过的《长期护理保险法》《长期护理保险法施行法》，内阁制定的《长期护理保险法施行令》，以及厚生劳动省制定的《长期护理保险法施行细则》等。《长期护理保险法》是日本长期护理保险制度施行的根本依据，根据需要进行修订。《长期护理保险法实施细则》规定了部分过渡性措施，相关法律修订内容。厚生劳动省令规定了各类长期护理保险服务的基本方针、人员标准、设备标准、运营标准等内容，如明确规定了居家护理服务项目、居家护理支援项目、地区依托型服务项目的人员、设备和运营标准，护理预防服务项目的人员、设备、运营，以及支援标准。各类护理保险服务所需费用（即护理报酬）的计算标准由厚生劳动省告示规定。日本的护理保险制度与公共医疗保险制度、《残疾人自立支援法》，以及老年人福祉制度有交集，具体情况如下。

1. 日本的公共医疗保险制度

日本公共医疗保险制度中有一项“高额医疗、高额护理合算疗养费制度”，具体是指一年内某位患者本人负担的医疗费和护理费的合计费用超过一定金额时，超出部分被视为“高额医疗、高额护理合算疗养费”，返还给患者的制度。

2. 《残疾人自立支援法》

日本自 2006 年起实施《残疾人自立支援法》。该法的立法目的是保障身体残疾、智力障碍、精神残疾人员能够独立进行日常生活，开展社会生活。对于《残疾人自立支援法》有着明确规定、而护理保险法中没有规定的服务给付由《残疾人自立支援法》给予，对于残疾人自立支援制度和护理保险制度的相似服务内容，原则上由护理保险优先提供相关服务。

3. 市町村的老年人护理服务

各市町村针对65岁以上老年人实施的老年人福祉服务，大部分不需要护理认定，只要是65岁以上老年人均可享受。各市町村开展的老年人福祉服务内容种类丰富、不尽相同，包括上门理发服务、寝具烘干服务、盒饭发放服务等与生活密切相关的细微服务内容。

第二节 日本长期护理保险制度的主要内容

一、《长期护理保险法》的立法目的和理念

日本的护理保险制度是指，40岁以上的全体国民强制参加护理保险，作为参保人员缴纳护理保险费，经认定明确需要护理时，只需负担10%的护理费便可以利用护理保险服务的制度①。

（一）立法目的

《长期护理保险法》第一条明确规定了立法目的，即“对于随着年龄增加发生的身心变化引发疾病出现需要护理的状态，需要洗澡、排泄、用餐方面的护理，功能培训和看护，以及疗养管理和其他医疗的人员，为了使其能够保持尊严、增强其独立生活的能力，给予其必要的保健医疗服务和福祉服务相关给付，基于国民共同连带理念设置护理保险制度，规定保险给付等必要事项，提高国民保健医疗水平，增强福祉。”长期护理保险法的制定还有消除疾病治疗结束后持续住院的社会性住院现象，控制医疗费的目的。

（二）立法理念

从《长期护理保险法》的立法目的中可以看出该法的三大理念：一是支援需要护理的老年人，使其能够保持尊严、生活独立；二是综合提供老年人医疗服务和福祉服务；三是引入社会保险方式，全社会共同分担风险。其中，核心理念是“自立支援”，即为需要护理的老年人提供支援，使其能够独立生活。在长期护理保险制度下，利用者可以自主选择服务类型及服务提供机构，接受长期护理服务利用计划，综合利用医疗和福祉服务。

二、参保范围

在日本，根据法律实施长期护理保险的主体是市町村。日本长期护理保险制度的参保

① Campbell J C. Japan's Long-Term Care Insurance System, Eldercare Policies in Japan and Scandinavia. Palgrave Macmillan US, 2014.

范围是40岁以上国民。具体以65岁为界，分为第1号参保人（65岁以上）和第2号参保人（40~64岁）。从保险给付范围来看，第1号参保人不论任何原因，只要需要护理（卧床、老年认知障碍等导致的需要护理的状态）或需要支援（日常生活中需要支援的状态），均可获得长期护理保险给付。而第2号参保人只有在癌症晚期、关节老化等特定原因引发（特定疾病）的需要支援或需要服务时才能够获得长期护理保险给付。

长期护理保险的保障范围是制度设计时的争论焦点之一。日本政府最终将参保人和保险给付对象年龄设定在40岁以上，一方面是因为随着年龄增加的护理需求有可能从中老年开始，另一方面是考虑到40岁以上国民大多需要介入父母的护理，因此从家庭结构来看，40岁以上群体会成为长期护理保险所规定的社会支援的受益人。基于社会保险主张的负担和受益联动原则，日本将参保人年龄和保险给付对象范围均设定在40岁。

三、筹资制度

长期护理保险参保人利用护理服务时仅需支付10%的费用（高收入人群为20%或30%），除此以外的90%的费用由长期护理保险费和公费各负担一半，其中公费所占的50%再由各级政府分摊，具体为中央政府25%、各都道府县12.5%、各市町村12.5%（见表9-1）。根据厚生劳动省2016年预算案，长期护理给付费约为9.6兆日元，加上老年人负担额0.7兆日元，总费用为10.3兆日元；公费所承担的50%中，国库负担25%，包括调整交付金5%（0.5兆日元）和固定费率20%（1.8兆日元）；都道府县负担12.5%（1.4兆日元），市町村负担12.5%（1.2兆日元）。①

表9-1 日本长期护理保险制度的筹资

<table>
<tr><td rowspan="2">公费（50%）
中央财政（25%）
都道府县（12.5%）
市町村（12.5%）</td><td>第1号参保人缴纳保费（22%）
决定方式：根据护理服务基础和服务利用量预测，由每个保险人分别设定
保费水平：2015~2017年全国平均水平为每月5514日元
征收方式：从年金扣除（9成）+市町村个别征收（1成）</td></tr>
<tr><td>第2号参保人缴纳保费（28%）
决定方式：护理给付费的28%÷第2号参保人数量
保费水平：约为工资收入的1.58%
征收方式：由医疗保险人一并征收</td></tr>
</table>

资料来源：日本厚生劳动省。

（一）不同类型的参保人的给付标准

长期护理给付费中保险费占比为50%，具体是65岁以上第1号参保人的保险费

① 张建，雷丽华．日本长期护理保险制度的构成、特征及其存在的问题．日本研究，2017（1）：59-66.

占22%，2.1兆日元，40～64岁第2号参保人缴纳的保险费占28%，2.7兆日元（见表9－1）。市町村每3年为一期（2005年以前每5年为一期），制定护理保险项目计划。保险费是每3年根据项目计划规定的服务费用预算等，综合考虑3年的财政均衡设置的。截至2015年，第1号参保人缴纳保费和第2号参保人缴纳保费分别占22%和28%（见表9－1）。第1号参保人的保险费根据服务基础设施情况和服务利用量的预测，由各保险人分别设定。考虑到低收入者等的负担能力和市町村的课税情况，第1号参保人的保险费共分为9档，2015～2017年全国平均水平为每月5 514日元（见表9－1）。第1号参保人的保险费由市町村征收，原则上从年金扣缴，另有1成左右由市町村个别征收。第2号参保人的护理保险费以全国为基数计算，保险费由各医疗保险人在征收医疗保险费时一并征收，2015年约占工资收入的1.58%（表9－1）。

（二）护理保险费日益增加

随着老龄化程度日益严重，日本的长期护理保险费也水涨船高：2000～2003年全国平均仅为2 911日元的护理保险费目前（2015～2017年）已经达到全国平均5 514日元，预计到了2020年将达到6 771日元，预计2025年会增至8 165日元。[①]

值得关注的是，中央政府对于居家服务和设施服务的支援比例有所不同。对于居家服务，国库负担20%，而对于设施服务，国库仅负担15%，不足的部分需由各都道府县承担[②]。这种设计是考虑到，针对需要大笔给付费的长期护理保险设施相关费用，应由具有指定、开设服务机构权限的都道府县负担更高比例的费用。调整交付金是指，利用国库负担金25%中的5%，[③]调整“后期老年人比率上涨导致的给付增加”和“参保人的收入水平降低导致的收入减少”，同时达到调节各市町村之间财力差距的目的。

长期护理保险的个人负担比例原则上为10%，部分高收入群体负担20%或30%。[④]居家服务方面，根据护理认定等级设有可使用的护理费上限（支付限度额）。在此上限范围内利用服务时，利用者可以负担10%（高收入人群为20%或30%），对于超过上限的服务，超出的部分全部为利用者个人负担。对于设施服务费用，除了10%的护理服务费以外，个人还需负担伙食费、住宿费以及日常生活费（个人用品、文化娱乐费用等）。[⑤]短期入所生活护理所需的伙食费、滞留费也全部为利用者个人负担。

（三）低收入人群的给付安排

为了保障低收入人群也能够享受公平待遇，针对低收入群体提供伙食费和居住费减免活动。低收入人群利用设施时，可以通过申请，由保险给付负担一定金额以上的伙食费和居住费。收入负担上限和基准费用之间的差额由护理保险支付（包括特定入所者护理服务费等）。对于高额护理费，对于同一月份利用服务的利用者负担的合计金额（同一家庭内有两人以上利用者时为家庭合计金额）超过上限时，可以通过申请，将超出的部分作

①③④ Statistics Bureau，MIC；日本厚生劳动省。

②⑤ Campbell J C. Japan's Long-Term Care Insurance System，In：Campbell J C，Edvardsen U，Midford P，Saito Y.（eds）Eldercare Policies in Japan and Scandinavia. Palgrave Macmillan，2014.

为“高额护理服务费等”延后支付。

四、护理等级认定制度

护理等级认定制度［日文为“要护理（要支援）认定制度”］的宗旨是老年人处于卧床或因老年认知障碍症等日常需要护理的状态（要护理状态）时，需要对其家务或身体等日常生活进行支援，特别是护理预防服务有效（要支援状态）时，可以根据护理需求程度接受护理服务。日本的要护理（要支援）认定需要全国统一标准规定护理进行客观评价。认定结束后，原则上由需要护理支援专员制定护理服务计划，护理服务利用者按照计划使用服务。认定程序包括咨询、申请、认定调查、审查和判定、认定结果通知等几个环节。

（一）申请人到市町村的窗口进行咨询

要利用护理服务、护理预防服务的申请人可以直接进行第二项提出护理认定申请。仅想利用护理预防、生活支援服务事业的人员，无须进行护理认定，可以在地区综合支援中心或所属市的窗口接受基本调查后利用护理预防、生活支援服务项目。

（二）提出护理认定申请

利用护理服务或护理预防服务，需要提出护理认定申请。护理认定主要是判断申请人是否需要护理服务，如需服务应接受哪个级别的服务。申请可以由本人或家人进行，也可以委托成年监护人、地区综合支援中心、厚生省令规定的居家护理支援机构和护理保险设施等代理申请。申请时需提交要护理（要支援）认定申请书、护理保险证、医疗保险证（如为第2号参保人）、身份证等证明申请人身份的文件。

（三）进行认定调查、主治医师提出意见书

护理等级认定需经过两次判定，第一次基于市町村的认定调查员上门对申请人进行身心状况检查（即认定调查）和主治医师意见，通过电脑进行判定。第二次是市町村护理认定审查会根据第1次判定结果和主治医师意见进行第2次判定。经两次判定后给予护理服务申请人最终护理认定结果。

（四）认定调查内容及分类

由市町村的职员上门了解申请人和家庭情况时使用全国通用认定调查表，该调查表里包括三项调查，具体为概况调查、基本调查（74项）以及特别事项。概况调查包括申请人目前接受的服务情况、家庭情况、居住环境、是否有日常使用的机器和器械等需要特别记录的事项。74项基本调查基于调查项目计算中间评价项目得分，根据调查项目选择和中间评价项目得分，依据第一次判定软件（树形图）计算要护理等基准时间。特别事项是为了更加准确掌握护理对象相关信息。用于向审查会传达基本调查无法掌握的对象的具体、固有情况。

1. 基本调查

74 项基本调查主要包括三个方面的内容：一是对能力的判断项目，包括身体能力和认知能力；二是判断是否有残疾；三是护理方式。经过 74 项调查项目选择和中间评价项目得分，利用第一次判定软件（树形图）分别计算 8 种生活场景的护理基准时间。8 种生活场景包括：用餐、移动、排泄、保持清洁、间接护理、BPSD 护理、功能培训、医疗相关护理等。获得 8 种生活场景所需护理时间之和，计算要护理认定等基准时间，判定申请人的要护理程度（见表 9 -2）。

表 9 -2 要护理认定等基准时间

区分	要护理认定等基准时间
不符合	25 分以下
要支援 1	25 ~ 32 分
要支援 2、要护理 1	32 ~ 50 分
要护理 2	50 ~ 70 分
要护理 3	70 ~ 90 分
要护理 4	90 ~ 110 分
要护理 5	110 分以上

资料来源：Health and Welfare Bureau for the Elderly，Ministry of Health，Labour and Welfare。

针对接受特别医疗的情况，在上述 8 个生活场景需要的护理认定等基准时间的基础上，加算指定项目相应时间分数，如输液管理 8. 5 分、透析 8. 5 分、疼痛看护 2. 1 分等。①第一次判定软件设计时使用的数据，即 2009 年开始使用的要护理认定等基准时间是 2007 年针对入住特别养护、老年人保健等设施的 3 500 多名高龄者开展调查后得出的时间②。当时的调查内容是护理人员对老年人一对一跟踪护理 48 小时，详细记录老年人的身心状况得出的基准时间数据。

2. 护理认定审查会

由保险、医疗、福祉相关各方专家组成的护理认定审查会有以下三个职能：一是确定认定调查员的调查内容，即修改和确定第一次判定；二是从专业视角审查判定护理时间，

---

① Health and Welfare Bureau for the Elderly，Ministry of Health，Labour and Welfare.

② Research Team on Long-Term Care for the Elderly. Nen no Koresha Kaigo：Koresha no Songen wo Sasaeru kea no Kakuritsu ni Mukete（Long-Term Care for the Elderly in 2015：Toward the Establishment of Care Supporting the Dignity of the Elderly）. 2015.

即护理状态的维持、改善可能性相关审查判定；三是从专业角度分析疗养相关意见，提出包括有效期的疗养相关意见，最后交付护理认定审查会。以下为护理认定审查会的工作流程。

第一步：第一次判定的修改和确定。参照基本调查项目的定义，确认被选的调查结果是否符合特别事项、主治医师意见，根据需要进行修改。这一步骤主要是确认基本调查的选择合理性。参考各调查项目的定义和特别事项、主治医师意见记录内容明确理由，委托事务局进行修改。经此过程后才能确定“第一次判定”（修改后的第一次判定作为最终的第一次判定记录）。这一过程讨论的重点是：是否为单纯的调查失误、是否不同于日常状况（有无麻痹等）、调查员认为是不合理的护理（护理方法）、调查员难以判断的情况，特别医疗、确认残疾和失智老年人的日常生活自立程度。对于需要护理认定审查会判断的基本调查项目，事务局可以请认定审查会进行商讨。

第二步：护理时间相关审查判定。探讨护理时间的多少，如要修改第一次判定，需要将特别事项、主治医师意见书的具体记录作为变更理由报告事务局。要从“较一般的案例，更需要（或不需要）护理时间”的视角讨论问题。将第一次判定软件推算无法评价的部分交由委员的专业性和经验协商判断。判断“需要”或“不需要”护理时间时，需参考要护理认定等基准时间，考虑是否应该变更第一次判定。基于特别事项、主治医师意见进行审查，此时记录理由非常重要。第二步骤的讨论重点包括以下内容：一是护理量要有边际。如排尿的全护理：使用纸尿布，要定期更换；即便在卫生间排尿，但需进行全部护理时选择“全护理”。强烈抵抗护理，因尿床，每次排尿后都要清扫。再如用餐的部分护理：刚开始用餐时可以自己摄取，但马上无法自己用餐，剩下的全部需要护理；基本上可以自己摄取，对于器皿角落里剩下的部分，需要护理者用勺子喂食。二是护理时间有差距。如“想独自出门”：平均每周有一次，因独自从玄关走出住宅，需要护理人员出门寻找；几乎每天，因独自从玄关走出住宅，需护理人员出门寻找。再如尽管选择了“未接受护理”，实际上却存在护理的情况。往洗手间的移动（每天5次左右）等，通常可以自己不借助护理完成，但到食堂（每日三次）和浴室（一周数次）利用轮椅的“移动”需要护理。

针对状态维持和改善可能性的审查判定方面，符合以下任一情况为“要护理1”，不符合时为“要支援2”：由认知功能和思考、感情等的残障导致，难以理解预防给付等的利用（患老年认知障碍症的高龄者的日常生活独立生活程度2度以上）；可以预计短期内会有身心状态的变化，短期内要护理度的重度化可能性增加，大约6个月以内需要对要护理状态再评价。

第三步：护理认定审查会交付意见。为了设定认定有效期，减轻要护理状态，预防要护理状态恶化，针对必要的疗养交付意见。

护理认定有效期方面，原则上新申请或变更的有效期为6个月，更新为12个月，但可以缩短或延长。有时某个要护理状态长期化，会损害参保人的利益，如护理时间得到改善，但因要护理等级未变，需要继续居住设施，服务利用者将支付不必要的负担金。这一阶段的讨论重点是住院、出院后以及康复中等各类情况；情况急剧发生变化时；认为状态长期稳定时。

为了促进要护理状态轻减，防止要护理状态恶化，提出必要的疗养意见。专业人士集中的护理认定审查会向参保人或护理支援专业人员提出意见，可以期待更好的服务。特别是被提供的护理等被判断为“不合适”时，提出疗养相关意见就更加重要。如可以预见老年认知障碍症的急速恶化，希望尽快接受专业医师诊疗，或是由于可以预见咽下功能降低，希望利用口腔功能提高得到加算的托管护理服务。但是，审查会可以“陈述意见”，却不能直接指定服务类型。

（五）审查、认定

由护理认定审查会在电脑进行的第一次判定结果（为了公平认定，认定调查结果由电脑处理）、特别事项（调查表里未能涵盖的事项等）、主治医师意见书（主治医师对申请人身心情况的意见书）三项内容的基础上，经由专家组成的护理认定审查会综合审查，进行第二次判定。主治医师意见书是由所属市或市町村委托，要求申请人的主治医师针对申请人的身心情况制定意见书，该意见书评价申请人的生活功能。这里的主治医师是指，负责导致申请人要护理状态的直接原因的疾病治疗的医师或家庭医师等，非常了解患者身心状况的医师。

（六）认定结果通知

原则上30日以内寄送认定结果通知书和保险证。认定结果通知书里包括要护理状态等级、理由、认定有效期等，保险证里包括要护理等级、认定有效期、支付限额、认定审查会的意见、给付限制、居家护理支援机构名称和机构名称等。

1. 认定类型

根据护理认定审查会的判定结果，认定申请人的护理等级。需要护理认定结果分为以下三类，即要护理（5个等级）、要支援（2个等级）以及不符合资格（表9－3）。根据护理认定审查会的判定结果，认定“要支援1～2”“要护理1～5”“非合理”的区分。原则上由市里在30日以内寄送认定结果通知书和保险证。认定结果通知书里包括要护理状态等级、理由、认定有效期等，保险证里包括要护理状态区分、认定有效期、支付限额、认定审查会的意见等、给付限制、居家护理支援事业者名称和机构名称等。

表9－3　要护理状态的区分

要护理状态区分	主要状态	可利用的服务和事业
要支援1	基本可以自立生活，需要护理预防支援和改善	护理预防服务 护理预防和生活支援服务事业
要支援2	需要日常生活支援，由此能够护理预防的可能性很高	

续表

要护理状态区分	主要状态	可利用的服务和事业
要护理 1	步行等不太稳，日常生活需要部分护理	护理服务
要护理 2	步行不稳，排泄和入浴等部分或全部需要护理	
要护理 3	步行、排泄、入浴、穿脱衣服等几乎需要全面护理	
要护理 4	所有日常生活动作能力下降，没有护理生活困难	
要护理 5	全部生活需要护理，没有护理几乎不能日常生活	
不符合	不符合要支援和要护理的人员	基本调查上判定为护理预防、生活支援服务事业对象的人员

资料来源：Health and Welfare Bureau for the Elderly，Ministry of Health，Labour and Welfare。

具体来看，要护理可以细分为要护理 1 级、要护理 2 级、要护理 3 级、要护理 4 级，以及要护理 5 级。获得要护理 1 ~ 5 级的老年人可以根据需要选择适合自己的护理服务。此时的护理服务包括居家服务、设施服务，以及地区依托型服务。居家服务包括上门护理、上门看护、托管护理、短期入住等。设施服务包括特别养护老人院、护理老年人保健设施、护理疗养型医疗设施等三类设施。地区依托型服务包括定期巡视、随时应对型上门护理看护、小规模多功能型居家护理、夜间应对型上门护理，以及老年认知障碍症应对型共同生活护理等。

要支援类还分为要支援 1 和要支援 2，被认定为需要支援的老年人可以选择护理预防服务计划或护理预防。护理预防服务计划里包括护理预防服务和地区依托型护理预防服务。护理预防服务包括护理预防上门看护、护理预防托管康复、护理预防居家疗养管理指导等。地区依托型护理预防服务包括护理预防小规模多功能型居家护理、护理预防老年认知障碍症应对型托管护理等。要支援还可以利用护理预防护理管理，即，护理预防和生活支援服务项目、一般护理预防项目两类。护理预防和生活支援项目包括上门型服务、托管型服务，以及其他生活支援服务。一般护理预防项目是所有老年人都能利用的项目，包括护理预防普及开发项目、地区护理预防活动支援项目，以及地区康复活动支援项目等。护理认定结果显示，申请人不是护理或支援服务对象的，可以适用护理预防和生活支援服务项目及一般护理预防项目。不过也有可能被明确判定为此人不是护理预防、生活支援服务项目对象。

2. 认定有效期

原则上，认定有效期为新申请 6 个月，更新认定 12 个月（月中申请，申请日到月末 + 有效期间），但也具有一定弹性，可以在 3 ~ 12 个月、3 ~ 24 个月的可设定的认定有效期范围内进行调整（见表 9 – 4）。认定生效日即认定申请日（更新认定时为上一次认定的有效期结束日的次日）。要护理、要支援认定需要在有效期满之前更新手续。更新申请从要护理认定的有效期满日的 60 日以前开始接受申请。

表 9-4　护理等级认定有效期

申请区分等		原则上的认定有效期	可设定的认定有效期间的范围
新申请		6 个月	3~12 个月
区分变更申请		6 个月	3~12 个月
更新申请	前一次要支援→本次要支援	12 个月	3~24 个月
	前一次要支援→本次要护理	12 个月	3~24 个月
	前一次要护理→本次要支援	12 个月	3~24 个月
	前一次要护理→本次要护理	12 个月	3~24 个月

资料来源：Health and Welfare Bureau for the Elderly，Ministry of Health，Labour and Welfare。

（七）异议审查

如果申请人对市町村组织的护理认定、参保人证件交付等保险给付相关处理、保险费和课税等相关事项的处理有异议，可以向各都道府县下设护理保险审查会申请审查，审查会接受不服申诉的审理和判决。护理保险审查会是由市町村代表委员、参保人代表委员，以及公益代表委员三者构成的第三方机构。为了迅速、中立地处理护理认定相关审查要求，由仅有公益委员构成的团队进行审理和裁决。为了保证护理保险制度的实施效果，日本政府仅在护理认定制度方面就做了 10 年左右的准备，护理保险制度自实施后经过半年以上试运行，才在各市町村全面推行。

五、服务提供体系

（一）日本护理服务分类

日本的护理保险服务种类护理保险给付服务可以分为上门类服务、托管类服务、短期滞留类服务、居住类服务，以及入住类服务等五类。上门类服务包括上门家务、身体护理等，每小时大约收取 3 880 日元；托管类服务包括日间护理和日间康复两类，日间服务每日大约需要 8 980 日元（需要护理 3）；短期滞留类服务包括短期入所生活护理等，一日所需费用约为 6 600 日元（需要护理 3）；居住类服务，包括特定设施入住者生活护理、老年认知障碍症共同生活护理等。特定设施（收费老人院等）入住每日 6 600 日元（需要护理 3）①。入住类服务包括护理老年人福祉设施、护理老年人保健设施等。入住护理老年人福祉设施（特别养护老人院）一日大约需要 7 620 日元（需要护理服务 3）②。值得关注的是，上述费用只是个大概数字，因为根据老年人所居住的市町村和所选择的服务提供机构，这些费用不尽相同。

---

①② Health and Welfare Bureau for the Elderly，Ministry of Health，Labour and Welfare.

（二）护理服务提供机构

护理保险服务提供机构是由各都道府县知事指定，获得老年人保健设施许可的单位或设施，多数为私营机构。都道府县知事的指定条件包括单位或设施具有法人资格，同时满足旧厚生省令规定的人员标准和设施设备、运营标准等条件。护理价格是由厚生劳动大臣规定的，是成为保险给付对象的各种护理服务费用的计算标准。现物给付由保险人向护理服务机构支付护理价格的 9 成，剩下的 1 成由服务利用者直接向护理服务机构支付。

（三）护理服务从业人员

1. 护理服务人员分类

日本的护理保险服务提供人员主要包括护理支援专员（高级）、护理福祉师（中级），以及家庭帮手（初级）等人员。其中，护理支援专员也被称作护理经理人，前者是护理保险法上的规定称呼，后者是实际生活中的习惯性叫法。护理支援专员是指，具有医疗或护理相关国家资格证并有 5 年以上相关工作经验的人员，资格证需要五年更新。护理服务专员主要负责以下四个方面的内容：一是向利用者和家人提供咨询；二是根据利用者所希望的内容制定护理计划；三是与服务机构进行联络和调整；四是向希望进入设施的申请人介绍合适的设施。不难发现，护理支援专员是连接护理服务利用者、市町村，以及护理保险服务机构的护理保险专家。对于护理服务利用者来说，护理经理人是身边的护理保险专家，是所有护理保险服务的窗口。护理福祉师是通过国家资格考试的人员，家庭帮手则需要参加厚生劳动省的护理培训。

2. 护理服务人员培养

为了确保护理人才的数量及质量，日本政府采取了多种措施，2016 年 6 月制定“日本一亿总活跃计划”，该计划旨在努力提升护理工作的魅力、改善护理人才待遇、确保并培养多种人才、提高生产效率、减轻劳动负担。该计划的目标是 21 世纪 20 年代初培养 25 万名护理人才，为此采取多种措施：（1）通过临时护理报酬修订，自 2017 年 4 月开始每月提高 1 万日元的待遇；（2）在护理人才稀缺地区，加倍给予再就职准备金；（3）对于有意愿成为护理福祉师的学生，如工作一定期间，免除其修学借款；（4）促进护理机器人和 ICT 等的使用，提高生产效率，减轻现场负担，改善职场环境。另外，根据 2017 年 4 月 6 日的《基于新型医疗方式的医师、护士等的工作方式展望研讨会报告》，对护理职员的工作情况和职业经历开展调查。

值得关注的是，高科技产品机器人也被应用到护理行业。为了保证并提高利用者的生活品质，减轻护理人员负担，日本政府积极推行护理机器人的使用。厚生劳动省和经济产业省一起联手，明确规定机器人支援领域，具体为：换乘支援、移动支援、排泄支援、老年认知障碍症患者看守、沐浴支援等。经济产业省从 2013 年起对 133 项研发项目进行支援，仅 2016 年厚生劳动省向大约 5 000 家护理设施提供引入机器人支援。① 在 2016 年 12 月 9 日召开的社会保障审议会护理保险部会上总结的《关于护理保险制度修订的意见》

---

① 日本厚生省统计情报部．社会福祉设施调查，http：//www. mhlw. go. jp/toukei/itiran。

中明确表示，“在充分考虑护理机器人化、ICT 化的实证项目成果的基础上，对于使用机器人、ICT、手感器的机构的护理报酬、人员和设备标准的修订，可以在 2018 年护理报酬修订时进行探讨”。为了检验护理机器人利用后的具体效果，2018 年在 40 家护理机构的配合下，在看护和换乘支援领域开展实证研究。

六、护理保险制度的管理和评估

（一）护理服务机构管理

根据护理保险法的规定，日本由地方政府负责对护理服务机构进行管理，具体由都道府县、市町村负责实施。由都道府县、政令市、中核市指定和监督的服务包括居家护理服务（上门服务、日间服务、短期入所服务）、居家护理支援、设施服务和护理预防服务；由市町村指定和监督的服务是地区依托型服务，包括地区依托型护理服务、地区依托型护理预防服务和护理预防支援，具体如表 9－5。

表 9－5　日本护理服务分类管理

项目	都道府县、政令市、中核市指定、监督的服务	市町村指定、监督的服务
护理保险给付	1. 居家护理服务 （1）上门服务 ·上门护理（家庭帮手服务） ·上门入浴护理 ·上门看护 ·上门康复 ·居家疗养管理指导 （2）日间（托管）服务 ·日间护理（日间服务） ·日间康复 （3）短期入所服务 ·短期入所生活护理（短期滞留） ·短期入所疗养护理 （4）其他 ·特定设施入居者生活护理 ·福祉用具租赁 2. 居家护理支援 3. 设施服务 ·护理老年人福祉设施 ·护理老年人保健设施 ·护理疗养型医疗设施	1. 地区依托型护理服务 ·定期巡回、随时应对型上门护理看护 ·夜间应对型上门护理 ·认知障碍症应对型托管护理 ·小规模多功能型居家护理 ·看护小规模多功能型居家护理 ·认知障碍症应对型共同生活护理（集体家庭） ·地区依托型特定设施入所者生活护理 ·地区依托型护理老年人福祉设施入所者生活护理 ·复合型服务 （看护小规模多功能型居家护理）

续表

项目	都道府县、政令市、中核市指定、监督的服务	市町村指定、监督的服务
护理预防保险给付	1. 护理预防服务 （1）上门服务 ·护理预防上门护理（家庭帮手服务） ·护理预防上门入浴护理 ·护理预防上门看护 ·护理预防上门康复 ·护理预防居家疗养管理指导 （2）托管服务 ·护理预防托管护理（日间服务） ·护理预防托管康复 （3）短期入所服务 ·护理预防短期入所生活护理（短期滞留） ·护理预防短期入所疗养护理 （4）其他 ·护理预防特定设施入居者生活护理 ·护理预防福祉用具租赁	1. 地区依托型护理预防服务 ·护理预防认知障碍症应对型托管护理 ·护理预防小规模多功能型居家护理 ·护理预防认知障碍症应对型共同生活护理 （集体家庭） 2. 护理预防支援

资料来源：日本厚生省统计情报部．社会福祉设施调查，http：//www. mhlw. go. jp/toukei/itiran。

此外，还有居家护理（护理预防）福祉用具购买费的支付、居家护理（护理预防）住宅改修费的支付等。地方政府对护理服务机构采取的管理方式有指导和监察两种，指导一是为了加强机构对护理保险制度的理解，防止不当行为，实现制度管理合理化，二是为了防止高龄者被虐待和不当保护现象的发生，防止不合理护理报酬要求，实现更好的护理；监察的目的是保障护理保险给付合理化。

1. 关于指导

指导分为集体指导和现场指导两种形式。

关于集体指导，各都道府县及市町村重点考虑以下内容：一是指定事务说明，包括指定及指定更新原因、指定更新制度相关说明；二是广泛宣传护理保险法的宗旨和目的，关于行使监督指导权限的思考方式、业务规制、制度修改结构等说明；三是防止要求护理报酬相关失误和不法行为，与都道府县国保联携手开展护理报酬要求事务培训。通过上述措施，达到真正理解护理保险制度、防止不法行为的目的，实现制度管理的合理化。现场指导是指，对于设施服务、居家服务等企业及设施的指导，原则上由都道府县和市町村实施，必要时可以由厚生劳动省和都道府县共同开展现场指导。指导内容分为两个方面，一方面是运营指导，另一方面是报酬要求指导。

第一，运营指导的主要目的是防止高龄者被虐待，禁止不当保护。加强对虐待和身体约束行为的理解，推行预防措施、开展指导的同时，对于防止高龄者被虐待等，对于包含基于个别护理计划的服务提供的一系列程序的重要性，听取每一位利用者的意见。为了制定生活支援咨询和护理计划，推行个别护理，确保有尊严的生活支援服务，进行运营指导。第二，报酬要求指导是为了防止不合理的护理报酬要求。针对各种护理保险给付加算，是否基于报酬基准确保了必要的体制，是否基于个别护理计划提供服务，是否与其他职种进行协作等，听取基于申报的加算等的运营是否合理等进行调整指导。另外，确定违反运营基准或提出不合理要求时，根据需要纠正错误，一般进行行政指导，涉及利用者的生命时改为监察。

2. 关于监察

根据以下信息采取机动监察，具体包括：一是基于通报、投诉、咨询等的信息；二是向国保联、地区综合支援中心等的投诉；三是向国保联、保险人的通报信息；四是护理给付费合理化系统的分析来看显示出异常倾向的机构；五是拒绝护理服务信息公开制度相关的报告等信息。出现违法行为时，进行书面询问。具体流程如下。

有相关信息，根据报告等（现场检查）结果发现确实违反相关基准，提出改善建议，如达不到提出建议的程度，便要求机构提交改善报告书。经过改善报告书后如未能在要求期限内根据建议实施，则会公开发布相关信息。提出改善建议后，无正当理由未能在期限内采取建议相关措施时，启动向相关机构实施不利处分程序，给予机构听取和辩解的机会。此后将下达改善命令并进行公示。如机构仍不按要求采取措施，继续采取推进不利处分的流程，同样给予其听取和辩解的机会。此后仍不见效，会有两种结果，一是取消机构指定，二是停止全部或部分指定效力。与取消指定相比较，第二种处罚的优势有二，一是可以只停止不合理部分的服务，不是一刀切，具有弹性；二是为了掌握不当请求事实的证据，可以要求提交报告或充分检查，从而实现护理保险给付的合理化。

3. 监察协作

日本负责长期护理服务机构的业务监督部门和负责为老年人决定长期护理服务提供机构的部门充分协作、合理行使监督管理权限。为老年人的长期护理服务指定长期护理服务提供机构的部门包括：都道府县、指定城市、中核市、市町村。根据行使权限时候的需要，主管申报的机构有：厚生劳动省、都道府县、指定城市、市町村。主管申报的机构对护理服务机构的业务管理体制进行监督（可进入本部检查），指定权机构对机构等开展指导监督等（见表9-6）。护理服务机构应具备的业务管理体制根据机构规模有着不同要求，具体如下：20人以下机构仅需要选任法令遵守责任者，20人以上100人以下企业不仅要选人法令遵守责任人，还要具备法令遵守指南，而100人以上规模机构在前两项的基础上还需要备有法令遵守相关检查部门，即根据机构规模，所要求的人员、规定，以及部门等要求不同。

表 9－6　　日本长期护理保险制度申报类型

类型	区分	申报
1	指定机构在三个以上地方厚生局管辖区域的机构	厚生劳动大臣
2	指定机构在两个以上的都道府县，且在两个以上地方厚生局管辖区域内的机构	主要事务所所在的都道府县知事
3	指定机构在同一指定城市内的机构	指定城市市长
4	仅开展地区依托型服务（含预防）的机构，指定机构在同一市町村内的机构	市町村长
5	类型 1～4 以外的机构	都道府县知事

资料来源：介護給付費等実態調查月報（平成 29 年 10 月審査分）。

（二）护理保险制度评估

1. 护理报酬评估

日本政府一直在研究护理保险服务质量的评价方式。截至目前，以护理服务质量为基础的护理报酬主要分为以下三个方面，根据不同特点引入相应的护理报酬。一是结构，具体包括人员配置等。二是过程，包括服务机构和服务对象的相互作用。三是结果，即长期护理服务为服务对象带来情况变化，包括通过相关服务促使其回归家庭等。在护理报酬方面引入服务品质评价过程。结构评价和过程评价有以下三个特点：一是自护理保险制度创设之日起引入；二是不论结果如何，客观评价消耗时间和精力；三是由于护理机构消耗时间经历本身就可以得到评价，有效的服务提供方法和提高利用者的状态改善效果等激励措施很难奏效。这方面的主要护理报酬案例包括按照要护理程度所规划的“通用服务”的基本报酬，“上门护理”特别管理加算，“特别养护”护理体制加算等。与机构评价和过程评价不同，结果评价于 2006 年首次出现在护理预防服务中心，对于可以进行结果评价的部分，通过修订或扩充加算的方式依次引入。这种结果导向评价方式也有可能会引导护理机构在接收高龄者时考虑结果改善情况。相关案例包括：“护理预防日间护理、护理预防日间康复”机构评价加算，即对要护理程度的维持和改善进行评价；“老年人健康”回归居家、居家疗养支援功能加算，即居家回归评价；“上门康复、日间康复”社会参加支援加算，即通过康复评价社会参与。

2. 其他服务评价

日本的护理保险的其他评价包括以下两种：公开护理服务信息和第三方机构实施福祉服务评价。

（1）公开护理服务信息。依据护理保险法，为了方便护理保险服务利用者选择合理的服务机构，公开护理服务信息。由各都道府县组织护理服务信息调查，采取护理服务机构提交报告的形式，可在指定信息公开中心查看详细信息。从实施效果来看，服务提供机构需要提供客观的信息，服务提供机构之间可以学习借鉴其他机构的做法经验。利用者不但能够清楚掌握护理服务信息，还可以在此基础上比较各服务机构。

（2）第三方机构实施福祉服务评价。包括儿童、残疾人、以及老年人的服务可以通过获得都道府县认证的第三方机构进行福祉服务评价。根据《社会福祉法》开展的这项评价没有强制性，主要是为了提高服务质量，为利用者选择合适的服务提供有效参考。从实施效果来看，评价便于服务提供机构及时了解本机构的问题，接受评价机构的客观建议，提高服务质量，从而保证服务利用者获得高品质服务。现阶段，上述评价制度有着自己的问题。由于评价对象是护理服务，这类评价制度有以下三个问题：一是评价制度、评价手续费，以及评价内容根据都道府县、市町村有着较大差异；二是根据护理服务类型，如居家护理、地区依托型护理、设施护理等适用的评价制度不同；三是评价人员的资质有待提高。

第三节 日本长期护理保险制度的历次改革

日本的护理保险制度根据社会发展变化和制度需求进行修订，不断进行制度完善，尽管每一次的改革措施各不相同，但都是为了控制保险支出成本的同时提高护理服务质量，从而更好地满足日益增加的老年护理需求。2000～2006 年，日本护理保险制度处于试行新制度和发现各种问题的阶段，2006 年以后根据制度运行中出现的突出的问题进行不断调整和改革。

一、重视预防，促进长期护理保障制度的可持续性改革

2005 年日本对《长期护理保险法》进行修订，目标是构建充满活力的超老龄社会、保障护理保险制度的可持续性以及综合推进社会保障，于 2006 年 4 月开始实施。

（一）开始重视预防制度

这一阶段，日本长期护理保险的轻度患者大幅增加，但已有的轻度患者相关服务并不能很好地改善患者状态。因此，日本政府创设新型预防给付，将原本向需要支援人员提供的给付转换为护理预防给付。同时，新设地区支援项目，包括实施护理预防项目、综合性支援项目等地区支援项目。

（二）修订设施给付政策

为了保障居家和设施利用者负担的公平性，修订设施给付政策，居住费和伙食费等不再纳入保险给付对象，同时向低收入群体提供补充给付。

（三）建立了新型服务体系

随着独居高龄者和老年认知障碍症高龄者人数逐年递增，日本政府为了加强对居家护理的支援，促进医疗和护理的协作，建立了新型服务体系。包括新设地区依托型服务，新设地区综合支援中心，以及完善居住型服务。

（四）保证并提高服务品质

为了能够通过服务利用者选择符合本人的服务，提高护理服务品质，日本政府公布了护理服务信息，修订了长期护理管理方式。

（五）对本人负担方式和制度运营方式进行修订

为了关照低收入群体，减轻市町村的行政负担，修订第1号参保人保费，根据负担能力细分第1号保险费等级，加强保险人职能。

二、对长期护理服务机构加强监管

为了防止长期护理服务机构的不当经营行为的发生，促进长期护理项目正常运营，日本2008年对《长期护理保险法》进行修订，2009年5月开始实施：要求企业遵守相关法律规定；设立新的机构对长期护理服务机构实施入室检查；针对长期护理服务机构的不当经营行为制定整改政策。

（一）完善业务管理

针对护理服务机构不遵守法律法规的情况，要求其必须完善机构业务管理体制，具体根据机构规模进行要求。

（二）开展监督指导

新设机构总部具有检查权，若怀疑机构组织性开展不当行为时，可进入中央政府、都道府县、市町村具有机构总部检查。新设国家、都道府县、市町村具有改正建议和命令权，当机构的业务管理体制出现问题时，可以对该机构进行建议或命令。

（三）监管中的项目废止等

机构的停业事后申报制度改为提前申报制度。入室检查过程中提交停业申报的，不准予其再接受机构指定和更新。被取消指定资格的机构向与其有着密切关系的机构转移项目的，不准予其再接受指定和更新。

（四）指定、更新时

明确不准予指定、更新的内容。确认是否有组织性的参与不当行为，由地方政府判断是否可以进行机构指定和更新。对于跨地区机构，由中央政府、都道府县、市町村分享相关信息，紧密协作，共同应对。

（五）停业以后的服务

完善服务确保对策，明确停业时机构具有提供服务的义务。机构未能履行服务确保义务时，可对其进行劝告、命令。行政上可以根据需要对机构采取的措施进行支援。

三、构建“地区综合长期护理体系”

为使老年人在熟悉的生活社区（半小时到达的日常生活圈）独立生活，2011 年日本对《长期护理保险法》再次进行修订，构建不间断提供医疗、护理、预防、居住、生活援助等“地区综合长期护理服务体系”。此次修订要实现的社会政策目标：确保日本婴儿潮出生的一代人到 75 岁以上时（2025 年左右），即使在需要长期护理服务时仍然能够一直生活在熟悉的社区，继续惯常的生活方式，直至人生的最后阶段；应对认知障碍老年人增加的态势，为其提供本地生活。

（一）加强了医疗和护理的协作

向需要护理的老年人提供混合医疗、护理、预防、居住，以及生活支援服务的综合支援，即地区综合长期护理体系。每个日常生活区域都要制定考虑地区需求和问题的护理保险项目计划。新设能够 24 小时应对的定期巡查、随时应对服务，以及综合服务，为单身、重度的要护理老年人提供服务。允许根据保险人判断，综合实施预防给付和生活支援服务。延长护理疗养病床的废止期限。

（二）确保护理人才，提高服务品质

吸引更多的护理师和接受一定教育的护理职员加入护理行业。延期修订护理师资格获取方法。护理机构需严格遵守劳动法律法规，在指定机构的资格条件和取消机构的资格条件里添加违反《劳动基准法》这一项内容。修订护理服务信息公开制度。

（三）改善老年人的居住环境

追加了在收费老人院关于返还预付金的利用者保护规定，厚生劳动省、国土交通省加强协作，扩建能够提供服务的适合老年人居住的住宅。

（四）加大老年失智应对力度

培养和利用市民继承人，进一步保证市町村的老年人权利；将基于地区实际情况制定的失智支援方案纳入市町村的护理保险项目计划。

（五）保险人主动采取措施

协调护理保险项目计划、医疗服务以及住宅相关计划。关于地区依托型服务，允许通过招募和选拔的方式指定机构。

（六）暂缓上调保险费

利用各都道府县的财政稳定基金，减轻护理保险费负担。

（七）严格要求护理机构遵守劳动法律法规

在留住护理人才方面，机构的雇佣管理显得尤为重要。然而，在日本，包括护理领域的社会福祉相关领域违反劳动基准法的比例远高于其他行业（见表9－7）。

表9－7　2008年劳动基准法违反机构比例　单位：%

项　　目	社会福祉设施	全产业
违反机构比例	77.5	68.5
劳动基准法第24条（欠薪）	5.8	3.2
劳动基准法第37条（未支付加薪部分）	35.8	18.1
最低工资法第4条（不遵守最低工资规定）	4.7	2.8

注：社会福祉设施包括特别养护、老年人保健、老年人日间服务中心/老年人短期入住设施/上门护理机构等居家服务机构、集体老人院、收费老人院，还包括托儿所、残疾福祉相关设施/机构等。

资料来源：厚生劳动省老健局.2011年护理保险法修订案。

四、综合确保地区医疗和护理服务的提高

为建立可持续的社会保障制度，构建高效高品质的医疗提供体系，综合确保地区医疗和护理服务水平的提高，日本于2014年对《医疗法》和《长期护理保险法》进行修订。

（一）创设新型基金，加强医疗和护理的协作

这一点与地区护理设施完善促进法等相关。为了实现都道府县项目计划中记载的医疗和护理项目（病床的功能分化和协作，推行居家医疗和护理等），在各都道府县设置利用消费税增收部分的新型基金。为了加强医疗和护理的协作，由厚生劳动大臣制定基本政策。

（二）确保有效的地区医疗提供体系

这一点与医疗法相关。医疗机构向都道府县知事报告病床的医疗功能（高度急性期、急性期、康复期、慢性期）等，在此基础上各都道府县将地区医疗展望纳入医疗计划。

（三）构建地区综合护理体系，保障费用负担的公平性

这部分与护理保险法相关。促进居家医疗和护理的协作，完善地区支援项目，将预防给付（上门护理、托管护理）转向地区支援项目，实现多样化服务。在这里，地区支援项目是指市町村利用护理保险财源开展的项目。对于特别养护老人院，重点支持难以居家

生活的中度以上需要护理职能。扩大低收入者的保险费减免范围。将具有一定以上收入利用者的本人负担比例上调至20%，利用者每月支付上限金额不变。在补充低收入设施利用者的伙食、居住费的“补充给付”领取条件里追加资产等项目。

（四）其他

还包括明确诊疗补助中的特定行为，新设相关护师研修制度；明确医疗事故调查体系；促进医疗法人社团和医疗法人财团的合并；研究护理人才确保对策，将已修订的护理福祉师资格获取方式实施时间从2015年延至2016年。

五、解决财政和护理人才可持续问题

在人口老龄化加速、财政可持续性问题凸显、护理需求加大和护理人才短缺之间的矛盾明显、各地护理服务差距较大等背景下，推行了2017年护理保险改革。

（一）主要内容

主要目的是向高龄者提供自立支援，防止要护理状态的重度化，实现地区共生社会，保证制度的可持续性，向需要服务的人员提供必要的服务。主要内容包括深化、推行地区综合护理体系和确保护理保险制度的可持续性两方面内容。

1. 通过加强保险人职能，开展自立支援、防止重度化（护理保险法）

一是在老龄化发展中，推行地区综合护理体系的同时，为了保证制度的可持续性，需要由保险人分析当地实际情况，使得高龄者根据本人能力自立生活。二是市町村发挥保险人职能，支援自立、防止重度化，立法规定以下内容：在分析中央政府提供的数据的基础上，制定护理保险项目（支援）计划，并在计划内记载预防护理、防止重度化等的具体措施和目标；通过合理的指标进行业务评价；完善财政激励规定。上述主要法律事项包括：制定护理保险项目（支援）计划时，对国家提供的数据进行分析；护理保险项目（支援）计划内明示预防护理、防止重度化等相关内容及目标；由都道府县完善市町村支援规定；公布及汇报护理保险项目（支援）计划制定的目标实施情况；完善相关财政激励政策。

2. 推行医疗、护理协作（护理保险法、医疗法）

创设新型护理保险设施。为了应对今后日益增加的慢性病医疗、护理需求，新设兼备“接收需要日常医学管理的重度护理人员”“护理站”等职能和作为“生活设施”职能的新型护理保险设施。新型护理保险设施的名称为“护理医疗院”。然而，如果是从原有的医院或诊所变更为新设施时，可以继续利用变更前的医院或诊所名称。护理医疗院的职能是，针对需要护理人员提供一体化的“为了长期疗养的医疗”和“日常生活上的护理”。护理医疗院是护理保险法上的护理保险设施，在医疗法上的定位是医疗提供设施。护理医疗院的开办主体是地方政府、医疗法人、社会福祉法人等非营利法人。对于现行的护理疗养病床的过渡期限延长 6 年，即延至 2023 年。

3. 采取多种措施，实现地区共生社会（社会福祉法、护理保险法、残疾人综合支援法、儿童福祉法）

完善“我的事情、全部事情”地区综合性支援体系。第一，明确“我的事情、全部事情”的地区福祉理念。作为地区福祉理念，针对需要支援的居民的各种复合型地区生活问题，明确规定其通过居民或福祉相关人员了解及与相关机构协作解决。第二，为了实现该理念，规定市町村应制定以下综合性支援体系。一是营造能够促进地区居民参与地区福祉活动的环境。二是在居民居住附近区域，针对跨领域的地区生活问题，开展综合咨询，能够与相关机构进行联络调整。三是主要在市町村区域，生活贫困者自立咨询支援机构等相关机构协作解决复合性地区生活问题。第三，完善地区福祉计划。要求市町村努力制定地区福祉计划的同时，规定福祉各领域的共通事项，将此定位为上位计划。都道府县制定的地区福祉支援计划亦相同。四是新型共生型服务定位。为了便于高龄者和残疾儿童在同一机构接受服务，在护理保险和残疾福祉两个制度上设置新型共生型服务定位。具体制定标准等，需在 2018 年修订护理报酬及残疾福祉服务报酬时深入探讨。经此次改革，会产生能够为残疾人和高龄者同时提供服务的，兼有残疾福祉服务机构和护理保险机构职能的共生型服务机构。如此一来，原有的残疾福祉服务机构可以更为便捷地指定为护理保险机构，而护理保险机构也更为轻松成为残疾福祉服务机构。这些机构的服务内容包括：家庭帮手服务、日间服务、短期服务等。

4. 将特别高收入层的个人负担比例从 20% 上调至 30%（护理保险法）

为了保障各年龄段之间、同一年龄段内的公平性，提高制度的可持续性，在此前负担 20% 费用的人员中，收入特别高的人员的个人负担比例提高至 30%，每月 44 400 日元封顶。这项制度从 2018 年 8 月开始实施。

此前护理保险利用者的个人负担比例可以根据收入水平分为两种。即，年收入不超过 280 万日元的护理保险利用者只需负担护理费用的 10%，年收入在 280 万日元以上的患者则需负担 20%。根据此次改革，收入水平被分为三档，年收入不超过 280 万日元的患者的个人负担比例仍为 10%，年收入在 280 万～340 万日元的患者的个人负担比例为 20%，而年收入在 340 万日元以上的患者的个人负担比例则从 20% 上调至 30%。截至目前，个人负担比例达到 30% 的这部分人约为 12 万人，占全体人员的 3%。

5. 在护理缴纳金里引入总收入比（《长期护理保险法》）

第一，第 2 号参保人（40～64 岁）的保费，作为护理缴纳金，向医疗保险人征缴，由各医疗保险人一并收纳，作为护理保险参保人的第 2 号参保人应负担的费用。第二，各医疗保险人的护理缴纳金为作为第 2 号参保人“根据参保人数负担”，而在被用者保险之间实施“收入相应比例的负担”。即，在日本的护理保险财源中，国库和地方政府分别承担 25%，第 1 号参保人和第 2 号参保人的保费分别承担 22%、28%。其中，第 2 号参保人保费承担的 28% 的护理缴纳金，需要各医疗保险人根据参保人数负担的缴纳金（即按参保人数比），将此变更为除去国民保险参保人以外的职工参保人员的职工保险之间引入按总收入负担的制度，即按总收入比方式。此项改革将从 2017 年 8 月起实施，计划目标为 2017 年 1/2，2018 年 1/2，2019 年 3/4，2020 年实现全覆盖。对于各医疗保险人缴纳的护理缴纳金（40～64 岁的保险费），被用者保险之间为“总收入比”（比例与收入的负担）。

（二）改革评估

2017 年改革的关键是加强了地方政府的主体性，需要借助居民力量，支援高龄者自立生活。此前由护理师和家庭帮手等专业人员向占护理保险利用者 3 成的“要支援 1”和“要支援 2”的老年人提供的护理预防和生活支援服务，今后可以由非专业人员提供。对于原本由政府统一决定的护理服务内容，未来将由各市区町村分别判断，从而实现抑制护理费增长，减轻全社会负担，实现居民共生。是否能够按计划实现居民共生，达到预期效果，不同地区不同机构给出了不同答案。

1. 改善了要护理程度，抑制了护理费用

大阪大东市，通过组织老年人团体操，改善了老年人的要护理程度，节省了护理费用。大东市内已形成 100 多个体操团体，总参与人数达到 1 900 人：仅 2016 年就有 135 名要支援 1 或要支援 2 的老年人的身体状况得到明显改善，不再需要护理认定，从而节省了 1. 2469 亿日元的要支援服务费用；预计 2017 年，这部分费用将减少 2. 4519 亿日元。①

2. 引入“生活支援者”制度

不用依赖专业护理人员，使居民参与生活支援，帮助解决高龄者的生活问题，全体居民共同应对困难。一位 74 岁的健康老年人每 30 分钟收取 250 日元，为邻居打扫、购物，还提供不在护理保险范畴内的倒垃圾、修剪庭院、带宠物散步等服务②。

3. 部分护理机构面临困惑

在护理保险服务的居民参与度较低的九州地区，仍需要依赖专业护理人会员完成“要支援 1”“要支援 2”的工作。然而，为了激励更多的居民参与“要支援 1”“要支援 2”的工作，让专业护理人员将工作重心放在要护理程度较高的老年人身上，政府下调了“要支援 1”“要支援 2”的服务报酬，从而导致部分地区护理专业人员的收入减少。

4. 部分要支援患者状况恶化

并不是所有患者都适合自立支援，有些患者的要支援状态逐渐恶化，未能达到期待的

---

① Campbell J C, Ikegami N. Intergration as Policy in Japan's Long-term Care System. Innovation in Aging, 2017, 1: 994.

② Saito M, Kondo N, Oshio T, et al. Relative Deprivation, Poverty, and Mortality in Japanese Older Adults: A Six-Year Follow-Up of the JAGES Cohort Survey. International Journal of Environmental Research & Public Health, 2019, 16 (2): 182.

身体状态改善效果。

护理保险实施17年以来，日本政府一直强调全国统一的护理保险。然而，现阶段需要的是由各地方政府根据地区实情具体开展工作，而这一项工作需要地方政府、居民、机构等相关方一并商量。

第四节 日本长期护理保险制度的实施效果和问题

日本长期护理保险自2000年实施以来至今已有19年历史，经过不断完善取得了较好的成效，减轻了一般家庭的护理负担，提高了老年人的生活质量。

一、实施效果

（一）覆盖保障范围日益扩大

随着老龄化的发展，日本长期护理保险自2000年实施以来，参保人数不断增加。第1号参保人数由2000年的2 242万人增至2016年的3 387万人，增至1.51倍。[①] 护理等级认定申请人数及被认定人数都直线上升，特别是轻度认定者人数急剧增加。截至2016年4月，日本要护理（要支援）认定人数为622万人，是2000年218万人的2.85倍。[②] 2000年到2016年16年间，轻度认定者人数大幅增加，特别是近年来增幅进一步扩大，要支援1、要支援2、要支援到要护理过度以及要护理1的轻度认定人数增倍为3.53倍。[③] 截至2015年，日本的要护理（要支援）认定率为18.3%［第1号参保人中的要护理（要支援）认定人数/第1号参保人数量］：仅2015年的新增申请认定数量为181.9万件，更新的申请数量为342.6万人，区分更新申请数量为40.8万件。[④] 服务使用者从2000年的149万人增至2016年的496万人。[⑤]

（二）居家护理为主要护理模式

等级认定以后的长期护理保险利用形成了"以居家护理服务为主导，机构护理服务和社区护理服务为补充"的多层次服务机构。从以上日本养老服务体系老年长期护理服务的发展可以看出，自二战后日本经济恢复以来，工业化和城市化、老龄化进程促使日本一直加强养老的基础设施建设和养老服务的发展，大型机构化养老渐渐不再是养老发展的主线，而是强调在家养老，发挥社区老年护理服务的功能，由此"小规模、多功能"的

① 张建，雷丽华．日本长期护理保险制度的构成、特征及其存在的问题．日本研究，2017（1）：59－66.

②③ Naomi A，Takeru S，Takashi F，et al. Healthcare Costs for the Elderly in Japan：Analysis of Medical Care and Long-Term Care Claim Records. Plos One，2018，13（5）：e0190392.

④ Midori，Yasui，Toshiki，et al. Analysis of the Inpatient Health Care Costs for the Late Elderly. Journal of the Japan Society for Healthcare Administration，2016.

⑤ 介護給付費等実態調査月報（平成29年10月審査分）。

嵌入式社区老年护理服务成为日本老年长期护理服务发展的方向。从不同规模的设施数量及占比，可以发现日本养老服务设施的发展方向。不同类型的看护保险设施的规模及占比，看护老人福利设施中“50～59张病床”规模的占总数的32.2%；加护老人保健设施“100～109张病床”规模的占37.9%；看护疗养型医疗设施“10～19张病床”规模的占19.2%。以上均是同类型设施中，所占比例最多的设施规模状况。居家服务中，利用最多的是上门日常生活照料服务，其次是来院日常照料服务，最后是来院康复训练服务。其中，增长率最高的是失智应对型共同生活照料之家服务即针对患有失智症的老年人提供的一种居家照料服务，照料服务提供者和失智老年人共用生活并提供相应的长期护理服务。

（三）护理产业迅速发展

日本政府长期将促进居家社区老年护理服务作为老年长期护理服务发展的目标，要求各级地方政府必须根据当地实际情况制定相关的老年人居家社区护理服务计划，给予养老服务政策和资金的支持，刺激民间资本进入养老服务业投资领域。例如，1990～2010年，日本政府每年都斥巨资运营“长寿社会福利基金”，以此带动居家社区老年护理服务服务业的发展。长期护理保险制度建立之后，更是有效地促进了护理服务市场的快速发展。居家服务和机构服务机构数量快速增加。上门护理机构从2000年的9 833家增长到2015年的27 550家；介护老年人福祉设施从2000年的4 463家增长到2015年的7 065家。其中，私营“营利法人（企业）”增加最为明显①。日本的养老服务提供机构取得长足的发展，养老服务行业兴旺发达。2016年，介护预防机构为34 113个，看护事业所、介护预防机构41 448个，介护事业所、访问介护机构为35 013个，通护事业所、机构为23 038个，小规模多功能的地区密集型介护机构21 062个②。介护保险设施、介护老人福利设施有7 705个，介护老人保健设施4 241个，介护疗养型医疗设施1 324个③。

二、日本长期护理保险制度的问题

已实施16年的日本长期护理保险制度面临以下问题。

（一）人口老龄化形势依旧严峻，失智老年人比例逐年递增

2025年日本65岁以上高龄者将达到3 657万人，这一数据在2042年将会达到峰值3 878万人④。自2000年护理保险制度实施以来，作为护理保险费的负担者，40岁以上人口作为护理保险费的负担者有过上升，但在2021年迎来峰值以后会逐渐减少。65岁以上人口患老年认知障碍症的比例也在逐年递增，2012年为15%（462万人），到了2025年

---

①②③　日本厚生省统计情报部．社会福祉设施调查，http：//www.mhlw.go.jp/toukei/itiran.

④　Statistics Bureau Japan，Ministry of Internal Affairs and Communications Japan. Statistical Handbook of Japan 2017. 19－1 Wakamatsu-cho，Shinjuku-ku Tokyo 162－8668 Japan. Printed in Japan ISSN 0081－4792，2017.

将达到20%（700万人）①。户主为65岁以上单身高龄者或仅为高龄者夫妻的家庭数量将持续增加，将从2015年的23.1%上升至2035年的28%②。城市里要护理占比较高的75岁以上人口急剧增加。各地的高龄者情况不尽相同，需根据地方特点采取有效措施。

（二）财政可持续性面临挑战

随着老龄化和少子化的程度加深，护理需求日益增加，护理保险费、中央财政的负担将持续增加，护理保险制度的可持续性面临困境。未来日本的劳动力人口将继续减少，到了2060年，相比较劳动力人口的护理服务利用人数比例会增加3倍，结构性护理保险负担和公费负担将持续增加。到了2050年，健康保险组合的护理保险费率、协会健康保险的护理保险费率，以及第1号参保人全国平均保险费等，将全部达到2015年的2倍。护理给付总额从最初制定制度时的3.6兆日元增至2017年的10.8兆日元③。40岁以上国民每月支付的护理保险费的全国平均额从2000～2002年的2 911日元增至2015～2017年的5 514日元，预计到了2025年这一数据将达到8 165日元④。2016年护理保险预算为10.6兆日元，预计2025年这一数据将达到18兆～21兆日元。⑤ 预计2035年护理保险给付人员数量将增至300万人：其中，护理保险的三类设施、特定设施以及集体住宅会出现85万人的入住需求；根据这样的需求，未来每年将需要3 500亿～4 500亿日元的设施投资经费⑥。随着护理保险设施的增加，公费负担也会逐渐加大。根据现行补贴制度和优惠措施，护理设施规模越大，公费负担也越大。

（三）护理服务提供体制面临难题

护理人才供需不匹配矛盾突出。一方面，随着老龄化进程加快，未来护理服务利用数量将急剧增加，到了2035年需要支援、需要护理2以下的护理服务利用数量将达到2015年的1.5倍，需要护理3以上的护理服务利用人数则达到2015年的1.7倍⑦。且2035年以后，长期护理需求仍将持续增加。另一方面，护理服务人才缺口逐渐增大，按照目前的护理需求增长速度，2035年全日本将需要100万人以上的护理从业人员，这一数据占全体就业人数的6.1%，远高于此前的3.3%，在部分都道府县这一数据甚至达到10%⑧。然而，按照目前的人才培养速度，2035年实际从事护理行业的从业人员数量不会超过68

① Yasui M, Maeda T, Harano Y, Babazono A. Analysis of the Inpatient Health Care Costs for the Late Elderly. Journal of the Japan Society for Healthcare Administration, 2016, 53 (4).

② Saito M, Kondo N, Aida J, et al. Development of an Instrument for Community-Level Health Related Social Capital Among Japanese Older People: The JAGES Project. Journal of Epidemiology, 2016, 27 (5): 221 –227.

③④⑤ Health and Welfare Bureau for the Elderly, Ministry of Health, Labour and Welfare.

⑥ Naomi A, Takeru S, Takashi F, et al. Healthcare Costs for the Elderly in Japan: Analysis of Medical Care and Long-Term Care Claim Records. Plos One, 2018, 13 (5): e0190392.

⑦ Olivares-Tirado P, Tamiya N. Trends and Factors in Japan's Long-Term Care Insurance System. Springer Netherlands, 2014.

⑧ National Institute of Population and Social Security. Population Projections for Japan: 2001 – 2050. [in Japanese]. 2011, Available: http://www.ipss.go.jp/pp-newest/e/ppfj02?/top.html. Accessed 2012 Jun17.

万人，可预计的缺口达到32万人①。由于护理服务工资低（低于服务行业平均水平）、工作繁重、休息时间不确定，护理服务机构不仅很难招到护理服务人员，而且现有护理服务人员的离职率很高。2014年护理服务从业人员达到176.5万人，离职率高达16.6%②。相比较而言，护理服务机构规模越大，服务利用人数越多，护理服务从业人员的工资就更高、更少离职。如何确保以及引护理服务人才，同时留住人才成为近年来的课题。为此，日本政府开始引入外国护理劳动者，一方面对于改善护理从业人员的待遇的机构进行护理报酬加算；另一方面在“外国技能实习生”制度的对象范围里添加了“护理”领域。另外，近年来护理服务机构大幅增加，特别是株式会社形式的民营营利组织大幅增加，如上门护理机构从2000年的9 833家增至2014年的34 992家，其中64.4%为民营企业③。如何保证护理服务的质量，使其严格遵守相关法律也是亟待解决的问题。

（四）老年认知障碍症应对成为全民关注问题

随着老龄化进一步发展，老年认知障碍症人数快速攀升，2010年患有老年认知障碍的老人数量约为280万人，预计这一数据将在2025年达到470万人，成为护理服务的最主要利用者，如东广岛市的认知障碍症老人占全市护理等级认定人数的63%④。预防老年认知障碍症、早期治疗、确保护理体制、对家庭护理人员进行支援等均为亟待解决的问题。实际上为了全民应对老年人失智问题，日本政府已经采取了多项措施：地区层面开展预防老年认知障碍症恶化的综合性支援；采取综合性政策计划“橙色计划”，包括：针对医师、护士等从业人员进行老年认知障碍症相关教育、培训，便于早期诊断。开展地区居民培训，培养其为老年认知障碍症支援人员，对家庭护理人员进行相关支援。研究开发老年认知障碍症中的医疗和护理的协作。

（五）家庭护理人员支援对策有待完善

尽管护理保险制度实施已有17年，缓解了很多家庭的老年人护理问题，至今同居的家人仍是日本护理主力。截至2016年，家庭护理人员占全体护理人员的58.7%⑤。相比较这种情况，日本并未具备完善的家庭护理人员支援措施。目前在日本，家庭护理人员可以获得的只有护理休假，但使用情况并不好；家庭护理人员支援目前仅交由地方承担；护理津贴不适用护理保险。而依靠地方政府的特别护理津贴的使用有着严格的要求，如仅适用于重度要护理人员等。

---

① Koichiro Yuji, Seiya Imoto, Rui Yamaguchi, et al. Forecasting Japan's Physician Shortage in 2035 as the First Full-Fledged Aged Society. PLos One, 2012.

② Ogawa T. Some Japanese Measures For Securing Long-Term Care Workers. Innovation in Aging, 2017, 1: 1274 - 1275.

③ 日本厚生省统计情报部，《社会福祉设施调查》，http://www.mhlw.go.jp/toukei/itiran.

④ Yamada M, Landes R D, Mimori Y, et al. Cognitive Decline among a Dementia-Free Japanese Elderly Population: Radiation Effects Research Foundation Adult Health Study. 台灣老年醫學暨老年學雜誌，2014，9（2）：34-34.

⑤ Greiner C, Tamdee D, Okamoto N, et al. Comparison Survey on Family Caregivers of Elderly People in Thailand and Japan. Innovation in Aging, 2017, 1: 601.

（六）护理需求根据地区特点具有较大差异

不同地区的老年人收入差异较大，当地的财政水平和护理人员状况也有很大的差异，需要进一步制定符合地区特点的护理服务及具体的实施方案。同时，老年人的收入也在逐渐减少，年收入低于 300 万日元的家庭占全体老年人家庭的 60%，对不同需求支付能力的考量在地区长期护理政策制定中越来越重要①。

第五节 对我国的启示

日本长期护理保险制度是强制性保险，引入了社会保险方式，全社会共同承担风险，有效应对了日本的老年人护理问题。纵观日本长期护理保险制度从制度建立到内容设计、制度实施以及历次改革，对尽快建立符合我国国情的护理保险制度有着如下启示。

一、制度建立前认真研究、多方探讨，制度实施后加强评估、不断完善

在老龄化发展迅速，老年人护理需求旺盛，家庭结构变化，已有的老年人医疗政策和老年人福祉政策不再能满足老年人护理需求的背景下，日本从 20 世纪 90 年代开始着手建立护理保险制度，2000 年开始实施。日本于 1994 年专门设立高龄者护理对策本部，与多方利益相关人和专家学者反复讨论护理保险制度的各项内容，包括保险方式、参保人范围、护理认定程序、保费水平、低收入人员政策、服务基础、财源等内容。并于 1998 年开始实施护理支援专员（护理经理人）考试，从 1999 年开始接受指定机构申请，市町村开始接受要护理认定申请。仅护理等级认定制度一项前后就准备了 10 年之久，经过半年试行以后开始正式实施。日本长期护理保险制度的依据《护理保险法》，自 2000 年开始正式施行。日本的护理保险制度根据社会发展变化和制度需求进行修订，不断进行制度完善。重视护理预防，以居家护理为主，构建老年人能够在住惯的地区自立生活的综合护理体系等；确保护理人才稳定性，加大老年失智应对力度，提供自立支援，实现地区共生社会，保持制度的可持续性等。重要的护理政策都是在历次改革中提出并实施的。我国可以借鉴日本经验，在制度设计以前，首先，要完整地收集并研究老年人口、失能人口、经济发展趋势、医保基金结余情况等数据，精准测算长期护理所需费用、筹资、缴费水平，深入研究保障水平、护理等级认定、护理服务提供等各方面内容。其次，虽然政策制定过程中政府起主导作用，但各相关部门、各相关利益团体及个人代表、专家学者需要面对面就护理保险制度的主要内容进行全面、深入的交流和探讨，经过充分试行后开始实施。

---

① Naomi A, Takeru S, Takashi F, et al. Healthcare Costs for the Elderly in Japan: Analysis of Medical Care and Long-Term Care Claim Records. Plos One, 2018, 13 (5): e0190392.

二、多角度充分考虑财务可持续性

日本长期护理保险制度采取社会互济共担的筹资模式，经费来源于中央政府、地方政府和个人保险缴费、个人按比例自付费用几个层面。建立独立的长期护理保险制度，采用互济共担的筹资模式，能够将责任、义务、福利有机结合，保障资金来源的稳定性、可持续性。在日本，原则上利用人仅需支付10%的费用（高收入群体为20%或30%），就能享受到上门、设施、日间服务等多样的护理服务。低缴费、高保障方便了护理利用者，却使日本护理财务可持续性面临更大的挑战。为了保障财务可持续性，日本采取了开源节流的方式。一方面，上调护理保险费用，要求服务利用人收入越高负担越多，或是从税源开始进行补贴，再或是提高利用人的本人负担比例，使高收入人群负担30%；另一方面，提高护理服务效率，从而抑制服务预算，如将部分预防服务委托给地方政府。我国可以借鉴日本经验：一是筹资制度设计应当考虑民众承受能力和各地经济发展水平，在充分调研的基础上，确定民众应该缴纳的保费额度，同时设置符合不同层次老年人的护理需求；二是在待遇保障方面，初期不应设置过高待遇，建议由重度失能老人开始进行保障，并根据资金情况和实际需求循序渐进、稳步上调。

三、制定全国统一标准的科学、合理的护理等级认定制度

护理等级认定是关乎提供护理服务、获取保险给付、保证服务质量、确保护理资源合理分配等最为关键的环节。日本制定了全国统一标准调查表，通过科学、严格、标准的护理等级认定内容和程序，经过两次判定，慎重进行最终认定。第1次判定基于市町村的认定调查员上门对申请人进行身心状况检查（即认定调查，包括74项基本调查、概况调查以及特别事项调查）和主治医师意见，进行电脑判定。第2次判定是市町村护理认定审查会（由保险、医疗、福祉相关专业人士组成）根据第1次判定结果和主治医师意见进行第2次判定。日本长期护理保险认定的有效期原则上新申请为6个月，更新有效期为12个月，可根据实际情况延长或缩短有效期。我国可以借鉴日本经验，建立全国统一的护理服务等级认定制度，合理规定认定标准、程序和方法，认定过程包括基于详细调查的电脑客观判定和弥补客观判定不足的特别事项说明、专业审查委员会的主管认定，更加客观、公正地进行等级认定，且设定合理的护理服务等级、设定给付水平，组织培训护理服务等级认定人员。

四、建立专业的护理人才队伍，提供多层次、高水平的服务

日本以能够真正以参保人的需求为核心，提供多样化的护理保险服务，是因为日本已形成由护理支援专员（高级）、护理福祉师（中级）、家庭护理员（初级）等不同层次护理人员组成的专业的护理人才服务队伍，还有护理认定调查员等不同领域的护理服务人员，为养老服务业提供了有力的支撑，满足日本老年人生活照顾领域的各种服务需求。其

中，具有医疗或护理相关国家资格证和 5 年以上相关工作经验的护理支援专员，作为护理计划的设计者和联络护理服务利用者、市町村以及护理保险服务机构之间的协调人，在护理保险服务提供过程中起着至关重要的作用。尽管日本已有较为完善的保障护理人员劳动权力的专门法规，但护理服务人员数量仍很不足，较低的报酬和较高的劳动强度以及不够完善的劳动保护导致离职率较高也成为问题。而我国的护理人员也面临着人员缺乏、待遇不高、服务水平低、缺乏劳动保护等问题。我国可以借鉴日本经验，一是建立完整的护理人才队伍，包括多层次的护理服务人员、护理等级认定人员，特别关注护理支援专员等富有较强专业和经验的人员的培养；二是可加快高等院校和各位卫生职业技术学校设护理课程和专业，同时开展相关职业技能培训，满足日益增长的护理需求的，促进护理行业就业；三是提高护理人员待遇水平，保障护理人员权益，同时营造重视护理人才的氛围，加大护理人才的职业认同感。

五、鼓励民间力量参与护理服务行业，促进护理服务市场健康、有序发展

日本长期护理保险法规定满足一定标准的民营机构也可以参与护理服务提供，具体由各都道府县、市町村负责护理服务机构的指定和监管。随着护理需求日益增加，更多的民营机构参与到护理服务领域。设施服务大多数由政府、社会福利团体等非营利机构经营，政府予以资助，居家上门护理服务以及地区依托型小型设施服务可以由企业参与。民间力量进入护理服务行业，不仅缓解了政府压力，还满足了多层次服务需求，形成了行业内有序竞争，提高了护理服务质量，还创造了不少就业岗位。2005 年护理保险制度改革的重点就是防止护理服务机构的不当经营，加强对护理服务市场的监管。一是强化行政监督执法，扩大监督执法权限，增大处罚力度，针对各种新情况制定新的监管办法；二是要求服务机构内部完善相应规章制度和业务流程；三是强化定点机构准入条件；四是委托护理专员考察护理机构服务情况。我国可借鉴日本经验，鼓励民间力量参与。

六、中央和地方权责分明，近年来突出市町村的保险人主体地位

在日本，一是财源方面，中央财政和地方财政按规定比例分摊，分别是中央 25%、都道府县 12.5%、市町村 12.5%。中央政府可以通过协调金对进行协调，避免差距太大。二是政策制定方面，由中央政府负责制定，地方政府按照实施。三是制度运营方面，市町村作为护理保险制度的保险人，负责保费征缴；指定和监管护理服务提供机构；2015 年开始负责轻度要支援人员的护理预防服务；在构建符合地区特点和居民诉求的护理体系方面的作用越来越明显。我国各地经济发展水平差异较大，可以借鉴日本经验，加大地方在护理保险制度运营中的作用。

七、护理模式以居家护理为主，构建地区依托型综合护理体系，进而实现地区共生社会

在自己住惯的熟悉的环境里老去是目前全世界普遍认同的生活方式。据调查，约为95%的日本人喜欢老年以后即便是需要护理也要在本人生活习惯的环境里生活，居家护理仍为老年人护理首选。不仅如此，护理设施的护理服务费用远高于居家护理服务所需费用。以2015年为例，特别养护老人院的老年人护理保险平均支出约为25万日元，与此相比较而言，上门护理的费用仅为5万日元，是设施护理费用的1/5。日本长期护理保险制度2011年改革提出构建地区依托型综合护理体系，使老年人在30分钟到达的日常生活圈内自理生活，构建不间断提供医疗、护理、预防、居住，以及生活支援服务的“地区综合护理体系”，使老年人可以在熟悉的社区就近接受各种长期护理服务。可以借鉴日本经验，构建以居家护理为主、机构养老为辅的地区依托型护理服务，也符合“十三五”规划提出的以“居家养老为基础，社区为依托，机构为补充的多层次老年长期护理服务”。

八、关注老年认知障碍症

近年来老年认知障碍症是很多老年人需要护理服务的最重要原因之一，且近年来患者人数呈急剧上升趋势。日本政府全方位加大宣传力度，倡导全社会关注老年认知障碍症，提出“早咨询、早治疗”。不仅在中央政府层面制定“橙子计划”，多方关注老年认知障碍症，还在地方政府层面制定预防和治疗老年认知障碍症的小册子，鼓励早发现、早治疗。我国可借鉴日本经验，提前关注老人认知障碍症问题。

第十章 我国台湾地区长期照护制度发展研究

台湾地区是我国人口老龄化最早、老龄人口比重最高的地区之一。台湾进入老龄化社会后，为解决老年人长期护理问题，逐步建立起适合自身人口结构特点与文化底蕴的长期照护（long-term care）[①] 体系。大陆与台湾文化同根同源，都有爱老敬老的传统，总结台湾在建立长期照护体系过程中的经验和成果对祖国大陆有重要的启示意义。

第一节 台湾地区长期照护制度产生的背景及发展历史

一、产生的背景

人均寿命延长、老年慢性病流行、快速老龄化、家庭结构改变等原因共同导致长期照护需求快速增长，这是台湾地区长期照护政策出台的重要社会背景。

（一）人均寿命延长

医疗卫生技术的进步，使得死亡率大幅下降，台湾地区平均预期寿命逐年稳定增加。根据台湾“内政部”的统计数据，台湾地区平均预期寿命由1957年的61.49岁，提高至2014年底的79.84岁，其中男性平均预期寿命76.72岁，女性平均预期寿命83.19岁。

（二）快速老龄化

从1993年开始，台湾地区已经达到联合国、世界卫生组织所定义的老龄化社会标准，65岁以上老年人口比率达7.09%（约149万人）；截至2018年3月底，65岁以上老年人口已达约331万人，占总人口的14.05%，台湾正式进入高龄社会。[②] 根据台湾有关部门的预测数据，2026年台湾地区将迈入超高龄社会，老年人口的比率将达到20.6%（488.1万人）；2061年，老年人口比率将持续升高至38.9%（715.2万人）。[③] 随着老年人口快

---

① 长期护理，在台湾地区常被称为“长期照护”或“长期照顾”。由于涉及台湾地区相关文献，本章按习惯依循“长期照护”“长期照顾”“照护”“照顾”的相关表述。

② 台湾地区“内政部”统计资料。

③ Worldometer. Taiwan Population（1950－2020）and Taiwan Population Forecast（2020－2050）. January 2020.

速增加，慢性病与功能障碍的流行率将急剧上升，相应地，失能、半失能人口也将大幅增加，导致长期照护需求与负担也随之剧增。

（三）家庭结构改变

随着社会变迁和发展，年轻人家庭观、婚育观在不断发生改变，晚婚晚育甚至不婚不育越来越普遍，少子化趋势越来越突出，导致台湾地区家庭结构快速改变。根据台湾"内政部"的统计数据，1996 年台湾地区每户家庭人数为 3.57 人，到 2015 年，每户家庭人数下降为 2.77 人，呈现逐年下滑趋势。每户家庭人数的减少，对人口结构、劳动力供给、家庭养老照顾功能等带来重大影响。

伴随长期照护需求增加，已经导致家庭照顾负担沉重。根据台湾地区有关调查显示，在日常生活起居活动有困难的老人中，高达 63.3% 的老人是由家人照顾，超过 1/4 的照顾者因照顾失能者感觉有压力。[①] 在家庭照护功能日益弱化、女性劳动参与率日渐增加的情况下，台湾民众对完善长期照护社会保障制度的要求越来越迫切。

二、发展历史

台湾地区长期照护服务相关政策从 1980 年开始起步。在此之前，老人照护主要依赖家庭与民间志愿服务的力量，赡养机构不多，长期照护的整体社会资源很少。随着医疗科技的进步，居民预期寿命不断增加，人口老化趋势逐渐加速，台湾逐渐意识到人口老龄化所带来家庭和社会冲击，促使当局开始考虑老人及长期照护的相关政策，以满足民众日益增长的需求。台湾长期照护政策的发展变化，经历了从分散到整合、从模糊到清晰的过程，大致可以分为三个阶段。

（一）长期照护保障政策构建时期（1980～2006 年）

在这个阶段，主要由相关部门分别根据自身职责制定老年照护相关的政策，政策并没有整合，也没有形成政策体系。老年长期照护政策的主要负责部门是内政部门和卫生部门。从内政部门牵头的政策变化来看，台湾 1980 年公布实施了"老人福利法"，之后又陆续公布、实施了"社会福利政策纲领"（1994 年）、"照顾服务福利及产业发展方案"（2002～2007 年）等政策，并根据新形势和新情况对"老人福利法"进行了修订。卫生部门在这一时期也同样实施了一些重要政策。1997 年开始执行"建立医疗网第三期计划"，1998 年开始执行"老人长期照护三年计划"，2005～2008 年实施"全人健康照护计划"等，这些政策都取得了一定效果。

（二）长期照护保障政策实施发展时期（2007～2016 年）

由于长期照护业务涵盖内政事务主管部门和卫生事务主管部门，不同部门在服务内涵、设施设备标准、专业人员有关规定等方面皆有所不同，因此，台湾"行政院社会福

---

① 李冬．中国台湾地区老年人安养状况及启示．中国卫生人才，2013（11）：68－69.

利推动委员会”早在2000～2003年就已开始推动“建构长期照护体系先导计划”，进行为期三年的社区实验计划，以实验多元化服务方案与设施。2004年台湾“行政院”成立“长期照顾制度规划小组”，通过委托研究、召开工作会议与焦点团体讨论等方式，形成长期照护发展未来蓝图。2007年，台湾地区出台了“长期照顾十年计划——大温暖社会福利套案之旗舰计划”（简称“长期照顾十年计划”）。“长期照顾十年计划”的出台，代表着台湾长期照护政策开始向规范化、体系化发展。

“长期照顾十年计划”实施后，不同地区之间仍存在长期照护资源分布不均的情况，为促进资源不足区域长期照护服务资源发展，吸引和留住长期照护人才，提升照护机构服务质量，2012年台湾“行政院”批准了“长期照护服务网计划——2013年至2016年中程计划”，开始在长期照护资源不足的区域加速布局机构和资源。同时，为了健全长期照护服务体系发展，2015年5月15日台湾通过了“长期照顾服务法”。

（三）长期照护政策升级发展时期（2017年至今）

台湾“行政院”于2016年9月29日通过了“长期照顾十年计划2.0”（简称“长期照顾2.0”），并于2017年1月1日开始实施。在原有“长期照顾十年计划”基础上，“长期照顾2.0”进一步扩大了照顾对象和服务内容，通过体制机制创新，建立优质、平价、普及的长期照护服务体系，实施长期照护服务给付及支付的新制度，通过指定税源保障长期照护政策的稳定发展。

第二节　台湾地区“长期照顾十年计划”

面对日益严峻的人口老龄化问题以及日益增长的失能群体照护问题，台湾地区在原有老年照顾政策的基础上，希望通过整合政策，构建完整的长期照护政策体系。为此，2007年台湾地区制定并开始实施了“长期照顾十年计划”。

一、政策目标

“长期照顾十年计划”的基本目标是构建完整的长期照护体系，保障身心功能障碍者能获得合适的服务，增进独立生活能力，提升生活质量，以维持尊严与自主。

二、服务对象和服务原则

通过ADLs、IADLs等评估方法，对日常生活需要他人协助的人提供服务。从人群上来划分，主要包含以下四类失能者：65岁以上老人；55岁以上台湾少数民族；50岁以上身心障碍者；仅工具性日常生活活动能力失能（IADLs）且独居的老人。失能程度界定为三级：（1）轻度失能（1～2项ADLs失能者，以及仅IADL失能且独居老人）；（2）中度失能（3～4项ADLs失能者）；（3）重度失能［5项（含）以上ADLs失能者］。以服务提供（实物给付）为主，以补助服务使用者为原则。在补助标准上，主要根据服务对象的家庭经济状况进行补助，对于低收入者实行全额补助，对于其他收入者实行按比例补助。

三、服务内容

服务内容涵盖以协助日常生活活动的“照顾服务”，包括居家服务、日间照顾、家庭托顾。为了维持或改善服务对象的身心功能，将居家照护、社区及居家复健纳入。此外，为了使失能者在家增进自主活动的能力，提供辅助器具租借以及改造家庭无障碍环境，并且为了使照顾失能者的家庭成员能获得暂时休息，也提供喘息服务。服务内容及标准如表10－1所示。

表10－1　台湾地区“长期照顾十年计划”的服务内容

服务项目	补助内容
1. 照顾服务	1. 根据服务对象的失能程度确定服务时间的补助： （1）轻度：每月补助上限25小时；仅IADLs失能且独居的老人，比照该标准办理 （2）中度：每月补助上限50小时 （3）重度：每月补助上限90小时 2. 补助经费：每小时以200元（新台币，本表下同）计（随物价指数调整） 3. 超过当局补助时数部分，由民众全额自行负担
2. 居家照护	除现行“全民健保”每月给付2次居家照护外，经评定有需求者，每月最高再增加2次。补助居家照护师访视费用，每次以1 300元计
3. 社区及居家复健	针对无法通过交通接送使用“全民健保”复健资源者，提供本项服务。每次访视费用以1 000元计，每人最多每星期1次
4. 辅具购买、租借，及住宅无障碍环境改善服务	每10年内以补助10万元为限，但经评估有特殊需要者，可以酌情增加补助额度
5. 老人餐饮服务	服务对象主要针对低收入者；每人每日最高补助一餐，每餐以50元计
6. 喘息服务	1. 轻度及中度失能者：每年最高补助14天 2. 重度失能者：每年最高补助21天 3. 补助受照顾者每日照顾费以1 200元计 4. 可混合搭配使用机构及居家喘息服务 5. 机构喘息服务另补助交通费每趟1 000元，一年至多4趟
7. 交通接送服务	补助重度失能者使用类似复康巴士的交通接送服务，每月最高补助4次（来回8趟），每趟以190元计

续表

服务项目	补助内容
8. 长期照顾机构服务	1. 家庭总收入未达“社会救助法”规定最低生活费 1.5 倍的重度失能老人，实行当局全额补助 2. 家庭总收入未达“社会救助法”规定最低生活费 1.5 倍的中度失能老人，经评估家庭支持情形如确有进住必要，也可项目补助 3. 每人每月最高以 18 600 元计

资料来源：石静，杜雅轩，郑翩翩，等．台湾老年人长期护理服务供给体系介绍与经验启示．广西经济管理干部学院学报，2015，27（2）：12－19.

四、管理服务机构

台湾现行的长期照护服务分属于不同的行政与服务体系，当局成立的相关组织有“长期照顾管理中心”（“卫福部”及“内政部”）、“居家服务支持中心”（“内政部”）、“台湾少数民族家庭暨妇女服务中心”（“行政院原住民族委员会”）、“农村社区生活支持中心”（“行政院农业委员会”），以及“荣民服务处”（“行政院退除役官兵辅导委员会”）等。就照顾管理的内涵及组织运作而言，长期照顾管理中心是目前各县市中最具代表性的照顾管理组织。

（一）长期照顾管理中心组织任务

长期照顾管理中心组织任务包括：有效开发社区内的照护资源；培育社区内长期照护人力与能力；与民间照顾机构开展协作；落实照顾管理机制；确保长期照护服务资源分配的效率与效益。

（二）职责

长期照顾管理中心职责主要包括三项：一是了解和掌握社区内的服务资源；二是长期照护服务需求的发掘、评估及服务连结；三是保障服务质量水平和提升服务质量。

（三）网络设置

根据长期照护服务网规划，台湾 22 大区（县市）都要设置长期照顾管理中心，22 大区（县市）又划分为 63 个次区，每个次区都要设置长期照顾管理中心分站。从实际执行结果来看，目前台湾 22 县市都已经设置长期照顾管理中心；长期照顾管理中心分站设置则不是很理想，其中 33 次区共设置了 40 个长期照顾管理中心分站，但由于受到地方财政预算能力限制等原因，还有 30 次区未设置长期照顾管理中心分站。① 目前各县市长期照

① 阳旭东．台湾地区长期照护政策：回顾、评价及启示．云南民族大学学报（哲学社会科学版），2018，35（5）：145－153.

护管理中心组织管理形式，主要负责部门分属卫生局、社会局，或于之下设置二级机关，18 个县市为任务编组，4 个县市成立正式单位（见表 10－2）。

表 10－2 台湾地区各县市长期照顾管理中心的组织管理形式

主要负责部门	总数	县市	负责主管层级
卫生局	17	基隆市、台北市、新北市、桃园市、新竹县、新竹市、台中市、彰化县、南投县、云林县、嘉义市、高雄市、花莲县、台东县、澎湖县、金门县、“连江县”	科长、处长、课长、股长兼任
社会局	1	嘉义县	科长兼任
成立长期照顾管理中心二级机关	4	苗栗县（卫生局下属）、台南市（社会局下属）、屏东县（卫生局下属）、宜兰县（卫生局下属）	主任

资料来源：台湾地区“长期照顾管理中心”。

（四）人员配置

在人员配置上，每个中心配置 1 名主任，但多数地区都不是专职人员，而是由机关相关人员兼任。虽然台湾对照顾管理人员与服务对象比例进行了规划，但由于受经费限制，各长期照顾管理中心照顾管理人员配置数有限，再加上长期照护需求人数逐年增长，因此照顾管理人员平均服务人数远远超过原有配置规划。由表 10－3 可以看出，从 2011 年到 2016 年，照顾管理专员数量从 276 人仅增加至 314 人，而平均照顾管理人员数则从 299 人增加至 505 人。

表 10－3 2011～2016 年照顾管理人员数量和实际平均服务人数 单位：人

项目		2011 年	2012 年	2013 年	2014 年	2015 年	2016 年
照顾管理人员配置数	总计	315	315	331	331	342	353
	照顾管理专员	276	276	292	292	303	314
	督导	39	39	39	39	39	39
每名照顾管理人员平均服务人数		299	359	429	469	498	505

资料来源：台湾地区“长期照顾十年计划 2.0”（核定本）。

五、服务流程

长期照顾管理中心设置了专门的照顾管理专员负责长期照护事宜。长期照顾管理中心专门设置一个窗口为服务对象提供服务，解决与长期照护有关问题的咨询和服务申请等事项。长期照护服务的服务流程主要包括服务申请、申请受理、需求评估、服务等级确定、联系照顾服务、服务提供等。

六、“长期照顾十年计划”的实际成效

计划实施以来，长期照护资源逐步增加，一定程度上满足了台湾民众对长期照护的需求。无论是服务资源数量还是服务对象数量，都出现了较为明显的增长，说明计划实施的效果比较显著。

台湾长期照护的策略是采取居家式照顾和社区式照顾。根据台湾“内政部”的统计数据，各项长期照护服务提供单位数量从 2008 年的 2 295 个增加到 2015 年的 2 812 个，增长了 22.5%。同时，稳定机构式服务资源质量，维护长者服务权益。扩大提供家庭照顾喘息支持服务，减轻家庭照顾压力。长期照护服务体系每年的照顾人数也出现了逐年增长，制度的惠及面更加广泛，服务人数从 2008 年的 45 547 人增加至 2015 年的 208 366 人，增长约 3.6 倍。①

七、长期照顾十年计划存在的问题

（一）长期照护服务对象涵盖范围待扩大

考虑到经费等因素，长期照顾十年计划仅覆盖四类人群，且以老年人为主，未能考虑需要长期照护的低龄和其他残疾种类人口，也没有构建减缓失能、预防保健的服务体系来降低长期照护的需求。

（二）区域发展不均衡，服务和人力资源不足

区域和城乡发展程度不一是影响服务资源及服务提供体系拓展的重要因素。台湾地区整体就面临长期照护人力资源短缺问题，而偏远地区因为地理环境特殊、地域辽阔且交通不便，青壮年人口外流等原因，长期照护服务的人手不足问题尤为突出。在长期照护需求急剧增长情况下，专业人力资源总量没有增加，长期照护服务人员主要仰赖外籍看护工。

---

① 石静，杜雅轩，郑翩翩，等．台湾老年人长期护理服务供给体系介绍与经验启示．广西经济管理干部学院学报，2015，27（2）：12－19.

（三）预算严重不足

按照“长期照顾十年计划”的估算，十年需要的经费为 817 亿元（新台币，本章下同），但由于财源有限，2008～2013 年“长期照顾十年计划”公务预算经费为新台币 25.33 亿～32.38 亿元，自 2010～2013 年，甚至须动用“第二预备金”及其他相关经费支付，实际执行的预算为 323 亿元。① 预算严重不足影响了长期照护服务体系的发展。

（四）服务提供体系分散，同时缺乏弹性

由于各项长期照护服务的提供型态及服务频率有所不同，民众需要根据自身服务需求自行联系不同服务提供单位，而各服务提供单位横向联系缺乏。在服务提供方面，一般按照长期照顾管理中心核定的照顾计划执行，居家服务频率、次数、提供项目等固定，无法按照使用者实际需求调整，使得长期照护服务缺乏弹性。

（五）现有行政体制影响民间参与意愿

“长期照顾十年计划”目标在于激励民营机构提供“在地老化”服务，目前由台湾地区当局补助县市政府，由其补助或委托民营机构推动并提供服务。但由于补助经费项目、基准及相关规定较为繁杂，导致核销经费、拨付流程缓慢等问题，影响后续提供服务意愿。

（六）长期照护政策的宣传有待加强

根据台湾“卫生福利部”委托民意调查公司所做的社会调查显示，以 2016 年 2 月底的调查结果为例，有 83% 的受访者听过长期照护服务，其中以听过居家服务者（77%）最多，但知道台湾有补助长期照护服务的受访者仅有 25.6%。

第三节　台湾地区“长期照顾十年计划 2.0”

为了满足未来庞大的长期照护需求并减轻沉重的家庭照顾负担，在“长期照顾十年计划”取得初步成效的基础上，台湾“行政院”于 2016 年 9 月 29 日通过“长期照顾十年计划 2.0”（简称“长期照顾 2.0”），并于 2017 年 1 月 1 日开始实施。“长期照顾 2.0”是“长期照顾十年计划”的升级版，在原有版本基础上，进一步扩大照顾对象和服务内容，不断完善长期照护服务体系和支付标准，逐步完善长期照护制度。

一、计划目标

一是建立优质、平价、普及的长期照护服务体系，发挥社区主义精神，让有长期照护

---

① 王笑啸．台湾地区长期护理体系概述及启示．当代青年（下半月），2015（12）：328.

需求的民众可以获得基本服务，在自己熟悉的环境安心享受老年生活，减轻家庭照顾负担。二是实现在地老化，提供从支持家庭、居家、社区到机构式照顾的多元化连续服务，普及照顾服务体系，建立照顾型社区，提升长期照护需求者与照顾者的生活质量。三是延伸前端初级预防功能，预防保健、活力老化、减缓失能，促进长者健康福祉，提升老人生活质量。四是向后端提供多目标社区式支持服务，与在宅临终安宁服务衔接，减轻家属照顾压力，减少长期照护负担。

二、服务对象

为照顾更多有长期照护需求的民众，“长期照顾2.0”扩大了服务对象，将50岁以上轻度认知障碍者、未满50岁失能身心障碍者、65岁以上衰弱老人及55~64岁失能台湾少数民族等进一步纳入服务范围。根据“卫生福利部”估计，由于服务对象范围扩大，2017年服务对象数量将从51.1万人增至65.9万~73.8万人。①

三、服务项目

“长期照顾2.0”服务项目在“长期照顾十年计划”基础上进行了扩充，增加失智照顾、台湾少数民族社区整合、小规模多机能、照顾者服务据点、社区预防照顾、预防/推迟失能，以及延伸出院准备、居家医疗等服务项目，不仅向前端衔接预防保健，降低与推迟失能，并向后端衔接安宁照护，让失能与失智者获得更完整、有尊严的照顾。截至2017年底，“预防及推迟失能照护计划”服务资源全台已布置建设850点、认知障碍症资源布置建设共同照顾中心20处、认知障碍症社区服务据点134处。②“出院准备衔接长期照护2.0计划”自2017年4月实施以来，配合原“健保署”出院准备计划，整合评估工具、评估人员训练、信息系统及评估作业流程，可缩短出院且有长期照护需求民众接受长期照护服务的等待时间。截至2017年底，共有161家医院参与奖励计划，另有168家医院通过“长期照护服务”“出院准备服务”的友善医院认证。③

四、社区整体长期照护服务体系

为整合社区长期照护服务资源，提供便利长期照护服务，结合现有的长期照护资源，并鼓励民间机构增加投入，“长期照顾2.0”开始建构社区整体照顾服务体系。社区整体照顾服务体系是“长期照顾2.0”创新服务之一，以培植A、扩充B、广布C为原则，通过财政补助等方式，完善在地化长期照护服务提供网络。除了巷弄长期照护站（C级）

①③ 台湾地区“长期照顾十年计划2.0”（核定本）。

② 阳旭东. 台湾地区长期照护政策：回顾、评价及启示. 云南民族大学学报（哲学社会科学版），2018，35（5）：145-153.

是新型服务据点外，社区整合型服务中心（A 级）和复合型服务中心（B 级）都是现行依照相关法规提供长期照护服务的机构，参与办理主要是扩充现有功能，并办理其他工作事项。

（一）社区整合型服务中心（A 级）

社区整合型服务中心（A 级），被称为长期照护旗舰店。A 级单位必须是区域内同时办理日间照顾及居家服务的长期照护服务单位，并长期在社区耕耘，具备跨专业团队经验与能力，能有效与区域内 B 级与 C 级单位协调合作。A 级单位除提供既有居家服务、日间照顾服务外，扩充办理营养餐饮等服务，另外视服务对象需求衔接居家医疗照护。A 级单位主要办理下列事项。一是 A 级单位按照区域照顾管理专员拟定的照顾计划，进行协调联系照顾服务资源。二是积极提升区域服务能力，开创当地需要但尚未发展的各项长期照护服务项目。三是通过社区巡回车与随车照服员定时接送，串连 A 级、B 级、C 级服务。截至 2018 年 3 月底，已经建成 A 级据点 212 处。①

（二）复合型服务中心（B 级）

复合型服务中心（B 级），被称为长期照护专卖店，其服务功能是提升社区服务能力、增加民众获得多元服务。除提供原来的长期照护服务项目外，还提供日间托老服务或长期照护社区型服务，如日间照顾、社区复健、营养餐饮服务等。截至 2018 年 3 月底，已经建成 B 级据点 731 处。②

（三）巷弄长期照护站（C 级）

巷弄长期照护站（C 级）被称为长期照护柑仔店，服务功能是提供便利性的照顾服务及喘息服务，同时向前延伸强化社区初级预防功能。截至 2018 年 3 月底，已经建成 C 级据点 597 处。③

表 10－4　社区长期照护服务机构申请资格及要件

类型	申请资格	申请要件
A 级	1. 公立机关（构） 2. 以公益目的设立的财团法人、社团法人、社会福利团体 3. 区域医院、地区医院（新增）	1. 办理日照中心及居家服务，并扩充办理 1 项长期照护服务 2. 由医院办理者，须办理日照中心及居家式服务（居家服务、居家照护、居家复健），并扩充办理 1 项长期照护服务。若无提供居家服务者，需结合区域内有办理居家服务的 B 级单位

①②③　台湾地区“长期照顾管理中心”。

续表

类型	申请资格	申请要件
B级	1. 以公益目的设立的财团法人、社团法人、社会福利团体 2. 老人福利机构（含小型机构）、身心障碍福利机构 3. 医事机构 4. 社会工作师事务所	现行长期照护服务，另扩充办理1项长期照护服务
C级	1. 以公益目的设立的财团法人、社团法人、社会福利团体 2. 老人福利机构（含小型机构）、身心障碍福利机构 3. 医事机构 4. 社会工作师事务所 5. 其他［如社区照顾关怀据点、社区发展协会、村（里）办公室、老人服务中心、乐智据点、瑞智互助家庭等］	有意愿投入社区照顾服务的单位

资料来源：台湾地区“长期照顾十年计划2.0”（核定本）。

五、评估工具

申请者能否获得长期照护资助，能力评估是关键一环。台湾“长期照顾管理服务中心”通过上门访问，填写照顾管理评估量表的方式，得出评估总结、辅具建议和照顾计划建议。照顾管理评估量表的内容广泛，包括申请者、主要及次要照顾者的基本资料，具体评估内容如表10－5所示。

表10－5　照顾管理评估量表

量表	内容
沟通能力	意识状态、视力、听力、表达能力、理解能力
短期记忆评估	重复三个词
日常活动功能量表（ADLs）	吃饭、洗澡、个人修饰（洗脸、洗手、刷牙等）、穿脱衣物、大便控制、小便控制、上厕所、移位、走路、上下楼梯
工具性日常活动功能量表（IADLs）	使用电话、购物、备餐、处理家务、洗衣服、外出、服用药物、处理财务的能力

续表

量表	内容
特殊复杂照护需要	疼痛状况、皮肤状况、关节活动度、疾病史与营养评估、特殊照护（目前是否接受鼻胃管、气切管、导尿管、呼吸器、伤口引流、氧气治疗等）、吞咽能力、认知障碍症照顾者是否有接受相关指导、跌倒平衡及安全、
居家环境与社会参与	居家环境与居住状况、社会参与
情绪及行为形态	游走、日夜颠倒/作息混乱、语言攻击行为、肢体攻击行为、干扰行为、抗拒照护、妄想、幻觉、恐惧或焦虑、忧郁及负面症状、自伤行为及自杀、重复行为、对物品的攻击行为、其他不适当以及不洁行为
主要照顾者负担	睡眠受到干扰、体力上的负担、需分配时间照顾其他家人、对被照顾者的行为感到困扰、无法承受照顾压力
主要照顾者工作与支持	是否同住、外出时间、有无其他失能家人及小孩、个人健康状况、生活品质感觉、有无工作

资料来源：台湾地区“长期照顾十年计划2.0”（核定本）。

六、支付制度

“长期照顾2.0”采用新的给付及支付制度，并量身打造照顾计划。新的长期照护服务给付及支付制度自2018年正式实施，有别于过去民众需要个别了解后再选择各项长期照护服务资源，新的制度将原有的10项长期照护服务，整合为照顾及专业服务、交通接送服务、辅具服务及居家无障碍环境改善服务及喘息服务等4类给付，由照顾管理专员或个案管理师针对个案长期照护需求量身打造照顾计划，再由特约服务单位提供长期照护服务，让长期照护服务更专业多元，也更符合需求。新制度实施后，增加了更多的评估面向（例如工具性日常活动、特殊照护、情绪及行为型态等），将各类的长期照护失能者纳入长期照护服务对象；同时将长期照护失能等级自3级分为8级，可更细致满足不同失能程度的照顾需要。同时，支付制度论时数改为论服务项目，让长期照护服务更有效率。新制度将长期照护服务以民众可获得的服务内容，分别按次、按日、按时等多元方式支付，打破过去仅按时计价的模式，并改善以前不同工同酬的现象。另外，新的制度建立特约制度，简化服务提供及申报的流程，以全面提升长期照护服务体系能力。

七、经费来源

“长期照顾2.0”相关所需经费由台湾各级财政支持。台湾原先考虑通过社会保险方式进行筹资，但由于政党轮替，2016年5月20日民进党重新“执政”后，决定以指定税作为长期照护财源。优先以调高遗产及赠与税率、烟税作为指定财源。未来长期照护财源需求增加后，再考虑指定其他税源，以维持长期照护经费来源稳定。根据估算，2017年台湾长期照护经费共需要162.26亿元，2026年增加至736.48亿元，十年合计所需经费共计4 721.68亿元。[①] 然而，随着老年人口进一步增加、服务需求升高、服务范围扩大、服务质量提升，长期照护基金规模扩大势所难免。

八、长期照护人力资源计划

长期照护服务范围广，专业人力资源多，需要照护、社工、治疗、物理治疗等专业人员，以及进行长期照护需求评估的照顾管理人员。“长期照顾2.0”主要对三类人力资源进行了规划。第一线的照顾服务人员是长期照护服务工作最辛苦的人员，直接为长期照护需求者提供服务，是影响长期照护服务质量的关键环节，目前也是台湾地区最紧缺的人力资源。针对照顾服务人员，主要规划措施包括：加强及培训照顾服务人力来源，将“新移民”纳入训练对象，并鼓励中高龄及二度就业人口投入。将大专院校老人服务、长期照护等专业的学生纳入长期照护人力资源统一规划，使教学、培训、使用有效衔接。保障照顾服务人员的劳动条件与人身安全。提升长期照护服务的职业价值，建立照顾服务员形象识别，宣传其职业价值与意义，以提升其荣誉感。积极通过各种宣传渠道，增进社会大众对居家服务内容与照顾服务员的正确认知。增加照顾服务员职业生涯发展机会与多元发展渠道。

长期照护服务领域运用社工人员提供专业服务，主要是居家服务、日间照顾服务以及机构住宿式服务，为服务对象提供生理评估、心理评估、社会支持、权益倡导等服务，并为服务单位积极开发社区资源以及督导训练志愿者。针对社会工作人员，主要规划措施包括：积极办理长期照护专业人力资源培训课程，尤其是鼓励各大专院校开设跨领域长期照护相关课程，供社工人员参加，增进社工人员专业知识和技能。改善长期照护领域社工人员薪资待遇及劳动环境。长期照护医事专业人力资源包括照护人员、物理治疗人员等。针对医事专业人力资源，主要规划措施包括：整合及培育长期照护医事专业人力资源，扩大长期照护医事专业人力资源培育，提升培训规模与质量。强化在地长期照护专业人力资源发展与培育，尤其是提升离岛及资源不足地区长期照护服务能量。强化长期照护人员辅导及管理机制，规范训练和认证，提高长期照护服务质量。规划人力资源管理，建立长期照护专业人员及照顾服务员认证、登录机制与信息管理。

第四节　台湾地区长期照护制度发展面临的挑战

台湾地区通过实施“长期照顾2.0”，将原先的长期照护计划进行升级改造，希望能

---

① 高和荣，张爱敏．台湾地区长期照护服务体系的发展：//中国社会保障发展报告（2019）．社会科学文献出版社，2019：342－356.

够提供“找得到、看得到、用得到”真实的长期照护服务，但由于受制度模式、资源禀赋等多种因素影响，台湾地区长期照护制度发展仍然面临诸多挑战。

一、长期照护制度的财源困境

（一）对长期照护的需求不断增加

台湾老人照护压力越来越大，对长期照护需求不断增加。2015 年台湾有关部门统计的“失能人口”已经高达 75.5 万人，到了 2020 年会逼近 90 万人，[①] 在家庭少子化、子女无法担任全职照护工作的趋势下，系统化的长期照护体系架起最基本的社会安全网，长期照护的需求将获得极大的释放。而根据台湾“卫生福利部”所做的推测，在“长期照顾 2.0”扩大服务对象的情况下，2017 年长期照护需求人数将达到 737 623 人，并且保持不断增长态势，到 2026 年，有长期照护需求人数将超过 100 万人（见表 10－6）。

表 10－6　2017～2026 年长期照护需求人数推测　单位：人

年度	65 岁以上失能老人	50 岁以下身心障碍者	50～64 岁身心障碍者	55～64 岁失能少数民族	50 岁以上认知障碍症者	衰弱老人	合计
2017	415 314	87 524	92 308	7 761	109 970	24 746	737 623
2018	436 136	86 673	93 282	8 062	115 079	25 986	765 218
2019	457 855	85 852	94 045	8 301	120 717	27 280	794 050
2020	481 109	85 039	94 451	8 505	126 745	28 666	824 515
2021	504 700	84 405	94 596	8 627	132 854	30 071	855 253
2022	526 328	83 781	94 743	8 679	138 455	31 360	883 364
2023	549 397	83 161	94 646	8 764	144 422	32 735	913 125
2024	573 142	82 495	94 360	8 762	150 562	34 150	943 471
2025	596 622	81 697	94 097	8 794	156 634	35 549	973 393
2026	619 827	80 272	94 588	8 769	162 656	36 931	1 003 043

资料来源：台湾地区“长期照顾十年计划 2.0”（核定本）。

（二）财源不足

为了满足这种日益增长的长期照护需求，必须在制度供给上做好准备。但长期照护服务最大的挑战是财源，以目前 75 万失能人口估算，如果要提供 100% 照护，每月每人 2

① 杨成洲．台湾“长期照顾十年计划”研究．社会保障研究，2015（2）：91－98.

万元就是150亿元，1年就是1 800亿元，而这只是服务的费用，还要再加上机构的投资，以及医疗、交通、行政等相关支出，要做到民众满意的长期照护服务，需要的预算将是十分庞大。

近年台湾当局与民间针对长期照护服务的财源，进行过全面的辩论，论证的焦点在“保险制”还是“税收制”。所谓“保险”的本质是概率，以众人的保费来提供1%意外发生时的需求，然而长期照护需求发生的概率几乎是100%，因此除非再建立一个巨大的储蓄式基金，否则从保险角度出发的长期照护基金，必然面临保费昂贵、依赖税收补贴而且很快入不敷出的命运。税收制的问题则是，烟税、遗赠税都不稳定，加税又必然引发社会不满，其他财源又不容易获得立法机构的支持。从经济发展角度来看，依赖税收筹资也不可靠。近年来，受全球经济增长放缓的影响，台湾经济增长速度减缓，税收收入也相应受到影响。

因此，台湾长期照护制度将采取何种稳定的筹资模式仍有不确定性。国民党当局曾倾向于采取保险制，长期照护保险的相关工作都已经在推动，但因为政党轮替，民进党上台后，一改保险制为税收制。但税收制带来的财源不稳定将影响长期照护制度的建立和长远发展，因此未来在筹资模式上仍然可能发生变化。

根据经合组织（OECD）的数据，2013年公共长期护理支出占GDP比重平均为1.7%。而按照台湾地区有关长期照护保险规划，以长期照护保险初期支出估测值1 100亿元计算，仅占台湾目前地区生产总值约0.6%。[①]“长期照顾2.0”一年预算仅330亿元（占地区生产总值的0.18%），长期来说面临严重不足的问题。[②]采用社会保险筹资模式的韩国占GDP的0.7%、德国占1.0%、日本占2.1%，后者与北欧采用税收模式的芬兰（2.2%）、丹麦（2.3%）、挪威（2.4%）相近。[③]因此除非台湾地区提高营业税，有较稳定税收，否则长期而言，可能仍需要采用社会保险制才能筹措足够资金。

二、长期照护人力资源供给不足

一个健全的长期照护体系，需要有充沛且稳定的人力资源，但增加并稳定愿意投入长期照护的专业人力，将是“长期照顾2.0”要面对的严峻挑战之一。

（一）专业人员缺口大

根据台湾“卫生福利部”有关数据，2014年台湾长期照护直接服务人力的社工人数为3 439人，按照“长期照顾2.0”的需求推算，还需要再充实社工人员约为648人。2014年长期照护医事专业人力分布情况是：照护人员10 826人、物理治疗人员1 987人、职能治疗人员计1 091人。[④]如果以“长期照顾2.0”服务涵盖推测需求人数，其中照护

---

① OECD Health Statistics 2019.

② 台湾地区“长期照顾十年计划2.0”（核定本）。

③ OECD Health Statistics 2019.

④ Chen C-F. Insiders and Outsiders：Policy and Care Workers in Taiwan's Long-Term Care System. Ageing & Society, 2016, 36（10）：2090－2116.

人员 16 504 人、物理治疗人员 2 870 人、职能治疗人员 2 952 人，还需要再充实长期照护医事专业人员共 8 422 人（照护人员 5 678 人、物理治疗人员 883 人、职能治疗人员 1 861 人）。①

（二）对外籍劳动力依赖性强

一线的照顾服务员则是大量短缺，主要依赖外籍劳动力。为了应对人口快速老龄化所产生的长期照护需求，加速培育照顾服务人力资源，台湾原“行政院卫生署”及“内政部社会司”于 2003 年整合病患服务员及居家服务员训练课程内容，联合颁布照顾服务员训练实施计划，取得照顾服务员结业证明书人数共有 11. 263 万人，但到 2015 年底实际从事长期照护服务相关工作的仅有 23 286 人，如果加上在医疗机构担任看护工的，也只有 35 286 人。② 根据调查，参加培训学员从未从事照顾服务工作的占 41. 2%，现在从事或曾从事过照顾工作的占 58. 8%，未从事照顾服务工作而来参加培训的原因主要是为照顾自己家人。③ 曾经从事照顾相关工作但目前不再从事的原因，主要是工作辛苦与福利不佳、薪资过低及专业形象有待提升等。

（三）长期照护人才招募难

虽然存在较大人力资源需求，但相较其他医疗产业，在长期照护的人力招募上却是相对弱势。许多学校的老人照护科系面临招生窘境，根据台湾“卫生福利部”与“劳动部”2014 年的统计，本地的照顾服务员在受训后有 80% 未投入照顾职场，多数的医护科系毕业生，也倾向选择医学中心就业，除了因为较丰厚的薪水以及专业培训与升迁机会较多，也反映了台湾社会对长期照护有所偏颇的价值观：照护失能者似乎不是一个很专业的工作；长期照护是就业的最后选择。

照护失能老人需要更多的耐心与同理心，然而超长的工时、低薪资，经常有因照护导致的职业伤害等因素，让长期照护人力资源不断流失。“长期照顾 2. 0”是“长期照顾十年计划”的延伸版，通过居家与社区的照护，强调在地老化的长期照护模式，服务形式包括支持家庭照顾者、居家照护、到宅服务、短期临托、日间照顾、餐食服务、交通接送、团体家屋等，必须要有更多元的专业人力资源，而不是从现有的长期照护架构下，增加更多的业务负荷量。因此，如何提升长期照护的劳动力市场吸引力，应是跨部门的责任，教育体系应审慎评估长期照护相关科系招生不足、就业率偏低的问题，辅导并支持系所培育更多的长期照护专才，促进毕业生与长期照护劳动力市场的接轨。

此外，提升与创造长期照护劳动力市场的新价值，也是刻不容缓的议题，卫生与行政

---

① Chen C-F. Insiders and Outsiders：Policy and Care Workers in Taiwan's Long-Term Care System. Ageing & Society, 2016, 36（10）：2090 – 2116.

② Chen H L. Care Workers in Long-Term Care for Older People：Challenges of Quantity and Quality. European Journal of Social Work, 2014, 17（3）：383 – 401.

③ Park J, Yoon S, Moon S S, Lee K H. The Effects of Occupational Stress, Work-Centrality, Self-Efficacy, and Job Satisfaction on Intent to Quit Among Long-Term Care Workers in Korea. Home Health Care Services Quarterly, 2017, 36,（2）：96 – 111.

体系应着力于降低照护负荷比、提升工作环境品质与薪资福利，建立能力进阶制度等具体措施，以提升长期照护之专业形象与价值，将有助于稳定现有的长期照护人力，并吸引更多有志之专才投入长期照护实务。

（四）目前状况

目前，台湾长期照护服务的一线劳动力主要依赖外籍劳动力。台湾自1992年底引进社会福利类外籍家政工，人数为669人，而至2018年10月底引进外籍社会福利类家政工人数已剧增到256 383人（见表10－7）。外籍家政工引进的主要目的为密集式照顾失能的老人或重症者。由于二战后“婴儿潮”世代（1949～1964年）是目前人数最多的一个世代，随着时日变迁，即将带动的是1949年出生人口的退休潮，接着则是快速老化的赡养潮。因此在二战后“婴儿潮”世代的推波助澜下，台湾人口老化的问题将更加恶化，需要被照顾的老人和失能者有增无减，供需差异问题日渐严重。

表10－7　截至2018年10月底社会福利类外籍家政工在台人数统计　单位：人

类别	总计	印度尼西亚	菲律宾	泰国	越南	其他
社会福利类外籍家政工	256 383	195 419	31 772	494	28 698	—
机构看护工	15 096	2 918	1 245	36	10 897	—
外展看护工	8	—	—	—	8	—
家庭看护工	239 353	191 251	29 895	447	17 760	—
家庭帮佣	1 926	1 250	632	11	33	—

资料来源：台湾地区“外劳业务统计”。

台湾目前在岛内长期照护资源及人力资源不足的处境下，采取“补充性原则”引进外籍家政工，主要目的是保护本地劳动力的就业机会。但因为外籍家政工可以居家服务，并以24小时无中断方式，在雇主家照顾老人和失能者，而本地看护工在时程上则无法完全配合，也多无意愿从事这一行业。目前聘用外籍家政工一个月约为2万元左右，而本地家庭看护工的工资却高至2～3倍，一般家庭无力负担。因此，需求外籍家政工的数量一直不断增加，民间不断发声希望当局放宽外籍家政工引进政策，然而当局近年来却以推动长期照护制度为由，仍坚守以“补充性原则”引进外籍家政工。

三、长期照护管理机制有待理顺

按照目前规划，每个县市仅设置一处长期照顾管理中心，对于地域较广地区，照顾管理专员需花费较多时间交通往返。同时，分站分布不均，地理环境、位置、人口密度等因素未纳入考虑，对于偏远地区民众服务不利。在管理服务可及性上，仍有较大提升空间。

（一）工作人员多为临时人员

长期照顾管理中心组织多为任务编组，工作人员多为临时人员，仅有4个县市设立了专门的二级机关。照顾管理专员的薪资待遇不高，影响了人才留任。“卫生福利部”每年拨付经费委托各县市办理长期照顾管理中心，由“卫生福利部”参考“聘用人员比照分类职位公务人员俸点支给报酬标准表”所定薪点标准，制定照顾管理专员及督导聘雇条件及薪资等级，由地方当局聘任照顾管理人员、提供办公场所、年资认定。另外，对离岛及资源不足地区照顾管理人员增加编列其提供服务所需的交通费和出差费。但照顾管理人员非正式公务人员。照顾管理人员的薪资等级仅分3级，晋级空间小。

（二）工作负荷量大

按照规划，服务量每150~200人配置照顾管理专员1人，但在实际执行过程中，照顾管理人员服务对象数量平均为400~505人，工作负荷量大（见表10-3）。除了照顾管理专业工作外，照顾管理人员还要执行许多非照顾管理专业的业务如核销、拨款、计划制定等行政性业务。随着“长期照顾2.0计划”扩大服务对象和服务项目，人手捉襟见肘现象将更加突出。

（三）工作内容复杂性高

另外，照顾管理人员的职责以评估需求和协调联系服务资源为主，无法做到完整性、密集式的服务对象管理模式。同时，照顾管理人员培训一般化，并没有特殊的专业培训（如疾病、族群等之分）；工作内容复杂性高，没有专业分科。

第五节 对我国大陆地区的启示

我国台湾地区长期照护体系经过30多年的发展，尤其是“长期照顾十年计划”的实施，已经逐步建立起比较完备的长期照护“法律法规体系”、管理体系、服务提供体系、人员培训教育体系等，长期照护的计划目标也正在逐步推进和实现中。我国大陆地区老龄化程度不断加深，对长期护理的需求逐步扩大，目前长期护理制度正在探索实践过程中。台湾地区长期照护体系建设过程中的经验和教训对我国大陆地区有重要的借鉴作用。

一、建立责任共担的多方筹资机制

在台湾地区长期照护制度建立过程中，针对筹资来源，曾有过保险制和税收制的激烈争论。由于政党轮替，原先准备实施的保险制被税收制所替代。由当局承担责任、由税收进行融资，未来财政支出压力将非常巨大。台湾相关的计算都表明，如果“长期照顾2.0”得到切实实施，当局预算规模将会十分庞大，而税收来源面临不确定性，因此台湾地区长期照护制度的筹资来源未来仍有变数。从国外经验来看，采取税收制融资的一般是托底性质，主要针对低收入家庭。针对普惠制度而采取的税收制度，当局开支压力将会十分沉重，尽管我国台湾地区长期照护经费也是按照个人家庭收入状况实行阶梯式补助，但其惠及的还是民众。

如果说我国台湾地区由于人口总量少，需要长期照护的失能人口数量较少，采取税收制有一定合理性，那么在我国大陆地区，在人口总量、经济社会发展阶段、社会观念等多种因素影响下，在筹资来源上，应当建立政府、社会、个人多方共同承担的模式，才是更合理的选择。

随着我国大陆地区老龄化程度的加深以及民众对社会保障预期的增强，社会保障支出压力必然增大。大陆地区人口总量和失能群体都十分庞大，完全由政府大包大揽是不现实的。而且，我国传统文化中有浓厚的孝道伦理，观念上也认可将子女责任完全转移给政府。但同时，我国仍处于社会主义初级阶段，人均收入水平相对较低，完全由个人家庭承担责任也是与中央有关社会主要矛盾论断相违背的。因此，在我国大陆地区长期照护制度建构过程中，要充分划分政府和市场的边界，合理划分政府、社会、企业和家庭的责任，建立起风险责任共担、资金来源多元化的筹资机制。

二、培育长期护理人力资源队伍

长期照护人员短缺，一直是我国台湾地区长期照护制度发展过程面临的难题。受传统观念影响，多数劳动者不愿意从事照顾工作，尤其是对失能老人的照顾。台湾地区由于本地照护者缺乏，主要依赖外籍护工，尤其是东南亚地区护工。另外，长期照护是一项系统性工作，涉及的专业人员较多，比如照护师、营养师、医生、社会工作者、志愿者等，台湾地区长期照护专业人员也同样面临短缺。

目前我国大陆地区60岁以上老年人口占总人口的16.1%，其中失能、半失能老人约有4 000万人，需要养老护理员至少1 000万人。[①] 养老护理员队伍总体来说专业水平比较低，由于待遇差、劳动强度大、社会地位不高，全国养老机构护理员流失率平均为30%[②]。而且，我国大陆地区老龄化速度比较快，2020年后老龄化进程将进一步提速，对护理人员的需求将越来越多，而愿意从事护理工作的人员越来越少，供需缺口必然会进一步扩大。因此，要提前规划长期护理人力资源发展，改变社会观念，改善劳动条件，通过多种途径提高长期护理人力资源的数量和质量，以满足未来长期护理发展的需要。

三、构建适合国情的长期护理体系

根据我国经济社会发展阶段、人口结构特点、传统观念等因素，我国大陆地区应当进一步完善法律法规，保障长期护理健康发展，并构建起以家庭为基础、以社会为依托、以机构为辅助的长期护理体系。

---

① 民政部.2015年社会服务发展统计公报。

② 伍宗云，张福顺，李同归. 养老机构护理员现状调查. 社会福利（理论版），2017（7）：49-55.

首先，要进一步完善长期护理法律法规体系。1996 年制定的《老年人权益保障法》便对老年人相关权益进行明确。该法在 2012 年修订时，首次明确提出“国家逐步建立长期护理保障制度，鼓励、引导商业保险公司开展长期护理保险业务”。这一提法为老年人长期护理保障制度的试点提供了法律基础，是法制化建设的重要一步。未来应当根据长期护理保险制度试点情况，进一步加强立法工作，为长期护理保障制度规范化发展保驾护航。

其次，要建立合理的长期护理管理体系。长期护理服务涉及多学科、多部门，是一项综合性业务，许多部门存在职责交叉，未来应整合与协调国家医保局、国家卫生健康委、民政部、人社部、老龄办等机构的管理职能，形成最大的政策和管理合力。在地方层面，可以借鉴台湾地区经验，设立综合的“照顾管理服务中心”，作为受理民众长期护理需求的统一平台。

最后，要建立多元化的长期护理提供体系。合理划清政府和市场的界限，划清社会和家庭的责任，政府应当提供一般性的基本公共服务，其他服务应当交由市场和家庭自己解决，以发挥不同主体的优势和积极性。

参考文献

中文部分

[1] 陈安琪.2015 年荷兰长期护理的政策和政治改革 [J]. 国外医学（卫生经济分册），2016（2）：60－63.

[2] 陈璐，刘绘如. 日本长期护理保险制度的改革及启示：基于资金的“开源”与“节流”视角 [J]. 理论学刊，2016（6）：69－74.

[3] 陈予宁，王思爽，汪琴，等. 美日德韩四国长期护理保险制度对我国的启示 [J]. 卫生软科学，2017（12）：50－54，59.

[4] 陈振营. 我国长期护理保险制度优化研究 [D]. 济南：山东大学，2017.

[5] 戴卫东. 国外长期护理保险制度：分析、评价及启示 [J]. 人口与发展，2011，17（5）：80－86.

[6] 戴卫东. 台湾地区人口老龄化下长期护理政策及走向 [J]. 人口学刊，2011（4）：61－67.

[7] 窦影. 老年长期照护服务体系完善与社会资本干预：基于失智症老年人的分析 [J]. 社会保障研究，2017（4）：63－69.

[8] 范娟娟，孙东雅. 公共财政视角下长期护理保障的国际比较及对我国的启示 [J]. 中国卫生经济，2012（3）：94－96.

[9] 方雨. 荷兰长期照护保险制度述评 [J]. 中国医疗保险，2015（5）：68－70.

[10] 冯婧. 中国台湾地区长期照护制度特征分析及启示 [J]. 中国老年学杂志，2018（11）：2800－2803.

[11] 甘莉，林侑华，杨蓉. 台湾地区护理个案管理的发展及现状 [J]. 护理研究，2014（36）：4491－4493.

[12] 顾梦洁.OECD 国家长期护理津贴制度研究 [D]. 芜湖：安徽师范大学，2014.

[13] 胡宏伟，李佳怿，栾文敬. 美国长期护理保险体系：发端、架构、问题与启示 [J]. 西北大学学报（哲学社会科学版），2015，45（5）：163－174.

[14] 胡苏云. 荷兰长期护理保险制度的特点和改革 [J]. 西南交通大学学报（社会科学版），2017（5）：91－96.

[15] 胡苏云. 长期照护保险和医疗保险的关系及演变：荷兰的经验和启示 [J]. 公共治理评论，2017（1）：40－50.

[16] 靳迪. 我国失能老人长期照护模式的选择及其影响因素分析 [D]. 北京：首都经济贸易大学，2017.

[17] 景日泽，章湖洋，方海. 国际经验对我国建立长期照护保险制度的启示 [J].

中国卫生经济，2017（7）：89－93.

［18］康亚寒. 长期护理保险筹资机制研究［D］. 上海：华东政法大学，2018.

［19］李芳. 英国失智症患者长期照护体系及其启示［J］. 中共福建党委党校学报，2018（9）：100－107.

［20］李林，郭宇畅. 日本长期护理保险：制度框架、运行评价及经验借鉴［J］. 保定学院学报，2018，31（1）：25－33，48.

［21］李三秀. 日本长期护理保险制度及其启示［J］. 财政科学，2018，35（11）：133－143.

［22］立中. 新西兰的残疾人政策［J］. 社会福利，2003（6）：55－58.

［23］刘德浩. 荷兰长期照护制度：制度设计、挑战与启示［J］. 中国卫生事业管理，2016（8）：567－571.

［24］罗萌. 中国台湾地区长期照护制度及其启示［J］. 老龄科学研究，2017，5（3）：52－60.

［25］莫骄，李新平. 日本长期护理保险制度的实施及启示［J］. 对外经贸实务，2014（3）：36－38.

［26］沈澈，刘建红，栾大龙. 美国退伍军人长期护理保险体系研究及启示［J］. 保险理论与实践，2017（10）：83－97.

［27］沈君彬. 台湾地区长期照顾服务体系转型发展的焦点议题［J］. 江汉学术，2017（2）：68－78.

［28］石琤. 社会照护给付：英国经验与中国选择［J］. 湖湘论坛，2019（2）：143－152.

［29］石静，杜雅轩，郑翩翩，等. 台湾老年人长期护理服务供给体系介绍与经验启示［J］. 广西经济管理干部学院学报，2015，27（2）：12－19.

［30］粟好愿. 新西兰残疾人康复服务介绍［J］. 北京劳动保障职业学院学报，2011，5（1）：17－20.

［31］孙雨晴. 少子高龄化背景下的日本长期护理保险制度研究：基于发展型福利视角［C］. 决策论坛：管理科学与经营决策学术研讨会，2016.

［32］孙正成. 台湾地区长期护理体系概述及启示［J］. 台湾研究集刊，2013（1）：31－37.

［33］同春芬，王珊珊. 英国失智老人照护的经验与启示［J］. 青岛行政学院学报，2017（5）：87－91.

［34］王菲. 国外长期照护保险制度的模式比较研究［J］. 北京市工会干部学院学报，2016，31（1）：48－54.

［35］王海燕，赵越. 基于长期护理保险下美国混合型年金护理保险的动态分析［J］. 党政干部学刊，2012（10）：79－84.

［36］王莉. 准市场、竞争与选择：英国老龄群体长期照护制度分析［J］. 卫生经济研究，2019（2）：38－41.

［37］王银琳. 长期照护保险制度的后付制待遇给付研究［D］. 沈阳：沈阳师范大

学，2018.

［38］魏品．台湾长期照护政策的变迁与最新进展［J］．科技经济市场，2016（6）：193－194.

［39］伍江，陈海波．荷兰长期照护保险制度简介［J］．社会保障研究，2012（5）：102－105.

［40］夏艳玲．老年社会福利制度：补缺模式与机制模式的比较：以美国和瑞典为例［J］．财经科学，2015（1）：119－128.

［41］杨沛然．国外长期照护保险制度比较及其对中国的启示：以德国、日本、荷兰、美国、英国为例［J］．劳动保障世界，2017（20）.

［42］尹成远，田伶，李浩然．日本长期护理保险对我国的借鉴与启示［J］．日本问题研究，2006（2）：14－17.

［43］张碧莲，何剑，李会灵，等．美、日长期护理保险制度实践现状及对我国的启示［J］．卫生软科学，2018（9）：51－54.

［44］张卜泓．中国台湾地区长期护理保险发展经验及借鉴思考［J］．金融发展研究，2013（9）：69－72.

［45］张连增．国畅．国际经验对我国长期护理保险评估体系建设的启示：以德国、荷兰、日本、韩国为例［J］．未来与发展，2018（4）：81－86.

［46］张晏玮，孙健．美国长期护理保险实践及其对我国的启示：基于美国长期护理保险定价视角的分析［J］．价格理论与实践，2018（2）：111－114.

［47］张政业．新西兰的养老制度［J］．政府法制，2016（6）：52.

［48］赵春江，孙金霞．日本长期护理保险制度改革及启示［J］．人口学刊，2018（1）：79－89.

［49］周小菲．美国商业长期护理保险发展对我国的启示［J］．经济视野，2014（23）：328.

［50］周颖．长期照护保险制度：国际经验与中国推展［J］．宁波职业技术学院学报，2017（1）：70－72，77.

［51］诸晓玲．国外长期护理保险制度比较及启示研究：基于德国、日本、美国的比较［D］．武汉：华中科技大学，2014.

外文部分

［1］Aged Care Financing Authority. Sixth Report on the Funding and Financing of the Aged Care Sector［R］. 2018.

［2］Asahara K，Momose Y，Murashima P S. Long-Term Care Insurance in Japan［J］. Disease Management & Health Outcomes，2003，11（12）：769－777.

［3］Andreani T. Indicateurs des Institutions Médico-Sociales 2006［R］. Neuchatel：Federal Statistical Office，2008.

［4］Ashton T. New Zealand：Long-Term Care in a Decade of Change［J］. Health Affairs，2000，19（3）：72－85.

［5］Bayer-Oglesby L. Bases Statistiques Pour la Planification des Soins de Longue Durée

Dans le Canton de Fribourg a L'horizon 2010 – 2025 [R]. Neuchatel: Swiss Health Observatory, 2009.

[6] Berg J. Income Support for the Unemployed and the Poor [C] // Berg J. Labour Markets, Institutions and Inequality. Building Just Societies in the 21st Century (Geneva, ILO; Cheltenham, Edward Elgar), 2015: 263 –286.

[7] Bettio F, Plantenga J. Comparing Care Regimes in Europe [J]. Feminist Economics, 2004, 10 (1): 85 –113.

[8] Booth M, Miller E A, Mor V. Experts' Views on Long-Term Care in New Zealand [J]. N Z Med J, 2008, 121 (1286): 38 –56.

[9] Booth M, Mor V. Long-term Care in the USA Lessons for New Zealand? [J]. Social Policy Journal of New Zealand, 2007 (32): 17.

[10] Broad J B, Ashton T, Lumley T, et al. Reports of the Proportion of Older People Living in Long-term Care: A Cautionary Tale from New Zealand [J]. Australian and New Zealand Journal of Public Health, 2013, 37 (3): 264 –271.

[11] Butler R, Fonseka S, Barclay L, et al. The Health of Elderly Residents in Long Term Care Institutions in New Zealand [J]. New Zealand Medical Journal, 1999, 112 (1099): 427 –429.

[12] Cohen M A. Private Long-Term Care Insurance: A Look Ahead [J]. Journal of Aging and Health, 2003, 15 (1): 74 –98.

[13] Colombo F, Llena-Nozal A, Mercier J, Tjadens F. Help Wanted: Providing and Paying for Long-Term Care [M]. OECD Publishing: OECD Health Policy Studies, 2011: 64 – 65.

[14] Comas-Herrera A, et al. Future Long-Term Care Expenditure in Germany, Spain, Italy and the United Kingdom [J]. Ageing and Society, 2006, 26 (2): 285 –302.

[15] Commission on Funding Care and Support. Fairer Care Funding: The Report of the Commission, on Funding Care and Support, Department of Health [R]. London, 2011.

[16] Department of Health. Health, Ageing and Support: Survey of Views of People Aged 50 and Over [R]. 2016.

[17] Department of Health. Policy Statement on Care and Support Funding Reform and Legislative Requirements [R]. London: Department of Health, 2013.

[18] Department of Health. 2017 –18 Report on the Operation of the Aged Care Act 1997 [R].

[19] Department of Health. Legislated Review of Aged Care 2017 [R].

[20] Dale C. New Zealand's Long-Term Care Arrangements, and a Cross-Country Comparison [R]. PRC's Working Paper, 2012.

[21] Fabel O, Georgus D. Long-Term Care Insurance, Savings, and Strategic Bequests [M] // European Economies in Transition. Palgrave Macmillan UK, 2000.

[22] FOPH (Federal Office of Public Health). Data Needed to Supervise the Compul – So-

ry Health Insurance 2008, available in French or German [EB/OL]. http://www.bag.admin.ch/themen/krankenversicherung/00261/05417/index.html? lang = fr, accessed October 2010.

[23] FSO. Statistiquedes Institutions Médico – Sociales 2008 – Tableaux Standards [R]. Neuchatel: FSO, 2009.

[24] FSO. Kosten, Finanzierung-Daten, Indikatoren [R]. Neuchatel: Federal Statistical Office, 2014.

[25] FSO. Statistik der sozialmedizinischen Institutionen 2012 – Standard tabellen: Definitive Resultate [R]. Neuchatel: Federal Statistical Office, 2014.

[26] FSO. Statistique de L'aide et des Soins a Domicile (Spitex) 2007 [R]. Neuchatel: FSO, 2009.

[27] FSO. T 7.8 Spitex Versorgungsdichte 2012 [R]. Neuchatel: Federal Statistical Office, 2014.

[28] GDK/CDS. Pflegefinanzierung; Kalibrierung BESA/RAI-RUG [R]. Bern: SchweizerischeKonferenz-der-kantonalen-Gesundheitsdirektorinnen-und-direktoren, 2011.

[29] Geraededts M, Heller G V, Harrington C A. Germany's Long-Term-Care Insurance: Putting a Social Insurance Model into Practice [J]. The Milbank Quarterly, 2000, 78 (3): 375 –401.

[30] Gmür R, Rüfenacht M. Spitex [M] //Kocher G, Oggier W. Gesundheitswesen Schweiz 2010 –2012. Bern: Verlag Hans Huber, 2010.

[31] Groneck M. Bequests and Informal Long-Term Care [J]. Journal of Human Resources, 2017, 52 (2): 531 –572.

[32] Hancock R, Wittenberg R, Hu B, Morciano M, Comas-Herrera A. Long-Term Care Funding in England: An Analysis of the Costs and Distributional Effects of Potential Reforms [R]. LSE Research Online Documents on Economics, 2013.

[33] Hill S. New Economy, New Social Contract: A Plan for a Safety Net in a Multi – Employer World [R]. Washington, DC: New America Foundation, 2015.

[34] Hussem A, Van Ewijk C, Ter Rele H, et al. The Ability to Pay for Long-Term Care in the Netherlands: A Life-Cycle Perspective [J]. De Economist, 2016, 164 (2): 209 –234.

[35] Ikegami N. Rationale, Design and Sustainability of Long-Term Care Insurance in Japan-In Retrospect [J]. Social Policy and Society, 2007, 6 (3): 423.

[36] Ikegami R N. Public Long-Term Care Insurance in Japan [J]. Jama, 1997, 278 (16): 1310.

[37] ILO. Global Wage Report 2016/17: Wage Inequality in the Workplace [R]. Geneva, 2016.

[38] ILO. Global Wage Report 2018/19: What Lies Behind Gender Pay Gaps [R]. Geneva, 2018.

[39] ILO. Non-Standard Employment Around the World: Understanding Challenges, Shaping Prospects [R]. Geneva, 2016.

[40] ILO. What Future for Decent Work in Europe and Central Asia: Opportunities and Challenges [R]. Report of the Director-General, Tenth European Regional Meeting, Istanbul, 2017.

[41] ILO. Women and Men in the Informal Economy: A Statistical Picture, Third Edition [R]. Geneva, 2018.

[42] ILO. World Social Protection Report 2017 – 19: Universal Social Protection to Achieve the Sustainable Development Goals [R]. Geneva, 2017.

[43] Imai H, Fujii Y, Fukuda Y, et al. Health-Related Quality of Life and Beneficiaries of Long-Term Care Insurance in Japan [J]. Health Policy, 2008, 85 (3).

[44] International Labour Offce (ILO). World Employment and Social Outlook: Trends 2019 [R]. Geneva, 2019.

[45] International Monetary Fund (IMF). World Economic Outlook, October 2018: Challenges to Steady Growth [R]. Washington, DC, 2018.

[46] ISSA (International Social Security Association). Ten Global Challenges for Social Security [R]. Geneva, 2016.

[47] Iwamoto Y, Kohara M, Saito M. On the Consumption Insurance Effects of Long-Term Care Insurance in Japan: Evidence from Micro-Level Household Data [J]. Journal of the Japanese & International Economies, 2010, 24 (1): 1 – 115.

[48] Joseph A E, Chalmers A I. Restructuring Long-Term Care and the Geography of Ageing: A View from Rural New Zealand [J]. Social Science & Medicine, 1996, 42 (6): 887.

[49] Kroneman M, Boerma W, van den Berg M, Groenewegen P, de Jong J, van Ginneken E. The Netherlands: Health System Review [J]. Health Systems in Transition, 2016, 18 (2): 1 – 239.

[50] Liang Y W, Hsu M Y. A Comparison of Long-Term Care Insurance in Germany and the Netherlands [J]. Hu Li Za Zhi the Journal of Nursing, 2010, 57 (4): 17 – 22.

[51] Maarse J A M, Jeurissen P P. The Policy and Politics of the 2015 Long-Term Care Reform in the Netherlands [J]. Health Policy, 2016, 120 (37): 241 – 245.

[52] Meehan B, Millar N. Regulating Long-Term Care Quality: Regulating the Quality of Long-Term Aged Care in New Zealand [M]. UNSW, 2013.

[53] Miller E A, Booth M, Mor V. Meeting the Demographic Challenges Ahead: Toward Culture Change in an Ageing New Zealand [J]. Australia and New Zealand Health Policy, 2008, 5 (1): 5.

[54] Ministry of Housing, Communities & Local Government. Improved Better Care Fund (iBCF): Provider Fee Reporting [R]. 2019 – 03 – 28.

[55] Mitchell O S, Piggott J, Shimizutani S. Developments in Long-Term Care Insurance in Japan [J]. SSRN Electronic Journal, 2008.

[56] Mot E. The Dutch System of Long-Term Care [R]. CPB Document No. 204, March 2010.

[57] OECD. How does the United Kingdom compare? [R]. 2017.

[58] OECD. Public Social Spending is High in Many OECD Countries [R]. 2019.

[59] OECD. Long-Term Care for Older People [R]. Paris: OECD, 2005.

[60] Office for National Statistics. Changes in the Older Resident Care Home Population between 2001 and 2011 [R]. 2011 -03 -27.

[61] Office for National Statistics. Healthcare Expenditure, UK Health Accounts: 2017 [R].

[62] Office for National Statistics. UK Health Accounts: 2016 [R].

[63] Ozawa M N, Nakayama S. Long-Term Care Insurance in Japan [J]. Journal of Aging & Social Policy, 2005, 17 (3): 61 -84.

[64] Pommer E, Woittiez I, Stevens J. Comparing Care, The Care of the Elderly in Ten EU Countries [R]. The Hague: the Netherlands Institute for Social Research/SCP, 2007.

[65] Rhee J C, Done N, Anderson G. F. Considering Long-Term Care Insurance for Middle-income Countries: Comparing South Korea with Japan and Germany [J]. Health Policy, 2015, 119 (10): 1319 -1329.

[66] Sarasohn-Kahn J. Who Will Pay For Long Term Care Around the World? [Z]. 2011 -06 -01.

[67] Schäfer W, Kroneman M, Boerma W, van den Berg M, Westert G, Devillé W, van Ginneken E. The Netherlands: Health System Review [J]. Health Systems in Transition, 2010; 12 (1): 1 -229.

[68] Scheil-Adlung X. Global Estimates of Deficits in Long-Term Care Protection for Older Persons [R] Geneva: ILO, 2015.

[69] Schneider U. Germany's Social Long-Term Care Insurance: Design, Implementation and Evaluation [J]. International Social Security Review, 2010, 52 (2): 31 -74.

[70] Schut F T, Van den Berg B. Long-Term Care Insurance in the Netherlands [M] // Financing Long-Term Care in Europe. Palgrave Macmillan UK, 2012.

[71] Schut F T, Van den Berg B. Sustainability of Comprehensive Universal Long-Term Care Insurance in the Netherlands [J]. Social Policy & Administration, 2010, 44 (4): 411 -435.

[72] Spitex Verband Schweiz. Qualitätsindikatoren von Spitälern [R]. Bern: Spitex Verband Schweiz, 2013.

[73] St John S, Dale C. Preparing for the Health and Long-Term Care Costs of an Ageing Population in New Zealand [C]. UNSW, 2011.

[74] Tamiya N, Yamaoka K, Yano E. Use of Home Health Services Covered by New Public Long-Term Care Insurance in Japan: Impact of the Presence and Kinship of Family Caregivers. [J]. International Journal for Quality in Health Care, 2002, 14 (4): 295 -303.

[75] The Treasury. Challenges and Choices: New Zealand's Long-Term Fiscal Statement

[R]. 2009 – 10 – 29.

[76] Theobald H. Combining welfare mix and New Public Management: The Case of Long-Term Care Insurance in Germany [J]. International Journal of Social Welfare, 2012, 21 (SI): 61 – 74.

[77] Van der Aa M J, Evers S M A A, Klosse S, et al. Reform of Long-Term Care in the Netherlands: Solidarity Maintained? [J]. Nederlands Tijdschrift voor Geneeskunde, 2013, 158: A8253.

[78] Van Ginneken E, Kroneman M. Long-Term Care Reform in the Netherlands: Too Large to Handle? [J]. Eurohealth Systems and Policies, 2015, 21 (3).

[79] Van Holten K, Jähnke A, Bischofberger I. Care-Migration-Transnationale Sorgear-Rangements im Privathaushalt [R]. Obsan Bericht, 2013.

[80] Weaver F. Long-Term Care Financingin Switzerland [M] //Financing Long-Term Care in Europe. Chapter 15, 2012: 279 – 299.

[81] WHO. New Perspectives on Global Health Spending for Universal Health Coverage [R]. 2017.

[82] WHO. Public Spending on Health: A Closer Look at Global Trends [R]. 2018.

[83] Wilson C E, Weissert W G. Private Long-Term Care Insurance: After Coverage Restrictions is There Anything Left? [J]. Inquiry: A Journal of Medical Care Organization, Provision and Financing, 1989, 26 (4): 493 – 507.

[84] Zumbrunn A, Bayer-Oglesby L. Pflege Durch Angehörige [C] // Kocher G, Oggier W. Gesundheitswesen Schweiz 2015 – 2017. Bern: Verlag Hans Huber, 2015.

[85] 21 Customer Comments & Reviews. MedAmerica Long Term Care Insurance Review [EB/OL]. https: //www. consumersadvocate. org/long-term-care-insurance/c/medamerica-long-term-care-insurance.

[86] http: //reports. mintel. com/display/229708/.

[87] http: //wemedia. ifeng. com/89118545/wemedia. shtml.

[88] http: //www. bfs. admin. ch/bfs/portal/de/index/news/publikationen. Document. 176957. pdf, accessed 23 October 2015.

[89] http: //www. oecd. org/health/health-systems/health-at-a-glance – 19991312. htm.

后　记

我国医疗保障改革成就巨大，得到了国际社会的认可，也得益于对国际医疗保险改革经验的充分借鉴。深入研究部分国家和地区的改革措施、主要做法和理念变化，学习借鉴国际经验，对于完善我国医疗保障制度具有十分重要的意义。

本书所涉及研究课题的管理团队由中国医疗保险研究会李静湖副秘书长率领的团队担任，研究团队由中国劳动和社会保障科学研究院莫荣副院长所率领的团队担任。一年来，课题组的各位同志从我国实际需要出发，以美国、英国、澳大利亚、新西兰、德国、荷兰、瑞士、日本等国和我国台湾地区的长期护理保障制度改革情况为重点，全面系统地研究了不同国家和地区长期护理保障制度的产生背景、发展历程、管理体系、服务模式、发展现状和挑战等方面的问题，并分析了长期护理保障改革发展的趋势。为保证高质量完成研究任务，课题组多次组织课题思路研讨会，召开阶段性成果论证会，多方听取意见。

课题组成员由人力资源和社会保障部中国劳动和社会保障科学研究院的科研骨干组成。莫荣副院长为课题主持人，闫蕊博士任课题组长。莫荣副院长负责对课题的研究思路、基本框架、主要内容进行设计；闫蕊负责对初稿编辑和修改。各章的具体的负责人是：第一章、第二章、第三章、第五章由闫蕊撰写；第四章、第七章、第十章由翁仁木撰写；第六章、第八章由殷宝明撰写；第九章由车红霞撰写。

在本课题的研究过程中，国家医疗保障局、地方医疗保障局等有关单位给予了大力支持，并对课题给予了指导和帮助，在此一并表示感谢。由于时间仓促、外文资料庞杂，内容难免有所错漏，请读者不吝指正。

国际医疗保障改革追踪课题组

2019 年 3 月 1 日